Antonia Neumerkel

Schadensberechnung im Post M&A-Verfahren

Antonia Neumerkel

Schadensberechnung im Post M&A-Verfahren

DE GRUYTER

ISBN 978-3-11-133436-3
e-ISBN (PDF) 978-3-11-133442-4
e-ISBN (EPUB) 978-3-11-133448-6

Library of Congress Control Number: 2023942332

Bibliografische Information der Deutschen Nationalbibliothek
Die Deutsche Nationalbibliothek verzeichnet diese Publikation in der Deutschen Nationalbibliografie; detaillierte bibliografische Daten sind im Internet über http://dnb.dnb.de abrufbar.

Druck und Bindung: CPI books GmbH, Leck

www.degruyter.com

„It is the prerogative of law to determine *whether, when* and *what kind of* damages are to be rewarded; this includes determining *how they are to be calculated* and what *kind of economic reasoning* is acceptable for this purpose.“

Gerhard Wächter/Christoph Wollny
In: A Proposal for the Calculation of Damages
in Post-M&A Disputes over Deceptions and Breaches of Guaranties
SchiedsVZ 2018, 80, 84
(Hervorhebungen entstammen dem Original)

Inhalt

Abkürzungsverzeichnis

a.A.	*andere Ansicht*
a.E.	*am Ende*
a.F.	*alte Fassung*
AEUV	*Vertrag über die Arbeitsweise in der Europäischen Union*
AG	*Aktiengesellschaft/Die Aktiengesellschaft (Zeitschrift)*
AIG	*American International Group, Inc.*
AktG	*Aktiengesetz*
Anh.	*Anhang*
Anm.	*Anmerkung/en*
Art.	*Artikel*
AT	*Allgemeiner Teil*
B	*Verfahren über Nichtzulassungsbeschwerden und Beschwerden*
BayObLG	*Bayerisches Oberstes Landesgericht*
BB	*Betriebsberater, Zeitschrift für Recht, Steuern und Wirtschaft*
BC	*Zeitschrift für Bilanzierung, Rechnungswesen und Controlling*
BeckRS	*Beck-Rechtsprechung*
Begr.	*Begründung*
Bekl.	*Beklagte/r/n*
Beschl.	*Beschluss*
BFH	*Bundesfinanzhof*
BGB	*Bürgerliches Gesetzbuch*
BGBl.	*Bundesgesetzblatt*
BGH	*Bundesgerichtshof*
BGHZ	*Entscheidungen des Bundesgerichtshofes in Zivilsachen*
BLw	*Rechtsbeschwerden in Landwirtschaftssachen der freiwilligen Gerichtsbarkeit*
BT-Drucks.	*Bundestags-Drucksache*
BvR	*Verfassungsbeschwerden*
c.i.c.	*culpa in contrahendo*
CAPM	*Capital Asset Pricing Model*
CCZ	*Corporate Compliance Zeitschrift*
d. h.	*das heißt*
DB	*Der Betrieb (Zeitschrift)*
DCF	*Discounted Cashflow*
ders.	*derselbe*
DIS	*Deutsche Institution für Schiedsgerichtsbarkeit*
DIV	*diminution-in-value*
DK	*Der Konzern (Zeitschrift)*
DM	*Deutsche Mark*
DNotZ	*Deutsche Notar-Zeitschrift*
DStR	*Deutsches Steuerrecht (Zeitschrift)*
DZWir	*Deutsche Zeitschrift für Wirtschafts- und Insolvenzrecht*
e.V.	*eingetragener Verein*
EBIT	*Earnings Before Interest and Taxes*

https://doi.org/10.1515/9783111334424-001

EBITDA	*Earnings Before Interest, Taxes, Depreciation and Amortization*
EBT	*Earnings Before Taxes*
Einl.	*Einleitung*
einschl.	*einschließlich*
et al.	*et alii*
EUR	*Euro*
EWiR	*Entscheidungen zum Wirtschaftsrecht (Zeitschrift)*
f.	*folgende/r*
FCPA	*Foreign Corrupt Practices Act*
ff.	*folgende*
Fn.	*Fußnote*
Form.	*Formular*
Frankfurt a. M.	*Frankfurt am Main*
FS	*Festschrift*
FTE-Methode	*Flow-to-Equity-Methode*
gem.	*gemäß*
GG	*Grundgesetz*
ggf.	*gegebenenfalls*
GmbHR	*GmbH-Rundschau*
GuV	*Gewinn- und Verlustrechnung*
GVG	*Gerichtsverfassungsgesetz*
h.M.	*herrschende Meinung*
HGB	*Handelsgesetzbuch*
HK	*Kammer für Handelssachen*
hrsg.	*herausgegeben*
Hrsg.	*Herausgeber*
Hs.	*Halbsatz*
i. d. F.	*in der Fassung*
i. e.	*id est*
i.H.v.	*in Höhe von*
i.S.d.	*im Sinne des/der*
i.V.m.	*in Verbindung mit*
i.W.v.	*im Wert von*
IDW	*Institut der Wirtschaftsprüfer*
IDW S1	*Grundsätze zur Durchführung von Unternehmensbewertungen*
IFRS	*International Financial Reporting Standards*
insb.	*insbesondere*
IRZ	*Zeitschrift für Internationale Rechnungslegung*
JA	*Juristische Arbeitsblätter*
JuS	*Juristische Schulung*
JuS-Beil.	*JuS-Beilage*
JZ	*Juristenzeitung*
Kl.	*Kläger/in*
KMU	*Kleine und mittelgroße Unternehmen*
KritV	*Kritische Vierteljahresschrift für Gesetzgebung und Rechtswissenschaft*
lat.	*lateinisch*
LG	*Landgericht*

Limburg a. d. Lahn	*Limburg an der Lahn*
lit.	*littera*
m.a.W.	*mit anderen Worten*
m.w.N.	*mit weiteren Nachweisen*
M&A	*Mergers & Acquisitions*
MarkenG	*Gesetz über den Schutz von Marken und sonstigen Kennzeichen*
Mio.	*Million/en*
n.F.	*neue Fassung*
NJOZ	*Neue Juristische Online Zeitschrift*
NJW	*Neue Juristische Wochenschrift*
NJW-RR	*Neue Juristische Wochenschrift Rechtsprechungs-Report Zivilrecht*
NJW-Spezial	*Neue Juristische Wochenschrift Spezial*
NZG	*Neue Zeitschrift für Gesellschaftsrecht*
O	*Allgemeine Zivilsachen*
OLG	*Oberlandesgericht*
p.a.	*per annum*
R&W	*Representation and Warranty*
RE	*Regierungsentwurf*
RegE	*Regierungsentwurf*
RIW	*Recht der internationalen Wirtschaft (Zeitschrift)*
Rn.	*Randnummer/n*
RVG	*Rechtsanwaltsvergütungsgesetz*
RWI	*Representation & Warranty-Insurance*
SchiedsVZ	*Zeitschrift für Schiedsverfahren*
SJZ	*Schweizerische Juristenzeitung*
SPA	*Share Purchase Agreement*
StGB	*Strafgesetzbuch*
str.	*streitig*
t	*time*
TEUR	*tausend Euro*
U	*Berufungen in Zivilsachen*
u. a.	*und andere/unter anderem*
u. ä.	*und ähnliche/s*
u. U.	*unter Umständen*
UCC	*Uniform Commercial Code*
UnternehmenStR	*Unternehmenssteuerrecht (Zeitschrift)*
USD	*US-Dollar*
VersR	*Versicherungsrecht (Zeitschrift)*
vgl.	*vergleiche*
Vorbem.	*Vorbemerkung/en*
VuR	*Verbraucher und Recht, Zeitschrift für Wirtschafts- und Verbraucherrecht*
W	*Beschwerden in Zivilsachen*
W&I	*Warranty and Indemnity*
WACC	*Weighted Average Cost of Capital*
WM	*Wertpapiermitteilungen Zeitschrift für Wirtschafts- und Bankrecht*
WPO	*Wirtschaftsprüferordnung*
Wx	*Weitere Beschwerden in der freiwilligen Gerichtsbarkeit*

ZB	*Beschwerden/Rechtsbeschwerden*
ZDAR	*Zeitschrift für Deutsches und Amerikanisches Recht*
ZfbF	*Schmalenbachs Zeitschrift für betriebswirtschaftliche Forschung*
ZfPW	*Zeitschrift für die gesamte Privatrechtswissenschaft*
ZGR	*Zeitschrift für Unternehmens- und Gesellschaftsrecht*
ZHR	*Zeitschrift für das gesamte Handelsrecht und Wirtschaftsrecht*
ZIP	*Zeitschrift für Wirtschaftsrecht*
zit.	*zitiert*
ZJS	*Zeitschrift für das Juristische Studium*
ZPO	*Zivilprozessordnung*
ZR	*Revisionen in Zivilsachen*
ZZP	*Zeitschrift für Zivilprozess*

A Einführung

I Problemaufriss

Wenn ein Käufer den Kaufgegenstand erhält, erlebt er nicht selten eine böse Überraschung. Beim Kauf von Unternehmen[1] ist es nicht anders.[2] Oft erhält der Käufer ein Unternehmen und muss feststellen, dass es nicht seinen Vorstellungen entspricht. Und selbst nach M&A-Transaktionen[3], bei denen die Parteien die besten Absichten hatten, können die Erwartungen des Käufers enttäuscht werden.[4] Dann stehen sich die Parteien in einem Rechtsstreit, einem sogenannten Post M&A-Verfahren[5] gegenüber,[6] bei dem es nicht selten um Millionenbeträge geht.[7] In den vergangenen Jahren nahm die Zahl der Post M&A-Verfahren stetig zu[8] und es ist davon auszugehen, dass sie auch weiterhin ansteigt.[9] In der Praxis heißt es deshalb, M&A-Transaktionen seien

1 Ein für die gesamte Rechtsordnung einheitlicher Unternehmensbegriff existiert nicht, vgl. *Quack*, ZGR 1982, 350, 351; *Bayer*, in: MüKo-AktG, § 15 Rn. 9. Im Rahmen dieser Arbeit wird unter dem Begriff des Unternehmens eine selbstständige, betriebsfähige Organisationseinheit verstanden, die sich aus Sachen, Rechten und sonstigen tatsächlichen und rechtlichen Beziehungen zusammensetzt und die von einem Inhaber geführt wird, vgl. *Aichberger/Groh*, Weber Rechtswörterbuch „Unternehmen"; *Jagersberger*, Die Haftung des Verkäufers, S. 52. Unter einem Unternehmenskauf wird im Rahmen dieser Arbeit der Erwerb des Unternehmens im Ganzen verstanden, bei dem der Käufer in die Lage versetzt wird, das Unternehmen als solches weiterzuführen, vgl. *Schröcker*, ZGR 2005, 63, 65.

2 *Fischer*, DStR 2004, 276; *Hübner*, BB 2010, 1483.

3 Aufgrund des starken internationalen, insbesondere des anglo-amerikanischen Einflusses werden auch in Deutschland Unternehmenskäufe als „M&A" (*Mergers and Acquisitions*) bezeichnet, vgl. *Beckmann*, in: Staudinger-BGB, § 453 Rn. 86; *Triebel*, RIW 1998, 1, 3. Es existiert zwar bis heute keine allgemein anerkannte Standarddefinition für „M&A", doch die Bezeichnung gilt als ein Sammelbegriff für Veräußerungsvorgänge und Strukturmaßnahmen in Bezug auf wesentliche Teile eines Unternehmens, vgl. *Aichberger/Groh*, Weber Rechtswörterbuch „Unternehmen"; *Horsch/Stumpf-Wollersheim*, in: Forum Mergers & Acquisitions 2019, S. 1. Im Rahmen dieser Arbeit wird mit dem Begriff „M&A" oder „M&A-Transaktion" ein Unternehmenskauf bezeichnet.

4 *Schmitt*, WM 2019, 1871; *Ziehms*, M&A Disputes and Completion Mechanisms, § 1.05 Kapitel C.

5 Auch wenn keine Definition für Post M&A-Verfahren existiert, so wird unter diesem Begriff gemeinhin ein Rechtsstreit verstanden, der in Bezug auf den Unternehmenskaufvertrag oder dessen Gültigkeit nach dem *Closing* auftritt, vgl. *Elsing/Kramer*, in: FS Geimer, S. 67, 68.

6 *Ziehms*, M&A Disputes and Completion Mechanisms, § 1.05 Kapitel C.

7 *Wasmuth*, Funktionale Schadensbewertung, S. 4.

8 *Dörfler*, in: Bilanzgarantien, S. 265; *Drude*, SchiedsVZ 2017, 224; *Hermans*, Tatbestands- und Rechtsfolgenprobleme, S. 48; *Kästle*, M&A Review 2/2014, 71.

9 *Dörfler*, in: Bilanzgarantien, S. 265; *Schüppen*, in: FS Elsing, S. 509, 522.

https://doi.org/10.1515/9783111334424-002

ein zweischneidiges Schwert[10]: Entweder kann der Käufer seine Geschäfte durch den Zukauf eines Unternehmens skalieren und durch Synergien[11] neue Werte schaffen,[12] oder aber das erworbene Unternehmen ist nicht so wertvoll wie angenommen, woraus dem Käufer gleich zwei gravierende Nachteile erwachsen. Er hat für die erworbenen Vermögenswerte eine drastische Überbezahlung geleistet und die erhoffte Kostenersparnis durch Skalierung[13] ist kaum zu realisieren, wenn nicht sogar unmöglich.[14] Der Käufer verlangt daraufhin vom Verkäufer Schadensersatz und die beteiligten Rechtsanwälte und (Schieds-)Gerichte[15] werden mit der Frage konfrontiert, wie der Schaden des Käufers zu berechnen ist.

Beim üblichen Sachkauf (Konsumgüterkauf) bemisst sich der mangelbedingte Minderwert der Kaufsache (sogenannter Mangelschaden) im Falle der Naturalrestitution nach dem Reparaturaufwand, bzw. – im Falle der Entschädigung in Geld –

---

10 S. *Dinneen/Kutcher/Mahdavian/Sprague:* Grow fast or die slow: The double-edged sword of M&A, abrufbar unter *www.mckinsey.com/industries/technology-media-and-telecommunications/our-insights/grow-fast-or-die-slow-the-double-edged-sword-of-m-and-a#* (zuletzt abgerufen am 15.11.2022); S. *Stulberg:* Calculating damages in Representations and Warranties Cases, abrufbar unter *https://www.mdd.com/forensic-accounting-articles/calculating-damages-in-representations-and-warranties-cases/* (zuletzt abgerufen am 15.11.2022).

11 Synergieeffekte sind die ökonomischen Auswirkungen durch den Verbund von Unternehmen, insbesondere auf ihre Rentabilität und damit ihre Wettbewerbsfähigkeit. Synergien können im Absatz-, Forschungs-, Beschaffungs-, Personal- und Produktionsbereich auftreten, vgl. *Busse von Colbe*, ZGR 1994, 595, 602.

12 *Busse von Colbe*, ZGR 1994, 595, 602 f. („Häufig geben [Synergien] den Ausschlag für die Entscheidung zum Erwerb. [...] Die Erwartung, Synergievorteile zu realisieren, ist ein häufiges und wichtiges Motiv zum Erwerb von Unternehmen"); *Lenz*, The Logic of Merger and Acquisition Pricing, S. 3 („Only synergies, like economies of scale, for example could lead to such returns on investment to justify a merger or acquisition."); *Paefgen*, DZWIR 1997, 177, 178 („In der heutigen Unternehmenswelt, in der Restrukturierung, Rekapitalisierung und die Freisetzung von Synergien mehr denn je die treibenden Beweggründe hinter Unternehmenskäufen [...] sind").

13 „economies of scale", vgl. *Stulberg:* Calculating damages in Representations and Warranties Cases, abrufbar unter *https://www.mdd.com/forensic-accounting-articles/calculating-damages-in-representations-and-warranties-cases/* (zuletzt abgerufen am 15.11.2022), übersetzt mit „Skalierung", bedeutet, dass die Stückkosten sinken, je größer die Herstellungsmenge ist, weil für ein bestimmtes Produktionsniveau weniger Produktionsfaktoren eingesetzt werden müssen, vgl. *Picot*, Handbuch Mergers & Acquisitions, S. 174.

14 Zum Ganzen: S. *Picot*, Handbuch Mergers & Acquisitions, S. 322 f., der in diesem Zusammenhang von einem „Alptraum" spricht; s. *Stulberg:* Calculating damages in Representations and Warranties Cases, abrufbar unter *https://www.mdd.com/forensic-accounting-articles/calculating-damages-in-representations-and-warranties-cases/* (zuletzt abgerufen am 15.11.2022).

15 Post M&A-Konflikte werden überwiegend vor privaten Schiedsgerichten ausgetragen, vgl. *Wolf*, in: Post-M&A-Schiedsverfahren, S. 89, 90. Diese urteilen auf Grundlage der jeweils anwendbaren nationalen materiellen und prozessualen Gesetzeslage, vgl. *Wächter*, M&A Litigation, S. 804 Rn. 12.480.

nach der Differenz zwischen dem Wiederbeschaffungswert einer gleichwertigen Sache (Marktpreis) und dem Restwert.[16] Da Unternehmen aber Unikate sind, haben sie keinen Wiederbeschaffungswert und keinen Marktpreis.[17] Bei Unternehmenskäufen dreht sich alles um den Wert der Investition, mit der künftig Gewinne erwirtschaftet werden sollen. Der Mangel schmälert die Gewinne, die der Käufer mit dem Unternehmen zu erzielen hoffte,[18] und mindert damit die Ertragskraft, die beim Unternehmenskauf im Mittelpunkt steht.[19] Beim Konsumgüterkauf spielen diese Überlegungen dagegen keine Rolle und wurden daher in der Fortentwicklung des Schadensrechts vernachlässigt.[20]

Die Frage, wie bei einem Unternehmenskauf der mangelbedingte Minderwert oder der zu viel gezahlte Kaufpreis zu berechnen ist, ist in der Literatur umstritten und von der Rechtsprechung bislang nicht höchstrichterlich entschieden worden.[21] Eine gängige Praxis zur Schadensermittlung im Post M&A-Verfahren gibt es nicht. Die Schadensersatzberechnung wird allgemein und nicht nur in Post M&A-Verfahren als komplex und als ein „breiartiges Gemenge" bezeichnet.[22] Die Unsicherheiten werden teilweise darauf zurückgeführt, dass die Grundprinzipien der §§ 249 ff. BGB in der Praxis nicht ausreichend Beachtung fänden.[23]

Nur in wenigen Fällen ermitteln (Schieds-)Gerichte die Schadenshöhe eigenständig. In der Mehrzahl der Fälle beauftragen sie für die Schadensberechnung Sachverständige[24], die meisten von ihnen sind Wirtschaftsprüfer.[25] Dies eröffnete ein großes (und lukratives) Geschäftsfeld für große Wirtschaftsprüfungsgesell-

---

16 *Grüneberg*, in: Grüneberg, § 249 Rn. 15; *Weidenkaff*, in: Grüneberg, § 437 Rn. 34, 38.

17 BGH, Urteil vom 17.1.1973 – IV ZR 142/70, NJW 1973, 509, 509; *Hüttemann*, in: Fleischer/Hüttemann, Rechtshandbuch Unternehmensbewertung, § 1 V. I. Rn. 1.44; *Kiethe*, DStR 1995, 1756, 1759; *Wollny*, in: Bilanzgarantien, S. 105, 106.

18 *Wächter*, M&A Litigation, S. 172 Rn. 4.1; *Wollny*, DStR 2017, 949, 954.

19 *Wächter*, M&A Litigation, S. 569 Rn. 11.16.

20 *Wächter/Wollny*, NZG 2019, 801, 801 f.; *Wächter/Wollny* sehen es sogar als ein großes Manko des Schadensrechts an, dass es hauptsächlich anhand von Fällen des Konsumgüterkaufs weiterentwickelt wurde, vgl. *Wächter/Wollny*, SchiedsVZ 2018, 80, 81.

21 *Wächter*, M&A Litigation, S. 547 Rn. 10.4.

22 *Brand*, in: Bilanzgarantien, S. 297; *Schöne/Uhlendorf*, in: Bilanzgarantien, S. 253, 254; *Wagner*, Schadensersatz, S. 5, 40 einschl. Fn. 125; auf die Schwierigkeit hinweisend *Mueller-Thuns*, in: Rödder/Hötzel/Mueller-Thuns, Unternehmenskauf, S. 240 Rn. 145, S. 243 Rn. 155.

23 *Brand*, in: Bilanzgarantien, S. 297.

24 Zur neuen Rechtslage durch das am 15.10.2016 in Kraft getretene Gesetz zur Änderung des Sachverständigenrechts (BGBl. I 2016, 2222) s. *Huber*, JuS 2017, 34–37.

25 *Hüttemann*, in: Fleischer/Hüttemann, Rechtshandbuch Unternehmensbewertung, § 1 Rn. 1.8, 1.50, der darauf hinweist, dass hingegen in anderen Rechtsgebieten wie etwa dem Spruchverfahren in den letzten 30 Jahren die Auseinandersetzung der Gerichte mit den Bewertungsproblemen rasant gestiegen ist; *Wasmuth*, Funktionale Schadensbewertung, S. 4, 9, 245.

schaften, die weltweit damit werben, sie könnten in Post M&A-Verfahren den Schaden berechnen und zwar durch eine Kombination aus Unternehmensbewertungen, forensischer Buchhaltung und wirtschaftlichen Analysetechniken.[26] Die wenigen Autoren, die sich mit dieser Entwicklung auseinandersetzen, sehen dies kritisch: Durch die Auslagerung auf Sachverständige sei die Einzelfallabhängigkeit der Schadensberechnung im Post M&A-Verfahren gestiegen.[27] Die Einzelfallkasuistik werde dadurch verstärkt, dass sich (Schieds-)Gerichte bei der Schadensberechnung nicht an klaren Prinzipien und Begriffen oder an einer passenden, übertragbaren Rechtsprechung orientieren können. Ohne klare Anhaltspunkte sei die Schadensberechnung im Post M&A-Verfahren stets eine Frage des Einzelfalls.[28]

Dieses Argument ist nicht von der Hand zu weisen und zugleich Anlass für einen weiteren Kritikpunkt: Ein Mangel an klaren Prinzipien und eine Auslagerung auf Sachverständige dürfte die Intransparenz der Schadensberechnung erhöhen. Eine transparente Schadensberechnung ist jedoch geboten. Mehr Klarheit über die anwendbaren Rechts- und Bewertungsgrundsätze erhöht die Qualität der Urteile und Schiedssprüche und führt im Ergebnis zu einer gerechteren Vermögensverteilung.[29]

Auch die Rechtsberatung im Post M&A-Verfahren erfordert Klarheit über die anwendbaren Rechts- und Bewertungsgrundsätze. Die Rechtsanwälte der Parteien sollten die Schadenshöhe und damit die Anspruchshöhe, den Streitwert und das Kostenrisiko zumindest in Grundzügen antizipieren können. Im Post M&A-Verfahren ist das Kostenrisiko besonders hoch, da der Streitwert häufig mehrere Millionen beträgt und beträchtliche Gerichts-, Anwalts- und Sachverständigenkosten nach sich zieht.[30] Aber nicht nur für die Risikoanalyse[31], sondern auch für die prozessrechtlichen Formalitäten ist eine antizipierte Schadensberechnung unerlässlich: Rechtsanwälte müssen bereits in der Klageschrift den Klageantrag genau

---

26 S. nur die Werbetexte der Unternehmensberatung *Meaden & Moore* „Calculating Damages in Mergers and Acquisitions Transactions Disputes“, abrufbar unter: *www.meadenmoore.com/blog/iag/calculating-damages-post-acquisition-disputes* (zuletzt abgerufen am 15.11.2022), der Wirtschaftsprüfungsgesellschaft *Accuracy* unter: *www.accuracy.com/wp-content/uploads/2018/02/quantifying-damages-in-ma-disputes-1507709940.pdf* (zuletzt abgerufen am 15.11.2022), der Wirtschaftsprüfungsgesellschaft *MDD* unter: *www.mdd.com/forensic-accounting-services/business-valuations/* (zuletzt abgerufen am 15.11.2022) sowie der Wirtschaftsprüfungsgesellschaft *MFA* unter: *www.themfacompanies.com/quantifying-damages-in-post-acquisition-disputes/* (zuletzt abgerufen am 23.4.2021; inzwischen ist *MFA* von *Baker Tilly* erworben worden).

27 *Wächter/Wollny*, SchiedsVZ 2018, 80, 81.

28 *Wächter/Wollny*, SchiedsVZ 2018, 80, 81.

29 *Wächter/Wollny*, SchiedsVZ 2018, 80, 100.

30 *Wasmuth*, Funktionale Schadensbewertung, S. 4.

31 Zur Risikoanalyse von Rechtsanwälten s. *Pickrahn*, SchiedsVZ 2016, 173, 177.

beziffern,[32] damit die Klage zulässig ist.[33] Dies ist Folge des Bestimmtheitsgebots und dient der Streitwertbestimmung durch das (Schieds-)Gericht.[34] Nicht zu vernachlässigen ist der mit der Klagebezifferung verbundene sogenannte Ankereffekt. Der Ankereffekt bezeichnet die Assimilation eines numerischen Urteils an einen Vergleichsstandard und beschreibt das psychologische Phänomen, dass eine „in den Raum geworfene" Schadenshöhe maßgeblich das richterliche Ergebnis beeinflusst.[35] Wenn im Umfeld der richterlichen Schätzung ein Zahlenwert genannt wird (und sei es ein offensichtlich parteiischer Zwischenruf aus dem Zuschauerbereich des Gerichtssaals), so hat das Gericht die starke Tendenz, von diesem Wert als „Anker" auszugehen und ihn nur noch geringfügig nach oben oder unten anzupassen.[36] Rechtsanwälte der klagenden Partei wissen um diesen Effekt, doch brauchen sie eine fundierte und belastbare Schadensberechnungsmethode, um einen „Anker" werfen zu können, der weder unangemessen hoch (Kostenrisiko, § 92 Abs. 1 Satz 1 ZPO) noch unverhältnismäßig niedrig ist (Limitation durch den Klageantrag, § 308 Abs. 1 Satz 1 ZPO).

Die Schwierigkeit der Schadensberechnung wird auch nicht – wie man auf den ersten Blick annehmen könnte – dadurch beseitigt, dass sich Unternehmenskäufer und -verkäufer in der Praxis häufig absichern[37], indem sie Gewährleistungsversicherungen, sogenannte W&I-Versicherungen (*Warranty & Indemnity*-Versicherungen[38]), abschließen. Diese beziehen sich auf die umfassenden Garantieerklärungen[39], die Unternehmensverkäufer üblicherweise abgeben, und gewannen im deutschen M&A-Markt seit dem Jahr 2014 zunehmend an Bedeutung.[40] Der Verkäufer sichert sich mit einer W&I-Versicherung vor einer Inanspruchnahme durch

32 *Brand*, Schadensersatzrecht, S. 167 Rn. 10a; *Brösel/Wasmuth*, in: FS Großfeld, S. 51, 55.

33 Und selbst bei unbezifferten Klageanträgen ist nach der höchstrichterlichen Rechtsprechung zumindest eine Größenordnung anzugeben, vgl. BGH, Versäumnisurteil vom 10.10.2002 – III ZR 205/01, NJW 2002, 3769, 3769.

34 *Effer-Uhle*, in: Intra- und Interdisziplinarität im Zivilrecht, S. 77.

35 *Effer-Uhle*, in: Intra- und Interdisziplinarität im Zivilrecht, S. 71–74.

36 *Effer-Uhle*, in: Intra- und Interdisziplinarität im Zivilrecht, S. 71–74.

37 *Beckmann*, in: Staudinger-BGB, § 453 Rn. 128.

38 Im US-amerikanischen Rechtsverkehr bekannt unter der Bezeichnung „*R&W Insurance*" oder „RWI" (*Representation & Warranty-Insurance*), s. *Griffith*, Deal Insurance, S. 1839, 1842.

39 Bei der Vereinbarung von *warranties* und *representations* geht es um die Zusicherung des Verkäufers, dass bestimmte Umstände bestehen oder nicht bestehen. Während sich *representations* mehr auf den künftigen Zustand beziehen, beziehen sich *warranties* mehr auf die Vergangenheit oder Gegenwart, vgl. *Kästle/Oberbracht*, Unternehmenskauf, S. 142; *Triebel*, RIW 1998, 1, 4.

40 *Boche*, in: Der Versicherungsprozess, § 25 Rn. 1 f.; *Findeisen*, BB 2021, 1607, 1608; *Hoger/Baumann*, NZG 2017, 811 einschl. Fn. 2; *Ratz/Kilian*, BB 2021, 202.

den Käufer ab.[41] Er will den Verkauf endgültig abwickeln und über den gesamten Kaufpreis verfügen können, ohne eine Rückstellung[42] bilden zu müssen für den Fall, dass sich eine der abgegebenen Garantien als falsch herausstellt.[43] Der Käufer sichert sich mit einer W&I-Versicherung vor allem gegen das Risiko ab, seinen Schadensersatzanspruch gegen den womöglich zahlungsunfähigen oder -unwilligen Verkäufer nicht durchsetzen zu können. Stattdessen kann der Käufer direkt von seinem Versicherer eine Zahlung in Höhe seines Schadensersatzanspruchs gegen den Verkäufer verlangen (sogenannter Direktanspruch gegen den Versicherer).[44] Der Versicherungsschutz löst jedoch nicht das Problem der Schadensberechnung, sondern verlagert es bloß. Denn auch bei Versicherungsfällen stellt sich die Frage, in welcher Höhe die Versicherung für die Unternehmenswertbeeinträchtigung einzustehen hat, wie hoch also der Schadensersatzanspruch des Käufers gegen den Verkäufer ist.

Nach einer Studie des ehemals weltgrößten Versicherers AIG nehmen die Versicherungsfälle, in deren Gewand die Schadensproblematik wie gezeigt ebenfalls zutage tritt, in der Praxis stetig zu. So wurde im Jahr 2018 weltweit jeder fünfte W&I-Versicherungsvertrag mit AIG in Anspruch genommen. Dabei war die Schadensfrequenz umso höher, je größer das Transaktionsvolumen war. Von den bei AIG abgesicherten M&A-Transaktionen mit einem Kaufpreis von über einer Milliarde US-Dollar mündete sogar jede vierte Transaktion in einem Post M&A-Verfahren. Ein Grund hierfür dürfte – so die Einschätzung von AIG – darin liegen, dass die Transaktionen in hochkompetitiven Bieterprozessen immer schneller abgeschlossen werden und folglich weniger Zeit für eine gründliche *Due Diligence*[45] bleibt.[46] Auch die vermehrten Versicherungsabschlüsse bei M&A-Transaktionen sind ein Grund, weshalb nach immer mehr M&A-Transaktionen ein Post M&A-Verfahren

41 *Boche*, in: Der Versicherungsprozess, § 25 Rn. 15; *Findeisen/Heer*, BB Berater Magazin M&A 03/2021, 12.

42 Nach dem steuerlichen Rückstellungsbegriff, der mit dem handelsrechtlichen Rückstellungsbegriff übereinstimmt, sind Rückstellungen für ungewisse Verbindlichkeiten zu bilden, die zwar noch nicht entstanden sind, mit deren Entstehung ein sorgfältiger und gewissenhafter Kaufmann jedoch rechnen muss, vgl. BFH, Beschluss vom 4.12.1980 – IV B 35/80, BeckRS 1980, 22005572; *Christians*, in: Neue Betriebswirtschaft, S. 39, 52. Dies ist ein Ausfluss des Vorsichtsprinzips, vgl. OLG Naumburg, Urteil vom 28.2.1995 – 7 U 38/94, NJW-RR 1995, 799, 801.

43 *Metz*, NJW 2010, 813.

44 *Boche*, in: Der Versicherungsprozess, § 25 Rn. 9, 20; *Wirth-Duncan*, DK 2021, 301, 306.

45 Dieser aus der US-amerikanischen M&A-Praxis stammende Begriff bedeutet übersetzt „im Verkehr erforderliche Sorgfalt" und wird zur Umschreibung der systematischen kaufvorbereitenden Überprüfung des Unternehmens verwendet, vgl. *Maier*, Aufklärungspflichten, S. 171.

46 Zum Ganzen: *Froneberg/Kafka:* AIG-Studie 2018: Große Transaktionen mit höchster Schadensfrequenz, in: M&A Review, Special M&A Insurance 2018, 32, 32 f.

eingeleitet wird. Schließlich haben die Parteien das damit verbundene finanzielle Risiko zuvor auf den Versicherungsmarkt vollständig oder teilweise übertragen.[47] Ein weiterer Grund für die starke Zunahme an Post M&A-Verfahren in den letzten Jahren liegt in dem stark verkäuferfreundlichen M&A-Markt.[48] Die hohe Nachfrage nach Unternehmen lässt die Kaufpreise schon seit Jahren in die Höhe steigen.[49] Hohe Kaufpreise erhöhen nach der Transaktion den Druck auf den Käufer, den Wert des Unternehmens „freizusetzen". Stellt sich das Unternehmen als mangelhaft heraus, zwingt schon in vielen Fällen die Höhe des Kaufpreises den Käufer dazu, gegen den Verkäufer zu prozessieren.[50] Neben dem Versicherungsschutz und dem Wettbewerbsdruck führt auch die Professionalisierung des Post M&A-Managements dazu, dass die Anzahl der Post M&A-Verfahren immer weiter steigt.[51] Seit den letzten Jahrzehnten entwickelte sich eine immer stärkere Sensibilität für gute Unternehmensführung[52] und Unternehmenskäufern wird von Rechtsanwälten geraten, unmittelbar nach der M&A-Transaktion Mechanismen einzurichten, um Mängel zügig zu identifizieren und die Verfolgung von Schadensersatzansprüchen zu erwägen (sogenanntes professionelles *Claim Management*).[53]

Die vorliegende Arbeit untersucht die Frage, wie die Höhe des Schadensersatzanspruchs eines Käufers zu berechnen ist, der ein Unternehmen erworben und nach dem Gefahrübergang festgestellt hat, dass das Unternehmen mangelbehaftet ist.

II Gang der Arbeit

Der erste Teil der Forschungsarbeit behandelt die Frage, wie der Schaden eines Unternehmenskäufers im Post M&A-Verfahren zu berechnen ist. Da der Haftungsumfang von der Art der Pflichtverletzung des Verkäufers abhängt, werden die

---

47 *Berard/Halper/Flockhart/Theau-Laurent/Trevan*, Disputes Arising from M&A Transactions; *Griffith*, Deal Insurance, S. 1839, 1842.

48 So die Einschätzung von *Trevan* in dem Interview „Disputes arising from M&A Transactions", abrufbar unter: *www.cadwalader.com/uploads/books/6f1db0eb5e2a8802d8a57a16f19cab42.pdf* (zuletzt abgerufen am 15.11.2022). Zum verkäuferfreundlichen M&A-Markt: *Findeisen/Heer*, BB Berater Magazin M&A 03/2021, 12; *Mayer-Sparenberg*, BeckFormB BHW, Form. III. A. 16. Anm. 1–79 Rn. 1.

49 *Drude*, SchiedsVZ 2017, 224; *Elsing/Kramer*, in: FS Geimer, S. 67, 69; *Findeisen*, BB 2021, 1607.

50 Wohingegen vor 30 Jahren die Rezession viele Unternehmenskäufer zu einem Post M&A-Verfahren gezwungen hat, vgl. *Kiethe*, DStR 1995, 1756.

51 *Drude*, SchiedsVZ 2017, 224.

52 *Drude*, SchiedsVZ 2017, 224.

53 Vgl. *Drude*, SchiedsVZ 2017, 224; kritisch sieht dies *Schüppen*, in: FS Elsing, S. 509, 522 f.

verschiedenen Fallkonstellationen des Post M&A-Verfahrens herausgearbeitet und die zur Schadensberechnung jeweils maßgeblichen Kennzahlen festgestellt.

Im Anschluss wird der Frage nachgegangen, wie anhand dieser Kennzahlen der Schaden zu berechnen ist. Wie sich zeigen wird, erfordert die Ermittlung der maßgeblichen Kennzahlen in der Praxis eine Unternehmensbewertung. Um die Schadensberechnung anhand einer Unternehmensbewertung analysieren und bewerten zu können, werden in dem sich anschließenden Kapitel die Grundsätze der Unternehmensbewertung herausgearbeitet und die zur Auswahl stehenden Unternehmensbewertungsverfahren vorgestellt.

Es folgt ein Kapitel über die Grundprinzipien der Schadensberechnung und gesetzlichen Bewertungsvorgaben. Unter anderem wird die Frage untersucht, welches Unternehmensbewertungsverfahren nach Maßstab der gesetzlichen Vorgaben für die Schadensberechnung im Post M&A-Verfahren zu wählen ist.

Die Arbeit schließt eine rechtsvergleichende Untersuchung ein. Zu diesem Zweck folgt im Anschluss an die Darstellung der gesetzlichen Grundprinzipien ein rechtsvergleichendes Kapitel, in dem die Rechtslage und Rechtsprechung in den USA vorgestellt wird. Sodann werden die Lösungswege der deutschen Rechtstheorie und -praxis mit der Rechtslage in den USA verglichen und bewertet. Das Kapitel wird mit der Untersuchung abgeschlossen, ob ein Lösungsvorschlag aus dem anglo-amerikanischen Recht auf die deutsche Rechtsordnung übertragen werden sollte.

Die Schadensberechnung im Post M&A-Verfahren wird zudem unter Einbindung des rechtsökonomischen Forschungsansatzes beleuchtet. Ein weiterer Schwerpunkt liegt deshalb in der Frage, ob die Lösungsansätze in der deutschen Rechtstheorie und -praxis effizient im Sinne der Rechtsökonomie sind und eine Verhaltenssteuerung erzielen. Für diese Einschätzung werden in dem Kapitel „Ökonomische Analyse des Rechts“ die Grundzüge der Rechtsökonomie vorgestellt und eine darauf aufbauende Untersuchung der Schadensberechnung im Post M&A-Verfahren vorgenommen. Dies bedeutet freilich nicht, dass in den Kapiteln zuvor die Grundsätze der ökonomischen Analyse vollständig ausgeblendet bleiben. An geeigneter Stelle fließen auch in anderen Kapiteln dieser Arbeit rechtsökonomische Gesichtspunkte in die Argumentationen ein.

Der abschließende Teil der Forschungsarbeit befasst sich mit den in der Kautelarpraxis üblichen vertraglichen Vereinbarungen über die Schadensberechnung und untersucht anhand geläufiger Formularklauseln die jeweilige Abweichung vom Gesetzesrecht sowie deren Vor- und Nachteile gegenüber der gesetzlichen Schadensberechnung.

B Disziplinäre Einordnung

Neben den eingangs erläuterten Meinungsverschiedenheiten über die Schadensberechnung herrscht bereits bei der Vorfrage Uneinigkeit, welcher wissenschaftlichen Disziplin die Schadensberechnung im Post M&A-Verfahren zuzuordnen ist.

I Meinungsstreit: Wirtschaftswissenschaft oder Rechtswissenschaft

Zu diesem Meinungsstreit lassen sich zwei Lager ausmachen. Das eine, deutlich kleinere Lager vertritt die Ansicht, die Schadensberechnung im Post M&A-Verfahren habe keine rechtswissenschaftliche Qualität, sondern sei eine wirtschaftswissenschaftliche Bewertung. So sei die Wahl der Unternehmensbewertungsmethode keine Rechtsfrage, sondern eine Tatsachenfrage, die sich nach der einschlägigen Fachdisziplin richte.[1] Dies sei namentlich die wirtschaftswissenschaftliche Bewertungstheorie und Bewertungspraxis. Fehle dem Richter die erforderliche Sachkunde, könne er für diese Tatsachenfrage einen Sachverständigen heranziehen. Verfüge der Richter über das erforderliche wirtschaftswissenschaftliche Fachwissen und halte er mehrere Unternehmensbewertungsverfahren für gleich geeignet, stehe ihm ein eigenes Ermessen bei der Methodenauswahl zu.[2]

Für diese Klassifizierung spricht die gerichtliche Praxis, in der die Unternehmensbewertung in zahlreichen Verfahren Beweisthema von Sachverständigengutachten ist.[3] Da nur über Tatsachenfragen, nicht aber über Rechtsfragen Beweis erhoben werden kann,[4] müsste es sich demnach um eine Tatsachenfrage handeln.

Das oppositäre Lager, dem sich die Mehrzahl der Autoren angeschlossen hat, lehnt diese Einordnung entschieden ab. Die Schadensberechnung sei eine Aufgabe des (Schieds-)Gerichts.[5] Im Post M&A-Verfahren hätten vor dem (Schieds-)Gericht rechtliche Kriterien Vorrang vor den Regeln der Ökonomen.[6] Die Bestimmung des richtigen Bewertungsmaßstabs im Post M&A-Verfahren sei eine Rechtsfrage, keine

1 *Emmerich/Habersack*, Konzernrecht, S. 380, § 22 Rn. 34; *Hüttemann*, in: Fleischer/Hüttemann, Rechtshandbuch Unternehmensbewertung, § 1 V. 2. Rn. 1.48.

2 Zum Ganzen: *Hüttemann*, in: Fleischer/Hüttemann, Rechtshandbuch Unternehmensbewertung, § 1 V. 2. Rn. 1.48.

3 Vgl. etwa OLG Frankfurt a. M., Beschluss vom 17.1.2017–21 W 37/11, BeckRS 2017, 102412.

4 *Wasmuth*, Funktionale Schadensbewertung, S. 112.

5 *Schröter*, Unternehmensbewertung, S. 70 f.

6 *Wächter/Wollny*, SchiedsVZ 2018, 80, 80, 84.

https://doi.org/10.1515/9783111334424-003

Tatsachenfrage,[7] denn es gehe nicht um die isolierte Frage, was ein Unternehmen wert sei, sondern um eine konkrete rechtliche Sonderbeziehung, nämlich die Unternehmensbewertung in Bezug auf ein bestimmtes Rechtsverhältnis zwischen zwei bestimmten Personen.[8] Das jeweilige Rechtsverhältnis bestimme die anzuwendende Unternehmensbewertungsmethode und die wertbildenden Faktoren, da es den Zweck der Bewertung vorgebe.[9] Damit sei die Unternehmenswertermittlung Teil der Rechtsbeziehung zwischen den Parteien. Die Vertreter dieser Ansicht stellen sich auf den Standpunkt, dass der vom (Schieds-)Gericht beauftragte Sachverständige zwar den Schaden ermitteln dürfe, bei der Schadensbemessung aber nicht völlig frei sei, schließlich handle es sich um eine gesetzlich gebundene Bewertung.[10] Die mathematische Methode der Schadensberechnung richte sich nach dem einschlägigen materiellen Recht[11] und sei von dem (Schieds-)Gericht zwingend vorzugeben.[12] Das (Schieds-)Gericht dürfe den Ökonomen deshalb nicht die Wahl der Unternehmensbewertungsmethode überlassen.[13] Dagegen sei das (Schieds-)Gericht bei der Wahl der Berechnungs- und Bewertungsmethode frei.[14] Es dürfe die Unternehmensbewertung nicht uneingeschränkt und ohne klare Vorgaben einem Sachverständigen überlassen, sondern müsse diesen durch einen klaren Gutachtenauftrag, der spezifische Vorgaben enthält, anleiten.[15] Genau wie bei technischen Fragen sei es auch bei betriebswirtschaftlichen Fragen die Aufgabe des (Schieds-)Gerichts, dem Sachverständigen die Tatsachen für die Begutachtung und die Prämissen vorzugeben.[16] Über die rechtlichen Vorgaben der Unternehmensbewertung dürften sich betriebswirtschaftliche Sachverständige nicht hinwegset-

---

7 *Elsing/Kramer*, in: FS Großfeld, S. 109, 118; *Paefgen*, DZWIR 1997, 177, 180 („Die Bestimmung des richtigen Maßstabs wirft dabei Rechtsfragen auf, die keineswegs einfach in den Bereich der Tatsachenfeststellung verwiesen und auf den betriebswirtschaftlichen Gutachter abgeschoben werden können“).

8 *Großfeld*, JZ 1981, 641, 643.

9 *Großfeld*, JZ 1981, 641, 643.

10 *Wächter/Wollny*, SchiedsVZ 2018, 80, 84 einschl. Fn. 24.

11 *Ahrens*, in: Wieczorek/Schütze-ZPO, § 287 Rn. 37.

12 *Schröter*, Unternehmensbewertung, S. 70 f.

13 Innerhalb dieses Lagers str., *Kiethe*, DStR 1995, 1756, 1759 („Im Rechtsstreit ist es Sache des Tatrichters, zu entscheiden, welche Berechnungs- und Bewertungsmethode der Ermittlung des Unternehmenswertes zugrundezulegen ist“); *Wächter/Wollny*, SchiedsVZ 2018, 80, 90; a.A. *Paefgen*, DZWIR 1997, 177, 181; *Schüppen*, in: FS Elsing, S. 509, 515 f., der sich auch 2015 noch auf das BGH-Urteil aus dem Jahr 1978 (BGH, Urteil vom 13.3.1978 – II ZR 142/76, NJW 1978, 1316, 1319, insoweit nicht abgedruckt in BGHZ 71, 40, 52) beruft, in dem der BGH zutreffend entschieden habe, dass es der Betriebswirtschaftslehre obliege, das geeignete Bewertungsverfahren auszuwählen.

14 *Hilgard*, ZIP 2005, 1813, 1819.

15 *Elsing/Kramer*, in: FS Großfeld, S. 109, 118, 119.

16 *Schüppen*, in: FS Elsing, S. 509, 515.

zen.[17] Es sei auch nicht Aufgabe der betriebswirtschaftlichen Unternehmensbewertung festzustellen, in welcher Höhe der Schaden eingetreten sei. Es sei lediglich ihre Aufgabe festzustellen, welcher Unternehmenswert zu einem bestimmten Stichtag und bei bestimmten Prämissen vorlag und welche Bewertungsmethoden bei diesen Prämissen in Betracht kommen.[18] Zu dieser Verantwortungsverteilung zwischen der Rechtswissenschaft und der Betriebswirtschaftslehre findet sich im Schrifttum folgendes Bild: „Was auf die Gerechtigkeitswaage zu legen ist, entscheidet das [Recht]; wie die einzelnen Gewichte zu wägen sind, obliegt der Betriebswirtschaftslehre."[19] Und auch nachdem mithilfe der Wirtschaftswissenschaften und der Bewertungslehre eine Unternehmenswertdifferenz ermittelt worden sei, liege es wieder am Recht zu entscheiden, ob die so errechneten Werte einen kompensationsfähigen Schaden darstellen,[20] denn „das Recht gibt seine Gesamtverantwortung nicht ab."[21] Da die Unternehmensbewertungen unterschiedlicher Sachverständiger extrem divergierten (bisweilen um mehr als 100 %) und damit von der Person des Sachverständigen und der Wahl der Bewertungsmethode abhängig seien, müsse der Tatrichter fähig sein, die Bewertungsvoraussetzungen auf ihre Haltbarkeit und die Bewertungsmethode auf ihre Schlüssigkeit zu überprüfen.[22] Dies sei auch justiziell beherrschbar, da er von dem Kläger substantiierten Parteivortrag zur Höhe des geminderten Unternehmenswerts, etwa durch ein Parteigutachten[23], verlangen kann.[24] Im Anschluss könne er sich den Beweiserleichterungen der § 287 ZPO und § 252 Satz 2 BGB bedienen.[25] Solange aber der Tatrichter im Post M&A-Verfahren dem Sachverständigen keine rechtlichen Vorgaben mache – in anderen Rechtsgebieten sei die Vorgabe eine Selbstverständlichkeit[26] –, würden die Sachverständigengutachten im Post M&A-Verfahren ein verzerrtes Schadensbild widerspiegeln.[27]

---

17 *Fleischer*, AG 2014, 97.
18 *Schüppen*, in: FS Elsing, S. 509, 515.
19 *Fleischer*, AG 2016, 185, 190.
20 *Wächter*, M&A Litigation, S. 603 Rn. 11.131.
21 *Wächter*, M&A Litigation, S. 603 Rn. 11.131.
22 *Großfeld*, JZ 1981, 641, 642.
23 Das Parteigutachten oder auch Parteisachverständigengutachten ist ein von einer Partei in Auftrag gegebenes Sachverständigengutachten. Es wird im staatlichen Zivilprozess nicht als eigenständiges Beweismittel anerkannt, allerdings als besonders qualifizierter Parteivortrag, vgl. *Kreifels*, in: FS Elsing, S. 263, 264, 267. Im Schiedsverfahren dagegen kann es ein Beweismittel sein, vgl. *Schüppen*, in: FS Elsing, S. 509, 516 f.
24 *Wächter*, M&A Litigation, S. 559 Rn. 10.33.
25 *Wächter*, M&A Litigation, S. 559 Rn. 10.33.
26 *Großfeld*, JZ 1981, 641, 642; *Wächter/Wollny*, SchiedsVZ 2018, 80, 81.
27 *Wächter/Wollny*, SchiedsVZ 2018, 80, 81.

Dieser Meinungsstreit über die disziplinäre Einordnung der Schadensberechnung im Post M&A-Verfahren ist kein belangloser Formalismus. Es handelt sich um nicht weniger als die Frage, wer über die Berechnung der Schadenshöhe entscheidet: Der (Schieds-)Richter oder der Sachverständige; ein Jurist oder ein Wirtschaftsprüfer[28]. Denn auch wenn der Richter die Rechtsanwendung nie ganz abgibt, da er den Sachverständigen anleitet und das Ergebnis eigenständig würdigt, so lässt sich kaum widerlegen, dass sich beim Sachverständigengutachten die Verantwortung vom Richter auf den Sachverständigen verlagert und dass derjenige, der *de facto* und derjenige, der *de iure* den Rechtsstreit entscheidet, auseinanderfallen.[29] Darüber hinaus hängt von der Qualifizierung als Tatsachen- oder Rechtsfrage ab, ob eine Überprüfung durch die Revisionsinstanz zulässig ist. Eine Überprüfung von Tatsachen ist dem Revisionsgericht gemäß § 545 ZPO versagt.[30] Die Schadensberechnung im Post M&A-Verfahren wäre daher nur im Falle der Klassifizierung als Rechtsfrage revisibel.

II Argumentative Auseinandersetzung und Stellungnahme

Der erstgenannten Ansicht ist zuzugeben, dass die Schadensberechnung im Post M&A-Verfahren eng mit der Wirtschaftswissenschaft verbunden ist. Bereits die Wortwahl „Unternehmensminderwert" für die Bezeichnung des Schadens lässt keinen Zweifel daran, dass Juristen mit der Frage konfrontiert werden, um welchen Betrag der Wert des Unternehmens mangelbedingt gesunken ist. Eine Unternehmensbewertung nach allein wirtschaftswissenschaftlichen Bewertungsgrundsätzen ohne rechtliche Vorgabe erscheint daher auf den ersten Blick naheliegend.

Gleichwohl überzeugt die Ansicht des zweiten Lagers mit den besseren Argumenten. Das zweite Lager führt ins Feld, dass in anderen Rechtsanwendungsfällen als Post M&A-Verfahren seit Langem anerkannt ist, dass sich die Berechnungsmethoden nach dem Gesetz richten: Für die Bewertung der Entschädigung für Aktionäre bei einem *Squeeze-Out* werden Bewertungsgrundsätze des Gesellschaftsrechts

---

28 Bzw. ein anderer vom Gericht bestellter Sachverständiger mit vergleichbaren wirtschaftswissenschaftlichen Fachkenntnissen.

29 *Meller-Hannich*, ZZP 129 (2016), 263, 264; sehr kritisch zu der Situation, dass der Tatrichter lediglich das Sachverständigengutachten auf Widerspruchsfreiheit und Plausibilität prüft und die Wahl der Bewertungsmethode nicht selbst trifft, sodass *de facto* der gerichtlich bestellte Sachverständige den Rechtsstreit entscheidet: *Lauber*, in: Fleischer/Hüttemann, Rechtshandbuch Unternehmensbewertung, § 34 V.2. Rn. 34.31. Er spricht insoweit von dem „Risiko einer mit Art. 101 Abs. 1 Satz 2 GG nicht mehr zu vereinbarenden Verantwortungsverlagerung auf den Sachverständigen".

30 *Krüger*, in: MüKo-ZPO, § 545 Rn. 2.

angewendet. Für Gutachter einer Bewertung in Scheidungs- und Erbschaftsfällen stellen die Regeln des Erb- und Familienrechts Ermessensgrenzen dar. Eine Wertermittlung zu steuerlichen Zwecken beachtet stets Steuergesetze, Verordnungen der Steuerbehörden sowie die Rechtsprechung der Finanzgerichtsbarkeit.[31] Dementsprechend würden sich auch für das Post M&A-Verfahren Vorschriften als rechtliche Bewertungsvorgaben eignen, namentlich das Schadensersatz- und Beweisrecht.[32]

In der Tat ist kein Grund ersichtlich, weshalb Unternehmensbewertungen nach einem Unternehmenskauf eine geringere Rechtsqualität besitzen sollten als Unternehmensbewertungen nach einem *Squeeze-Out*, einer Scheidung, einer Erbschaft oder nach einem steuerrelevanten Vorgang. Der wirtschaftliche Hintergrund der M&A-Transaktion jedenfalls rechtfertigt es nicht, eine rein ökonomische, nichtjuristische Bewertung vorzunehmen, denn auch der *Squeeze-Out* hat einen rein wirtschaftlichen Hintergrund, nämlich die unternehmerische Entfaltungsfreiheit des Hauptaktionärs zu stärken und minderheitsschutzbedingte Gesellschaftskosten einzusparen.[33] Es dürfte unstreitig sein, dass sämtliche gesetzliche Vorschriften und Rechtsinstitute betreffend die Schadenshöhe im Post M&A-Verfahren zur Anwendung kommen. Sollten auch sie eine Bewertungsvorgabe enthalten (was es zu untersuchen gilt), so gelangen diese daher ebenfalls zur Anwendung und die Bewertung im Post M&A-Verfahren ist gleichsam rechtlich gebunden.

Ein weiteres Gegenargument des zweiten Lagers stützt sich auf einen Exklusivitätsanspruch des Gesetzesrechts. Da das Zusprechen von Schadensersatz eine Anwendung des Rechts ist, sei auch die Feststellung der Schadenshöhe eine rechtlich gebundene Berechnung.[34] Das Gesetz allein entscheide, was es als Schadensersatz gewährt.[35] Auch sei es das Vorrecht des Rechts, zu entscheiden, welche Art von wirtschaftlicher Argumentation zum Zwecke der Schadensberechnung zulässig ist.[36] Diesem Argument ist nichts entgegenzuhalten. Das Gesetz[37] regelt den Umfang

---

31 Zum Ganzen: *Hafner*, in: Neue Betriebswirtschaft, S. 229, 230; *Hüttemann*, in: Fleischer/Hüttemann, Rechtshandbuch Unternehmensbewertung, § 1 II. Rn. 1.5, III. 1.9 ff; *Wächter/Wollny*, SchiedsVZ 2018, 80, 84.

32 *Wächter/Wollny*, SchiedsVZ 2018, 80, 84.

33 Zum wirtschaftlichen Hintergrund eines *Squeeze-Out: Lieder/Stange*, DK 2008, 617, 618; *Singhof*, in: BeckOGK-AktG, § 327a Rn. 3; *Wilsing/Paul*, in: Henssler/Strohn, § 327a AktG Rn. 1.

34 *Hüttemann*, in: Fleischer/Hüttemann, Rechtshandbuch Unternehmensbewertung, § 1 II. Rn. 1.5 (in Bezug auf eine gerichtliche Unternehmensbewertung); *Oetker*, in: MüKo-BGB, § 249 Rn. 23; *Wächter/Wollny*, SchiedsVZ 2018, 80, 80, 84.

35 *Wächter*, M&A Litigation, S. 553 Rn. 10.15.

36 *Wächter/Wollny*, SchiedsVZ 2018, 80, 80, 84.

37 In den §§ 249 ff. BGB in Verbindung mit dem Schutzzweck der jeweiligen Haftungsnorm.

des Schadensersatzanspruchs, die sogenannte Haftungsausfüllung.[38] Damit ist die Feststellung der Schadenshöhe eine ureigene Aufgabe des Gerichts.[39]

Als weiteres Argument für die Rechtsqualität der Schadensbemessung führt das zweite Lager die in § 254 BGB inkorporierte Wertung des Gesetzgebers an.[40] Wenn das Gericht zu der Feststellung gelangt, dass den Geschädigten ein Mitverschulden, also ein in rechtlicher Hinsicht vorwerfbares Verhalten[41] trifft, so hat es nach eigenem Ermessen den Schadensersatzanspruch zu kürzen.

Dieses Argument überzeugt, denn über diesen Mechanismus nimmt der Grad eines Verschuldens auf die mathematische Schadensbezifferung Einfluss. Damit dürfte kaum noch in Zweifel gezogen werden, dass es sich bei der Schadensberechnung um eine juristische Subsumtion und nicht allein um eine ökonomische Rechnung handelt. Der Gesetzgeber hat mit der Vorschrift des § 254 BGB der Schadensberechnung eine Rechtsqualität attestiert.

Zu guter Letzt beruft sich das zweite Lager auf die Rechtsstaatlichkeit: Die Schadensberechnung durch das (Schieds-)Gericht selbst könne das Vertrauen in die Justiz stärken, denn Klarheit über die Berechnung des Schadensersatzes im Post M&A-Verfahren vereinfache die Aufgabe der (Schieds-)Gerichte, mache die Ergebnisse vorhersehbarer und bekräftige die Rechtsstaatlichkeit.[42]

Eng verbunden mit dem Prinzip der Rechtsstaatlichkeit ist der prozessuale Unmittelbarkeitsgrundsatz. Auch wenn dieses Argument von der Literatur bislang nicht angeführt worden ist, lässt es sich an dieser Stelle der Argumentation ergänzen, um die Auffassung des zweiten Lagers zu untermauern. Denn der Unmittelbarkeitsgrundsatz soll gewährleisten, dass das Gericht die Beweismittel nach eigener Anschauung bewertet und etwaige Unklarheiten oder Zweifel sofort beseitigen kann.[43] Dies ist der Fall, wenn das Gericht die Grundlagen für die Schadensberechnung selbst vorgibt. Zwar wird der Einsatz eines Sachverständigen weder diesen Zweck perpetuieren noch den Unmittelbarkeitsgrundsatz verletzen,[44] doch liegt es nahe, dass der Unmittelbarkeitsgrundsatz für die Schadensberechnung eine größtmögliche Einflussnahme und Kontrolle durch das Gericht verlangt.

---

38 *Oetker*, in: MüKo-BGB, 2019, § 249 Rn. 1.

39 Zu demselben Ergebnis gelangt *Großfeld*, JZ 1981, 641, 643.

40 S. hierzu auch das Beispiel in *Wächter/Wollny*, SchiedsVZ 2018, 80, 80, 84 f.

41 *Grundmann*, in: MüKo-BGB, § 276 Rn. 6.

42 *Wächter/Wollny*, SchiedsVZ 2018, 80, 80 f.

43 Zum Zweck des Unmittelbarkeitsgrundsatzes: *Stadler*, in: Musielak/Voit-ZPO, § 355 Rn. 4.

44 Gegen einen Verstoß gegen das Unmittelbarkeitsprinzip durch den Einsatz eines Sachverständigen spricht bereits die Existenz der §§ 402–414 ZPO (Beweis durch Sachverständige).

III Praktische Umsetzbarkeit

Es mag sich die Vermutung aufdrängen, dass ein (Schieds-)Richter die Schadensberechnung im Post M&A-Verfahren nicht selbst vornehmen oder das Sachverständigengutachten nicht hinreichend würdigen könne. Gründe der praktischen Umsetzbarkeit könnten möglicherweise eine Übertragung der Schadensberechnung vom (Schieds-)Gericht auf Ökonomen erfordern. Doch eine Auseinandersetzung mit dem Zivilprozessrecht zeigt, dass hierfür kein Bedürfnis besteht. Sollte das Gericht Schwierigkeiten bei der exakten Bemessung des Schadens haben, so hat der Gesetzgeber für diesen Fall vorgesorgt und in § 287 Abs. 1 ZPO eine richterliche Befugnis zur Schadensschätzung[45] normiert. Damit sollte ursprünglich verhindert werden, dass ein Geschädigter von einer Klage absieht, weil er die Höhe des Schadens nicht beweisen kann.[46] Die Vorschrift des § 287 ZPO führt aber auch dazu, dass das Gericht bei der wirtschaftlichen Bemessung des Schadens freier ist, es muss nicht von der Schadenshöhe voll überzeugt sein, sondern es genügt eine überwiegende Wahrscheinlichkeit (also ein geringerer Grad der Wahrscheinlichkeit[47]) für die Angemessenheit der Schadenshöhe nach der freien Überzeugung des Gerichts.[48] Der Gesetzgeber erlaubt dem Gericht damit eine ungefähre Schadensschätzung. Das Gericht muss bei der Schätzung weder Beweisanträge noch die Regeln der Beweislast beachten.[49] Ob ein Sachverständiger zur Ermittlung des Schadens heranzuziehen ist, liegt selbst dann im freien Ermessen des Gerichts (§ 287 Abs. 1 Satz 2 ZPO), wenn eine Partei den Sachverständigenbeweis angeboten hat und das Gericht nicht zur vollen Überzeugung bezüglich der geschätzten Schadenshöhe gelangt.[50] Der Gesetzgeber zieht folglich eine eigene Schätzung durch das Gericht einer auf den Cent genauen Berechnung durch einen Sachverständigen vor und nimmt in Kauf, dass der Schadensersatzanspruch von der wirklichen Schadenshöhe abweicht.[51] Der Grund für diese Wertung soll in der Einsicht des Gesetzgebers liegen, dass es „den einen" normgerechten (Schadens-)Wert nicht

---

45 Zur richterlichen Befugnis der Schadensermittlung durch Schätzung: *Brand*, Schadensersatzrecht, S. 169 f. Rn. 18, 19; *Prütting*, in: MüKo-ZPO, § 287 Rn. 1 ff., 22.

46 *Wasmuth*, Funktionale Schadensbewertung, S. 23.

47 *Hüttemann*, in: Fleischer/Hüttemann, Rechtshandbuch Unternehmensbewertung, § 1 V. 2. Rn. 1.45.

48 *Dörfler*, in: Bilanzgarantien, S. 267, 272; *Oetker*, in: MüKo-BGB, § 249 Rn. 499, 503; *Prütting*, in: MüKo-ZPO, § 287 Rn. 17; *Wagner*, Schadensersatz, S. 5, 31.

49 *Brand*, Schadensersatzrecht, S. 170 Rn. 19.

50 *Prütting*, in: MüKo-ZPO, § 287 Rn. 23.

51 *Prütting*, in: MüKo-ZPO, § 287 Rn. 3.

gebe.[52] Ein weiterer Grund laute, dass eine strenge Beweisführung hinsichtlich eines hypothetischen Zustands oft gar nicht möglich ist.[53] Eine Bestätigung findet dieser Erklärungsansatz in einem Urteil des Oberlandesgerichts Stuttgart. Es entschied, dass Urteile, die auf einer gutachterlichen Unternehmensbewertung beruhen, nicht einer Richtigkeits-, sondern nur einer Vertretbarkeitsprüfung zugänglich seien.[54]

In der Praxis wird es stets ein Ausnahmefall bleiben, dass ein Gericht ganz ohne Sachverständigengutachten auskommt, nämlich wenn das Gericht selbst über den erforderlichen Sachverstand verfügt und die (Unternehmens-)Bewertung selbst vornehmen kann.[55] Dies führt zu der Frage, ob es sich wegen dieser tatsächlichen Aufgabenverteilung um eine Tatsachenfrage handelt. Die Frage ist zu verneinen. Auch wenn sich das (Schieds-)Gericht für die Beauftragung eines Sachverständigen entscheidet, mindert dies nicht die Rechtsqualität der Schadensberechnung. Denn selbst in den Fällen, in denen ein Gericht zur Beantwortung dieser Frage einen Sachverständigen heranzieht (§ 287 Abs. 1 Satz 2 ZPO), hat es zuvor anhand der §§ 249 ff. BGB die Tatsachengrundlage (die sogenannten Anschlusstatsachen[56] oder Anknüpfungstatsachen[57]), also die für das Sachverständigengutachten maßgeblichen Kennzahlen sowie den Bewertungsstichtag[58] zu bestimmen und die Tätigkeit des Sachverständigen zu leiten (§ 404a Abs. 1, 3 ZPO). Nach einer Ansicht unterfällt sogar die Auswahl der Anschlusstatsachen dem weiten richterlichen Ermessen des § 287 ZPO.[59]

IV Wandel in der höchstrichterlichen Rechtsprechung

Auch die Rechtsprechung hat sich mit der disziplinären Einordnung beschäftigt, ihre Ansicht wird allerdings als „undifferenziert und missverständlich" aufge-

---

52 *Hüttemann*, in: Fleischer/Hüttemann, Rechtshandbuch Unternehmensbewertung, § 1 V. 2. Rn. 1.45; zustimmend *Paefgen*, DZWIR 1997, 177, 181.

53 *Brand*, Schadensersatzrecht, S. 170 Rn. 19.

54 OLG Stuttgart, Beschluss vom 8.7.2011 – 20 W 14/08, AG 2011, 795, 795 f.

55 *Schüppen*, in: FS Elsing, S. 509, 517.

56 *Stadler*, in: Musielak/Voit-ZPO, § 355 Rn. 7.

57 *Wasmuth*, Funktionale Schadensbewertung, S. 114.

58 *Wasmuth*, Funktionale Schadensbewertung, S. 114.

59 Diese Ansicht vertreten *Laumen*, in: Prütting/Gehrlein-ZPO, § 287 Rn. 11 (mit der Einschränkung, dass zwar die Tatsachen, die der Wertberechnung zu Grunde gelegt werden, in den Anwendungsbereich des § 287 ZPO fallen, nicht jedoch die Berechnungsmethode selbst); *Prütting*, in: MüKo-ZPO, § 287 Rn. 16; a.A.: *Ahrens*, in: Wieczorek/Schütze-ZPO, § 287 Rn. 37 (das materielle Recht bestimme die Schadensberechnungsmethode, diese Entscheidung liege daher nicht im Ermessen des Gerichts).

fasst.[60] Dies dürfte unter anderem auf die Meinungswechsel des Bundesgerichtshofs zurückzuführen sein. Ursprünglich stellte sich der Bundesgerichtshof in den 70er Jahren auf den Standpunkt, die Auswahl des betriebswirtschaftlichen Bewertungsverfahrens sei eine Tatsachen-, keine Rechtsfrage und obliege daher dem Sachverständigen; der Tatrichter habe das Ergebnis des Gutachtens anschließend frei zu würdigen und ggf. bei eigener Sachkunde zu korrigieren.[61] Die Unternehmensbewertung sei lediglich eine tatsächliche Grundlage für die Anspruchsberechnung.[62] Dann ging er dahin über, dass der Tatrichter nicht nur das Gutachtenergebnis, sondern auch die Verfahrensweise der Bewertung (Wahl und Durchführung des Bewertungsverfahrens sowie Auswahl der zu Grunde gelegten Kennzahlen) zu würdigen habe.[63] Auch in der sogenannten Kali-und-Salz-Entscheidung[64] aus dem Jahr 1978 vertrat der Bundesgerichtshof die Ansicht, dass es dem Sachverständigen obliege, das Unternehmensbewertungsverfahren auszuwählen, weil es sich hierbei nicht um eine Rechtsfrage handle. Sein Ergebnis sei anschließend vom Tatrichter frei zu würdigen und insbesondere habe dieser zu prüfen, ob die Unternehmensbewertungsmethode den betriebswirtschaftlichen Grundsätzen entspricht.[65] Die Qualifizierung als Tatsachenfrage erklärt, weshalb der Bundesgerichtshof mit einer Selbstverständlichkeit urteilte, dass die Gerichte zur Unternehmensbewertung ein Sachverständigengutachten einzuholen hätten.[66]

In den 90er Jahren änderte sich die Rechtsprechung des Bundesgerichtshofs. Er entschied, dass der Tatrichter den Wert des Unternehmens durch ein Sachverständigengutachten ermitteln müsse, wobei es nun aber die Aufgabe des Tatrichters sei zu entscheiden, welche Bewertungsmethode der Unternehmenswertermittlung zu Grunde zu legen ist.[67] Konkret entschied der Bundesgerichtshof, sowohl die Auswahl zwischen den diversen betriebswirtschaftlichen Unternehmenswertermittlungsmethoden als auch deren Anwendung hätten jeweils sachverhaltsspezi-

---

60 *Wasmuth*, Funktionale Schadensbewertung, S. 114.

61 BGH, Urteil vom 17.1.1973 – IV ZR 142/70, NJW 1973, 509, 511; BGH, Urteil vom 28.4.1977 – II ZR 208/75, BeckRS 1977, 31115809 = WM 1977, 781, 782; *Großfeld*, JZ 1981, 641, 642.

62 BGH, Urteil vom 28.4.1977 – II ZR 208/75, BeckRS 1977, 31115809 = WM 1977, 781, 782.

63 Vgl. BGH, Urteil vom 12.2.1979 – II ZR 106/78, WM 1979, 432 f.; *Großfeld*, JZ 1981, 641, 642.

64 BGH, Urteil vom 13.3.1978 – II ZR 142/76, BGHZ 71, 40–53 = NJW 1978, 1316–1320.

65 BGH, Urteil vom 13.3.1978 – II ZR 142/76, NJW 1978, 1316, 1318 f., insoweit nicht abgedruckt in BGHZ 71, 40, 52.

66 Vgl. BGH, Urteil vom 1.10.1986 – IVb ZR 69/85, DB 1986, 2427, 2428 = NJW 1987, 321, 322.

67 BGH, Urteil vom 16.12.1991 – II ZR 58/91, BGHZ 116, 359, 370 f. = NJW 1992, 892, 895; BGH, Urteil vom 24.5.1993 – II ZR 36/92, ZIP 1993, 1160, 1162; BGH, Urteil vom 20.3.1995 – II ZR 205/94, BGHZ 129, 136, 165 = DStR 1995, 1232, 1236.

fisch durch den sachverständig beratenen Tatrichter zu erfolgen.[68] Dessen Entscheidung könne anschließend revisionsrechtlich lediglich darauf überprüft werden, ob sie gegen Denkgesetze und Erfahrungssätze verstoße oder auf rechtsfehlerhaften Erwägungen beruhe.[69] Damit wies der Bundesgerichtshof die Unternehmensbewertung dem Verantwortungsbereich des Tatrichters zu, wobei sich dieser sachverständig beraten lassen könne. Doch allzu streng war der Bundesgerichtshof hinsichtlich der Umsetzung seiner eigens entwickelten Aufgabenverteilung nicht: In einem Fall entschied er, der Tatrichter könne die Auswahl der Bewertungsmethode dann einem Sachverständigen überlassen, wenn er sich anschließend von der Richtigkeit des Gutachtens überzeuge.[70]

Im Jahr 2015 änderte sich die Rechtsprechung ein weiteres Mal. Der Bundesgerichtshof entschied im sogenannten Stinnes-Beschluss[71], dass die Frage nach der geeigneten Bewertungsmethode keine Rechtsfrage, sondern Teil der Tatsachenfeststellung sei und sich nach der wirtschaftswissenschaftlichen oder betriebswirtschaftlichen Bewertungstheorie und -praxis beurteile. Indes sei es eine Rechtsfrage, ob eine vom Tatrichter gewählte Bewertungsmethode oder ein innerhalb der Bewertungsmethode gewähltes Berechnungsverfahren den gesetzlichen Bewertungszielen widerspreche. Die Entscheidung darüber, welche von mehreren rechtlich zulässigen Berechnungsweisen im konkreten Fall geeignet und sachgerecht sei, obliege als Teil der Tatsachenfeststellung dem Tatrichter im Rahmen seines Schätzungsermessens.[72]

In dem Stinnes-Beschluss ist der Ausgangspunkt genau wie in der Kali-und-Salz-Entscheidung, dass es sich bei der Frage nach der geeigneten Bewertungsmethode nicht um eine Rechtsfrage handle, sondern um einen Teil der Tatsachenfeststellung, der sich nach der wirtschaftswissenschaftlichen oder betriebswirtschaftlichen Bewertungstheorie und -praxis richte.[73] Neu ist allerdings der Gesichtspunkt, dass es als eine Rechtsfrage zu qualifizieren sei, ob eine vom Tatrichter gewählte Bewertungsmethode oder ein innerhalb der Bewertungsmethode gewähltes Berech-

---

68 BGH, Urteil vom 24.10.1990 – XII ZR 101/89, NJW 1991, 1547, 1548 (zur Bewertung einer Arztpraxis zum Zwecke der Berechnung eines Zugewinnausgleichs).

69 BGH, Urteil vom 24.10.1990 – XII ZR 101/89, NJW 1991, 1547, 1548 (zur Bewertung einer Arztpraxis zum Zwecke der Berechnung eines Zugewinnausgleichs).

70 BGH, Beschluss vom 8.5.1998 – BLw 18/97, BGHZ 138, 371, 382 = NZG 1998, 644, 646 (zur Bewertung eines landwirtschaftlichen Betriebs zum Zwecke der Bemessung einer Abfindung).

71 BGH, Beschluss vom 29.9.2015 – II ZB 23/14, BGHZ 207, 114 – 135 = AG 2016, 135 – 142 = NZG 2016, 139 – 145.

72 BGH, Beschluss vom 29.9.2015 – II ZB 23/14, BGHZ 207, 114, 118 f. Rn. 12 f. = AG 2016, 135, 137 Rn. 12 f. = NZG 2016, 139, 140 Rn. 12 f.; seine Auffassung wiederholte der BGH wortgleich in BGH, Beschluss vom 12.1.2016 – II ZB 25/14, BGHZ 208, 265, 269 Rn. 14 = NJW-RR 2016, 610, 611 Rz. 14.

73 *Fleischer*, AG 2016, 185, 189.

nungsverfahren den gesetzlichen Bewertungszielen entspreche.[74] Damit verknüpft der Bundesgerichtshof die Unternehmensbewertung mit dem gesetzlichen Bewertungsziel und verleiht der Unternehmensbewertung im Zivilprozess ein rechtliches Element.

Der Bundesgerichtshof entschied in dem Stinnes-Beschluss weiter, die Auswahl der jeweils geeigneten, mit den Gesetzen zu vereinbarenden Bewertungsmethode sei Aufgabe des Tatrichters.[75] Noch heute ist der Bundesgerichtshof dieser Ansicht. Er urteilte im Jahr 2020, es sei eine Rechtsfrage, ob eine vom Tatrichter gewählte Bewertungsmethode oder ein innerhalb der Bewertungsmethode gewähltes Berechnungsverfahren den gesetzlichen Bewertungszielen widerspricht, wohingegen die Frage, welche der Bewertungsmethoden im Einzelfall den Wert der Unternehmensbeteiligung zutreffend abbilde, Teil der tatsächlichen Würdigung des Sachverhalts sei und sich nach der wirtschafts- oder betriebswissenschaftlichen Bewertungstheorie und -praxis beurteile.[76] Das bedeutet, dass der Tatrichter den Sachverständigen zwar mit der Frage nach der geeigneten Bewertungsmethode beauftragen darf (Tatsachenfrage), dass der Sachverständige aber nicht entscheiden darf, welche Bewertungsmethode und welche Berechnungsart dem Ziel der gesetzlichen Anspruchsgrundlage gerecht werden (Rechtsfrage). Die fließenden Grenzen dieser vom Bundesgerichtshof gewählten Abgrenzung dürften das ihr verliehene Prädikat als „undifferenziert und missverständlich“[77] untermauern. Nichtsdestotrotz ist das Bekenntnis des Bundesgerichtshofs zum rechtlichen Element der Unternehmensbewertung als „erfreulich“ bezeichnet worden.[78]

Die Kategorisierung durch den Bundesgerichtshof bedeutet einen eingeschränkten Prüfungsmaßstab in der Revisionsinstanz. Nur die Teilfrage, ob die Bewertungsmethode oder das Berechnungsverfahren den gesetzlichen Bewertungszielen gerecht wird, besitzt Rechtsqualität und lässt eine Überprüfung zu.

V Obergerichtliche Rechtsprechung

In der obergerichtlichen Rechtsprechung geraten Tatsachen und Rechtsfragen durcheinander. Das Oberlandesgericht Düsseldorf differenziert bereits im Ausgangspunkt nicht klar zwischen Tatfragen und Rechtsfragen, wenn es entschei-

74 *Fleischer*, AG 2016, 185, 189.

75 BGH, Beschluss vom 29.9.2015 – II ZB 23/14, BGHZ 207, 114, 140 Rn. 34 = AG 2016, 135, 140 Rn. 34 = NZG 2016, 139, 142 Rn. 34.

76 BGH, Beschluss vom 15.9.2020 – II ZB 6/20, BGHZ 227, 137, 141 Rn. 13 = DStR 2020, 2742, 2742 f.

77 *Wasmuth*, Funktionale Schadensbewertung, S. 114.

78 Vgl. *Fleischer*, AG 2016, 185, 189.

det: „Die [...] Unternehmensbewertung [ist] in erster Linie Rechtsanwendung[,] bei der das Gericht allerdings sachverständiger Unterstützung durch Prüfungspraxis und Betriebswirtschaftslehre bedarf."[79] In der Nachprüfung der vom Sachverständigen vorgenommenen Unternehmensbewertung sind die Obergerichte dagegen auffallend akribisch.[80] So hat das Oberlandesgericht Frankfurt a. M. einen Sachverständigen mit der Unternehmensbewertung beauftragt und anschließend eine Schätzung gemäß § 287 Abs. 2 ZPO vorgenommen.[81] Es entschied, dass es von der Geeignetheit und Aussagekraft der von ihm zur Schätzung herangezogenen Methode überzeugt sein müsse.[82] Erfolge die Ermittlung anhand einer Unternehmensbewertung, sei zum Zwecke der Schätzung in der Regel auf die im Bewertungsgutachten erläuterten und von dem sachverständigen Prüfer analysierten Methoden, Parameter und Planzahlen zurückzugreifen, sofern sich diese im Rahmen der gerichtlichen Prüfung als vertretbar und plausibel erweisen sowie eine wertende Gesamtsicht des dergestalt ermittelten Unternehmenswertes keine andere Betrachtungsweise nahelegt. Andernfalls sei eine geeignete Grundlage für die vom Gericht vorzunehmende Schätzung etwa durch die Heranziehung eines Sachverständigen oder aufgrund eigener Sachkunde sicherzustellen.[83] Das Oberlandesgericht Frankfurt a. M. prüfte selbst die Plausibilität der zu Grunde liegenden Ertragszahlen und Jahresergebnisse, der Detailplanungsphase sowie der ewigen Rente.[84]

VI Ergebnis

Eine Interdisziplinarität kann der Thematik nicht mehr abgesprochen werden. Die Unternehmensbewertung ist ein Begegnungsfach, da sich die wirtschaftliche Analyse des Rechts und die rechtliche Analyse der Wirtschaft überschneiden.[85] Die Grenzen zwischen der Betriebswirtschaftslehre und den Rechtswissenschaften sind an dieser Stelle fließend. *Großfeld* formuliert treffend:

---

79 OLG Düsseldorf, Beschluss vom 8. 8. 2013 – I-26 W 15/12, NZG 2013, 1393, 1394.

80 *Schröter*, Unternehmensbewertung, S. 67.

81 OLG Frankfurt a. M., Beschluss vom 17.1. 2017 – 21 W 37/11, BeckRS 2017, 102412.

82 OLG Frankfurt a. M., Beschluss vom 17.1. 2017 – 21 W 37/11, BeckRS 2017, 102412 Rn. 28.

83 OLG Frankfurt a. M., Beschluss vom 17.1. 2017 – 21 W 37/11, BeckRS 2017, 102412 Rn. 30.

84 OLG Frankfurt a. M., Beschluss vom 17.1. 2017 – 21 W 37/11, BeckRS 2017, 102412 Rn. 45.

85 *Großfeld/Egger/Tönnes*, Recht der Unternehmensbewertung, S. 2 Rn. 6.

> „Heute ist die Unternehmensbewertung **die** Begegnungszone zwischen Betriebswirten und Juristen. Man weiß nicht recht, wo die einen aufhören und die anderen anfangen.“[86]
> (*Großfeld*, BB 2004, 2174, 2178; Hervorhebung entstammt dem Original)

Die Schadensbemessung besitzt Rechtsqualität und bleibt auch bei Hinzuziehung eines Sachverständigen im Verantwortungsbereich des Gerichts. Vor diesem Hintergrund ist die zweigleisige Lösung des Bundesgerichtshofs stichhaltig. Es ist Aufgabe des Tatrichters, eine für den rechtlichen Bewertungszweck geeignete Bewertungsmethode auszuwählen und dem Sachverständigen die Tatsachengrundlage für die Unternehmensbewertung vorzugeben. Folglich ist zu untersuchen, welche rechtlichen Vorgaben das Schadensersatzrecht, Schadensrecht und Beweisrecht für eine Unternehmensbewertung im Post M&A-Verfahren machen und welche Unternehmensbewertungsmethoden dem rechtlichen Bewertungszweck gerecht werden.

86 *Großfeld*, BB 2004, 2174, 2178 (Hervorhebung entstammt dem Original).

C Schadensberechnung im Post M&A-Verfahren

I Grundsätze der Schadensberechnung

Diese Arbeit befasst sich ausschließlich mit dem Schadensersatzanspruch des Käufers, der auf die Zahlung von Geld gerichtet ist. Andere Rechtsfolgen wie etwa eine Rückabwicklung als Folge des sogenannten großen Schadensersatzes[1] (§ 281 Abs. 1 Satz 2, 3 BGB), des Rücktritts oder als Folge der Anfechtung wegen arglistiger Täuschung bleiben mangels Relevanz in der Rechtspraxis[2] unberücksichtigt. Sie sind in der Regel vom Käufer nicht gewollt und auch kaum umsetzbar, da sich die Rückabwicklung eines Unternehmenskaufvertrags in der Praxis noch schwieriger gestaltet als die Rückabwicklung von Arbeits- oder Gesellschaftsverträgen.[3] Unternehmen ändern sich ab dem Zeitpunkt des Gefahrübergangs, dem Übergangsstichtag (auch Übertragungsstichtag genannt[4]), in erheblichem Umfang durch die täglichen Änderungen im Umlauf- und Anlagevermögen, durch Personalwechsel, durch Marktschwankungen und viele weitere Entscheidungen und Einflüsse.[5] Oft gliedert der Käufer das Unternehmen auch in sein bereits bestehendes Unternehmen ein,[6] womit er das Unternehmen unwiederbringlich verändert. Der Käufer wird das Unternehmen aus diesen Gründen nicht mehr in dem Zustand an den Verkäufer rückübertragen können, in dem er es erhalten hat.[7] Auch der Wissens- und *Knowhow*-Transfer ist unumkehrbar.[8] Deshalb ist nach Eingliederungs- und/oder Umstrukturierungsmaßnahmen (sogenannte *Post-Merger*-Integration[9]) die Rückgewähr gemäß § 346 Abs. 2 Nr. 2 BGB ausgeschlossen und der Käufer müsste im

---

1 *Schulze*, in: Schulze-BGB, § 281 Rn. 22, 23.

2 *Kiethe*, DStR 1995, 1756, 1761. Ein Fall, in dem es dagegen um die Anfechtung des Unternehmenskaufvertrags durch den Käufer ging, entschied jüngst das OLG München mit Urteil vom 3.12.2020 – 23 U 5742/19, NZG 2021, 423–429.

3 *Elsing/Kramer*, in: FS Großfeld, S. 109, 114; *Louven/Mehrbrey*, NZG 2014, 1321, 1323; *Mueller-Thuns*, in: Rödder/Hötzel/Mueller-Thuns, Unternehmenskauf, S. 222 f. Rn. 99; *Picot*, Handbuch Mergers & Acquisitions, S. 328.

4 *Picot*, Handbuch Mergers & Acquisitions, S. 305. Der Übertragungsstichtag ist bei Unternehmenskäufen besonders relevant, weil sich der Unternehmenswert bis zum Vollzug des Unternehmenskaufvertrags ändern kann. Daher vereinbaren die Parteien häufig, dass der endgültige Kaufpreis anhand einer Stichtagsbilanz zum Übertragungsstichtag ermittelt werden soll, vgl. *Picot*, Handbuch Mergers & Acquisitions, S. 305.

5 *Louven/Mehrbrey*, NZG 2014, 1321, 1323.

6 *Paefgen/Wallisch*, in: Bilanzgarantien, S. 205, 210; *Westermann*, in: MüKo-BGB, § 453 Rn. 18.

7 *Bisle*, DStR 2013, 364, 365 f.; *Wasmuth*, Funktionale Schadensbewertung, S. 56.

8 *Hilgard*, ZIP 2005, 1813, 1814 Fn. 14.

9 *Picot*, DB 2009, 2587, 2593.

https://doi.org/10.1515/9783111334424-004

Falle der Rückabwicklung das Unternehmen behalten und an den Verkäufer Wertersatz leisten einschließlich Wertersatz für bis dahin erwirtschaftete Gewinne.[10] Das führt nach Unternehmenskäufen aber nicht zu sachgerechten Ergebnissen[11] und ist nicht im Interesse des Käufers. Vor diesem Hintergrund wundert es nicht, dass die Rückabwicklung eines Unternehmenskaufvertrags in der Praxis als „untragbar“[12] und „No go“[13] bezeichnet wird.

Das in den §§ 249 ff. BGB geregelte Schadensrecht ist systematisch betrachtet „vor die Klammer gezogen“ worden[14] und gilt für jeden Schadensersatzanspruch.[15] Gleichwohl lässt sich das Schadensrecht nicht losgelöst von der jeweiligen Haftungsnorm beurteilen, weil sich die Höhe des auf Geld gerichteten Schadensersatzanspruchs stets nach der jeweiligen Anspruchsgrundlage richtet, auf die sich der Käufer stützt.[16] Der Schutzzweck der Anspruchsgrundlage legt fest, welches Interesse des Anspruchsinhabers von der Rechtsfolgenseite umfasst ist.[17] Umfasst ist nur der Schaden, der aus einer Gefahr resultiert, die die verletzte Bestimmung im Blick hatte.[18] Erforderlich ist damit ein „innerer Zusammenhang“ zwischen der Pflicht- oder Normverletzung und Schadensfolge.[19] Wegen dieser Systematik wird auch begrifflich zwischen dem Schadensrecht und dem Schadensersatzrecht unterschieden, wobei diese zwei Bezeichnungen nicht einheitlich verwendet werden.[20] Ein Vorschlag lautet, als Schadensrecht die Normen der §§ 249 ff. BGB zu bezeichnen, die festlegen, in welcher Form Schadensersatz zu leisten ist. Als

10 *Beisel*, in: Beisel/Klumpp, Der Unternehmenskauf, § 16 Rn. 44; *Picot*, DB 2009, 2587, 2593; *Thiessen*, Unternehmenskauf und BGB, S. 265 einschl. Fn. 336.

11 *Picot*, DB 2009, 2587, 2593.

12 *Westermann*, in: MüKo-BGB, § 453 Rn. 40.

13 *Paefgen/Wallisch*, in: Bilanzgarantien, S. 205, 210.

14 *Wagner*, Schadensersatz, S. 5, 11.

15 Nur in Ausnahmen gelten zur Schadensberechnung Sonderregeln wie etwa für das Reisevertragsrecht oder für das Arbeitsrecht; vgl. *Höpfner*, in: Staudinger-BGB, Vorbem. zu §§ 249 ff. Rn. 7.

16 *Brand*, Schadensersatzrecht, S.12 Rn. 15; *Brand*, in: Bilanzgarantien, S. 305; *Brand*, in: BeckOGK-BGB, § 249 Rn. 3; *Elsing/Kramer*, in: FS Großfeld, S. 109, 113; *Kiethe*, DStR 1995, 1756, 1758; *Wagner*, Schadensersatz, S. 5, 11.

17 *Brand*, Schadensersatzrecht, S. 12 Rn. 15; *Elsing/Kramer*, in: FS Großfeld, S. 109, 113; *Oetker*, in: MüKo-BGB, § 249 Rn. 120; *Schulze*, in: Schulze-BGB, vor § 249 Rn. 16; *Wächter*, in: M&A Litigation, S. 549 f. Rn. 12.21.

18 *Bayer/Lieder*, WM 2006, 1, 4.

19 *Bayer/Lieder*, WM 2006, 1, 4.

20 *Wächter* verwendet für diese Unterscheidung ebenfalls die Begriffe „Schadensrecht“ und „Schadensersatzrecht“, s. *Wächter*, M&A Litigation, S. 617 Fn. 3; *Brand* verwendet die Begriffe „Schadensrecht“ und „Haftungsrecht“, s. *Brand*, in: Bilanzgarantien, S. 305, ebenso *Wasmuth*, Funktionale Schadensbewertung, S. 4 einschl. Fn. 7. Inhaltlich nehmen die Autoren jedoch dieselbe Abgrenzung vor.

Schadensersatzrecht seien in diesem Zusammenhang die Normen zu bezeichnen, die Schadensersatz als Rechtsfolge anordnen, also die Vorschriften der §§ 280 ff. BGB oder Garantieverträge i.V.m. § 311 Abs. 1 BGB.[21] Diese Terminologie hat den Vorteil, dass sie sich mit den Begriffen „Haftungsbegründung" (für die Frage, *ob* gehaftet wird[22]) und „Haftungsausfüllung" (für die Frage, *in welchem Umfang* gehaftet wird[23]) vereinbaren lässt und soll daher im Folgenden Verwendung finden.

Wie bereits erwähnt, bestimmt der Schutzzweck der jeweiligen Haftungsnorm, ob der Verkäufer auf das positive oder das negative Interesse haftet. Der Schutzzweck ist durch Auslegung zu ermitteln[24] und umfasst entweder das negative Interesse oder das positive Interesse. Beide Interessen haben jeweils zum Inhalt, die kausalen Folgen des haftungsbegründenden Ereignisses aufzuheben.[25] Das negative Interesse (der sogenannte Vertrauensschaden[26]) umfasst das Interesse des Käufers, das enttäuscht wurde, weil er auf die Gültigkeit der Erklärung des Verkäufers vertraut hat.[27] Der Geschädigte ist so zu stellen, wie er stünde, wenn er den Vertrag niemals geschlossen hätte.[28] Das positive Interesse wird auch Leistungsinteresse, Erfüllungsinteresse oder Nichterfüllungsschaden genannt.[29] Es schützt das Vertrauen des Käufers auf den Erhalt der Gegenleistung[30] und bestimmt, dass der Geschädigte so zu stellen ist, wie er stünde, wenn der Vertrag ordnungsgemäß erfüllt worden wäre.[31] Hat der Schädiger in den Vermögensbestand des Geschädigten eingegriffen, wurde das negative Interesse verletzt. Hat der Schädiger eine Leistungspflicht verletzt, handelt es sich um die Verletzung des positiven Interesses.[32] Es ist somit festzuhalten, dass zuerst das haftungsbegründende Verhalten des Ver-

21 Zum Ganzen: *Wächter*, M&A Litigation, S. 617 Fn. 3, der in diesem Zusammenhang behauptet, die §§ 249 ff. BGB würden auch bestimmen, welches Interesse ersatzfähig ist. Dem kann jedoch nicht gefolgt werden, da nicht das Schadensrecht, sondern das Schadensersatzrecht, namentlich der Schutzzweck der jeweiligen Anspruchsgrundlage das ersatzfähige Interesse bestimmt, s. hierzu S. 23 sowie S. 126 f. einschl. Fn. 761.

22 *Oetker*, in: MüKo-BGB, § 249 Rn. 105.

23 *Oetker*, in: MüKo-BGB, § 249 Rn. 105.

24 *Oetker*, in: MüKo-BGB, § 249 Rn. 120.

25 *Wächter*, M&A Litigation, S. 617 Rn. 12.3, S. 623 Rn. 12.14.

26 *Beisel*, in: Beisel/Klumpp, Der Unternehmenskauf, § 16 Rn. 66; *Brand*, in: Bilanzgarantien, S. 297, 304; *Leuering/Rubner*, NJW-Spezial 2021, 176, 177; *Schulze*, in: Schulze-BGB, vor § 249 Rn. 12; *Wächter/Wollny*, SchiedsVZ 2018, 80, Rn. 38.

27 *Brand*, in: Bilanzgarantien, S. 297, 304 f.

28 *Brand*, Schadensersatzrecht, S. 12 Rn. 15.

29 *Brand*, in: Bilanzgarantien, S. 297, 304 f.; *Schulze*, in: Schulze-BGB, vor § 249 Rn. 12; *Wächter/Wollny*, SchiedsVZ 2018, 80, Rn. 38.

30 *Brand*, in: Bilanzgarantien, S. 297, 304 f; *Schulze*, in: Schulze-BGB, vor § 249 Rn. 12.

31 *Brand*, Schadensersatzrecht, S. 12 Rn. 15.

32 *Wächter*, M&A-Litigation, S. 624 Rn. 12.14.

käufers zu klassifizieren ist, bevor entschieden werden kann, ob er dem Käufer das negative oder das positive Interesse zu ersetzen hat.[33]

Die begriffliche Unterscheidung zwischen dem negativen und dem positiven Interesse ist nicht unumstritten, denn der Gesetzeswortlaut enthält sie nicht.[34] *Nirk* bewertet sie als verfehlt. Ihm zufolge sei diese begriffliche Unterscheidung bei der Bemessung der Schadenshöhe zum einen irrelevant und falsch und zum anderen verwirrend. Die Frage, „wie der Käufer stünde, hätte er auf die Gültigkeit des Vertrags vertraut", sorge für mehr Verunsicherung, als dass sie Klarheit schaffe. Stattdessen sei danach zu fragen, wofür das Fehlverhalten des Verkäufers ursächlich war.[35] Andere dagegen bezeichnen das negative und das positive Interesse als das entscheidende schadensrechtliche und schadensdogmatische Begriffspaar.[36] Die Fürsprecher gehen noch weiter: Erst die Unterscheidung zwischen dem negativen und dem positiven Interesse ermögliche klar definierte Rechts- und Bewertungsgrundsätze, die für eine klare Schadensberechnung unerlässlich seien.[37] Deshalb sei dies sogar die wichtigste Unterscheidung bei der Schadensbemessung.[38] Wieder andere äußern sich zurückhaltender, sind aber gleichwohl dafür, zumindest zur gedanklichen Orientierung diese Begriffe zu verwenden.[39] Wie selbstverständlich bedient sich die Rechtsprechung in Urteilsbegründungen dieses Begriffspaars als Unterscheidungsmerkmal.[40]

Auch wenn kein Gesetzeswortlaut als Argument für die Verwendung dieses Begriffspaars angeführt werden kann, so spricht doch die inhaltliche Regelung des Schadens- und Schadensersatzrechts für diese Terminologie. Kommentatoren[41] gelingt es, diese Begriffe aus dem Gesetz abzuleiten, da die Anspruchsgrundlagen, wenn auch nicht nach ihrem Wortlaut, so doch nach ihrem Regelungsinhalt entweder das negative oder das positive Interesse zusprechen. Die Unterscheidung ist mithin gesetzeskonform. Aus diesem Grund wird im Folgenden zwischen dem negativen und dem positiven Interesse unterschieden.

Wie gezeigt wurde, ist in einem ersten Schritt das haftungsbegründende Verhalten des Verkäufers zu kategorisieren, um entscheiden zu können, welche Anspruchsgrundlage einschlägig ist. In der Praxis der Post M&A-Verfahren sind vor

33 *Wächter*, M&A-Litigation, S. 623 f. Rn. 12.14.
34 *Wächter*, M&A-Litigation, S. 631 Rn. 12.29.
35 Zum Ganzen: *Nirk*, in: FS Möhring, S. 71, 86 f.
36 *Wächter*, M&A-Litigation, S. 623 Rn. 12.14.
37 *Wächter/Wollny*, SchiedsVZ 2018, 80, 80 f.
38 *Wächter/Wollny*, SchiedsVZ 2018, 80, 86.
39 *Brand*, in: Bilanzgarantien, S. 305.
40 Vgl. BGH, Urteil vom 15.3.2006 – VIII ZR 120/04, NJW-RR 2006, 1185, 1187 f.
41 S. *Brand*, in: BeckOGK-BGB, § 249 Rn. 29–35; *Schulze*, in: Schulze-BGB, vor § 249 Rn. 12.

allem drei Fallgruppen und damit drei verschiedene Anspruchsgrundlagen relevant: Erstens das Verschweigen eines Mangels durch den Verkäufer, das den Anwendungsbereich der §§ 280 Abs. 1, 311 Abs. 2, 241 Abs. 2 BGB (c.i.c.) eröffnet, zweitens die „Lieferung" eines mangelhaften Unternehmens, bei der sich der Käufer auf die §§ 280 Abs. 1, 434, 437 Nr. 3 BGB (Gewährleistungsrecht) stützen kann, sowie drittens die Verletzung einer selbstständigen Garantie, bei der § 311 Abs. 1 BGB die Anspruchsgrundlage darstellt.[42] Für jede dieser Anspruchsgrundlagen gilt es im Folgenden zu prüfen, welches Interesse von der Rechtsfolgenseite umfasst ist und wie dieses anhand der §§ 249 ff. BGB zu berechnen ist.

II Schadensersatzhaftung des Verkäufers im Post M&A-Verfahren

1 Haftung wegen Verschweigen des Mangels (Aufklärungspflichtverletzung), §§ 280 Abs. 1, 311 Abs. 2, 241 Abs. 2 BGB (c.i.c.)

Die Haftung des Verkäufers, weil er dem Käufer wesentliche Informationen über das erworbene Unternehmen vorenthalten hat, ist Gegenstand der täglichen Praxis, sogar häufigster Gegenstand in Post M&A-Verfahren[43], und auch jüngst wieder vom Oberlandesgericht München entschieden worden.[44] Ein Grund für die hohe Praxisrelevanz der *culpa in contrahendo* (c.i.c.) ist die Regelung des § 276 Abs. 3 BGB, wonach der Verkäufer seine Haftung wegen vorsätzlicher Verletzung seiner vorvertraglichen Aufklärungspflichten nicht abbedingen kann.[45] Für Vorsatz – und damit für die Anwendbarkeit dieser Vorschrift – reicht bedingter Vorsatz aus.[46] Es genügen bereits Angaben ins Blaue hinein,[47] die auf bewusst unsicherer Tatsachengrundlage getätigt werden.[48]

---

42 *Beisel*, in: Beisel/Klumpp, Der Unternehmenskauf, § 16 Rn. 82; *Sachs*, SchiedsVZ 2004, 123, 126.

43 *Elsing/Kramer*, in: FS Großfeld, S. 109, 112; *Grunewald*, GmbHR 2021, 800.

44 OLG München, Urteil vom 3.12.2020 – 23 U 5742/19, NZG 2021, 423, 424 f., 427.

45 *Elsing/Kramer*, in: FS Großfeld, S. 109, 112; *Leuering/Rubner*, NJW-Spezial 2021, 176, 177; *Maier*, Aufklärungspflichten, S. 29 f.; *Paefgen/Wallisch*, in: Bilanzgarantien, S. 205, 214.

46 *Hübner*, BB 2010, 1483.

47 BGH, Urteil vom 29.1.1975 – VIII ZR 101/73, BGHZ 63, 382, 388 = NJW 1975, 642, 645; BGH, Urteil vom 26.9.1997 – V ZR 29/96, NJW 1998, 302, 303; BGH, Urteil vom 25.3.1998 – VIII ZR 185/96, NJW 1998, 2360, 2361, insoweit nicht abgedruckt in BGHZ 138, 195, 199; *Beisel*, in: Beisel/Klumpp, Der Unternehmenskauf, § 16 Rn. 67.

48 BGH, Urteil vom 7.6.2006 – VIII ZR 209/05, BGHZ 168, 64, 69 = NJW 2006, 2839, 2840; *Punte/Klemens*, DB 2021, 892, 893.

a) Gesteigerte Aufklärungspflicht und *Due Diligence* in M&A-Transaktionen

In dem aktuellen Urteil betonte das Oberlandesgericht München, dass den Unternehmensverkäufer nach ständiger Rechtsprechung des Bundesgerichtshofs[49] gesteigerte Aufklärungspflichten treffen, weil der Käufer das Unternehmen von außen nur schwer richtig bewerten kann.[50] Die vorvertraglichen Aufklärungspflichten des Verkäufers dienen der Risikoverteilung zwischen den Parteien, da dem Käufer aus seinem Informationsdefizit und seiner besonderen Abhängigkeit von den Angaben des Verkäufers ein Risiko erwächst.[51] Diese Risikoverteilung veranlasst den Käufer, von dem Verkäufer vor dem Unternehmenskauf umfassende Aufklärung zu verlangen, die im Rahmen der *Due Diligence*[52] erteilt wird. Die *Due Diligence* spielt im Unternehmenskaufprozess eine wesentliche Rolle. Vor dem Abschluss des Unternehmenskaufvertrags (*Share Purchase Agreement*, kurz „SPA")[53] untersucht der Käufer das Unternehmen im Rahmen der *Due Diligence.* Er sieht sich im Zuge der sogenannten *Commercial Due Diligence* diverse Kennzahlen des Unternehmens an wie beispielsweise angebotene Leistungen und Produkte, Zulieferer der Produktkategorien, Einkaufsvolumen pro Region, Lieferantenumsätze, Vertrieb und Vertriebsabläufe, Kennzahlen der Filialen, Vertragshändler, Handelsvertreter und Kommissionäre. Hierbei untersucht er auch die Unternehmensstrategie, Chancen und Risiken technologischer Potenziale, Unternehmensabläufe, Verantwortlichkeiten, Unternehmensrichtlinien sowie die Zielsetzung unter Einbeziehung der Marktchancen des Geschäftsmodells und einer Umfeldanalyse.[54] Während der sogenannten *Financial Due Diligence* prüft der Käufer die betriebswirtschaftliche Situation des Unternehmens, also die Vermögens-, Liquiditäts- und Ertragslage, das interne Rechnungswesen (u.a. Kosten- und Leistungsrechnung und *Controlling*) sowie das externe Rechnungswesen (u.a. Buchhaltung). Auch die Entwicklung der Finanzlage wird vom Käufer analysiert, indem er eine *Cashflow*-Analyse anstellt und das *Working Capital* (das Nettoumlaufvermögen)[55] sowie die Investitionen untersucht und die Zukunftsprognose und Planungsrechnung begutachtet.[56] Für den Käufer sind diese Informationen von großer Bedeutung, schließlich bemisst er anhand dieser die Unternehmenschancen und -risiken aus finanzieller, kommer-

49 BGH, Urteil vom 4.4.2001 – VIII ZR 32/00, NJW 2001, 2163, 2164.
50 OLG München, Urteil vom 3.12.2020 – 23 U 5742/19, NZG 2021, 423, 425.
51 BGH, Urteil vom 4.4.2001 – VIII ZR 32/00, NJW 2001, 2163, 2164; *Gran*, NJW 2008, 1409, 1410.
52 Zur Definition der *Due Diligence* s. S. 6 Fn. 45.
53 *Kraft/Link*, in: Bilanzgarantien, S. 175; *Mohamed*, DNotZ 2019, 884, 885.
54 Zum Ganzen: *Fleischer/Körber*, BB 2001, 841; *Gran*, NJW 2008, 1409, 1412.
55 *Leis/Mengen*, BB Berater Magazin M&A 03/2021, 4.
56 *Fleischer/Körber*, BB 2001, 841; *Gran*, NJW 2008, 1409, 1412.

zieller und rechtlicher Sicht[57] und macht diese zur Grundlage seiner Kalkulation und Entscheidung[58] und der Höhe seines Kaufpreisangebots[59]. Befindet sich das Unternehmen in einer wirtschaftlich schwierigen Lage, sind die Unternehmensinformationen für den Käufer besonders wichtig, um eine fundierte Investitionsentscheidung treffen zu können.[60]

b) Anwendungsbereich der c.i.c.

Der Verkäufer haftet aus §§ 280 Abs. 1, 311 Abs. 2, 241 Abs. 2 BGB (c.i.c.), wenn er den Käufer vorsätzlich oder fahrlässig falsch, bzw. unvollständig über das Unternehmen aufklärt.[61] Die Anwendung der c.i.c. ist zwar nach dem Gefahrübergang grundsätzlich ausgeschlossen, sodass der Verkäufer „nur" nach dem Mängelgewährleistungsrecht und für abgegebene Garantien haftet, sobald das Unternehmen „übergeben" worden ist.[62] Dies ist mit dem sogenannten *Closing*, dem dinglichen Vertragsvollzug[63] am Stichtag für den Übergang des wirtschaftlichen Eigentums[64]

57 *Ehle*, in: The Comparative Law Yearbook of International Business, S. 287, 292; *Gran*, NJW 2008, 1409, 1410.

58 *Hommelhoff*, ZHR 140 (1976), 271, 296; *Thiessen*, in: Post-M&A-Schiedsverfahren, S. 223, 227.

59 *Weber*, in: Hölters, Handbuch Unternehmenskauf, Teil II Kapitel 9 B.I. Rn. 9.33 f.

60 *Gran*, NJW 2008, 1409, 1411.

61 OLG München, Urteil vom 3.12.2020 – 23 U 5742/19, NZG 2021, 423, 425, 427 f.; *Paefgen/Wallisch*, in: Bilanzgarantien, S. 205, 206; *Stengel/Scholderer*, NJW 1994, 158, 158 f.; Zu dem Aspekt, dass das arglistige Verschweigen dem aktiven Vorspiegeln einer nicht vorhandenen Unternehmenseigenschaft gleichgestellt wird: BGH, Urteil vom 27.2.1970 – I ZR 103/68, WM 1970, 819, 821 f.

62 Str.; h.M.: BGH, Urteil vom 25.5.1977 – VIII ZR 186/75, NJW 1977, 1536, 1537, insoweit nicht abgedruckt in BGHZ 69, 53, 55; BGH, Urteil vom 27.3.2009 – V ZR 30/08, BGHZ 180, 205, 212–214 = NJW 2009, 2120, 2122; *Beisel*, in: Beisel/Klumpp, Der Unternehmenskauf, § 16 Rn. 62; *Paefgen/Wallisch*, in: Bilanzgarantien, S. 205, 206; *Weidenkaff*, in: Grüneberg, § 437 Rn. 51a f.; a.A. und – mit unterschiedlicher Begründung – gegen ein Konkurrenzverhältnis und stattdessen für ein Nebeneinanderbestehen von Gewährleistungsrecht und c.i.c.: *Derleder*, NJW 2004, 969, 974 f. (Argument: Die strengen Verjährungsregeln des Kaufrechts seien auf die c.i.c. übertragbar); *Emmerich*, in: MüKo-BGB, § 311 Rn. 84 (Argument: Gewährleistungshaftung an allgemeine Verschuldenshaftung angenähert, außerdem gewähre nur die c.i.c. dem Käufer das volle negative Interesse); *Faust*, in: Bamberger/Roth, § 437 Rn. 199 (Argument: unterschiedliche Voraussetzungen (Mangel/Aufklärungspflichtverletzung) und unterschiedliche Zwecke (Ausgleich für Mangel/Ausgleich des Informationsdefizits); *Nirk*, in: FS Möhring, S. 71, 91 f. (Argument: Unterschiedliche Pflichtenkreise durch Gewährleistung (vertragliche Pflicht) und c.i.c. (vorvertragliche Pflicht)); a.A. und für eine absolute Subsidiarität der c.i.c. gegenüber dem Gewährleistungsrecht selbst bei arglistigem Verschweigen des Mangels: *Medicus/Petersen*, BGB AT, Rn. 448 (Argument: Nicht die Information sei mangelhaft, sondern die Leistung. Nur diese Betrachtung sei mit § 434 Abs. 1 Satz 3 BGB a.F. vereinbar); *Roth*, JZ 2006, 1026 (Argument: Die vorgeworfene Rechtsverletzung sei nicht die Falschinformation, sondern die Leistungsstörung).

63 *Gran*, NJW 2008, 1409, 1414 f.; *Risse/Keilmann*, NZG 2021, 1292.

64 *Förster/Mendling*, DB 2021, 1974, 1976; *Risse/Keilmann*, NZG 2021, 1292.

und der unternehmerischen Leitung und Verantwortung auf den Käufer[65], der Fall.[66] Doch in Ausnahmefällen entfällt die Sperrwirkung des speziellen Kaufrechts, nämlich wenn der Verkäufer den Käufer arglistig getäuscht hat. Dies begründet der Bundesgerichtshof mit den Vorschriften der §§ 438 Abs. 3 Satz 1, 444 BGB sowie mit § 442 Abs. 1 Satz 2 BGB, die den Grundsatz ausformen, dass der arglistig täuschende Verkäufer nicht schutzbedürftig ist.[67] Bei Arglist richtet sich die Verjährung gemäß § 438 Abs. 3 Satz 1 BGB nach der allgemeinen (längeren) Verjährungsfrist, der arglistige Verkäufer kann sich gemäß § 444 BGB nicht auf einen Haftungsausschluss berufen und er haftet gemäß § 442 Abs. 1 Satz 2 BGB sogar dann, wenn der Käufer den Mangel grob fahrlässig nicht kannte. Es zeugt von der großen Praxisrelevanz der Post M&A-Verfahren, dass der Bundesgerichtshof bei seiner Grundsatzentscheidung zum Verhältnis zwischen Kaufrecht und c.i.c. explizit auf den Unternehmenskauf abstellte.[68]

c) Rechtsfolge der c.i.c.: Ersatz des negativen Interesses

Die Rechtsfolge der c.i.c. besteht nach der Rechtsprechung darin, dass der Käufer so zu stellen ist, wie er ohne das schädigende Verhalten des Verkäufers, also bei pflichtgemäßer Aufklärung über den Mangel stehen würde.[69] Die c.i.c. schützt

---

65 *Picot*, Handbuch Mergers & Acquisitions, S. 358.

66 *Grossmann/Mönnich*, NZG 2003, 708, 709 Fn. 6; Nach einer Definition findet der Gefahrübergang i.S.d. § 446 BGB beim Unternehmenskauf mit der Übergabe des beweglichen Firmenvermögens statt, vgl. BGH, Urteil vom 25.3.1998 – VIII ZR 185/96, BGHZ 138, 195, 204 f. = NJW 1998, 2360, 2363, nach einer anderen Definition ist der Gefahrübergang beim Unternehmenskauf der Zeitpunkt, an dem der Käufer die Herrschaft über das Unternehmen erlangt und die Geschicke des Unternehmens in die Hand nimmt, vgl. *Picot*, Handbuch Mergers & Acquisitions, S. 324. Letzteres dürfte mit der Übergabe des beweglichen Firmenvermögens zeitlich zusammenfallen. Der Gefahrübergang ist auch beim *Share Deal* der Zeitpunkt der Übergabe des beweglichen Firmenvermögens, weil der Verkäufer auch beim *Share Deal* nach § 433 Abs. 1 Satz 1 BGB zur Übergabe des Unternehmens verpflichtet ist, vgl. BGH, Urteil vom 25.3.1998 – VIII ZR 185/96, BGHZ 138, 195, 204 f. = NJW 1998, 2360, 2363. Zur Abgrenzung *Asset Deal/Share Deal* s. S. 85 ff.

67 BGH, Urteil vom 27.3.2009 – V ZR 30/08, BGHZ 180, 205, 214 Rn. 24 = NJW 2009, 2120, 2122; Mit Urteil vom 4.4.2001 – VIII ZR 33/00, BeckRS 2001, 3707 entschied der BGH, dass der Verkäufer bei einem Unternehmenskauf nur bei Vorsatz aus c.i.c. hafte; wenn kein Unternehmenskauf vorliege, weil der Erwerber nur einen Teil der Geschäftsanteile erwirbt, dann hafte er aber auch bei einfacher Fahrlässigkeit aus c.i.c. Zur Abgrenzungsproblematik Unternehmenskauf/Erwerb eines Geschäftsanteils s. S. 68 f.

68 Vgl. BGH, Urteil vom 27.3.2009 – V ZR 30/08, BGHZ 180, 205, 212 Rn. 20 = NJW 2009, 2120, 2122 („[...] dass die Heranziehung der Grundsätze über das Verschulden bei Vertragsschluss zumindest beim Unternehmenskauf zugunsten der kaufrechtlichen Regelungen zurückgedrängt werden sollte").

69 BGH, Urteil vom 25.5.1977 – VIII ZR 186/75, BGHZ 69, 53, 56 = NJW 1977, 1536, 1537; BGH, Urteil vom 5.10.1988 – VII ZR 222/87, WM 1988, 1700, 1702; BGH, Urteil vom 15.3.2006 – VIII ZR 120/04, NJW-RR

demzufolge das negative Interesse des Käufers[70] und nicht das positive Erfüllungsinteresse, weil es ohne das schädigende Verhalten des Verkäufers überhaupt nicht oder zumindest nicht zu exakt diesem Kaufvertrag gekommen wäre.[71] Das negative Interesse ist bei der c.i.c aber in seiner Höhe nicht durch das positive Interesse begrenzt, sondern kann dieses im Einzelfall sogar übersteigen, etwa wenn das durchgeführte Geschäft ein Verlustgeschäft bedeutet hätte.[72] Einige Autoren gehen deshalb so weit zu behaupten, die c.i.c. schütze nicht nur das negative Interesse, sondern in Einzelfällen auch das positive Interesse.[73]

Diese Schlussfolgerung ist allerdings nicht notwendig, um richtige Ergebnisse zu erzielen, denn angesichts der vielfältigen Sachverhalte, bei denen ein Anspruch aus c.i.c. in Betracht kommen kann, ist es allgemein anerkannt, dass sich die Höhe des erstattungsfähigen Schadens stets im Einzelfall nach der Ursächlichkeit des schadensstiftenden Verhaltens des Verkäufers für den eingetretenen Schaden richtet.[74] Wird sich an diese Erkenntnis gehalten, dürfte sichergestellt sein, dass im Einzelfall stets der richtige Schaden ermittelt wird, ganz gleich, ob er als „negatives Interesse, das in seiner Höhe nicht durch das positive Interesse begrenzt ist“ oder als „positives Interesse“ bezeichnet wird.

d) Wahlrecht des Käufers hinsichtlich Rückabwicklung oder günstigerem Kaufpreis

Besteht das Verschulden des Verkäufers bei der Vertragsverhandlung darin, dass ein Vertrag zustande kam, der bei pflichtgemäßer Aufklärung nicht oder nicht zu exakt diesen Bedingungen geschlossen worden wäre, so hat der Verkäufer den Käufer so zu stellen, wie er bei ordnungsgemäßer Aufklärung stehen würde: Hätte der Käufer den Vertrag gar nicht geschlossen, ist er so zu stellen, wie er ohne Vertragsschluss stünde; hätte der Käufer den Vertrag zu günstigeren Konditionen

---

2006, 1185, 1187 f; *Beisel*, in: Beisel/Klumpp, Der Unternehmenskauf, § 16 Rn. 66; *Elsing/Kramer*, in: FS Großfeld, S. 109, 113; *Emmerich*, in: MüKo-BGB, § 311 Rn. 219; *Lorenz/Riehm*, Lehrbuch zum neuen Schuldrecht, S. 192 Rn. 378; *Wächter/Wollny*, SchiedsVZ 2018, 80, 82.

70 BGH, Urteil vom 15.3.2006 – VIII ZR 120/04, NJW-RR 2006, 1185, 1188; BGH, Urteil vom 27.2.1970 – I ZR 103/68, WM 1970, 819, 822; *Beisel*, in: Beisel/Klumpp, Der Unternehmenskauf, § 16 Rn. 66; *Elsing/Kramer*, in: FS Großfeld, S. 109, 113.

71 *Emmerich*, in: MüKo-BGB, § 311 Rn. 220.

72 BGH, Urteil vom 25.5.1977 – VIII ZR 186/75, BGHZ 69, 53, 56 = NJW 1977, 1536, 1537; BGH, Urteil vom 6.4.2001 – V ZR 394/99, NJW 2001, 2875, 2876; *Brand*, Schadensersatzrecht, S. 13 Rn. 17; *Nirk*, in: FS Möhring, S. 71, 88 f.

73 Vgl. *Lorenz/Riehm*, Lehrbuch zum neuen Schuldrecht, S. 192 f. Rn. 378.

74 *Nirk* in: FS Möhring, S. 71, 86 f., 90; zustimmend BGH, Urteil vom 25.5.1977 – VIII ZR 186/75, BGHZ 69, 53, 56 = NJW 1977, 1536, 1537; *Lorenz/Riehm*, Lehrbuch zum neuen Schuldrecht, S. 192 Rn. 378; *Wächter*, M&A Litigation, S. 634 f. Rn. 12.36.

abgeschlossen, schuldet der Verkäufer ihm die Erfüllung des günstigeren Vertrags.[75] Dem Käufer steht hinsichtlich dieser zwei Optionen ein Wahlrecht zu. Er kann frei wählen, ob er sich vom Vertrag lösen will, oder ob er geltend macht, er hätte das Unternehmen zu einem günstigeren Kaufpreis erworben.[76] Der Rechtsprechung des Bundesgerichtshofs kann ferner entnommen werden, dass die Beweggründe des Käufers bei der Ausübung dieses Wahlrechts irrelevant sind. Es steht ihm frei, sich für die wirtschaftlich günstigere Rechtsfolge, also die mit dem höheren Schadensersatz zu entscheiden. Ebenso darf er mit der Begründung am Vertrag festhalten, dass ihm eine Rückabwicklung praktisch unmöglich ist, weil er das Unternehmen in seinen Unternehmensverband eingegliedert hat, bevor er den Aufklärungsfehler des Verkäufers bemerkte.[77] Erforderlich ist allerdings, dass er sich in dem Rechtsstreit ausdrücklich auf die eine oder andere Option beruft, also dass er sein hypothetisches Verhalten zum Gegenstand seines Tatsachenvortrags macht. Andernfalls läuft er Gefahr, dass das Gericht trotz Wahlrechts die Klage mangels Parteivortrags abweist.[78]

e) Rückabwicklung nach Unternehmenskauf nicht sachgerecht

Beruft sich der Käufer darauf, er hätte vom Vertrag Abstand genommen, bemisst sich sein Schaden grundsätzlich nach den nutzlosen Aufwendungen und es erfolgt eine Rückabwicklung des Vertrags.[79] Eine Rückabwicklung, weil der Käufer das Unternehmen bei pflichtgemäßer Aufklärung überhaupt nicht erworben hätte, ist

---

75 BGH, Urteil vom 20.3.1987 – V ZR 27/86, NJW 1987, 2511, 2512; *Nirk* in: FS Möhring, S. 71, 90.

76 BGH, Urteil vom 25.5.1977 – VIII ZR 186/75, BGHZ 69, 53, 56 – 58 = NJW 1977, 1536, 1537 f.; BGH, Urteil vom 2.6.1980 – VIII ZR 64/79, NJW 1980, 2408, 2410; BGH, Urteil vom 14.1.1993 – IX ZR 206/91, NJW 1993, 1323, 1324 f.; BGH, Urteil vom 19.5.2006 – V ZR 264/05, BGHZ 168, 35, 39 Rn. 21 = NJW 2006, 3139, 3141 Rn. 21; *Lorenz/Riehm*, Lehrbuch zum neuen Schuldrecht, S. 194 f. Rn. 381; *Paefgen/Wallisch*, in: Bilanzgarantien, S. 205, 209; *Stoll*, in: FS von Caemmerer, S. 435, 466 einschl. Fn. 116; *Wächter/Wollny*, SchiedsVZ 2018, 80, 86; kritisch zu dem Wahlrecht *Canaris*, ZGR 1982, 395, 421 f., da es gegen Denkgesetze der Kausalität verstoße, festzustellen, dass der Käufer ohne Täuschung vom Vertrag Abstand genommen hätte, dann aber davon auszugehen, es wäre ein niedrigerer Kaufpreis vereinbart worden.

77 Zum Ganzen: BGH, Urteil vom 25.5.1977 – VIII ZR 186/75, BGHZ 69, 53, 56 f. = NJW 1977, 1536, 1537 f.; BGH, Urteil vom 2.6.1980 – VIII ZR 64/79, NJW 1980, 2408, 2410.

78 So geschehen in einem Rechtsstreit vor dem BGH (Urteil vom 27.2.1970 – I ZR 103/68, WM 1970, 819, 822), in dem die Käuferin nicht vorgetragen hat, sie hätte das Unternehmen ohne Pflichtverletzung zu einem niedrigeren Kaufpreis erworben und der BGH daraufhin einen Schadensersatzanspruch verneinte.

79 BGH, Urteil vom 25.5.1977 – VIII ZR 186/75, BGHZ 69, 53, 56 f. = NJW 1977, 1536, 1537 f.; *Elsing/Kramer*, in: FS Großfeld, S. 109, 113 f; *Paefgen/Wallisch*, in: Bilanzgarantien, S. 205, 209.

von der gesetzlichen Rechtsfolge der c.i.c. zwar abgedeckt,[80] bei einem Unternehmenskauf jedoch wie gezeigt[81] nicht sachgerecht und soll daher nicht weiter vertieft werden.

f) Ermittlung des günstigeren Kaufpreises durch Verhandlungsfiktion

In den Fällen, in denen der Käufer gleichwohl am Vertrag festgehalten hätte oder sich zumindest im Rahmen seines Wahlrechts hierauf beruft, ist der Käufer nach der Rechtsprechung des Bundesgerichtshofs so zu behandeln, als ob es ihm bei Kenntnis der wahren Sachlage gelungen wäre, das Unternehmen zu einem niedrigeren Kaufpreis zu erwerben, sodass der Schaden in der Höhe des zu viel gezahlten Kaufpreises liegt.[82] Die Praxis der Schiedsgerichte hat diese Rechtsprechung des Bundesgerichtshofs übernommen.[83] Es kommt also darauf an, wie der Käufer bei besserer Kenntnis den Kaufpreis ausgehandelt hätte.[84] Es ist Aufgabe des (Schieds-)Gerichts, eine hypothetische, täuschungsfreie Verhandlungssituation zu fingieren, in der der Verkäufer das Unternehmen nicht als wertvoller erscheinen lässt, als es tatsächlich ist und die Parteien einen niedrigeren Kaufpreis vereinbaren.[85] Der Käufer trägt für die Behauptung, er hätte bei pflichtgemäßer Aufklärung bessere Konditionen vereinbart, die Darlegungslast; einen Beweis, dass der Verkäufer mit dem günstigeren Kaufpreis einverstanden gewesen wäre, muss er allerdings nicht erbringen.[86] Diese Beweiserleichterung begründet der Bundesge-

80 *Medicus*, EWiR 1989, 19, 20; *Wächter/Wollny*, SchiedsVZ 2018, 80, 86.

81 Zu den Gründen, die gegen eine Rückabwicklung des Unternehmenskaufvertrags sprechen, s. S. 22 f.

82 BGH, Urteil vom 25.5.1977 – VIII ZR 186/75, BGHZ 69, 53, 58 = NJW 1977, 1536, 1538; BGH, Urteil vom 5.10.1988 – VIII ZR 222/87, WM 1988, 1700, 1702; BGH, Urteil vom 15.3.2006 – VIII ZR 120/04, NJW-RR 2006, 1185, 1187 f.; zustimmend *Medicus*, EWiR 1989, 19, 20; a.A. *Kiethe*, DStR 1995, 1756, 1759, demzufolge der überhöhte Kaufpreis in der Wertdifferenz zwischen dem bezahlten Kaufpreis und dem tatsächlichen Wert des Unternehmens bestehe.

83 *Wagner*, in: Elsing/Pickrahn/Pörnbacher/Wagner, M&A-Streitigkeiten vor DIS-Schiedsgerichten, S. 123 Rn. 24.

84 *Wächter/Wollny*, SchiedsVZ 2018, 80, 86.

85 *Wächter/Wollny*, SchiedsVZ 2018, 80, 93.

86 Str., BGH, Urteil vom 25.5.1977 – VIII ZR 186/75, BGHZ 69, 53, 58 = NJW 1977, 1536, 1538; BGH, Urteil vom 2.6.1980 – VIII ZR 64/79, NJW 1980, 2408, 2408; BGH, Urteil vom 5.10.1988 – VIII ZR 222/87, WM 1988, 1700, 1702 („ohne daß er nachweisen muss, dass sich der – insoweit nicht schutzwürdige – Verkäufer […] auf einen geringeren Kaufpreis eingelassen hätte"); *Beisel*, in: Beisel/Klumpp, Der Unternehmenskauf, § 16 Rn. 66; zustimmend im Ergebnis *Kiethe*, DStR 1995, 1756, 1762 f. (Im Rahmen der Kausalität dürfe ein Abschluss zu einem geringeren Kaufpreis nicht vermutet werden, da kein zu Grunde liegender Lebenserfahrungssatz existiere, dass der Verkäufer mit einem günstigeren Kaufpreis einverstanden wäre, und hierin ein Verstoß gegen den Grundsatz der Privatautonomie liege, da die Verkäuferentscheidung von diversen Faktoren abhänge. Es sei aber keine Frage der

richtshof damit, dass es sich um eine hypothetische Tatsache handelt, deren Beweis *per se* kaum durchführbar sei.[87] Außerdem handle es sich streng genommen nicht um einen Anspruch auf Vertragsanpassung (in einem solchen Fall müsse der Käufer den vollen Beweis erbringen), sondern lediglich um die Frage der Bemessung des Vertrauensschadens.[88]

Das erste Argument des Bundesgerichtshofs ist pragmatisch und nachvollziehbar. Es überzeugt auch rechtspolitisch. Denn andernfalls würde dem Käufer eine Beweislast auferlegt, der er nicht nachkommen könnte. Der Verkäufer trüge kein Haftungsrisiko bei der Vertragsverhandlung und wäre nicht zur pflichtgemäßen Aufklärung angehalten, wenn er wüsste, dass der Käufer ohnehin mangels Beweismöglichkeit einen Rechtsstreit verlieren würde. Ob das zweite Argument des Bundesgerichtshofs ebenso überzeugt, darf bezweifelt werden. Zwischen einer Vertragsanpassung und einem Schadensersatzanspruch in Höhe eines fingierten Kaufpreisanteils dürfte in tatsächlicher Hinsicht kein Unterschied liegen, da der Käufer in beiden Fällen am Vertrag festhalten und den Kaufpreis herabsetzen darf.

In einem anschaulichen Fall, in dem der Bundesgerichtshof das Einverständnis des Verkäufers mit einem günstigeren Kaufpreis für erwiesen angesehen hat, hat der Verkäufer den von ihm verlangten Kaufpreis auf Grundlage einer unzutreffenden Gewinn- und Verlustrechnung des Unternehmens errechnet und die unzutreffende Gewinn- und Verlustrechnung in die Preisverhandlung mit dem Käufer eingeführt. Hätte der Verkäufer dem Käufer die zutreffenden (niedrigeren) Gewinne mitgeteilt, hätten die Parteien – so der Bundesgerichtshof – einen niedrigeren Kaufpreis vereinbart.[89] Diese Annahme überzeugt. Wenn der Verkäufer durch sein Verhalten objektive Anhaltspunkte liefert, aus denen sich die hypothetische täuschungsfreie Preisverhandlung ableiten lässt, spricht nichts dagegen, anhand dieser Anhaltspunkte den hypothetischen Kausalverlauf herzuleiten.

Kausalität sondern der Schadensberechnung und deshalb dürfe der hypothetische Kaufpreis für die Berechnung zu Grunde gelegt werden, denn sonst wäre der Käufer wegen der Beweislast gezwungen, den Kaufvertrag rückabzuwickeln.); a.A. *Canaris*, ZGR 1982, 395, 421 („eine solche [Vermutung] würde wohl geradezu gegen das Prinzip der Privatautonomie verstoßen, da nach diesem der Verkäufer in seiner Entscheidung über den Abschluß des Kaufvertrags und dessen Inhalt grundsätzlich frei ist."); *Medicus*, EWiR 1989, 19, 20 („Doch braucht selbst der schlimmste Vorsatztäter nur den Schaden zu ersetzen, den er wirklich angerichtet hat, und dieser bestimmt sich nach § 249 Satz 1 BGB. Insofern sind Billigkeitsargumente zum Umfang des zu ersetzenden Schadens zweifelhaft"); *Medicus*, in: FS Lange, S. 539, 556, der diesen Verzicht auf den Kausalitätsnachweis für unvereinbar mit § 249 Satz 1 BGB hält.

87 BGH, Urteil vom 25.5.1977 – VIII ZR 186/75, BGHZ 69, 53, 58 = NJW 1977, 1536, 1538.

88 BGH, Urteil vom 19.5.2006 – V ZR 264/05, BGHZ 168, 35, 39 f. Rn. 21 f. = NJW 2006, 3139, 3141 Rn. 21 f.

89 Zum Ganzen: BGH, Urteil vom 4.6.2003 – VIII ZR 91/02, NJW-RR 2003, 1192, 1195.

Es stellt sich die Frage, wie der niedrigere Kaufpreis zu berechnen ist, wenn der Verkäufer nicht derartige greifbare, objektive Anhaltspunkte in die Kaufpreisverhandlung eingeführt hat. Diese Berechnung wird ab S. 190 unter Heranziehung der Vorgaben des Schadensrechts erörtert.

Während das (Schieds-)Gericht die täuschungsfreie Verhandlungssituation fingiert, darf sich der Verkäufer im Übrigen nicht auf den Standpunkt stellen, er hätte das Unternehmen nicht zu einem niedrigeren Kaufpreis verkauft.[90] Ob sich der Verkäufer auf das fingierte Geschäft eingelassen hätte, ist nach der Rechtsprechung des Bundesgerichtshofs unbeachtlich.[91] Der Verkäufer trägt vielmehr die Darlegungs- und Beweislast dafür, dass der Schaden des Käufers auch bei pflichtgemäßer Aufklärung entstanden wäre, dass also der Käufer die wahrheitsgemäßen Angaben außer Acht gelassen und den Kaufvertrag gleichwohl zu denselben Konditionen abgeschlossen hätte.[92] Damit gewährt die Rechtsprechung dem Käufer auch eine Beweiserleichterung hinsichtlich der Kausalitätsvoraussetzung, was im Schrifttum auf teils heftige Kritik gestoßen ist. Die Kritik an dieser Beweiserleichterung bezieht sich hauptsächlich darauf, dass die Fiktion eines günstigeren Kaufpreises gegen die Privatautonomie verstoße.[93]

Die Kritik überzeugt nicht. Es dürfte fraglich sein, ob sich ein arglistig Täuschender auf die Privatautonomie berufen darf, um mehr als den Kaufpreis zu erhalten, den er ohne die arglistige Täuschung erzielt hätte. Die Privatautonomie ist als Ausprägung der allgemeinen Handlungsfreiheit (unbenanntes Freiheitsrecht des Art. 2 Abs. 1 GG) nur innerhalb der Grenzen der „verfassungsmäßigen Ordnung" verfassungsrechtlich gewährleistet.[94] Im Rahmen der Verhältnismäßigkeit können das Sozialstaatsprinzip (Ausschluss unsozialen Verhaltens, Missbrauchsabwehr und soziale Störungsabwehr) sowie kollidierende Grundrechtspositionen Dritter eine Beschränkung der Privatautonomie rechtfertigen.[95] Mit anderen Worten hört das Freiheitsrecht des Verkäufers dort auf, wo sein strafrechtlich relevantes Verhalten (§ 263 Abs. 1 StGB) beginnt. Eine Kaufpreiserzielung durch arglistige Täuschung dürfte der Verkäufer daher nicht mit seiner Privatautonomie rechtfertigen können.

90 *Binz/Freudenberg* DStR 1991, 1629, 1631; *Wächter/Wollny*, SchiedsVZ 2018, 80, 96; *Wächter*, M&A Litigation, S. 678 Rn. 12.140 (der hierin eine gewisse Strafe für den der Täuschung überführten Verkäufer sieht); Zur fehlenden Pönalisierungsfunktion des Zivilrechts s. S. 129 f.

91 BGH, Urteil vom 6.4.2001 – V ZR 394/99, NJW 2001, 2875, 2877; *Lorenz/Riehm*, Lehrbuch zum neuen Schuldrecht, S. 195 Rn. 381.

92 BGH, Urteil vom 4.4.2001 – VIII ZR 33/00, BeckRS 2001, 3707; *Beisel*, in: Beisel/Klumpp, Der Unternehmenskauf, § 16 Rn. 66.

93 Vgl. die Zusammenfassung der Argumente auf S. 32 f. Fn. 86.

94 *Di Fabio*, in: Maunz/Dürig-GG, Art. 2 Abs. 1 Rn. 101–104.

95 *Di Fabio*, in: Maunz/Dürig-GG, Art. 2 Abs. 1 Rn. 101–104.

g) Ersatz von Folgeschäden

Daneben kann der Käufer etwaige Folgeschäden wie z. B. den Zinsschaden ersetzt verlangen, der durch die Finanzierung des überhöhten Kaufpreises entstanden ist.[96] Bei der c.i.c. gehören zu den Schadenspositionen nämlich auch eingegangene Verbindlichkeiten und die Aufwendungen, die zu ihrer Erfüllung getätigt wurden.[97] Wäre der Käufer richtig und vollständig aufgeklärt worden, hätte er für den günstigeren Kaufpreis eine geringere Finanzierung vereinbart und weniger Zinsen gezahlt. Falls die Finanzierungsvereinbarung nicht nachträglich geändert oder nur unter Zahlung einer Vorfälligkeitsentschädigung verringert werden kann, liefe der Schadensersatzanspruch insoweit auf einen Freistellungsanspruch oder auf einen zusätzlichen Schadensersatzanspruch in Höhe der Vorfälligkeitsentschädigung hinaus.

Eine Vorteilsanrechnung mit den Gewinnen, die der Käufer bis zur Geltendmachung des Schadensersatzes erwirtschaftet hat, findet nicht statt, da es an einer Kausalität zwischen dem schadensstiftenden Ereignis und dem Gewinn, der durch den eigenen unternehmerischen Einsatz des Käufers erzielt wurde, fehlt.[98]

h) Maßgebliche Kennzahlen für die Schadensberechnung bei der c.i.c.

Der Schaden ist die Differenz zwischen dem tatsächlichen und dem hypothetischen Kaufpreis[99] nebst etwaigen Folgeschäden. Daraus folgt, dass bei der c.i.c. für die Berechnung des Schadens folgende Kennzahlen maßgeblich sind: Der tatsächlich gezahlte Kaufpreis; der hypothetische, niedrigere Kaufpreis bei pflichtgemäßer Aufklärung sowie etwaige Folgeschäden.

Die Höhe des tatsächlich gezahlten Kaufpreises ist den Parteien bekannt und wird im Post M&A-Verfahren zur Tatsachengrundlage für das (Schieds-)Gericht gemacht. Um den zu viel gezahlten Teil des Kaufpreises zu berechnen, ist es erforderlich, die Höhe des hypothetischen, niedrigeren Kaufpreises zu ermitteln. Das Nachvollziehen der Kaufpreisermittlung ist hierfür unabdingbar.[100] Dies führt zu der Folgefrage, mit welcher Bewertungs- und Berechnungsmethode der hypothetische, niedrigere Kaufpreis zu ermitteln ist. Dieser Frage widmen sich die folgenden Kapitel ab S. 73.

---

96 *Hübner*, BB 2010, 1483, 1488.

97 *Herresthal*, in: BeckOGK-BGB, § 311 Rn. 339.

98 BGH, Urteil vom 25.5.1977 – VIII ZR 186/75, BGHZ 69, 53, 59 = NJW 1977, 1536, 1538; *Beisel*, in: Beisel/Klumpp, Der Unternehmenskauf, § 16 Rn. 66; *Weber*, in: Hölters, Handbuch Unternehmenskauf, Teil II Kapitel 9 F.II.2.c) Rn. 9.403.

99 BGH, Urteil vom 25.5.1977 – VIII ZR 186/75, BGHZ 69, 53, 58 f. = NJW 1977, 1536, 1538.

100 *Binz/Freudenberg*, DStR 1991, 1629, 1631.

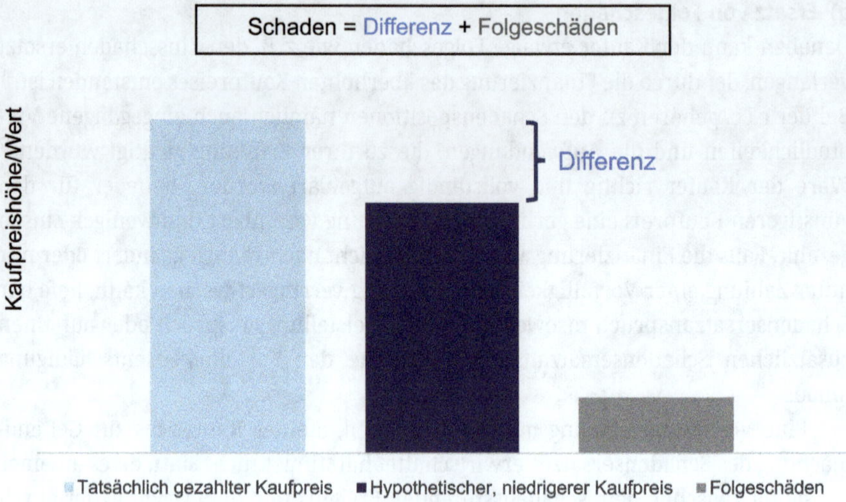

Abbildung 1: Maßgebliche Kennzahlen bei der Fallgruppe 1 (c.i.c.: Verschweigen eines Mangels).

2 Haftung wegen „Lieferung" eines mangelhaften Unternehmens, §§ 280 Abs. 1, 433, 437 BGB

a) Schadensersatz, §§ 280 Abs. 1, 433, 437 Nr. 3 BGB

Der Verkäufer haftet bei schuldhafter „Lieferung" eines mangelhaften Unternehmens gemäß §§ 280 Abs. 1, 433, 437 Nr. 3 BGB gegenüber dem Käufer auf Schadensersatz.[101] Ein Mangel liegt vor, wenn bei Gefahrübergang die Istbeschaffenheit von der Sollbeschaffenheit negativ abweicht.[102] Die Sollbeschaffenheit richtete sich bislang nach der vertraglichen Vereinbarung oder nach der vertraglich vorausgesetzten oder üblichen Verwendung, § 434 Abs. 1 BGB a.F., wobei diese Vorschrift seit dem 1. Januar 2022 in einer neuen Fassung[103] gilt. Es ist nicht davon auszugehen, dass die Gesetzesänderung einen großen Einfluss auf künftige Post M&A-Verfahren haben wird, da die bedeutendste Neuerung durch § 434 BGB n.F. darin besteht, dass der Sachmangelbegriff nach neuem Recht drei kumulative Voraussetzungen hat.[104] In Abweichung zum bisherigen Recht hat die vereinbarte Beschaffenheit keinen

101 *Westermann*, in: MüKo-BGB, § 434 Rn. 1.

102 OLG Düsseldorf, Urteil vom 8.11.1991 – 16 U 112/90, NJW-RR 1993, 377, 378; *Beckmann*, in: Staudinger-BGB, § 453 Rn. 130; *Berger*, in: Jauernig-BGB, § 434 Rn. 8.

103 RegE BT-Drucks. 19/27424.

104 *Wilke*, VuR 2021, 283, 285.

Vorrang vor den übrigen Voraussetzungen (Stufenverhältnis), sondern die subjektiven Anforderungen, objektiven Anforderungen sowie die Montageanforderungen stehen gleichrangig nebeneinander.[105] Im Übrigen ist § 434 BGB n.F. nur für den Verbrauchsgüterkauf zwingend,[106] sodass es Unternehmern in einer M&A Transaktion freisteht, ausdrücklich oder konkludent eine Beschaffenheitsvereinbarung zu treffen, die von den objektiven Anforderungen des § 434 Abs. 3 BGB n.F. abweicht, vgl. § 434 Abs. 3 Satz 1 1. Hs. BGB n.F.

aa) Beschaffenheitsbegriff beim Unternehmenskauf

Zu erheblichen Rechtsunsicherheiten führt dagegen die Frage, was beim Unternehmenskauf unter dem Begriff der Beschaffenheit zu verstehen ist. Einige sprechen sich für eine weite Auslegung des Beschaffenheitsbegriffs aus, sodass jede Eigenart des Unternehmens, also auch nur momentane Umstände und solche, die außerhalb des Unternehmens liegen, hierunter fallen.[107] Schließt man sich dieser weiten Auslegung an, können auch niedrige Umsatzzahlen einen Mangel darstellen, wenn der Verkäufer diese höher angegeben hat.[108] Die Vertreter der Gegenansicht verstehen den Beschaffenheitsbegriff eng.[109] Nur Umstände, die dem Unternehmen unmittelbar anhaften, könnten einen Mangel begründen.[110] Dies führe dazu, dass nur das Substrat des Unternehmens, nicht jedoch Umsatz-, Ertrags-, oder Bilanzzahlen mangelhaft sein können.[111] Damit führen sie inhaltlich die Rechtsprechung vor der Schuldrechtsreform fort.[112]

---

105 Begr. RegE BT-Drucks. 19/27424, 23.

106 Vgl. Begr. RegE BT-Drucks. 19/27424, 23.

107 *Beisel*, in: Beisel/Klumpp, Der Unternehmenskauf, § 16 Rn. 5, 12, 17 (mit der Begründung, dass die *leges speciales* der §§ 434 ff. BGB gegenüber der c.i.c. zu vernünftigen Ergebnissen führen und die Käuferinteressen adäquat schützen); *Triebel/Hölzle*, BB 2002, 521, 524 f. (mit der Begründung, durch die Schuldrechtsreform sei der Anlass für eine restriktive Auslegung des Beschaffenheitsbegriffs entfallen); *Westermann*, in: MüKo-BGB, § 453 Rn. 23; *Wolf/Kaiser*, DB 2002, 411, 412 (mit der Begründung, § 434 Abs. 1 Satz 2 Nr. 1 BGB umfasse auch äußere Umstände, soweit diese die Eignung aufheben); auf den Meinungsstand hinweisend *Beckmann*, in: Staudinger-BGB, § 453 Rn. 130.

108 *Beckmann*, in: Staudinger-BGB, § 453 Rn. 130.

109 *Weber*, in: Hölters, Handbuch Unternehmenskauf, Teil II Kapitel 9 F.II.1.c) Rn. 9.362, mit der Begründung, der weite Anwendungsbereich der c.i.c. mache eine Ausweitung des Beschaffenheitsbegriffs obsolet; *Fischer*, DStR 2004, 276, 277.

110 *Fischer*, DStR 2004, 276, 277.

111 *Fischer*, DStR 2004, 276, 277.

112 Vgl. BGH, Urteil vom 25.5.1977 – VIII ZR 186/75, NJW 1977, 1536, 1537, insoweit nicht abgedruckt in BGHZ 69, 53, 55, wonach unrichtige Angaben über den bisherigen Ertrag (Gewinn und Verlust) keinen Sachmangel darstellten, da es sich nicht um eine Eigenschaft des Unternehmens handle. Daher komme eine Haftung aus c.i.c. in Betracht, die – ohne Mangel – nicht durch das Sachmän-

Zur Entscheidung dieser Frage lohnt sich ein Blick auf den Hintergrund dieses Streits und die Beweggründe der zwei Meinungslager. Vor der Schuldrechtsreform war es die Absicht der Rechtsprechung, den Anwendungsbereich des kaufrechtlichen Gewährleistungsrechts klein zu halten, um die Anwendbarkeit der seinerzeitig flexibleren und interessengerechteren c.i.c. zu erreichen.[113] Dies wurde durch ein möglichst enges Verständnis vom Mangelbegriff erreicht. Heute besteht allerdings kein Bedürfnis mehr für einen erweiterten Anwendungsbereich der c.i.c., da das Mängelgewährleistungsrecht dem Käufer seit der Schuldrechtsreform einen Nacherfüllungsanspruch gewährt (§ 439 Abs. 1 BGB), ihm auch bei Fahrlässigkeit des Verkäufers einen Schadensersatzanspruch zugesteht (§ 276 Abs. 1 Satz 1 BGB), die Berechnung der Minderung erleichtert (§ 441 Abs. 3 Satz 2 BGB) und auch eine differenzierte Verjährungsregelung bereithält (§ 438 BGB).[114] Ist aber das Bedürfnis nach einem engen Mangelbegriff entfallen, ist der Ansicht zu folgen, die den weiten Beschaffenheitsbegriff bevorzugt.

Betrifft der Mangel ein einzelnes *Asset*, also einen einzelnen Unternehmensgegenstand, so liegt ein Mangel an dem Unternehmen nach höchstrichterlicher Rechtsprechung nur unter der zusätzlichen Voraussetzung vor, dass der Mangel an dem *Asset* auf den Wert oder die Funktionstauglichkeit des ganzen Unternehmens „durchschlägt“ (sogenannte Gesamterheblichkeitstheorie[115]).[116] Ein solches „Durchschlagen“ auf das Unternehmen liegt vor, wenn der Wert und die Funktionstauglichkeit des Unternehmens entscheidend herabgesetzt sind[117] oder wenn durch den Mangel die wirtschaftliche Grundlage des Unternehmens erschüttert wird.[118] Dies ist der Fall, wenn der Mangel eines einzelnen *Assets* den normalen Betriebsablauf stört, sodass die Leistungsfähigkeit des Unternehmens beeinträch-

---

gelrecht verdrängt werden könne; vgl. auch BGH, Urteil vom 30.3.1990 – V ZR 13/89, NJW 1990, 1658, 1659 („Eigenschaften im Sinne des § 459 II BGB sind – neben der physischen Beschaffenheit – alle tatsächlichen und rechtlichen Verhältnisse, welche die Beziehung der Sache zur Umwelt betreffen und wegen ihrer Art und Dauer die Brauchbarkeit oder den Wert der Sache beeinflussen“); *Beckmann*, in: Staudinger-BGB, § 453 Rn. 130; *Fischer*, DStR 2004, 276, 277.

113 Vgl. BGH, Urteil, vom 12.11.1969 – I ZR 93/67, NJW 1970, 653, 655; BGH, Urteil vom 5.10.1988 – VIII ZR 222/87, NJW-RR 1989, 306, 307; vgl. BGH, Urteil vom 30.3.1990 – V ZR 13/89, NJW 1990, 1658, 1659; Begr. RegE BT-Drucks. 14/6040, 242; *Korch*, JuS 2018, 521, 522 f.

114 Begr. RegE BT-Drucks. 14/6040, 242; *Korch*, JuS 2018, 521, 522 f.

115 *Beckmann*, in: Staudinger-BGB § 453 Rn. 148; *Beisel*, in: Beisel/Klumpp, Der Unternehmenskauf, § 16 Rn. 4; *Lettmaier*, JA 2021, 265, 269; *Picot*, Handbuch Mergers & Acquisitions, S. 325.

116 BGH, Urteil vom 8.2.1995 – VIII ZR 8/94, NJW 1995, 1547, 1549; *Canaris*, in: FS Georgiades, S. 71, 88 f.; *Thiessen*, in: MüKo-HGB, Anh. § 25 Rn. 82; *Westermann*, in: MüKo-BGB, § 453 Rn. 30, 42.

117 BGH, Urteil vom 8.2.1995 – VIII ZR 8/94, NJW 1995, 1547, 1549.

118 BGH, Urteil vom 27.2.1970 – I ZR 103/68, WM 1970, 819, 821.

tigt ist[119] oder wenn der Mangel eines *Assets* den Zweck des ganzen Unternehmenskaufs gefährdet, indem die Fortführung oder strategische Nutzung des Unternehmens nicht wie beabsichtigt möglich ist.[120]

Diese mitunter unübersichtlichen und sich inhaltlich überschneidenden Voraussetzungen haben gemeinsam, dass erst dann der Mangel eines einzelnen *Assets* das Unternehmen mangelhaft macht, wenn das Unternehmen als solches erheblich betroffen ist. Die drei in diesem Zusammenhang angeführten Gründe eignen sich für jede der genannten Voraussetzungen gleichermaßen: Erstens würde ansonsten – übertrieben gesprochen – jeder wacklige Bürostuhl des Großunternehmens Schadensersatzansprüche des Käufers auslösen, was weder praktikabel wäre noch dem Wesen des Unternehmenskaufs gerecht würde, und zweitens sei Kaufgegenstand wirtschaftlich betrachtet nicht die einzelne Sache, sondern das Unternehmen als Sach- und Rechtsgesamtheit.[121] Deshalb müsse auch diese Gesamtheit mangelhaft sein, um einen Schadensersatzanspruch des Käufers auszulösen. Drittens könnten bei dem komplexen und lebendigen Gebilde[122] „Unternehmen", das sich ständig wandelt,[123] kleine Störungen nie ganz ausgeschlossen werden.[124] Ausnahmsweise liegt auch ohne ein „Durchschlagen" auf das Unternehmen ein Unternehmensmangel vor, wenn der Verkäufer gegen eine Beschaffenheitsvereinbarung verstoßen hat, weil die Parteien in diesem Fall privatautonom die Sollbeschaffenheit des Unternehmens festgelegt haben, von der die Istbeschaffenheit negativ abweicht.[125] In jedem Fall ist für den Schadensersatzanspruch des Käufers ein Unternehmensmangel erforderlich, denn Kaufgegenstand ist das Unternehmen als solches.[126] Mängel am Unternehmen sind in der Praxis vielfältig: Angefangen bei nicht vorhandenem, aber mitverkauftem Leergut beim Erwerb eines Getränkegroßhandels[127] über einen beträchtlichen Fehlbestand an Gerüst-

119 BGH, Urteil vom 14.7.1978 – I ZR 154/76, NJW 1979, 33; *Beisel*, in: Beisel/Klumpp, Der Unternehmenskauf, § 16 Rn. 4; *Wilhelmi*, in: BeckOGK-BGB, § 453 Rn. 620.

120 *Thiessen*, in: MüKo-HGB, Anh. § 25 Rn. 80f.; *Wilhelmi*, in: BeckOGK-BGB, § 453 Rn. 620; kritisch zu diesen Formulierungen, da sie zu einseitig auf die unternehmerische Tätigkeit abstellten und einen Bezug zum Gesetz vermissen würden: *Canaris*, in: FS Georgiades, S. 71, 89f.

121 *Canaris*, in: FS Georgiades, S. 71, 80, 87; *Picot*, DB 2009, 2587, 2590f. Zur Bestimmung des Kaufgegenstands beim Unternehmenskauf s. S. 65ff.

122 Noch anschaulicher *Canaris*, ZGR 1982, 395, 399 („lebendiger sozialer Organismus") und *Mueller-Thuns*, in: Rödder/Hötzel/Mueller-Thuns, Unternehmenskauf, S. 221 Rn. 94 („lebender Organismus").

123 *Thümmel*, in: Post-M&A-Schiedsverfahren, S. 201, 202.

124 OLG Köln, Urteil vom 29.1.2009 – 12 U 20/08, BeckRS 2009, 27644; *Canaris*, in: FS Georgiades, S. 71, 89; *Picot*, DB 2009, 2587, 2591.

125 *Thiessen*, in: MüKo-HGB, Anh. § 25 Rn. 82.

126 *Canaris*, in: FS Georgiades, S. 71, 80, 87; *Picot* DB 2009, 2587, 2590.

127 BGH, Urteil vom 18.1.1974 – I ZR 17/73, WM 1974, 312, 312f.

baumaterial beim Erwerb eines Gerüstbauunternehmens[128] bis hin zu Kundenforderungen, deren Werthaltigkeit hinter den bilanzierten Werten zurückbleibt.[129]

bb) Abhängigkeit der Schadenshöhe von der Art der Pflichtverletzung

Im Gewährleistungsrecht bestimmt die Pflichtverletzung des Verkäufers die Art des Schadensersatzes und damit, was vom Schadensersatzanspruch des Käufers umfasst ist.[130] Je nachdem, welches Käuferinteresse verletzt worden ist, unterscheiden sich die Voraussetzungen für den Schadensersatzanspruch.[131] Eine schematische Darstellung der Anspruchsgrundlagen zeigt, dass je nach Art der Pflichtverletzung eine andere Anspruchsgrundlage und damit ein anderer Schadensersatzumfang einschlägig ist, wobei für die vorliegende Arbeit die dunkel gefärbten Bereiche relevant sind:

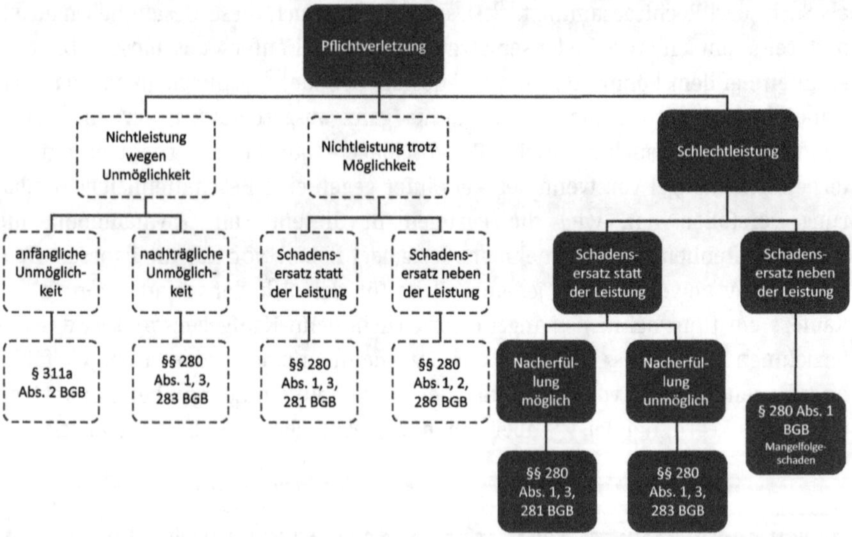

Abbildung 2: Einschlägige Anspruchsgrundlagen in Abhängigkeit von der Art der Pflichtverletzung durch den Verkäufer; erstellt auf Grundlage der Übersichten 1 und 8 in *Lorenz/Riehm* in: Lehrbuch zum neuen Schuldrecht, S. 387 und 394.

128 BGH, Urteil vom 14.7.1978 – I ZR 154/76, NJW 1979, 33.

129 OLG Karlsruhe, Urteil vom 14.8.2008 – 4 U 137/06, BB 2009, 673 = BeckRS 2009, 12091.

130 Zu den Einzelheiten zum Meinungsstreit über das Verhältnis der §§ 280 ff. BGB untereinander sowie zum Meinungsstreit, welche Schadensposition unter welche Anspruchsgrundlage fällt, s. *Ernst*, in: MüKo-BGB, § 280 Rn. 5, 73 f.

131 *Berger*, in: Jauernig-BGB, § 437 Rn. 14; *Zeising*, BB 2021, 1303 – 1305.

Es ist für die Schadensberechnung exakt herauszuarbeiten, ob der Käufer Schadensersatz statt oder neben der Leistung verlangt und ob er – im Rahmen des Schadensersatzes statt der Leistung – den großen oder den kleinen Schadensersatz geltend macht. Die Rechtsfolgen des großen Schadensersatzes (sogenannter Schadensersatz statt der ganzen Leistung[132]) sind rücktrittsähnlich und laufen auf eine Rückabwicklung des Vertrags hinaus,[133] einschließlich der unerwünschten Wertersatzpflicht des Käufers nach Umgestaltung des Unternehmens gemäß § 346 Abs. 2 Nr. 2 BGB.[134] Aus den genannten Gründen, die gegen eine Rückabwicklung sprechen, wird der große Schadensersatz nicht näher behandelt.[135] Die Nichtleistung wegen Unmöglichkeit berechtigt den Käufer bei anfänglicher Unmöglichkeit gemäß § 311a Abs. 2 BGB und bei nachträglicher Unmöglichkeit gemäß §§ 280 Abs. 1, 3, 283 BGB zum Schadensersatz. Die Nichtleistung (oder auch Nichterfüllung) bezeichnet das dauerhafte Ausbleiben der geschuldeten Leistung, während die Schlechtleistung die mangelhafte Leistung bezeichnet.[136] Die Nichtleistung trotz Möglichkeit führt zu einem Schadensersatzanspruch statt der Leistung (§§ 280 Abs. 1, 3, 281 BGB) oder zum Schadensersatz neben der Leistung (§§ 280 Abs. 1, 2, 286 BGB). Dass das Szenario der Nichtleistung in der M&A-Praxis nicht von rein theoretischer Natur ist, sondern tatsächlich droht, ist bereits daran zu erkennen, wie sorgfältig sich Käufer im Vorfeld der Transaktion vor diesem Risiko absichern, indem sie die sogenannte *Legal Due Diligence* vornehmen. Dabei prüft der Käufer unter anderem die Veräußerungsberechtigung des Verkäufers, die sogenannte *chain of title* und lässt sich bei *Share Deals* vom Verkäufer oftmals Garantieversprechen hinsichtlich des Bestehens der Gesellschaft und der Inhaberschaft und unbeschränkten Verfügungsberechtigung des Verkäufers geben.[137] Da die vorliegende Arbeit die Schlechtleistung behandelt, wird auf die Nichtleistung im Folgenden nicht näher eingegangen.

Die Schlechtleistung betrifft die Fälle, in denen der Verkäufer das Unternehmen zwar „liefert", der Käufer in der Folgezeit jedoch einen Mangel feststellt und rügt. Diese Sachverhaltskonstellation stellt die auf S. 36 vorgestellte zweite Fallgruppe dar und eröffnet den Anwendungsbereich von drei Anspruchsgrundlagen: Beim Schadensersatz statt der Leistung kann der Käufer bei Möglichkeit der Nacherfüllung gemäß §§ 280 Abs. 1, 3, 281 BGB nach fruchtlosem Fristablauf Schadensersatz ver-

---

132 *Roth*, JZ 2006, 1026.

133 *Beisel*, in: Beisel/Klumpp, Der Unternehmenskauf, § 16 Rn. 49; *Paefgen/Wallisch*, in: Bilanzgarantien, S. 205, 208.

134 *Mueller-Thuns*, in: Rödler/Hötzel/Meuller-Thuns, Unternehmenskauf, S. 226 Rn. 107; *Schröcker*, ZGR 2005, 63, 86.

135 Zu den Gründen ausführlich oben S. 22 f.

136 *Roth*, JZ 2006, 1026, 1027.

137 *Gran*, NJW 2008, 1409, 1412.

langen, bei Unmöglichkeit der Nacherfüllung ist dies gemäß §§ 280 Abs. 1, 3, 283 BGB auch ohne Fristsetzung möglich. Handelt es sich um einen Mangelfolgeschaden, kann er Schadensersatz neben der Leistung gemäß § 280 Abs. 1 BGB verlangen.

Bei allen drei Möglichkeiten handelt es sich um Fälle des sogenannten kleinen Schadensersatzes, dessen Rechtsfolge lautet, dass der Käufer die mangelhafte Sache behält und den Minderwert als Mindestschaden liquidiert[138].

cc) Kleiner Schadensersatz in Abgrenzung zur Minderung

Im Schrifttum wird der kleine Schadensersatz vielfach als eine Art Minderung bezeichnet[139] und ungenau formuliert, die Minderung hätte einen „vergleichbaren Effekt" wie der Schadensersatz, da der Käufer „den Kaufpreis um einen Betrag in Höhe des Schadens [...] mindern" könne.[140]

Sowohl rechtsdogmatisch als auch wirtschaftlich macht es jedoch einen Unterschied, ob der Käufer den Unternehmensminderwert vom Kaufpreis abzieht (kleiner Schadensersatz[141]) oder ob er den Kaufpreis gemäß § 441 Abs. 3 Satz 1 BGB in dem Verhältnis herabsetzt, in dem der tatsächliche Unternehmenswert vom hypothetischen Wert in mangelfreiem Zustand abweicht (Minderung).[142] Nur die Verhältnisgleichung der Minderung stellt sicher, dass das Verhältnis von Leistung und Gegenleistung so beibehalten bleibt, wie es die Parteien vereinbart haben.[143] Damit beschränkt sich die Gemeinsamkeit von Minderung und kleinem Schadensersatz auf die Tatsache, dass der Käufer die mangelhafte Sache behält und einen Teil des Kaufpreises zurückerhält.[144] Da der Anspruch des Käufers beim kleinen Schadensersatz und der Minderung jedoch unterschiedlich hoch ist, kann von einer wirtschaftlichen Ähnlichkeit keine Rede sein. Damit würde das Charakteristikum der Minderung, das in der verhältnismäßigen Herabsetzung des Kaufpreises besteht, negiert. Im Schrifttum wird die vermeintliche Ähnlichkeit von

138 *Paefgen/Wallisch*, in: Bilanzgarantien, S. 205, 209.

139 *Canaris* meint, der kleine Schadensersatz entspreche im praktischen Ergebnis der Minderung; vgl. *Canaris*, in: FS Georgiades, S. 71, 78 f. *Lorenz/Riehm* bezeichnen den kleinen Schadensersatz im Rahmen der c.i.c. als „eine[r] Art ‚Minderung durch *c.i.c.*'", weil der Käufer das zu viel Gezahlte zurückverlangen könne, vgl. *Lorenz/Riehm*, Lehrbuch zum neuen Schuldrecht, S. 195 Rn. 381. *Paefgen/Wallisch* bezeichnen den kleinen Schadensersatz als „[i]m wirtschaftlichen Sinne eng verwandt" mit der Minderung, vgl. *Paefgen/Wallisch*, in: Bilanzgarantien, S. 205, 209. Laut *Roth* sei die Minderung weitgehend funktionsgleich zum kleinen Schadensersatz, vgl. *Roth*, JZ 2006, 1026.

140 *Hilgard*, ZIP 2005, 1813, 1814.

141 *Roth*, JZ 2006, 1026.

142 Zu dieser Verhältnisrechnung s. S. 49 ff.

143 *Thiessen*, Unternehmenskauf und BGB, S. 242 f.

144 Einzig *Lorenz/Riehm*, Lehrbuch zum neuen Schuldrecht, S. 195, stellen in ihrer Argumentation auf diese Gemeinsamkeit ab.

kleinem Schadensersatz und Minderung darauf gestützt, dass sich der Gesetzgeber zu der wirtschaftlichen Vergleichbarkeit von kleinem Schadensersatz und Minderung in der Begründung zum Regierungsentwurf geäußert habe.[145] Hier dürfte ein Missverständnis vorliegen. Die Äußerung des Gesetzgebers in der Begründung zum Regierungsentwurf[146] lautet bei genauer Lektüre, dass die Minderung dem kleinen Schadensersatz nur dann gleichgestellt sei, wenn die Mangelbeseitigungskosten (kleiner Schadensersatz) dem Minderungsbetrag entsprechen. Das ist aber nicht zwangsläufig der Fall, weil die Herabsetzung des Kaufpreises in dem Verhältnis zwischen dem mangelfreien und dem mangelhaften Unternehmenswert exakt die Summe der Mangelbeseitigungskosten ergeben müsste. Ein Beispiel veranschaulicht den Ausnahmecharakter dieser Fallkonstellation: Der Kaufgegenstand hat mangelfrei einen Wert von EUR 100, weshalb der Käufer ihn für EUR 90 erwirbt. Es zeigt sich ein Mangel, dessen Reparatur EUR 20 kostet. Der Wert ist von EUR 100 auf EUR 80 gesunken. Während der Käufer beim kleinen Schadensersatz EUR 20 verlangen kann, kann er bei der Minderung seinen Kaufpreis i.H.v. EUR 90 um 20 % (1 – 80/100 = 0,2), also nur um EUR 18, mindern. Da er ein gutes Geschäft gemacht hat, ist der Schadensersatz für ihn günstiger als die Minderung. Gegen eine Gleichsetzung von Minderung und kleinem Schadensersatz spricht überdies das systematische Argument, dass der Gesetzgeber die beiden Rechtsinstitute mit unterschiedlichen Voraussetzungen angeordnet hat, § 437 Nr. 2 und 3 BGB. Würden sie rechtsdogmatisch und wirtschaftlich identisch sein, bestünde hierfür aber kein Erfordernis.

dd) Drei mögliche Schadensersatzansprüche

Im Folgenden wird eine Dreiteilung der möglichen Schadensersatzansprüche entsprechend der grafischen Darstellung in *Abbildung 2* auf S. 41 vorgenommen. Entweder ist die Nacherfüllung möglich (hierzu sogleich unter (i)) oder unmöglich (hierzu unter (ii)). Mangelfolgeschäden führen daneben zur Anwendung einer weiteren Anspruchsgrundlage (hierzu unter (iii)).

(i) Kleiner Schadensersatz statt der Leistung wegen Schlechtleistung bei Möglichkeit der Nacherfüllung (§§ 280 Abs. 1, 3, 281 BGB)

Der kleine Schadensersatz statt der Leistung wegen Schlechtleistung bei Möglichkeit der Nacherfüllung gemäß §§ 280 Abs. 1, 3, 281 BGB umfasst das positive Interesse

145 Vgl. *Paefgen/Wallisch*, in: Bilanzgarantien, S. 205, 209 Fn. 14.

146 Begr. RegE BT-Drucks. 14/6040, 226.

des Käufers.[147] Der Käufer kann allerdings erst dann Schadensersatz verlangen, wenn er dem Verkäufer erfolglos eine Frist zur Nacherfüllung gesetzt hat, § 281 Abs. 1 Satz 1 a.E. BGB. Hierbei handelt es sich um einen Grundsatz mit mehreren Ausnahmen.[148] Bei Unternehmenskäufen führt eine Fristsetzung nicht zu sachgerechten Ergebnissen, denn die Nacherfüllung in Form der Nachbesserung ist in der Regel nicht möglich[149] oder zumindest nur unter erheblichem Zeit- und Kostenaufwand.[150] Sind die Nacherfüllungskosten unverhältnismäßig hoch, kann der Verkäufer die Nacherfüllung verweigern, § 439 Abs. 4 Satz 1 BGB. Unmöglich ist die Nacherfüllung etwa dann, wenn der Mangel in der fehlenden Ertragsfähigkeit des Unternehmens besteht, die der Verkäufer nicht ohne Weiteres nachbessern kann.[151] Nur in Einzelfällen führt eine Nachbesserung zu einer erfolgreichen Nacherfüllung, etwa durch die Reparatur einer defekten Produktionsmaschine.[152] Die Nacherfüllung in Form der Nachlieferung eines mangelfreien Unternehmens (Ersatzlieferung) ist für den Verkäufer stets unmöglich, da der Unternehmenskauf als Stückkauf zu qualifizieren ist und das erworbene Unternehmen nicht durch ein anderes gleichwertiges Unternehmen ersetzt werden kann.[153]

Vom Käufer ist die Nachbesserung meist auch nicht gewünscht, da diese voraussetzt, dass der Verkäufer nach Abwicklung der Transaktion noch einmal nachhaltig auf das Unternehmen Einfluss nimmt, das zu diesem Zeitpunkt bereits in die Unternehmensstruktur des Käufers eingeflochten ist.[154] Seit dem 1.1.2022 ist dies auch gesetzlich kodifiziert.[155] § 439 Abs. 5 BGB n.F. enthält für den Käufer die Pflicht, dem Verkäufer die Sache zum Zweck der Nacherfüllung zur Verfügung zu stellen. In den Fällen der arglistigen Täuschung über das Vorliegen des Mangels dürfte es dem Käufer unzumutbar sein, das Unternehmen dem Verkäufer zur Mangelbehebung noch einmal anzuvertrauen, § 440 Satz 1 a.E. BGB. Dies fügt sich ein in die Bewertung, dass sich der arglistig täuschende Verkäufer nicht auf die

147 *Schulze*, in: Schulze-BGB, § 281 Rn. 16.

148 Vgl. *Westermann*, NJW 2002, 241, 248 f.

149 *Picot*, Handbuch Mergers & Acquisitions, S. 328.

150 *Picot*, DB 2009, 2587, 2593.

151 *Beisel*, in: Beisel/Klumpp, Der Unternehmenskauf, § 16 Rn. 26, 33.

152 Sollte der Käufer bis zum Zeitpunkt der Reparaturleistung Ertragseinbußen erlitten haben, so sind diese neben der Nacherfüllung zu ersetzen, s. hierzu S. 167 ff.

153 *Beisel*, in: Beisel/Klumpp, Der Unternehmenskauf, § 16 Rn. 26, 32; *Canaris*, in: FS Georgiades, S. 71, 91; *Mueller-Thuns*, in: Rödder/Hötzel/Mueller-Thuns, Unternehmenskauf, S. 221 Rn. 94; *Picot*, Handbuch Mergers & Acquisitions, S. 328.

154 *Beisel*, in: Beisel/Klumpp, Der Unternehmenskauf, § 16 Rn. 26; *Picot*, DB 2009, 2587, 2593; zurückhaltender *Mueller-Thuns*, in: Rödder/Hötzel/Mueller-Thuns, Unternehmenskauf, S. 221 Rn. 94.

155 RegE BT-Drucks. 146/21, 2.

verkäuferschützenden Vorschriften der § 281 Abs. 1 Satz 3 und § 325 Abs. 5 Satz 2 BGB berufen kann, da seine Pflichtverletzung in der Regel nicht unerheblich ist.[156]

Der kleine Schadensersatz statt der Leistung bei Möglichkeit der Nacherfüllung (§§ 280 Abs. 1, 3, 281 BGB) tritt an die Stelle des Erfüllungsverlangens.[157] Hiervon umfasst sind alle Schäden, die nicht entstanden wären, wenn der Verkäufer im Zeitpunkt des Schadensersatzbegehrens korrekt geleistet hätte.[158] Nach einer anderen Formulierung ist hiervon der Schaden umfasst, der durch die Schlechterfüllung entstanden ist, also der Unternehmensminderwert aufgrund des Mangels (sogenannter Mangelunwert) oder alternativ sämtliche Mängelbeseitigungskosten, wie etwa Reparaturkosten und Aufwendungen für einen Deckungskauf.[159] Der Käufer muss die Entscheidung treffen, ob er den mangelbedingten Unternehmensminderwert (Mangelunwert) oder die Mangelbeseitigungskosten in Geld ersetzt haben möchte.[160] Daneben umfasst dieser Schadensersatzanspruch auch alle weiteren Mangelfolgeschäden, die nicht unter den Unternehmensminderwert oder die Reparaturkosten fallen.[161] Zu den weiteren Mangelfolgeschäden zählt etwa der entgangene Gewinn im Falle einer Weiterveräußerung.[162]

Das bedeutet, dass der Schaden des Käufers in dem mangelbedingten Minderwert des Unternehmens nebst den Mangelfolgeschäden oder in den Mangelbeseitigungskosten nebst den Mangelfolgeschäden besteht. Daraus folgt, dass für die Berechnung des kleinen Schadensersatzes bei Möglichkeit der Nacherfüllung vier Kennzahlen maßgeblich sind: Der tatsächliche Unternehmenswert in mangelhaftem Zustand; der hypothetische Unternehmenswert in mangelfreiem Zustand; die Summe der Mangelbeseitigungskosten sowie die Summe der Mangelfolgeschäden.

---

156 Str., BGH, Urteil vom 24.3.2006 – V ZR 173/05, BGHZ 167, 19, 23 Rn. 11 = JZ 2006, 1024, 1025; *Beisel*, in: Beisel/Klumpp, Der Unternehmenskauf, § 16 Rn. 27, 30, 35; a.A. *Roth*, JZ 2006, 1026, 1026 f.: Der Käufer könne selbst nach arglistiger Täuschung nur den kleinen Schadensersatz verlangen, wenn die Pflichtverletzung unerheblich i.S.d. § 281 Abs. 1 Satz 3 BGB ist, denn die Unerheblichkeit richte sich objektiv nach dem Pflichtenprogramm des Verkäufers, das durch dessen subjektive Arglist aber nicht gesteigert werde.

157 *Ernst*, in: MüKo-BGB, § 280 Rn. 1, 75.

158 *Ernst*, in: MüKo-BGB, § 280 Rn. 75.

159 *Ernst*, in: MüKo-BGB, § 280 Rn. 75; *Roth*, JZ 2006, 1026; *Westermann*, in: MüKo-BGB, § 437 Rn. 35.

160 *Ernst*, in: MüKo-BGB, § 281 Rn. 143.

161 *Ernst*, in: MüKo-BGB, § 281 Rn. 152.

162 *Ernst*, in: MüKo-BGB, § 281 Rn. 152; zu den Einzelheiten und Besonderheiten des entgangenen Gewinns beim Unternehmenskauf s. S. 173 ff.

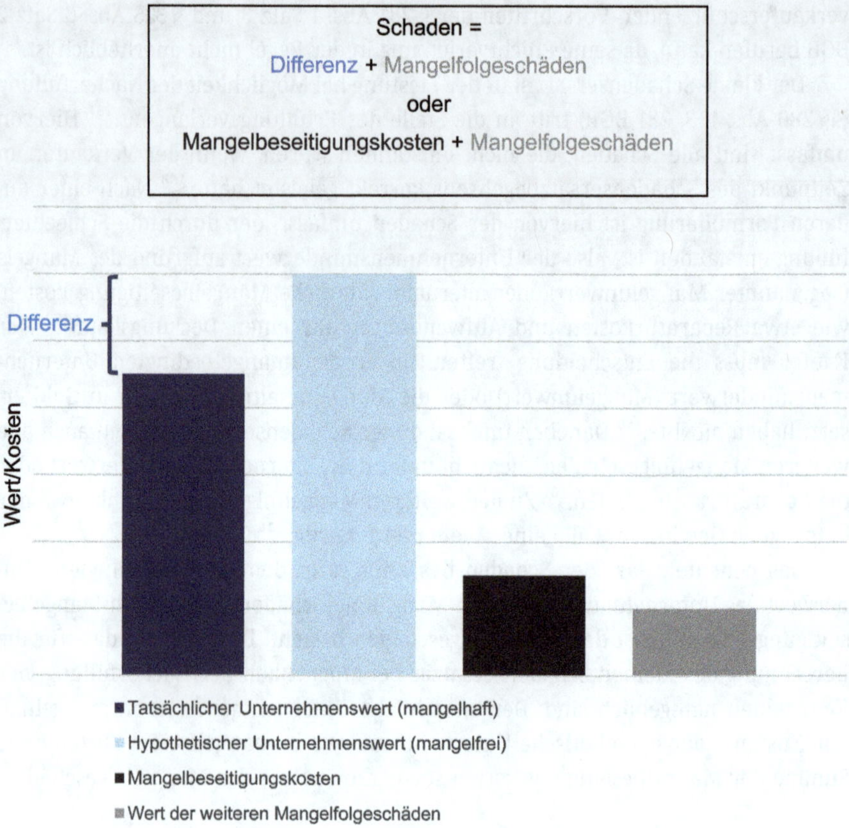

Abbildung 3: Maßgebliche Kennzahlen bei der Fallgruppe 2 („Lieferung" eines mangelhaften Unternehmens: kleiner Schadensersatz bei Möglichkeit der Nacherfüllung).

Die Berechnung der maßgeblichen Kennzahlen, insbesondere des hypothetischen Unternehmenswerts in mangelfreiem Zustand, sorgen in der Post M&A-Praxis für erhebliche Schwierigkeiten. Die verschiedenen Unternehmensbewertungsverfahren werden ab S. 73 dargestellt und bewertet sowie ab S. 128 auf ihre Geeignetheit zur Schadensberechnung geprüft.

(ii) Kleiner Schadensersatz statt der Leistung bei Unmöglichkeit der Nacherfüllung (§§ 280 Abs. 1, 3, 283 BGB)

Ist die Nacherfüllung unmöglich, haftet der Schädiger beim Schadensersatz statt der Leistung wegen einer Schlechtleistung (§§ 280 Abs. 1, 3, 283 BGB) ebenfalls auf das positive Interesse.[163] Auch hier hat der Verkäufer den Käufer so zu stellen, als hätte er seine Leistungspflicht ordnungsgemäß erfüllt.[164] Er hat damit den Käufer nicht nur finanziell so zu stellen, als hätte er ein mangelfreies Unternehmen erhalten, sondern als hätte er auch durch die geplante Verwendung den erstrebten Gewinn erzielt.[165]

Genau wie bei dem zuvor untersuchten Schadensersatzanspruch aus §§ 280 Abs. 1, 3, 281 BGB hat der Verkäufer auch beim Schadensersatzanspruch aus §§ 280 Abs. 1, 3, 283 BGB sämtliche Mangelfolgeschäden wie etwa Nutzungsausfallschäden oder entgangenen Gewinn aus einer Weiterveräußerung zu ersetzen.[166] Die Frage, ob im Post M&A-Verfahren Vermögenseinbußen des Käufers als entgangener Gewinn oder Nutzungsausfallschaden (Betriebsausfallschaden) zu qualifizieren sind, ist umstritten und wird ab S. 173 näher behandelt.

Die Besonderheit beim Schadensersatz gemäß §§ 280 Abs. 1, 3, 283 BGB besteht darin, dass die Nacherfüllung unmöglich ist. Deshalb können nicht die Kosten einer Nacherfüllung die Schadenshöhe bestimmen.[167] Der Schaden kann nur die Summe betragen, in der das Vermögen des Käufers von seinem hypothetischen Vermögen bei mangelfreier Leistung abweicht (Unternehmensminderwert). Hier ist besonders darauf zu achten – da eine Nacherfüllung nicht möglich ist – dass der Schadensersatzanspruch den Käufer vollständig kompensiert. Der Schaden des Käufers besteht nicht nur in der (aktuellen) Abweichung zwischen Ist- und Sollzustand, sondern auch darin, dass er ein Unternehmen erworben hat, dass ihm in den nächsten Jahren weniger Gewinn erwirtschaften wird als angenommen. Zu Recht heißt es, dass der Käufer in dieser Fallkonstellation „überproportional“ zu entschädigen sei.[168] Ein Beispielsfall verdeutlicht die überproportionale Entschädigung: Liegt der Mangel in einer defekten Produktionsmaschine und ist die Nacherfüllung unmöglich, beträgt der Schaden nicht nur den Minderwert der defekten Produktionsmaschine, sondern darüber hinaus den künftigen Produktionsausfall. Auch für diese geringere Ertragskraft ist der Käufer zu entschädigen.

Das bedeutet, dass für die Schadensberechnung folgende Kennzahlen maßgeblich sind: Der tatsächliche Unternehmenswert in mangelhaftem Zustand; der hypothetische Unternehmenswert in mangelfreiem Zustand sowie die Summe der Mangelfolgeschäden.

---

163 *Brand*, Schadensersatzrecht, S. 12, Rn. 15; *Riehm*, in: BeckOGK-BGB, § 283 Rn. 34.

164 *Riehm*, in: BeckOGK-BGB, § 283 Rn. 34.

165 *Riehm*, in: BeckOGK-BGB, § 283 Rn. 34.

166 *Ernst*, in: MüKo-BGB, § 283 Rn. 10; *Riehm*, in: BeckOGK-BGB, § 283 Rn. 49, 51.

167 *Riehm*, in: BeckOGK-BGB, § 283 Rn. 49.

168 S. *Wächter*, M&A Litigation, S. 598 Rn. 11.111 f.

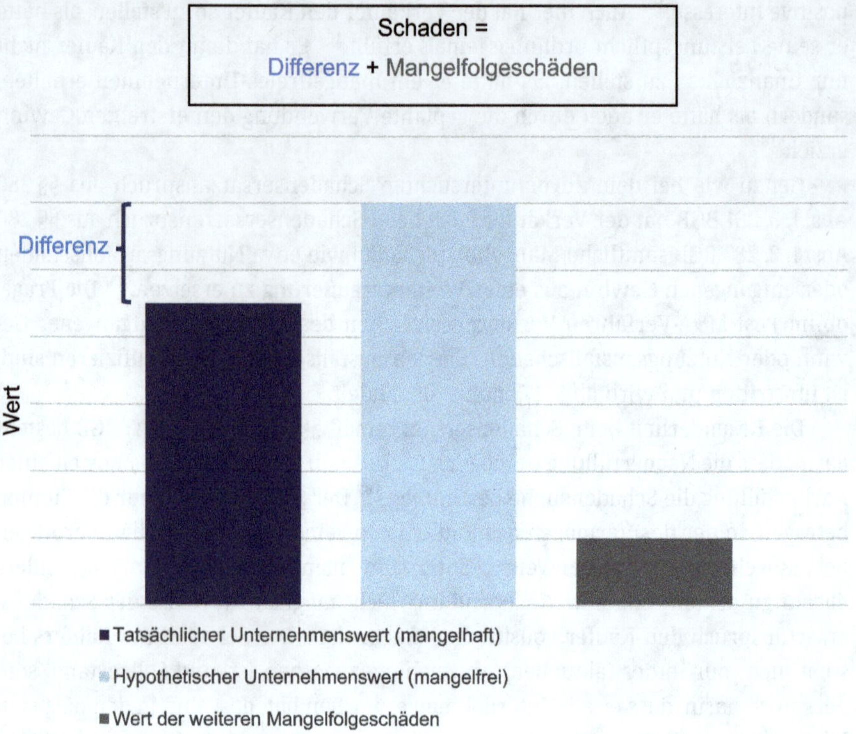

Abbildung 4: Maßgebliche Kennzahlen bei der Fallgruppe 2 („Lieferung" eines mangelhaften Unternehmens: kleiner Schadensersatz statt der Leistung bei Unmöglichkeit der Nacherfüllung).

(iii) Schadensersatz neben der Leistung (§ 280 Abs. 1 BGB)

Der Schadensersatz neben der Leistung gemäß § 280 Abs. 1 BGB umfasst ebenfalls das positive Interesse.[169] § 280 Abs. 1 BGB gewährt dem Käufer den Ersatz der Vermögensnachteile, die über das Erfüllungsinteresse hinausgehen.[170] Hiervon umfasst sind die Schäden, die auch dann nicht entfallen, wenn der Verkäufer später die pflichtgemäße Erfüllung nachholt.[171] Dies sind die Schäden, die durch die Mangelhaftigkeit der Kaufsache an anderen Rechtsgütern des Käufers eingetreten sind.[172] Zu den Einbußen, die nicht unmittelbar an dem beeinträchtigten Rechtsgut

169 *Westermann*, in: MüKo-BGB, § 437 Rn. 35.
170 Begr. RegE BT-Drucks. 14/6040, 225.
171 *Ernst*, in: MüKo-BGB, § 280 Rn. 75.
172 Begr. RegE BT-Drucks. 14/6040, 225; *Beisel*, in: Beisel/Klumpp, Der Unternehmenskauf, § 16 Rn. 47; *Ernst*, in: MüKo-BGB, § 280 Rn. 75.

entstanden sind, zählen auch entgangener Gewinn (§ 252 Satz 1 BGB) oder Nutzungsausfallschäden.[173] Diese Schäden werden auch als Mangelfolgeschäden[174] oder mittelbare Schäden bezeichnet.[175]

Diese Mangelfolgeschäden treten neben den jeweiligen Schadensersatzanspruch aus §§ 280 Abs. 1, 3, 281 BGB oder aus §§ 280 Abs. 1, 3, 283 BGB. Sie sind zu berechnen, indem sie (schlichtweg) addiert werden.

Als Zwischenergebnis lässt sich festhalten, dass zur Berechnung dieses Schadensersatzes kein Unternehmenswert zu ermitteln ist. Es dürfte allerdings die Ausnahme sein, dass der Unternehmenskäufer einen Mangel rügt und ausschließlich den Ersatz von Mangelfolgeschäden geltend macht. Praktisch relevanter dürften die Fälle sein, in denen der Käufer neben einem Schadensersatzanspruch aus §§ 280 Abs. 1, 3, 281 BGB oder aus §§ 280 Abs. 1, 3, 283 BGB zusätzlich Mangelfolgeschäden geltend macht, die zu dem (Gesamt-)Schadensersatzanspruch zu addieren sind. Daraus folgt, dass ein Post M&A-Verfahren nur in den seltensten Fällen ganz ohne Unternehmensbewertung auskommen dürfte.

b) Minderung

Gemäß § 437 Nr. 2 Alt. 2 BGB kann der Käufer aufgrund des Mangels den Kaufpreis mindern. § 441 Abs. 3 BGB normiert, dass der Kaufpreis in dem Verhältnis herabzusetzen ist, in dem der Wert der mangelhaften Kaufsache zum hypothetischen Wert der Kaufsache in mangelfreiem Zustand steht. Wie bereits erörtert,[176] ist die Minderung nicht mit dem kleinen Schadensersatz gleichzusetzen.

aa) Minderung nicht sachgerecht wegen Unternehmensbewertung?

Im Post M&A-Verfahren wird die Minderung als problematisch erachtet. Sie sei nach einem Unternehmenskauf nicht sachgerecht, da sie einen Wertvergleich des gekauften Unternehmens mit und ohne Mangel erforderlich mache; das Ergebnis einer Unternehmensbewertung sei für beide Parteien aber mit großen Unsicherheiten verbunden.[177]

Diesem Einwand wird zu Recht entgegengehalten, dass sich dieses Problem ebenso beim Schadensersatz stellt mit dem einzigen Unterschied, dass es sich dort nicht sofort aufdrängt.[178] Es verbirgt sich dort hinter der Kennzahl des Unterneh-

---

173 *Brand*, Schadensersatzrecht, S. 13 f. Rn. 20, S. 119 f. Rn. 8.

174 *Mueller-Thuns*, in: Rödder/Hötzel/Mueller-Thuns, Unternehmenskauf, S. 227 Rn. 110.

175 *Nirk*, in: FS Möhring, S. 71, 93.

176 S. oben S. 42 f.

177 *Hilgard*, ZIP 2005, 1813, 1814; *Kästle/Oberbracht*, Unternehmenskauf, S. 205.

178 *Hilgard*, ZIP 2005, 1813, 1814 f.

mensminderwerts, zu dessen Ermittlung es ebenfalls einer Unternehmensbewertung bedarf.[179]

Vereinzelt lässt sich die Auffassung finden, dass die Schwierigkeit bei der Bezifferung des Minderungsbetrags Anlass sei, das Minderungsrecht im Unternehmenskaufvertrag abzubedingen.[180] Die Schwierigkeit ist nicht von der Hand zu weisen, doch begegnet sie den Parteien im Post M&A-Verfahren wie gezeigt auch bei jeder Form des Schadensersatzes. Eine vertragliche Abbedingung würde folglich nur dann zu dem gewünschten Ergebnis führen, wenn das gesetzliche Schadensrecht vollständig abbedungen und durch eine vertragliche Schadensberechnungsformel ersetzt würde. Die Vor- und Nachteile der vertraglichen Schadensberechnungsklauseln werden ab S. 269 dargestellt.

bb) Minderung nicht sachgerecht wegen Unternehmensentwicklung?

Als weiterer Grund, weshalb die Minderung nach einem Unternehmenskauf nicht sachgerecht sei, wird angeführt, dass der Mangel kaum in ein Verhältnis zum Unternehmenswert gesetzt werden könne, nachdem das Unternehmen bis zum Zeitpunkt der Minderungserklärung unternehmerisch fortentwickelt wurde.[181]

Auch diese Position erweist sich als nicht begründbar. Die Rückschau auf den Unternehmenswert in der Vergangenheit, namentlich zum Zeitpunkt des Gefahrübergangs, dürfte nicht minderungsspezifisch sein, sondern auch bei der Unternehmenswertermittlung im Rahmen des Schadensersatzes stattfinden. Wie sich zeigen wird, ist die Vorgabe eines Stichtags für eine Unternehmensbewertung darüber hinaus kein Hindernis, sondern sogar unerlässlich.[182] Die Ansicht verträgt sich auch nicht mit § 441 Abs. 3 Satz 2 BGB. Der Gesetzgeber hat die Schwierigkeit bei der Bezifferung des Minderungsbetrags erkannt und für diesen Fall die Möglichkeit einer Schätzung eingeführt.

cc) Minderung nicht sachgerecht wegen Prognose für den Kaufpreis?

Ein anderer Kritikpunkt lautet, es sei kaum sachgerecht, den Kaufpreis im Verhältnis zum Unternehmenswert herabzusetzen, weil der Kaufpreis unter Zugrundelegung einer Prognose ermittelt worden ist.[183]

---

179 S. oben S. 45 f. und S. 48 f.

180 So der Vorschlag von *Bisle*, DStR 2013, 364, 365.

181 *Picot*, DB 2009, 2587, 2593.

182 S. hierzu S. 206.

183 *Picot*, DB 2009, 2587, 2593.

Es ist zwar richtig, dass der Kaufpreis auf einer Prognose basiert.[184] Aber dies gilt ebenso für den Unternehmenswert. Insbesondere wird anhand der gängigen Unternehmensbewertungsmethoden, namentlich dem Ertragswertverfahren, dem DCF-Verfahren sowie dem *Multiple*-Verfahren der Unternehmenswert auf Grundlage einer Prognose ermittelt. Auf die Einzelheiten der Unternehmensbewertungsmethoden ist zurückzukommen.[185] Festzuhalten ist, dass das Prognoseelement sowohl dem Kaufpreis als auch dem Unternehmenswert inhärent und daher mit der Minderung vereinbar ist.

dd) Minderung nicht sachgerecht, da wirtschaftlich nachteilig?

Die skeptische Haltung gegenüber der Minderung im Post M&A-Verfahren stützt sich letztlich auch auf einen wirtschaftlichen Vergleich zwischen der Minderung und dem Schadensersatz, bei dem die Minderung schlecht abschneidet. Sobald der Käufer mit dem Unternehmenskauf ein gutes Geschäft gemacht hat, sei eine Minderung für ihn wirtschaftlich von vornherein uninteressant. Denn sobald der Kaufpreis den Unternehmenswert in mangelfreiem Zustand unterschreitet, übersteige der Schadensersatzanspruch den Minderungsbetrag.[186]

Diesem Ansatz kann insoweit gefolgt werden, als davon auszugehen ist, dass sich der Käufer stets für den günstigeren Rechtsbehelf entscheidet. Dies macht die Minderung aber ebenso im Konsumgüterkaufrecht wirtschaftlich unattraktiv, sobald der Käufer einen guten Preis ausgehandelt hat.[187] Gegen eine Minderung speziell im Post M&A-Verfahren spricht dies freilich nicht. Die Ursache liegt auch nicht in einer rechtsdogmatischen Unvereinbarkeit der Minderung mit dem Unternehmenskauf oder einer bewertungsrelevanten Problematik, sondern schlichtweg in dem Verhältnisprinzip, das der Minderung ihren Charakter verleiht. Eine Unvereinbarkeit der Minderung mit dem Post M&A-Verfahren kann nicht identifiziert werden.

ee) Minderung unüblich wegen Mangelauswirkung auf den Unternehmenswert

Richtigerweise ist die Minderung im Post M&A-Verfahren nicht aus dogmatischen Gründen abzulehnen. Sie ist schlichtweg unüblich, da wirtschaftlich unattraktiv. Die Begründung folgt aber nicht aus einem Vergleich mit dem Schadensersatz,

---

184 S. zu den Einzelheiten der Kaufpreisermittlung S. 73 ff.

185 S. hierzu S. 73 ff.

186 Zum Ganzen: *Thiessen*, Unternehmenskauf und BGB, S. 248; s. als Nachweis auch die Beispielrechnung auf S. 43.

187 *Paefgen*, DZWIR 1997, 177, 180.

sondern aus einer präzisen Untersuchung der Mangelauswirkung auf den Unternehmenswert. Es wird sich zeigen, dass speziell im Post M&A-Verfahren eine Minderung den Käufer in der Regel nicht genügend kompensieren kann. Für den Unternehmenskauf bedeutet die verhältnismäßige Herabsetzung nach dem Verständnis von *Canaris*, dass der Kaufpreis lediglich in dem Verhältnis herabzusetzen sei, in dem der Mangel den Wert des ganzen Unternehmens verringert. Während dies bei einem Sachkauf eine beträchtliche Summe bedeuten kann, sei die Summe beim Unternehmenskauf dagegen verschwindend klein, wenn nicht sogar Null.[188]

Diese Ansicht überzeugt, wenn man sich folgendes Beispiel vor Augen führt: Ein Mangel mag den Wert eines *Assets* durchaus um 50 % mindern. Es bedarf nicht viel Fantasie, um sich vorzustellen, dass eine Produktionsmaschine, die mangelbedingt nicht mehr produziert, nur noch 50 % ihres ursprünglichen Werts für ihren Besitzer hat. Doch der Wert des gesamten Unternehmens, das womöglich über mehrere intakte Produktionsmaschinen derselben Gattung verfügt und daher die Produktion nicht einstellen muss, wird hierdurch wohl kaum um 50 % herabgesetzt. Der Mangel mag also das *Asset* wesentlich in seinem Wert mindern, in diesem Beispiel um 50 %, nicht aber den Wert des Unternehmens. Der Wert eines einzelnen *Assets* macht nur einen sehr geringen Bruchteil des Unternehmenswerts aus, schließlich ist der Unternehmenswert mehr als die Wertsumme der einzelnen *Assets*[189] und dies selbst unter Anwendung des Substanzwertverfahrens.[190] Dies liegt daran, dass der Unternehmenswert der „Barwert der Überschüsse aus dem operativen Geschäftsbetrieb *plus* der Barwert der Überschüsse aus dem nicht betriebsnotwendigen Vermögen“[191] ist.[192] Der Wert des Unternehmens besteht in der Fähigkeit, künftig Gewinne zu erwirtschaften.[193] Die Wertminderung betrifft mit-

---

188 Zum Ganzen: *Canaris*, in: FS Georgiades, S. 71, 91 f.; zu demselben Ergebnis gelangt die Argumentation von *Jagersberger*, Die Haftung des Verkäufers, S. 328 („Aus diesem Grund kann der Wert der aufgetretenen Mängel zur Berechnung des Minderungsbetrages auch nicht einfach abgezogen werden. Ansonsten erhielten die Mängel […] ein überproportionales Gewicht“).

189 *Frey/Müller*, in: Bilanzgarantien, S. 281, 292; *Oehlrich*, NJOZ 2020, 1; *Risse*, ZIP 2021, 2309, 2310.

190 *Canaris*, in: FS Georgiades, S. 71, 88; zum Substanzwertverfahren s. S. 82 ff.

191 So die Definition von *Wächter*, M&A Litigation, S. 560 Rn. 10.34; zu den Einzelheiten des Unternehmenswertbegriffs s. S. 74 ff.

192 Nicht betriebsnotwendig sind die Vermögensgegenstände, die frei veräußert werden können, ohne dass hierdurch die eigentliche Unternehmensaufgabe berührt wird, vgl. OLG Stuttgart, Beschluss vom 8.7.2011 – 20 W 14/08, BeckRS 2011, 18552 Rn. 304. Zum nicht betriebsnotwendigen Vermögen gehört nicht betriebsnotwendiges *Cash*, der Barwert von sonstigem nicht betriebsnotwendigem *Working Capital* sowie der Barwert von sonstigem nicht betriebsnotwendigem Vermögen wie etwa Grundstücke, Goldreserven oder Beteiligungen, vgl. *Wächter*, M&A Litigation, S. 702 f. Rn. 12.220.

193 *Risse*, ZIP 2021, 2309, 2310.

hin nur einen Bruchteil eines Bruchteils. Der Ersatz eines Bruchteils vom Bruchteil wird dem Käufer in aller Regel nicht als Kompensation genügen.

ff) Formel für die Minderung

Sollte der Mangel eines *Assets* den Unternehmenswert erheblich herabsetzen und damit eine Minderung im Post M&A-Verfahren relevant werden, lautet die Formel zur Berechnung der Minderung gemäß § 441 Abs. 3 Satz 1 BGB:[194]

$$x = \frac{\textit{vereinbarter Kaufpreis x tatsächlicher Wert in mangelhaftem Zustand}}{\textit{hypothetischer Wert in mangelfreiem Zustand}}$$

Formel 1: Berechnung der Minderung im Falle der Schlechtleistung; erstellt auf Grundlage der Formel von Mueller-Thuns, in: Rödder/Hötzel/Mueller-Thuns, Unternehmenskauf, S. 224 Rn. 103.

Es ist darauf hinzuweisen, dass das Ergebnis dieser Formel nicht den Minderungsbetrag, sondern den um den Minderungsbetrag herabgesetzten Kaufpreis darstellt.[195] Die Differenz zwischen diesem Betrag und der gezahlten Kaufpreissumme ist der Minderungsbetrag. Ist die Höhe des Minderungsbetrags gesucht, ist stattdessen folgende Formel anzuwenden:

$$x = \textit{Kaufpreis} - \frac{\textit{Kaufpreis x tatsächlicher Wert in mangelhaftem Zustand}}{\textit{hypothetischer Wert in mangelfreiem Zustand}}$$

Formel 2: Berechnung des Minderungsbetrags.

gg) Minderung durch Schätzung

Eine Besonderheit der Minderung gegenüber dem Schadensersatz, die im Post M&A-Verfahren durchaus zur Geltung kommen kann, folgt aus der bereits erwähnten Vorschrift des § 441 Abs. 3 Satz 2 BGB. Der Gesetzgeber hat bei der Minderung ins materielle Recht aufgenommen, dass der Minderungsbetrag, soweit erforderlich, durch Schätzung zu ermitteln ist. Eine parallele Vorschrift für Schadensersatzansprüche existiert im materiellen Recht nicht. Allerdings dürfte § 287 Abs. 1 Satz 2 ZPO den minderungsspezifischen Charakter der Schätzung relativieren. Danach entscheidet das Gericht bei Streit nach freier Überzeugung über die Schadenshöhe.[196] Bei der Schadensersatzberechnung ist dies zwar im prozessualen, nicht im materiellen Recht geregelt, im Ergebnis dürfte es aber darauf hinauslaufen, dass das

---

194 Vgl. *Mueller-Thuns*, in: Rödder/Hötzel/Mueller-Thuns, Unternehmenskauf, S. 224 Rn. 103.

195 Vgl. *Paefgen*, DZWIR 1997, 177, 180 Fn. 23, der mit der Formel von *Mueller-Thuns* den geminderten Kaufpreis berechnet.

196 Zu den Einzelheiten des § 287 Abs. 1 Satz 2 ZPO im Post M&A-Verfahren s. S. 15 f.

(Schieds-)Gericht sowohl bei der Minderung als auch beim Schadensersatzanspruch durch eine Schätzung die Berechnung der Anspruchshöhe vereinfachen kann.

hh) Zwischenergebnis

Es ist somit festzuhalten, dass die Berechnung des Minderungsbetrags im Post M&A-Verfahren zwar selten gefordert sein dürfte, im Anwendungsfall allerdings dieselben Schwierigkeiten bereitet wie die Berechnung des Schadensersatzanspruchs, da sie eine Unternehmensbewertung erfordert. Im Vergleich zum Schadensersatz unterscheidet sich die Minderung nämlich lediglich durch die Berechnungsformel; die Unbekannten, d.h. die in die Formel einzusetzenden Kennzahlen, sind identisch. Da die Schwierigkeit darin besteht, diese Kennzahlen betragsmäßig zu bestimmen, sind die ab S. 73 dargestellten Grundsätze der Unternehmensbewertung sowie die ab S. 128 untersuchten gesetzlichen Vorgaben zur Schadensberechnung gleichsam für die Minderung relevant.

c) Aufwendungsersatz

Nach § 284 BGB kann der Käufer anstelle des Schadensersatzes statt der Leistung Ersatz der von ihm vergeblich gemachten Aufwendungen verlangen. Aufwendungen stellen streng genommen keinen Schaden dar, da sie freiwillig getätigt werden[197] und nicht kausal auf einer Pflichtverletzung des Verkäufers beruhen.[198] Deshalb hat der Gesetzgeber § 284 BGB eingeführt, damit auch Aufwendungen erstattungsfähig sind, wenn die Voraussetzungen für den Schadensersatz statt der Leistung vorliegen.[199] Mit Einführung des § 284 BGB hat die Rentabilitätsvermutung des Bundesgerichtshofs eine gesetzliche Ausformung erhalten.[200] Darüber hinaus gewährt § 284 BGB eine Erstattung der Aufwendungen, die sich mangels kommerziellen Geschäfts nicht rentiert hätten und nach der Rentabilitätsvermutung eigentlich nicht erstattungsfähig gewesen wären.[201] Da Unternehmenskäufe in der Regel kommerzielle Geschäfte sind, sind die vergeblichen Aufwendungen des Käufers sowohl nach der Rentabilitätsvermutung als auch bei Anwendung des § 284 BGB erstattungsfähig.[202]

---

197 *Stadler*, in: Jauernig-BGB, § 284 Rn. 4.

198 Begr. RegE BT-Drucks 14/6040, 142.

199 *Ernst*, in: MüKo-BGB, § 284 Rn. 5, 10; *Stadler*, in: Jauernig-BGB, § 284 Rn. 4.

200 Vgl. Begr. RegE BT-Drucks 14/6040, 142.

201 Begr. RegE BT-Drucks 14/6040, 142 f.; *Grüneberg*, in: Grüneberg, § 284 Rn. 1; *Köster*, Die Haftung des Unternehmensverkäufers, S. 179.

202 *Köster*, Die Haftung des Unternehmensverkäufers, S. 179.

aa) Ineffizienz durch Ersatzfähigkeit vergeblicher Aufwendungen?

Kritik erfährt der Aufwendungsersatz im Schrifttum zur ökonomischen Analyse des Vertragsrechts. Einige Autoren beanstanden, durch die Erstattung der vergeblichen Aufwendungen habe der Käufer im Vorfeld des Vertragsschlusses keinen Anlass, die Risiken einer Pflichtverletzung des Verkäufers zu berücksichtigen, weil er dieses Risiko nicht trage. Schließlich bekäme er die vergeblichen Kosten vom Verkäufer vollumfänglich ersetzt. Deshalb verleite die Ersatzpflicht den Käufer, überhöhte Aufwendungen zu tätigen, was zu Ineffizienz führe.[203] Dem wird entgegengehalten, dass das Zivilrecht strenge Anforderungen an den Aufwendungsersatzanspruch stelle und damit den Käufer zumindest bremse, übermäßige Aufwendungen zu tätigen. So würde etwa das Rechtsinstitut des Mitverschuldens einem Übermaß an Aufwendungen Einhalt gebieten.[204]

Dies überzeugt, zumal sich eine weitere Beschränkung des Aufwendungsersatzes unter folgendem Gesichtspunkt ergibt: Da § 284 BGB nur Aufwendungen für erstattungsfähig erklärt, die „im Vertrauen auf den Erhalt der Leistung" getätigt wurden, fallen von vornherein alle Aufwendungen aus dem Anwendungsbereich heraus, die zeitlich vor dem Vertragsschluss liegen.[205] Damit sind etwa die Kosten der *Due Diligence*-Prüfung nicht erstattungsfähig.[206] Auch die nachfolgenden Ausführungen zu den Einzelheiten der Vertragsdurchführungskosten lassen den Schluss zu, dass im Post M&A-Verfahren die Anwendungsfälle für einen Aufwendungsersatzanspruch nur in sehr engen Grenzen auftreten. Dies macht es unwahrscheinlich, dass ein Unternehmenskäufer wie selbstverständlich davon ausgeht, er werde sämtliche Aufwendungen ersetzt verlangen können. Das Risiko, dass der Käufer seine Aufwendungen beliebig in die Höhe treibt, anstatt sie auf ein effizientes Maß herunterzuschrauben, erscheint auch aus diesem Grund gering.

bb) *Closing* als zeitliche Zäsur für vergebliche Aufwendungen

Da vorliegend die Fälle des kleinen Schadensersatzes betrachtet werden, bei denen der Käufer das mangelhafte Unternehmen behält, scheiden die Vertragsdurchführungskosten, die typischerweise im Rahmen von § 284 BGB geltend gemacht werden,[207] von vornherein als erstattungsfähige Posten aus: Rechtsanwaltskosten, Notarkosten und Registergerichtskosten beim *Share Deal* bzw. Grundbuchamtskosten

---

203 Zum Ganzen: *Rogerson*, The Rand Journal of Economics, 1984, Band 15, Nr. 1, S. 39; *Schäfer/Ott*, Ökonomische Analyse des Zivilrechts, S. 554 f.

204 *Schäfer/Ott*, Ökonomische Analyse des Zivilrechts, S. 555 einschl. Fn. 10.

205 Zu dieser Voraussetzung *Köster*, Die Haftung des Unternehmensverkäufers, S. 180.

206 *Köster*, Die Haftung des Unternehmensverkäufers, S. 180 f.

207 *Köster*, Die Haftung des Unternehmensverkäufers, S. 181.

beim *Asset Deal*, die zum Zwecke des Unternehmenskaufs angefallen sind, sind nur dann vergeblich, wenn der Verkäufer überhaupt nicht leistet oder der Käufer die Rückabwicklung im Rahmen des großen Schadensersatzes verlangt, der Unternehmenskauf also insgesamt scheitert. Im Rahmen des kleinen Schadensersatzes sind Fallkonstellationen des § 284 BGB zwar nicht von vornherein ausgeschlossen,[208] jedoch eingegrenzt. Denn in diesen Fällen sind die Aufwendungen des Käufers nur dann vergeblich, wenn sie ausschließlich wegen des Mangels ihren Zweck verfehlen. Die Vertragsdurchführungskosten, d.h. die Rechtsanwaltskosten, Notarkosten und Gebühren der jeweiligen Abteilung des Amtsgerichts (Registergericht oder Grundbuchamt) sind beim kleinen Schadensersatz nicht vergeblich, sondern erfüllen ihren Zweck, schließlich wird der Unternehmenserwerb nicht rückabgewickelt, sondern durchgeführt. Stattdessen kommen als vergebliche Aufwendungen Investitionen in Betracht, die der Käufer nach dem *Closing* tätigt, die durch den Mangel aber vereitelt werden. Investitionen des Käufers sind als erstattungsfähige Aufwendungen i.S.d. § 284 BGB zu qualifizieren,[209] da zu Letzteren auch Ausgaben gehören, die der künftigen Verwendung der Kaufsache dienen wie etwa Umbaukosten eines gekauften Grundstücks.[210] Beispielsweise ist eine vom Käufer inszenierte Werbekampagne vergeblich, wenn sich anschließend herausstellt, dass der Mangel die Reputation des Unternehmens vollständig zerstört. Ebenso vergeblich sind Maßnahmen des Käufers zur Akquise neuer Kundenaufträge, wenn die so erlangten Aufträge mangelbedingt überhaupt nicht bewältigt werden können, etwa wegen defekter Maschinen oder fehlender Mitarbeiter.

cc) Exklusivitätsverhältnis zum Schadensersatz statt der Leistung

Da sich der Käufer zwischen Schadensersatz statt der Leistung und dem Aufwendungsersatz entscheiden muss,[211] wird es für ihn in der Regel günstiger sein, den mangelbedingten Schaden ersetzt zu verlangen und nicht nur die Aufwendungen, die mangelbedingt vergebens waren. In dem Beispiel der vergeblichen Werbekampagne wäre vom Schadensersatzanspruch der gesamte Reputationsschaden umfasst, der schlimmstenfalls den Schaden einer Betriebseinstellung beinhaltet. In dem Beispiel der vergeblichen Auftragsakquise umfasst der Schadensersatz den

208 § 284 BGB ist unabhängig davon anwendbar, ob es sich um einen Fall der Nichtleistung oder der Schlechtleistung handelt, vgl. OLG Düsseldorf, Beschluss vom 6.5.2005 – 1 W 17/05, BeckRS 2005, 30355854; *Dornis*, in: BeckOGK-BGB, § 284 Rn. 44; *Ernst*, in: MüKo-BGB, § 284 Rn. 14; *Grüneberg*, in: Grüneberg, § 284 Rn. 3.

209 *Köster*, Die Haftung des Unternehmensverkäufers, S. 181.

210 *Schulze*, in: Schulze-BGB, § 284 Rn. 9; *Stadler*, in: Jauernig-BGB, § 284 Rn. 4.

211 *Dornis*, in: BeckOGK-BGB, § 284 Rn. 140; *Mueller-Thuns*, in: Rödder/Hötzel/Mueller-Thuns, Unternehmenskauf, S. 227 Rn. 112; *Schulze*, in: Schulze-BGB, § 284 Rn. 3.

gesamten Betriebsausfallschaden, der auf den mangelhaften Produktionsmaschinen oder fehlenden Mitarbeitern beruht. Der Schadensersatz statt der Leistung dürfte in den Beispielsfällen beachtlich sein. Diese Schadenspositionen können aber wegen des Exklusivitätsverhältnisses nicht neben dem Aufwendungsersatz verlangt werden. Der Aufwendungsersatz gemäß § 284 BGB dürfte im Post M&A-Verfahren deshalb eine untergeordnete Rolle spielen.

3 Haftung wegen Verletzung einer Garantie, § 311 Abs. 1 BGB

a) Garantieerklärungen im Unternehmenskaufvertrag

Die gesetzlichen Gewährleistungs- und Schadensersatzregeln sind auf den Konsumgüterkauf und nicht auf den Erwerb von Unternehmen zugeschnitten.[212] Angesichts der bestehenden Rechtsunsicherheiten bezüglich der Anwendbarkeit des Sachmängelrechts[213] und bezüglich des Vorliegens eines Unternehmensmangels[214] hat der Bundesgerichtshof früh empfohlen, neben Unternehmenskaufverträgen selbstständige Garantieverträge abzuschließen.[215] Diese umfassen üblicherweise eine Vielzahl von Tatsachen über das Unternehmen und sein operatives Geschäft, etwa die finanzielle Lage (Jahresabschlüsse) und Eigenkapitalausstattung[216], die Einhaltung arbeitsrechtlicher, steuerrechtlicher und umweltbezogener Vorgaben, die Existenz der beim *Share Deal* zu übertragenden Anteile, Angaben über Arbeitnehmer, Versicherungen, wesentliche Verträge, Einkauf, Absatz, Rechtsstreitigkeiten und vieles mehr.[217] Die Bereitschaft des Verkäufers zur Abgabe eines solch haftungsträchtigen Garantiekatalogs fußt darauf, dass er zum einen die Glaubhaftigkeit seiner Unternehmensangaben erhöht und zum anderen dem Käufer einen Anreiz schafft, einen höheren Kaufpreis zu zahlen.[218] Garantieverletzungen domi-

---

212 *Picot*, Handbuch Mergers & Acquisitions, S. 323; zur Kritik s. S. 3 Fn. 20.

213 S. hierzu S. 66 ff.

214 S. hierzu S. 37 ff.

215 BGH, Urteil vom 12.11.1975 – VIII ZR 142/74, BGHZ 65, 246, 252 = NJW 1976, 236, 237; BGH, Urteil vom 25.5.1977 – VIII ZR 186/75, NJW 1977, 1536, 1537, insoweit nicht abgedruckt in BGHZ 69, 53, 55.

216 Das Eigenkapital besteht aus den dem Unternehmen von seinen Eigentümern bzw. Anteilseignern üblicherweise langfristig zur Verfügung gestellten Finanzmitteln und ergibt sich rechnerisch aus der Differenz von Gesamtvermögen und Gesamtschulden, vgl. BGH, Beschluss vom 8.5.1998 – BLw 18/97, BGHZ 138, 371, 380 f. = NZG 1998, 644, 645.

217 *Beisel*, in: Beisel/Klumpp, Der Unternehmenskauf, § 16 Rn. 87; *Bisle*, DStR 2013, 364, 367 mit weiteren Beispielen; *Froneberg/Kafka:* AIG-Studie 2018: Große Transaktionen mit höchster Schadensfrequenz, in: M&A Review, Special M&A Insurance 2018, 32, 34.

218 *Griffith*, Deal Insurance, S. 1839, 1860.

nieren die Post M&A-Praxis.[219] Die meisten Garantieverletzungen im Jahr 2018 betrafen fehlerhafte Angaben zu Jahresabschlüssen (sogenannte Bilanzgarantien[220]), Steuerproblematiken sowie zu Gesetzesverstößen.[221]

Zu unterscheiden ist die selbstständige Garantie (§ 311 Abs. 1 BGB) von der Beschaffenheitsgarantie (§ 443 BGB).[222] Im Unterschied zur Beschaffenheitsgarantie (auch unselbstständige Garantie genannt) stellt die selbstständige Garantie einen eigenständigen Vertrag gemäß § 311 Abs. 1 BGB dar und kann sich nicht nur auf die Beschaffenheit einer Sache beziehen, sondern auf alle gegenwärtigen und zukünftigen Umstände des Kaufgegenstands.[223] Um welche Art von Garantie es sich im Einzelfall handelt, ist durch Auslegung zu ermitteln.[224] Bei den vom Verkäufer im Unternehmenskaufvertrag abgegebenen Garantien handelt es sich zumeist um selbstständige Garantieversprechen im Sinne von § 311 Abs. 1 BGB, mit denen der Verkäufer eine Verpflichtung zur Schadloshaltung eingeht, falls der garantierte Erfolg nicht eintritt.[225] Er hat damit dafür einzustehen, dass der Zustand besteht, den er garantiert hat.[226] Die Vereinbarung selbstständiger Garantien im Unternehmenskaufvertrag ist ein beliebtes Mittel,[227] um das oft vertraglich ausgeschlossene gesetzliche Mängelgewährleistungsrecht sowie die ebenfalls abdingbare[228] Haftung aus c.i.c. zu ersetzen.[229]

---

219 *Ehle*, in: The Comparative Law Yearbook of International Business, S. 287, 293; *Makos*, in: Holzapfel/Pöllath/Bergjan/Engelhardt, Unternehmenskauf, S. 479 Rn. 1768 f.; *Wächter*, M&A Litigation, S. 721 Rn. 12.273 („der „klassische Fall" der Garantieverletzungen in post-M&A-Streitigkeiten"); Diese Aussage steht nicht im Widerspruch zu der auf S. 26 genannten Einschätzung, dass Falschangaben des Verkäufers häufigster Gegenstand in Post M&A-Verfahren seien. Denn Falschangaben des Verkäufers können sowohl einen Anspruch aus c.i.c. als auch einen Anspruch aus Garantieverletzung auslösen (s. zur Anspruchskonkurrenz S. 28 f.).

220 *Daghles/Haßler*, M&A Review 4/2019, 90, 91.

221 *Froneberg/Kafka:* AIG-Studie 2018: Große Transaktionen mit höchster Schadensfrequenz, in: M&A Review, Special M&A Insurance 2018, 32, 34.

222 *Beisel*, in: Beisel/Klumpp, Der Unternehmenskauf, § 16 Rn. 86.

223 *Beisel*, in: Beisel/Klumpp, Der Unternehmenskauf, § 16 Rn. 86; *Paefgen/Wallisch*, in: Bilanzgarantien, S. 205, 214; *Picot*, Handbuch Mergers & Acquisitions, S. 330.

224 *Beckmann*, in: Staudinger-BGB § 453 Rn. 109; *Beisel*, in: Beisel/Klumpp, Der Unternehmenskauf, § 16 Rn. 86; *Binz/Freudenberg*, DStR 1991, 1629; *Weidenkaff*, in: Grüneberg, § 443 Rn. 9; *Westermann*, NJW 2002, 241, 247 f.

225 BGH, Urteil vom 15.3.2006 – VIII ZR 120/04, NJW-RR 2006, 1185, 1186; *Schöne/Uhlendorf*, in: Bilanzgarantien, S. 253, 257.

226 *Wächter*, M&A Litigation, S. 717 Rn. 12.258.

227 *Beckmann*, in: Staudinger-BGB, § 453 Rn. 109, 122; *Brand*, in: Bilanzgarantien, S. 297, 299.

228 *Herresthal*, in: BeckOGK-BGB, § 311 Rn. 281.

229 *Gran*, NJW 2008, 1409, 1415; *Meyer*-Sparenberg in: BeckFormB BHW, Form. III. A. 16. Anm. 1–79 Rn. 23.

b) Anwendbarkeit der §§ 249 ff. BGB auf selbstständige Garantien

Die Anwendbarkeit des Schadensrechts (§§ 249 ff. BGB) auf den Anspruch aus selbstständiger Garantie (§ 311 Abs. 1 BGB) hängt von dessen rechtsdogmatischer Einordnung ab. Diese wird unterschiedlich vorgenommen. Rechtsfolge der Verletzung einer selbstständigen Garantie sei nach einer Ansicht nicht in erster Linie ein Schadensersatzanspruch, sondern ein Erfüllungsanspruch des Käufers. Er habe einen vertraglichen Anspruch darauf, dass der Verkäufer den Zustand herstellt, der bestehen würde, hätte der Verkäufer sein Garantieversprechen erfüllt.[230] Nach einer anderen Auffassung ist die Rechtsfolge einer Garantieverletzung ein Schadensersatzanspruch, kein Erfüllungsanspruch.[231] Der Bundesgerichtshof hat sich in einem Post M&A-Verfahren letzterer Auffassung angeschlossen[232] und das Schadensrecht bei Verletzung einer selbstständigen Garantie ausdrücklich für anwendbar erklärt.[233] Die Anwendbarkeit der §§ 249 ff. BGB bei der Verletzung einer selbstständigen Garantie scheint die herrschende Auffassung zu sein.[234]

Im Ergebnis dürfte es aber keinen Unterschied machen, ob es sich um eine Erfüllung oder um Schadensersatz handelt, da bei Anwendung des § 249 Abs. 1 BGB der Schadensersatzanspruch nach seinem Inhalt ein Herstellungsanspruch ist und deshalb mit einem etwaigen Erfüllungsanspruch aus der Garantie identisch ist.[235] Für den inhaltlichen Gleichlauf spricht auch, dass der Bundesgerichtshof im Rahmen des Garantieanspruchs keine konsequente sprachliche Unterscheidung zwischen Schadensersatz und Erfüllung vornimmt. Stattdessen bezeichnet er die Pflicht des Verkäufers nach einer Garantieverletzung als eine „auf Erfüllung gerichtete Pflicht", die sich „nach den Grundsätzen des Schadensrechts" beurteile.[236] Und auch unter einem weiteren Gesichtspunkt scheint im Post M&A-Verfahren dieser Meinungsstand von theoretischer Natur zu sein: In den meisten Fällen sind

---

230 *Beckmann*, in: Staudinger-BGB, § 453 Rn. 117; *Brand*, Schadensersatzrecht, S. 13, Rn. 19; *Picot*, Handbuch Mergers & Acquisitions, S. 333.

231 *Wächter*, in: Bilanzgarantien, S. 225, 231; *Wächter*, M&A Litigation, S. 617 Rn. 12.2; *Weber*, in: Hölters, Handbuch Unternehmenskauf, Teil II Kapitel 9 F.I.7.b) Rn. 9.340.

232 BGH, Urteil vom 15.3.2006 – VIII ZR 120/04, NJW-RR 2006, 1185, 1186 („Garantieerklärungen [...], bei deren Unrichtigkeit er [...] auf Schadensersatz hafte").

233 BGH, Urteil vom 15.3.2006 – VIII ZR 120/04, NJW-RR 2006, 1185, 1187 („Danach finden die §§ 249 ff. BGB auf die Garantieverpflichtung Anwendung.").

234 Vgl. BGH, Urteil vom 21.2.1968 – Ib ZR 132/66, WM 1968, 680, 682; BGH, Urteil vom 20.5.1976 – III ZR 156/74, WM 1976, 977, 978; BGH, Urteil vom 11.7.1985 – IX ZR 11/85, ZIP 1985, 1331, 1334; BGH, Urteil vom 10.2.1999 – VIII ZR 70/98, NJW 1999, 1542, 1544 = ZIP 1999, 607, 609; BGH, Urteil vom 18.6.2001 – II ZR 248/99, NJW-RR 2001, 1611, 1612; *Beisel*, in: Beisel/Klumpp, Der Unternehmenskauf, § 16 Rn. 83; *Wächter*, M&A Litigation, S. 712 Rn. 12.246.

235 *Wächter*, M&A Litigation, S. 221 Rn. 5.73.

236 BGH, Urteil vom 15.3.2006 – VIII ZR 120/04, NJW-RR 2006, 1185, 1187.

die abgegebenen Garantien stichtagsbezogen,[237] sodass es dem Verkäufer bei einer Garantieverletzung nicht möglich ist, den garantierten Zustand herzustellen. Da der Stichtag bei Bekanntwerden der Garantieverletzung bereits verstrichen ist und der Verkäufer die Vergangenheit nicht ungeschehen machen kann, wird der garantierte Zustand nicht herbeigeführt werden können. Selbst nach der Ansicht, die davon ausgeht, dass der Garantieanspruch in einem vertraglichen Anspruch auf Herstellung des garantierten Zustands besteht, ist diese Herstellung unmöglich. Damit erlischt der Primäranspruch des Käufers gemäß § 275 Abs. 1 BGB und er kann Sekundäransprüche, insbesondere den Schadensersatzanspruch gemäß § 311 Abs. 1 BGB bzw. §§ 280 Abs. 1, 3, 283 BGB geltend machen. Folglich wäre das Schadensrecht im Post M&A-Verfahren auch dann anwendbar, wenn man den stichtagsbezogenen Garantieanspruch als Erfüllungsanspruch qualifiziert.

c) Rechtsfolge der Garantieverletzung: Ersatz des positiven Interesses

Der Bundesgerichtshof hat sich mit der Garantieverletzung im Post M&A-Verfahren eingehend auseinandergesetzt. Nach dem Bundesgerichtshof liegt der Schaden bei Verletzung einer Garantie in Bezug auf eine Unternehmenseigenschaft[238] darin, dass der Käufer ein weniger wertvolles Unternehmen erwarb, weil der Verkäufer die Garantie nicht erfüllt hat.[239] Die Vorinstanz, das Oberlandesgericht Düsseldorf, hatte ausgeführt, der Schaden liege darin, dass der Käufer das Unternehmen nicht erworben hätte, wäre die Garantie mit zutreffendem Inhalt abgegeben worden. Der tatsächlich eingetretene Schaden des Käufers müsse – so das Oberlandesgericht – nicht festgestellt werden, es genüge die Feststellung, dass der vereinbarte Kaufpreis bei zutreffender Garantie um einen bestimmten Betrag geringer ausgefallen wäre.[240] Dieser Schadensberechnung hat der Bundesgerichtshof widersprochen und die Rechtsauffassung der Vorinstanz zurückgewiesen.[241] Das Oberlandesgericht habe fälschlicherweise auf das negative Interesse abgestellt. Der Bundesgerichtshof entschied, dass sich der Unternehmensverkäufer durch Abgabe einer Garantie verpflichte, den Käufer im Garantiefall schadlos zu halten. Im Falle der Garantieverletzung sei das positive Interesse maßgeblich, weil es sich um einen Nichter-

---

237 *Burianski/Lang*, NZG 2020, 92, 93 (in Bezug auf Informationsgarantien); *Mellert*, BB 2011, 1667, 1667 f.; vgl. die Garantieklausel im Formularvertrag von *Meyer-Sparenberg*, in: BeckFormB BHW, Form. III. A. 16. § 5; *Mohamed*, DNotZ 2019, 884, 887; *Widder/Koffka*, NZG 2020, 1284, 1286.

238 In dem vom BGH entschiedenen Fall handelte es sich um eine unzutreffende Garantie bezüglich der Ertragslage des Unternehmens, vgl. BGH, Urteil vom 15.3.2006 – VIII ZR 120/04, NJW-RR 2006, 1185–1188.

239 BGH, Urteil vom 15.3.2006 – VIII ZR 120/04, NJW-RR 2006, 1185, 1188.

240 BGH, Urteil vom 15.3.2006 – VIII ZR 120/04, NJW-RR 2006, 1185, 1186.

241 BGH, Urteil vom 15.3.2006 – VIII ZR 120/04, NJW-RR 2006, 1185, 1187 f.

füllungsschaden handle und der Schaden darin liege, dass das Unternehmen weniger Wert sei, als wenn die Garantiezusage richtig gewesen wäre. Der Schadensumfang bestimme sich nach den Grundsätzen des Schadensrechts und die §§ 249 ff. BGB fänden auf die Garantieverpflichtung Anwendung.[242] Der Unternehmensverkäufer habe den Käufer so zu stellen, als ob der garantierte Erfolg eingetreten oder der Schaden nicht entstanden wäre.[243] Der Schaden des Käufers sei durch einen Gesamtvermögensvergleich zu ermitteln, indem der tatsächlichen Vermögensentwicklung die hypothetische Vermögenssituation bei ordnungsgemäßer Erfüllung gegenüberzustellen sei. Die Differenz sei der Schaden des Käufers.[244] Damit hat der Bundesgerichtshof die in § 249 Abs. 1 BGB normierte Differenzhypothese, wenn auch ohne namentliche Nennung, angewendet. Auf diese ist zurückzukommen.[245] Anders als das Berufungsgericht meinte, sei es nach dem Bundesgerichtshof sehr wohl erforderlich, den konkreten Schaden des Käufers zu ermitteln.[246] Es sei zur Schadensermittlung nicht auf den hypothetischen Kaufpreis abzustellen.[247] Wie genau die Differenz zwischen der tatsächlichen Vermögensentwicklung und der hypothetischen Vermögenssituation zu berechnen sei, hat der Bundesgerichtshof offengelassen.[248] Er hat allerdings in Erwägung gezogen, dass der niedrigere Wert der Anteile des Käufers an dem Unternehmen anhand der tatsächlich schlechteren Ertragslage des Unternehmens zu ermitteln sei.[249] Daraus kann gefolgert werden, dass beim *Share Deal* der durch die Garantieverletzung verursachte Minderwert der Unternehmensanteile den Schaden darstellt.[250] Andere Autoren ziehen daraus den Schluss, dass der Bundesgerichtshof erkennen lasse, dass hierfür die gängigen Unternehmensbewertungsmethoden zur Anwendung gelangen können.[251]

---

242 BGH, Urteil vom 11.7.1985 – IX ZR 11/85, NJW 1985, 2941, 2942; BGH, Urteil vom 15.3.2006 – VIII ZR 120/04, NJW-RR 2006, 1185, 1187.

243 BGH, Urteil vom 11.7.1985 – IX ZR 11/85, NJW 1985, 2941, 2942; BGH, Urteil vom 15.3.2006 – VIII ZR 120/04, NJW-RR 2006, 1185, 1187.

244 BGH, Urteil vom 15.3.2006 – VIII ZR 120/04, NJW-RR 2006, 1185, 1187.

245 S. unten S. 172.

246 BGH, Urteil vom 15.3.2006 – VIII ZR 120/04, NJW-RR 2006, 1185, 1187.

247 BGH, Urteil vom 15.3.2006 – VIII ZR 120/04, NJW-RR 2006, 1185, 1188.

248 Vgl. BGH, Urteil vom 15.3.2006 – VIII ZR 120/04, NJW-RR 2006, 1185, 1188.

249 BGH, Urteil vom 15.3.2006 – VIII ZR 120/04, NJW-RR 2006, 1185, 1188.

250 *Mellert*, BB 2011, 1667, 1669 (mit dem kritischen Hinweis, dass auf diese Weise kein Vergleich des Gesamtvermögens erfolge, sondern lediglich ein Vergleich des Teilvermögens (Wert der Unternehmensanteile)).

251 *Elsing/Kramer*, in: FS Großfeld, S. 109, 116.

Die Stimmen im Schrifttum befürworten die Ansicht des Bundesgerichtshofs.[252] Auch in einem DIS-Schiedsverfahren ist das Schiedsgericht der Ansicht des Bundesgerichtshofs gefolgt.[253] Nur vereinzelt lässt sich eine abweichende Auffassung finden, etwa bei *Hilgard*, der zunächst annahm, im Falle der Garantieverletzung bestehe der Schaden in Höhe des zu viel gezahlten Kaufpreises und der Käufer sei so zu stellen, als wäre es ihm bei Kenntnis der wahren Sachlage gelungen, das Unternehmen zu einem geringeren Kaufpreis zu erwerben.[254] Dass *Hilgard* damit die für die c.i.c. anerkannte Rechtsprechung auf die Garantieverletzung übertrug, war ihm bewusst.[255] Später kam er zu dem Schluss, dass der Verkäufer bei einer Garantieverletzung den Zustand herstellen müsse, der bestehen würde, wenn die Garantie richtig gewesen wäre.[256] Ob dies als Korrektur verstanden werden kann, ist schwer zu beurteilen, da *Hilgard* nach wie vor im Rahmen der Garantieverletzung die Rechtsprechung zur c.i.c. anführte.[257] Auch *Hennrichs* weicht von der Rechtsprechung des Bundesgerichtshofs ab, indem er angibt, der Schaden bestehe in Höhe des zu viel gezahlten Kaufpreises („Preisdifferenzschaden").[258] Er begründet dies damit, dass der Verkäufer mit einer Bilanzgarantie lediglich garantiere, dass er die bilanzrechtlichen Vorschriften eingehalten habe.[259]

Diese Ansicht erweist sich als nicht begründbar. Der Umfang des Schadensersatzes richtet sich nach der Anspruchsgrundlage und ihrem Schutzzweck, mithin nach der Art der Pflichtverletzung. Handelt es sich dabei um eine Garantieverletzung, so besteht der Schaden in dem verletzten positiven Interesse. Der Inhalt der abgegebenen Garantie ändert an diesem Ergebnis nichts. Vor diesem Hintergrund muss es bedenklich erscheinen, wenn *Hennrichs* aufgrund eines bestimmten Inhalts der Garantie *contra legem* das negative Interesse zusprechen möchte. Zwar mag eine falsche Garantie über die Einhaltung von bilanzrechtlichen Vorschriften nicht zu einem evidenten Vermögensnachteil des Käufers im Rahmen des Vermögensvergleichs führen. Doch in diesem Falle wäre das positive Interesse gering oder mit Null zu beziffern. Dem Käufer stattdessen das negative Interesse zuzusprechen, kann nicht die Lösung sein.

---

252 *Binz/Freudenberg*, DStR 1991, 1629, 1631; *Brand*, in: Bilanzgarantien, S. 305; *Elsing/Kramer*, in: FS Großfeld, S. 109, 115 f.; *Wächter/Wollny*, SchiedsVZ 2018, 80, 86.

253 *Wagner*, in: Elsing/Pickrahn/Pörnbacher/Wagner, M&A-Streitigkeiten vor DIS-Schiedsgerichten, S. 125 Rn. 29.

254 *Hilgard*, ZIP 2005, 1813, 1814.

255 Vgl. *Hilgard*, ZIP 2005, 1813, 1814 Fn. 20.

256 *Hilgard*, BB 2013, 937, 939.

257 Vgl. *Hilgard*, BB 2013, 937, 941 Fn. 33.

258 *Hennrichs*, NZG 2014, 1001, 1005, 1007.

259 *Hennrichs*, NZG 2014, 1001, 1003, 1007.

Da es bei der Garantieverletzung darauf ankommt, in welcher Höhe der Unternehmenswert durch die Unrichtigkeit der Garantie gesunken ist, ist für den Vermögensvergleich erforderlich, dass das (Schieds-)Gericht die Garantieerklärung analysiert und sorgfältig bestimmt, welchen Inhalt der Verkäufer darin garantiert hat und inwieweit dieser Inhalt von der Realität abweicht.[260] Da bei der Garantieverletzung das positive Interesse zu ersetzen ist, umfasst der Schadensersatzanspruch auch etwaige Folgeschäden wie entgangenen Gewinn.[261]

Folglich sind für die Schadensberechnung bei Verletzung einer selbstständigen Garantie folgende Kennzahlen maßgeblich: Der tatsächliche Unternehmenswert; der hypothetische Unternehmenswert (hätte der Verkäufer die Garantie erfüllt) sowie etwaige Folgeschäden.

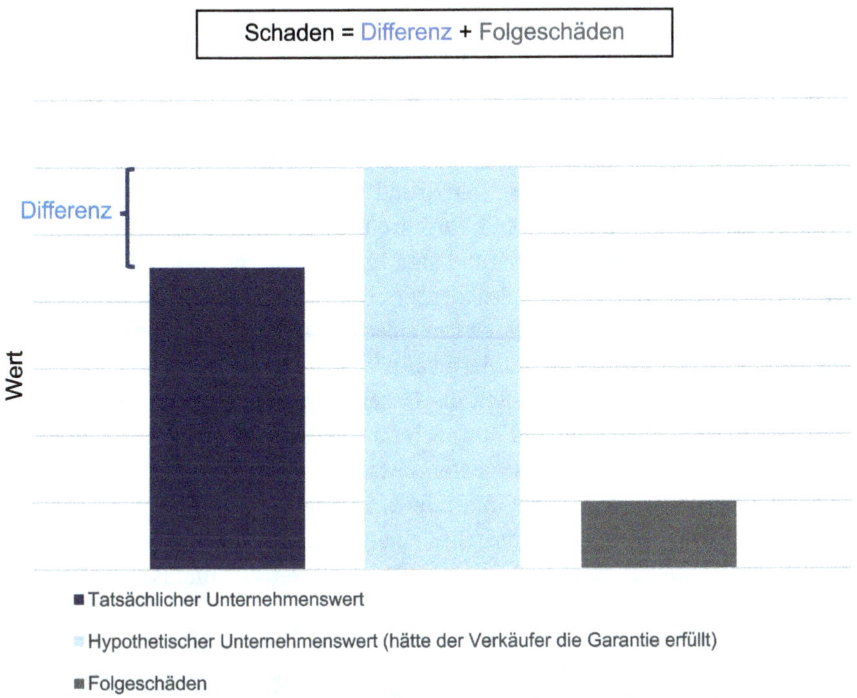

Abbildung 5: Maßgebliche Kennzahlen bei der Fallgruppe 3 (Garantieverletzung).

260 *Wächter/Wollny*, SchiedsVZ 2018, 80, 82.

261 *Hilgard*, ZIP 2005, 1813, 1817.

4 Verhältnis zwischen den Anspruchsgrundlagen

In der Praxis kommen oft alle drei Fallgruppen gleichzeitig zum Tragen: Das Unternehmen ist mangelhaft (Gewährleistungsrecht), worüber der Verkäufer den Käufer nicht aufgeklärt hat (c.i.c.) und hierdurch hat der Verkäufer auch gegen eine Garantieerklärung verstoßen. In diesen Fällen haftet der Verkäufer im Falle von Arglist aus allen drei Anspruchsgrundlagen.[262] Der Lebenssachverhalt erfüllt die Tatbestandsmerkmale mehrerer Anspruchsgrundlagen und zwischen den Ansprüchen besteht folglich Konkurrenz (echte Anspruchskonkurrenz).[263] Hierbei handelt es sich um eine Anspruchsnormenkonkurrenz, weil der Lebenssachverhalt unter verschiedene Anspruchsgrundlagen subsumiert werden kann. Anders als bei der kumulativen Normenkonkurrenz (Anspruchshäufung, § 260 ZPO) kann der Anspruchsinhaber nicht zwei Ansprüche nebeneinander (kumulativ) geltend machen (etwa als Eigentümer sowohl Herausgabe gemäß § 985 BGB als auch Nutzungsersatz gemäß § 987 BGB), sondern ihm stehen zwar im Ausgangspunkt alle Anspruchsgrundlagen zur Verfügung und er kann die für ihn günstigste[264] auswählen, allerdings kann der Anspruchsinhaber die Leistung nur einmal fordern (normverdrängende Konkurrenz). Der Grund liegt darin, dass die verschiedenen Anspruchsgrundlagen im Post M&A-Verfahren die gleichen Anspruchsinhalte haben, auf die gleiche Leistung gerichtet sind und das gleiche Schutzziel verfolgen, namentlich die Gewährung von Schadensersatz[265]. Zwischen den drei Anspruchsgrundlagen besteht mithin Erfüllungsgemeinschaft, sodass der Unternehmenskäufer nur einmal Schadensersatz fordern kann.[266]

In der Vertragspraxis schließen die Parteien meist das gesetzliche Haftungsrecht aus und der Verkäufer soll nur noch für die Unrichtigkeit des Garantiekatalogs haften.[267] Nach den oben erlangten Zwischenergebnissen ist diese Vertragslösung insoweit nachvollziehbar und interessengerecht, als die Haftung aus c.i.c. und Mängelgewährleistung grundsätzlich eine Vertragsrückabwicklung ermöglicht, die von den Parteien meist nicht gewünscht ist. Außerdem umfasst die Gewähr-

262 *Wächter*, M&A Litigation, S. 179 Rn. 4.17, S. 637 Rn. 12.40.

263 BGH, Urteil vom 6.4.2001 – V ZR 394/99, NJW 2001, 2875, 2876; *Beckmann*, in: Staudinger-BGB, § 453 Rn. 137; *Beisel*, in: Beisel/Klumpp, Der Unternehmenskauf, § 16 Rn. 5, 12, 17, 83; *Weidenkaff*, in: Grüneberg, § 443 Rn. 12.

264 Kriterium für die Wahl der günstigsten Anspruchsgrundlage ist neben der Höhe des Zahlungsanspruchs die Beweislastverteilung, vgl. *Neuner*, Allgemeiner Teil des Bürgerlichen Rechts, § 21 S. 259.

265 Zu dem Meinungsstreit, ob die Rechtsfolge einer Garantieverletzung einen Erfüllungsanspruch oder einen Schadensersatzanspruch darstellt, s. S. 59 ff.

266 Zum Ganzen: *Neuner*, Allgemeiner Teil des Bürgerlichen Rechts, § 21 S. 259–261.

267 Zu den Einzelheiten s. unten S. 269 ff.

leistungshaftung auch eine Einstandspflicht für Mängel, die der Verkäufer nicht kannte und auch nicht kennen musste, was ein großes Haftungsrisiko birgt. Allerdings darf die „Gerichtsfestigkeit" dieses Haftungsausschlusses in der Praxis nicht überschätzt werden. Der Verkäufer haftet für Angaben ins Blaue hinein trotz Haftungsausschlusses aus c.i.c., denn bei Vorsatz ist ein Haftungsausschluss unwirksam, § 276 Abs. 3 BGB. Gemäß § 444 BGB haftet der Verkäufer trotz Haftungsausschlusses nach dem gesetzlichen Mängelgewährleistungsrecht, soweit er den Mangel arglistig verschwiegen hat. Es ist davon auszugehen, dass sich der Verkäufer in der Vielzahl der Post M&A-Verfahren dem Vorwurf einer falschen Angabe ins Blaue hinein oder eines arglistigen Verschweigens des Mangels ausgesetzt sieht, da der Käufer einen gesetzlichen Schadensersatzanspruch geltend machen wird, soweit der gerügte Unternehmenszustand nicht vom Garantiekatalog abgedeckt oder hinsichtlich der Erstattungshöhe beschränkt ist. Aus diesem Grund ist die Relevanz der gesetzlichen Haftung trotz des regelmäßigen vertraglichen Ausschlusses kaum gemindert.

5 (Keine) Differenzierung nach *Share-Deal* oder *Asset-Deal* (§ 453 BGB)

Ein Unternehmen ist die Gesamtheit von Sachen, Rechten, (Arbeits-)Verträgen, Firma, Patenten und Gebrauchsmustern, Kundenstamm, Ruf, Geschäftsgeheimnissen, Marktanteilen, Ressourcen, *Goodwill*[268] und vielem mehr.[269] Um diese Gesamtheit auf den Käufer zu übertragen, ist vor jedem Unternehmenskauf die Transaktionsstruktur zu wählen. Wegen des sachenrechtlichen Spezialitätsprinzips kann das Unternehmen, also der Tätigkeitsbereich mitsamt der zugehörigen Gegenstände und Schulden, allerdings nicht *uno actu* übertragen werden.[270] Das Spezialitätsprinzip ist Ausdruck für die Ausrichtung der Singularsukzession auf einen einzelnen Vermögensgegenstand.[271] Zur Auswahl für die Übertragung des Unternehmens stehen daher der sogenannte *Share Deal*, bei dem die Unternehmensanteile auf den Käufer übertragen werden, sowie der *Asset Deal*, bei dem die Einzelwirtschaftsgüter, also die einzelnen Vermögensgegenstände des Unterneh-

268 Der *Goodwill* ist ein derivativer Geschäfts- oder Firmenwert. Er ergibt sich aus der Differenz zwischen dem vom Unternehmenskäufer gezahlten Kaufpreis und dem in dessen Neubewertungsbilanz ermittelten Reinvermögen, vgl. *With/Küting/Dusemond*, DB 2021, 1281.

269 *Fischer*, DStR 2004, 276; *Kiethe*, DStR 1995, 1756.

270 *Canaris*, in: FS Georgiades, S. 71, 72.

271 *Lieder*, Die rechtsgeschäftliche Sukzession, S. 296.

mens wie Immobilien und Verträge[272], übereignet und abgetreten werden.[273] Der Exklusivanspruch der zwei Übertragungsformen *Share Deal* und *Asset Deal* ist ebenfalls Ausformung eines der großen Prinzipien des Sachenrechts: des *Numerus-clausus*-Prinzips. Es besagt, dass Vermögensgegenstände ausschließlich nach Maßgabe der positivrechtlich ausgeformten Sukzessionstatbestände übertragen werden können.[274]

Die Parteien haben folglich die Entscheidung zu treffen, ob der Käufer die Unternehmensanteile oder die Einzelwirtschaftsgüter erwirbt. Zwar regelt der durch die Schuldrechtsreform eingeführte § 453 Abs. 1 BGB, dass die Vorschriften über den Sachkauf auf den Kauf von Rechten und sonstigen Gegenständen entsprechende Anwendung finden, allerdings ist diese Regelung beim *Share Deal* nicht unproblematisch, wenn es zu Sachmängeln an Unternehmensgegenständen (*Assets*) kommt.[275] Beim *Share Deal* handelt es sich im Ausgangspunkt um einen Kauf von Rechten, die nicht mit Sachmängeln behaftet sein können, sodass der Käufer nur Rechtsmängel rügen könnte.[276] Schließlich haftet der Verkäufer beim Rechtskauf – entsprechend einer geläufigen Formulierung – nur für die Verität (den Bestand des Rechts), nicht jedoch für die Bonität (die Werthaltigkeit).[277]

Auch wenn diese Formulierung zumeist ohne nähere Begründung wiedergegeben wird, ist sie fundiert, denn sie lässt sich mit dem Gesetzeswortlaut des § 453 Abs. 3 BGB und einem daraus abgeleiteten Umkehrschluss belegen: Nach der Vorschrift des § 453 Abs. 3 BGB haftet der Verkäufer nur dann für Sach- und Rechtsmängel, wenn er ein Recht verkauft, das zum Besitz einer Sache berechtigt. Unternehmensanteile berechtigen jedoch nicht zum Sachbesitz,[278] sondern gewähren mitgliedschaftliche Rechte[279] wie das Recht auf Gewinnbeteiligung (§ 29 GmbHG), das Stimmrecht (§ 47 GmbHG) oder das Auskunfts- und Einsichtsrecht (§ 51a

272 Die Vertragsübernahme ist ein gemischter Vertrag bestehend aus einer Abtretung in Bezug auf die Ansprüche (§§ 398, 413 BGB) und einer Schuldübernahme in Bezug auf die Pflichten (§§ 414, 415 BGB).

273 *Beckmann*, in: Staudinger-BGB § 453 Rn. 83 f; *Beisel*, in: Beisel/Klumpp, Der Unternehmenskauf, § 16 Rn. 2, 22; *Gran*, NJW 2008, 1409; *Hilgard*, BB 2016, 1218, 1220; *Picot*, Handbuch Mergers & Acquisitions, S. 301; *Schmitt*, WM 2019, 1871, 1871.

274 *Lieder*, Die rechtsgeschäftliche Sukzession, S. 98.

275 *Beckmann*, in: Staudinger-BGB, § 453 Rn. 95.

276 *Beckmann*, in: Staudinger-BGB § 453 Rn. 94 f., 103; *Hiddemann*, ZGR 1982, 435, 438; *Picot*, Handbuch Mergers & Acquisitions, S. 326; *Schmitt*, WM 2019, 1871 f.; *Westermann*, ZGR 1982, 45, 47.

277 OLG Naumburg, Urteil vom 28.2.1995 – 7 U 38/94, NJW-RR 1995, 799, 800; *Canaris*, ZGR 1982, 395, 398; *Lettmaier*, JA 2021, 265, 270.

278 In diese Richtung ebenfalls argumentierend, jedoch ohne die Bezeichnung als Umkehrschluss: *Grunewald*, GmbHR 2021, 800, 801.

279 *Ekkenga*, in: MüKo-GmbHG, § 29 Rn. 38; *Schmitt*, WM 2019, 1871, 1871.

GmbHG). Im Umkehrschluss aus § 453 Abs. 3 BGB haftet der Verkäufer von Geschäftsanteilen grundsätzlich nicht für Sach- und Rechtsmängel. Dies führt aber in den Fällen zu ungerechtfertigten Ergebnissen, in denen der Käufer nicht nur Anteile an dem Unternehmen, sondern das Unternehmen als Ganzes erwirbt, es also wirtschaftlich betrachtet den Kaufgegenstand darstellt. In diesem Fall wäre ihm die Sachmängelrüge verwehrt, wenn er das Unternehmen in Form des *Share Deals* und nicht in Form des *Asset Deals* erworben hat.

Für diese divergierenden Rechtsfolgen ist kein rechtlicher Grund ersichtlich[280] und es würde ein Wertungswiderspruch erzeugt, schließlich verfolgen die Parteien bei beiden Erwerbsformen den identischen Zweck.[281] Daher hat der Gesetzgeber in der Begründung für den Entwurf von § 453 Abs. 1 BGB Unternehmen ausdrücklich unter die „sonstigen Gegenstände" i.S.d. § 453 Abs. 1 BGB subsumiert,[282] da Unternehmenskaufverträge darauf abzielen, die zum Unternehmen gehörenden Sachen wie Grundstücke, Maschinen, Inventar, die Rechte und Marken[283] sowie die Firma[284] und sonstige Vermögenswerte auf den Käufer zu übertragen, damit dieser das Unternehmen fortführen kann.[285] Mit dieser Qualifizierung als „sonstiger Gegenstand" ist die Ausnahmeregelung des § 453 Abs. 3 BGB nicht mehr einschlägig und ein Umkehrschluss nicht mehr möglich. Denn diese Ausnahmeregelung des § 453 Abs. 3 BGB bezieht sich nach ihrem klaren Wortlaut ausschließlich auf „Rechte" i.S.d. Abs. 1, nicht jedoch auf „sonstige Gegenstände" i.S.d. Abs. 1. Das bedeutet, dass die Vorschriften über den Sachkauf auf einen Unternehmenskauf Anwendung finden und damit auch die Vorschriften des Mängelgewährleistungsrechts.[286] Der Verkäufer ist also verpflichtet, dem Käufer das Unternehmen frei von Sach- und Rechtsmängeln zu übertragen[287] und zwar bei einem *Asset Deal* wie auch bei einem *Share Deal.*[288] Entsprechend hat der Bundesgerichtshof entschieden, dass der *Share*

280 *Beisel*, in: Beisel/Klumpp, Der Unternehmenskauf, § 16 Rn. 22f; *Picot*, Handbuch Mergers & Acquisitions, S. 303, 326; *Picot*, DB 2009, 2587, 2590.

281 *Beckmann*, in: Staudinger-BGB, § 453 Rn. 104.

282 Begr. RegE BT-Drucks. 14/6040, 242; Zustimmend die Literatur: *Beisel*, in: Beisel/Klump, Der Unternehmenskauf, § 16 Rn. 1f.; *Canaris*, in: FS Georgiades, S. 71, 74.

283 Mit der Übertragung des Geschäftsbetriebs werden die Markenrechte im Zweifel mitübertragen, § 27 Abs. 2 MarkenG.

284 Die Firma kann nicht ohne das Handelsgeschäft übertragen werden, § 23 HGB.

285 *Picot*, Handbuch Mergers & Acquisitions, S. 300, 326.

286 *Lettmaier*, JA 2021, 265, 266.

287 *Picot*, Handbuch Mergers & Acquisitions, S. 303f.

288 OLG Köln, Urteil vom 29.1.2009 – 12 U 20/08, BeckRS 2009, 27644; *Paefgen/Wallisch*, in: Bilanzgarantien, S. 205, 206.

Deal im Hinblick auf die Gewährleistung wie ein *Asset Deal* behandelt wird.[289] Bei der Beurteilung des Schadensersatzanspruchs des Unternehmenskäufers ist es mithin irrelevant, ob der Käufer das Unternehmen im Wege des *Share Deals* oder im Wege des *Asset Deals* erworben hat.

Der Bundesgerichtshof hat weiter entschieden, dass ein Unternehmenskauf und damit ein „sonstiger Gegenstand“ i.S.d. § 453 Abs. 1 BGB bei einem *Share Deal* nur dann vorliegt, wenn sämtliche oder nahezu sämtliche Anteile erworben werden und nur „ein kleiner Rest“[290] – in den damals entschiedenen Fällen[291] 0,2 bzw. 0,25 % der Geschäftsanteile – nicht übertragen wird. Nur unter dieser Voraussetzung liege nach dem Parteiwillen und nach der Verkehrsanschauung wirtschaftlich betrachtet ein Kauf des Unternehmens als solches vor, weil der Käufer uneingeschränkt über das Unternehmen verfügen könne, indem er eine beherrschende Stellung erlangt. In diesem Fall sei es gerechtfertigt, dass die Vorschriften über die Sachmängelhaftung greifen.[292] Anders sei dies jedoch bei der Übertragung von kleineren Anteilsquoten. Dabei handle es sich nicht um einen Unternehmenskauf, sondern um einen Beteiligungskauf, auf den nicht die Sachmängelhaftung, sondern nur die Rechtsmängelhaftung Anwendung finde.[293] Der Bundesgerichtshof entschied, der Erwerb von 49 % der Anteile reiche nicht für einen Unternehmenskauf aus, denn ohne beherrschende Stellung erwerbe der Käufer nicht das Unternehmen als solches, sondern nur mitgliedschaftliche Rechte, die es nicht rechtfertigten, Sachmängel zu rügen, die dem Kaufgegenstand (Mitgliedschaftsrecht) nicht unmittelbar anhaften.[294] Es bestehe auch kein Schutzbedürfnis des Käufers, dass eine Anwendbarkeit des Sachmängelrechts bei einem solchen Erwerb rechtfertige, denn der Käufer könne sich hinreichend schützen, indem er sich die zugesicherten Eigenschaften vom Verkäufer garantieren lasse.[295]

---

289 BGH, Urteil vom 26.9.2018 – VIII ZR 187/17, BGHZ 220, 19, 25–27 Rn. 19–23 = NJW 2019, 145, 146 f. Rn. 19–23.

290 *Wiedemann*, in: FS Nipperdey, S. 815, 836 („*quantité négligeable*“); diesen treffenden Begriff aufgreifend *Schmitt*, WM 2019, 1871, 1872.

291 BGH, Urteil vom 27.2.1970 – I ZR 103/68, WM 1970, 819, 820 f.; BGH, Urteil vom 12.11.1975 – VIII ZR 142/74, BGHZ 65, 246, 248 f. = JZ 1977, 130, 131.

292 BGH, Urteil vom 12.11.1975 – VIII ZR 142/74, BGHZ 65, 246, 249 = JZ 1977, 130, 131; BGH, Urteil vom 23.11.1979 – I ZR 161/77, WM 1980, 284, 287; BGH, Urteil vom 26.9.2018 – VIII ZR 187/17, BGHZ 220, 19, 26 f. Rn. 20, 23 = DStR 2019, 115, 117; OLG Köln, Urteil vom 29.1.2009 – 12 U 20/08, BeckRS 2009, 27644; *Paefgen/Wallisch*, in: Bilanzgarantien, S. 205, 206.

293 BGH, Urteil vom 12.11.1975 – VIII ZR 142/74, BGHZ 65, 246, 250 f. = NJW 1976, 236, 237; *Stengel/Scholderer*, NJW 1994, 158, 159.

294 BGH, Urteil vom 12.11.1975 – VIII ZR 142/74, BGHZ 65, 246, 250 f. = JZ 1977, 130, 131.

295 BGH, Urteil vom 12.11.1975 – VIII ZR 142/74, BGHZ 65, 246, 252 = JZ 1977, 130, 132.

Die Rechtsprechung des Bundesgerichtshofs ist konsequent und auch nachvollziehbar, denn das vom Verkäufer angebotene Unternehmen ist mehr als die Summe seiner Bestandteile und ein „organisches Ganzes".[296] Begehrt der Käufer aber nicht einmal die Summe der Bestandteile, scheint es auch nicht gerechtfertigt, ihn als Unternehmenskäufer zu qualifizieren.

In der Literatur wird zwar vereinzelt angenommen, dass auch ein Erwerb einer Anteilsquote einen Unternehmenskauf darstellen kann, dies sowie die jeweilige Quotenhöhe des verbleibenden kleinen Rests beim Verkäufer sind jedoch umstritten,[297] was eine gewisse Rechtsunsicherheit verursacht.[298] Der seinerzeit Vorsitzende Richter am Bundesgerichtshof *Hiddemann* erklärte angesichts der lauten Forderung im Schrifttum nach einer klaren Quotenvorgabe, dass der Bundesgerichtshof trotz dieser Rechtsunsicherheit bewusst keine klaren Maßstäbe für den Umfang der Gesellschaftsanteile aufstellen werde. Stattdessen habe in jedem Einzelfall eine Prüfung zu erfolgen, bei der es auf die wirtschaftliche Stellung des Käufers ankomme, die nicht zuletzt von der jeweiligen Ausgestaltung der Stimmrechtsbindung im Gesellschaftsvertrag abhänge.[299]

Zusammenfassend kann festgehalten werden, dass die Vorschriften des Mängelgewährleistungsrechts auf den Unternehmenskauf Anwendung finden, sowohl bei der Übertragungsform des *Asset Deals* als auch bei der Übertragungsform des *Share Deals*. Die Schadensberechnung im Rahmen der Fallgruppe 2 („Lieferung" eines mangelhaften Unternehmens) erfolgt mithin ungeachtet der von den Parteien gewählten Transaktionsstruktur.

---

296 *Beckmann*, in: Staudinger-BGB, § 453 Rn. 94; *Canaris*, ZGR 1982, 395, 431; *Müller*, JuS 1973, 603, 606; *Oehlrich*, NJOZ 2020, 1.

297 Einen Überblick zur Diskussion geben *Beisel*, in: Beisel/Klumpp, Der Unternehmenskauf, § 16 Rn. 22, 24 sowie *Binz/Freudenberg*, DStR 1991, 1629. Im Schrifttum wird teilweise nur auf die Höhe der Anteilsquote abgestellt, wonach der Erwerb von 75 %, vgl. *Honsell*, ZHR 146 (1982) , 99, 101 f., oder mehr genügen soll; übereinstimmend *Mueller-Thuns*, in: Rödder/Hötzel/Mueller-Thuns, Unternehmenskauf, S. 202 – 204, der zusätzlich zwischen den Gesellschaftsformen und der jeweils erforderlichen Stimmenmehrheit differenziert und die Ausgestaltung des Gesellschaftsvertrags hinzuzieht; auf die unternehmerische Leitungsmacht abstellend *Hommelhoff*, ZHR 140 (1976), 271, 283 – 285; in Anlehnung an die Rechtsprechung auf wirtschaftliche Kriterien abstellend, wonach ein Unternehmenskauf erst vorliege, wenn dies vertraglich vereinbart wird und der Käufer nach dem beiderseitigen Parteiwillen als Gegenleistung den Gesamtwert des Gesellschaftsvermögens bezahlt, *Hiddemann*, ZGR 1982, 435, 439 f. sowie *Wiedemann*, JZ 1977, 132, 133, der zusätzlich auf die Kaufpreisberechnung abstellt, vgl. *Wiedemann*, in: FS Nipperdey, S. 815, 836.

298 *Mueller-Thuns*, in: Rödder/Hötzel/Mueller, Unternehmenskauf, S. 202 Rn. 42.

299 *Hiddemann*, ZGR 1982, 435, 440.

6 (Keine) Differenzierung nach Sach- oder Rechtsmangel (§ 433 Abs. 1 Satz 2 BGB)

Im Unterschied zum Sachmangel[300] liegt ein Rechtsmangel an einem Unternehmen vor, wenn der Unternehmenskäufer die unternehmerische Tätigkeit nicht oder nur teilweise ausüben kann, weil ihn das Recht eines Dritten hindert.[301] Auch ein Rechtsmangel muss also das Unternehmen selbst betreffen und auf das Unternehmen „durchschlagen“, damit der Kaufgegenstand unter einem Rechtsmangel leidet.[302] Sach- und Rechtsmängel, die in §§ 434 und 435 BGB geregelt sind, haben gemäß § 437 BGB identische Rechtsfolgen.[303] Damit hat eine Differenzierung zwischen Sach- und Rechtsmängeln im Post M&A-Verfahren keine große Relevanz.[304] Eine Unterscheidung ist allenfalls hinsichtlich der Verjährung von Bedeutung,[305] denn § 438 Abs. 1 Nr. 1 ordnet ausnahmsweise eine 30-jährige Verjährungsfrist an, die nur bei bestimmten Rechtsmängeln greift. Die Verjährung ist allerdings nicht Gegenstand dieser Arbeit.

7 Richtiger Anspruchsinhaber

Vereinzelt wird im Schrifttum angenommen, durch die Pflichtverletzung des Verkäufers könne nicht nur dem Käufer, sondern auch dem Unternehmen, also der Gesellschaft als Zielobjekt (sogenanntes *Target*), ein Schaden entstehen.[306] Ursache für einen Schaden des Unternehmens könne die Garantieverletzung durch den Verkäufer sein. Der Schaden liege dann in der Diskrepanz zwischen der garantierten Zusage und dem Verletzungstatbestand.[307] Falls keine Drittschadensliquidation vereinbart worden sei, sei im Einzelfall eine ergänzende Vertragsauslegung angezeigt.[308]

---

300 Zu den Voraussetzungen eines Sachmangels beim Unternehmenskauf s. S. 36 ff.

301 *Canaris*, ZGR 1982, 395, 429; *Canaris*, in: FS Georgiades, S. 71, 86; *Köster*, Die Haftung des Unternehmensverkäufers, S. 73 f.

302 *Canaris*, in: FS Georgiades, S. 71, 86 ff.

303 *Bisle*, DStR 2013, 364; *Picot*, Handbuch Mergers & Acquisitions, S. 325; *von Gierke/Paschen*, GmbHR 2002, 457, 459; *Westermann*, in: MüKo-BGB, § 434 Rn. 1.

304 *Canaris*, in: FS Georgiades, S. 71, 83.

305 *Berger*, in: Jauernig-BGB, § 438 Rn. 6; *Westermann*, in: MüKo-BGB, § 434 Rn. 1.

306 Vgl. *Brand*, in: Bilanzgarantien, S. 316 f.; *Engelhardt*, in: Holzapfel/Pöllath/Bergjan/Engelhardt, Unternehmenskauf, S. 237 f. Rn. 938; *Hilgard*, ZIP 2005, 1813, 1817 f.; *Mohamed*, DNotZ 2019, 884, 897 f.

307 *Hilgard*, ZIP 2005, 1813, 1818.

308 *Brand*, in: Bilanzgarantien, S. 316 f.

Diese Einschätzung muss bedenklich erscheinen. Es fehlen bereits nähere Ausführungen, inwiefern durch eine Garantieverletzung dem Unternehmen ein Schaden entstehen könnte. Ein Schaden ist ein unfreiwilliger Vermögensverlust.[309] Hat das Unternehmen ein geringeres Vermögen als vom Verkäufer garantiert, so erleidet das Unternehmen durch die Falschangabe richtigerweise aber keinen kausalen Vermögensverlust. Sein Vermögen war bereits vor der Falschangabe gering und hat sich nicht infolge der Garantieerklärung verschlechtert. Ein Schadenseintritt setzt überdies die Verletzung eines Interesses voraus.[310] Macht der Verkäufer gegenüber dem Käufer geschönte Angaben über das Unternehmen, bleiben die Interessen des Unternehmens hiervon unberührt, schließlich hat es nicht einen Gegenstand erworben, der gemessen an der Garantie zu wenig wert ist. Ganz anders steht es um die Interessen des Käufers, der einen Kaufgegenstand in seinem Vermögen hat, der hinter dem garantierten Zustand zurückbleibt. Das Vermögen des Käufers wird durch die Garantieverletzung kausal geschmälert. Wenn das Unternehmen aber keinen Schaden erleidet, so entfällt auch jedes Bedürfnis nach einer Vereinbarung einer Drittschadensliquidation oder nach einer ergänzenden Vertragsauslegung.

Im Falle einer Garantieverletzung erlangt das Unternehmen auch nicht etwa einen eigenen Anspruch, der eine Schadensersatzzahlung an das Unternehmen rechtfertigen würde. Es dürfte unstreitig sein, dass der Garantievertrag zwischen dem Verkäufer und dem Käufer besteht. Der Verkäufer gibt die Garantieerklärung über das Unternehmen zugunsten des Käufers ab, nicht aber zugunsten des Unternehmens.

Ebenso verhält es sich mit den anderen zwei Fallgruppen c.i.c. und Mängelgewährleistungsrecht. Auch bei diesen Fallgruppen verletzt der Verkäufer eine Pflicht gegenüber dem Käufer. Inwiefern der Verkäufer eine Pflichtverletzung gegenüber dem Kaufobjekt (nichts anderes ist das Unternehmen beim Unternehmenskauf) begehen könnte, erschließt sich nicht. Es dürfte bereits an einer (vor-)vertraglichen Pflicht des Verkäufers gegenüber dem Kaufobjekt fehlen, die er verletzen könnte. Dass der Kaufvertrag einen Vertrag mit Schutzwirkung zugunsten des Unternehmens darstellt, dürfte eher fernliegen, da bereits die Voraussetzung der Leistungsnähe fraglich erscheint.[311] Das Kaufobjekt wird den Gefahren einer fehlerhaften Verkäuferangabe wohl kaum ebenso ausgeliefert sein wie der Käufer, der auf die Angabe des Verkäufers vertraut und sich hiervon geleitet zur Kaufpreiszahlung verpflichtet. Richtigerweise muss es heißen, dass ein zum Verkauf stehendes Un-

309 Zur Definition des Schadens s. S. 129.

310 Zur Definition des Schadens s. S. 129.

311 Zu demselben Ergebnis gelangt *Wächter*, in: Bilanzgarantien, S. 225, 229.

ternehmen keinen Schaden erleidet, wenn der Verkäufer dem Käufer unwahre Tatsachen über das Unternehmen erzählt.[312]

Die vereinzelt in Unternehmenskaufverträgen anzutreffende Vereinbarung, der Käufer könne nach seiner Wahl Schäden des verkauften Unternehmens oder seinen eigenen Schaden gegenüber dem Verkäufer geltend machen,[313] führt aus diesem Grund nur zu mehr Unsicherheiten, als dass hierdurch etwas gewonnen wäre.[314]

Im Schrifttum wird vereinzelt in Abweichung zur Rechtsprechung des Bundesgerichtshofs angenommen, dass im Falle einer Garantieverletzung Naturalrestitution zu leisten sei. Die Naturalrestitution bei einer Garantieverletzung, also die Herstellung des garantierten Zustands, könne nur erfolgen, indem der Verkäufer im Unternehmen eine Veränderung vornehme.[315] Doch auch dieser Aspekt ändert nichts daran, dass Anspruchsinhaber und Geschädigter nach wie vor ausschließlich der Käufer ist. Wertet der Verkäufer das Kaufobjekt auf, indem er es repariert, wird das Kaufobjekt hierdurch weder zum Geschädigten noch zum Anspruchsinhaber. Im Post M&A-Verfahren ist es im Vergleich zum Konsumgüterkauf zwar eine Besonderheit, dass die Naturalrestitution eine Geldzahlung an eine andere Person als den Käufer bedeuten kann, namentlich an das Unternehmen als juristische Person, etwa zur Herstellung eines höheren Kassenbestands. Daraus darf aber nicht irrtümlich geschlossen werden, das Unternehmen sei Geschädigter oder Anspruchsinhaber.

Dasselbe gilt nicht nur in Hinblick auf die Naturalrestitution, sondern auch in Hinblick auf die Wertentschädigung. Die genannte Ansicht im Schrifttum behauptet weiter, dass eine im Garantiefall geschuldete Wertenschädigung (§ 251 BGB) sowohl an das Unternehmen (durch Zahlung des Barwerts der Überschussminderung) als auch an den Käufer (durch Zahlung des Barwerts der Überschussminderung aus der Beteiligung) erfolgen könne.[316] Doch auch unter diesem Gesichtspunkt lässt sich weder ein Schaden noch ein Schadensersatzanspruch des Unternehmens konstruieren. Die Schadensersatzzahlung an das Unternehmen mag dem Käufer recht sein,

---

312 Zu diesem Schluss gelangt auch *Wächter*, in: Bilanzgarantien, S. 225, 228.

313 So auch anzutreffen in Empfehlungen für die Vertragsgestaltung, vgl. *Louven/Mehrbrey*, NZG 2014, 1321, 1327, sowie in Formularverträgen, vgl. *Kästle/Oberbracht*, Unternehmenskauf, S. 201 („Purchaser shall be entitled to request from Seller […] compensation in cash (*kleiner Schadensersatz in Geld*) by payment of the amount of all losses […], costs and expenses […] and other damages […] which Purchaser and the Group Entities, respectively, have suffered or incurred.").

314 Vgl. *Vischer*, SJZ 106 (2010) Nr. 6, 129, 138 f.

315 *Wächter*, in: Bilanzgarantien, S. 225, 237.

316 *Wächter*, in: Bilanzgarantien, S. 225, 237 f.

doch aus dem Gesetz, insbesondere aus § 251 BGB, lässt sich diese Rechtsfolge nicht ableiten.

Nach alledem wird im Folgenden ein Schaden ausschließlich beim Käufer sowie eine ausschließliche Anspruchsinhaberschaft des Käufers angenommen.

III Grundsätze der Unternehmensbewertung

Wie gezeigt wurde, kommt es für die Schadensberechnung im Rahmen des Mängelgewährleistungsrechts und im Rahmen der Garantieverletzung entscheidend auf den Unternehmensminderwert an. Die Ermittlung des Unternehmensminderwerts erfordert eine Unternehmensbewertung. Für die Schadensberechnung im Rahmen der c.i.c. kommt es dagegen auf den zu viel gezahlten Teil des Kaufpreises an. Auch zur Bestimmung des Kaufpreises nutzen die Parteien eine Unternehmensbewertung, schließlich ist die Ermittlung des Unternehmenswerts ein Baustein der Wirtschaftlichkeitsanalyse von Unternehmenskäufen[317]. Da die Unternehmensbewertung also für die Schadensberechnung in allen drei Fallgruppen im Post M&A-Verfahren unerlässlich ist, sind die Grundzüge der Unternehmensbewertung herauszuarbeiten.

In der Praxis der Unternehmensbewertung haben sich zwar Grundsätze und Standards etabliert,[318] allerdings dürfen diese Grundsätze nicht mit schematischen Anweisungen verwechselt werden, die eine „richtige" Bewertung garantieren oder sicherstellen, dass verschiedene Gutachter annähernd gleiche Unternehmenswerte ermitteln.[319] Im Ausgangspunkt sind investitionstheoretische Verfahren und marktwertorientierte Verfahren zu unterscheiden.[320] Das gängigste investitionstheoretische Verfahren in der M&A-Praxis ist das DCF-Verfahren,[321] das gängigste marktwertorientierte Verfahren ist das *Multiple*-Verfahren.[322] Im Rahmen der Schadensberechnung im Post M&A-Verfahren haben Gerichte allerdings auch das Substanzwertverfahren und das Ertragswertverfahren anerkannt und angewendet, sodass auch diese Methoden im Folgenden behandelt werden.

---

317 *Matschke/Brösel*, Funktionale Unternehmensbewertung, S. 11f.; *Obermaier*, in: FS Großfeld, S. 325; *Picot*, Handbuch Mergers & Acquisitions, S. 151; *Schüppen*, in: FS Elsing, S. 509; *Wollny*, in: Bilanzgarantien, S. 105, 107.

318 *Hafner*, in: Neue Betriebswirtschaft, S. 229, 230.

319 *Matschke/Brösel*, Business Valuation, S. 331.

320 *Hafner*, in: Neue Betriebswirtschaft, S. 229, 230.

321 *Hafner*, in: Neue Betriebswirtschaft, S. 229, 230.

322 *Picot*, Handbuch Mergers & Acquisitions, S. 175.

1 Der Begriff des Unternehmenswerts

Zunächst ist der Unternehmenswert zu definieren.

a) *Enterprise Value* als Bezeichnung für den Kaufpreis

In der Betriebswirtschaft wird unter dem Unternehmenswert oft der *Enterprise Value* verstanden,[323] der allerdings sehr eng gefasst ist, da dieser nur die Summe aus den Nettoschulden und dem Nettoeigenkapital bezeichnet.[324] Der Begriff *Enterprise Value* wird zwar auch von den Parteien während der Kaufpreisverhandlung verwendet, allerdings nicht als Bezeichnung für den Unternehmenswert, sondern für die Gegenleistung, die der Käufer für den Erhalt des Unternehmenswerts bereit ist zu zahlen.[325] Bei M&A-Transaktionen ist der Begriff *Enterprise Value* sogar der am häufigsten verwendete Begriff, um die Investition zu bezeichnen, die der Käufer in das zu bewertende Unternehmen tätigt.[326]

b) Differenzierung zwischen Unternehmenswert und Kaufpreis

Der Kaufpreis und der Unternehmenswert sind allerdings nicht identisch.[327] Hierfür werden im Wesentlichen zwei Gründe angeführt. Zum einen käme eine M&A-Transaktion überhaupt nicht zustande, wenn aus Sicht von Verkäufer und Käufer der Kaufpreis exakt den Unternehmenswert abbilden würde.[328] Keiner von beiden würde ein gutes Geschäft machen, sie würden lediglich (Sach-)Werte gegen Geld tauschen.[329] Dies wäre ökonomisch sinnlos.

Dieses Argument ist nicht von der Hand zu weisen und mit der ökonomischen Theorie vereinbar, der zufolge der Wert und der Preis des Unternehmens unterschiedlich definiert werden: Während der Wert die Nutzenstiftung für einen Marktteilnehmer wiedergibt, ist der Preis das Ergebnis einer Transaktion.[330]

---

323 *Hafner*, in: Neue Betriebswirtschaft, S. 229, 233; vgl. *Oehlrich*, NJOZ 2020, 1, 4 („der Unternehmenswert („Enterprise Value")").

324 *Wächter*, M&A Litigation, S. 560 Rn. 10.36; *Ziehms*, M&A Disputes and Completion Mechanisms, § 2.01 Kapitel A.

325 *Wächter*, M&A Litigation, S. 560 Rn. 10.36.

326 *Mellen/Evans*, Valuation for M&A, S. 169.

327 *Elsing/Kramer*, in: FS Großfeld, S. 109, 114; *Obermaier*, in: FS Großfeld, S. 325, 331; *Wächter*, M&A Litigation, S. 560 Rn. 10.36.

328 *Wächter*, M&A Litigation, S. 592 Rn. 11.85.

329 *Wächter*, M&A Litigation, S. 592 Rn. 11.85.

330 *Ballwieser*, in: FS Großfeld, S. 21; *Hering/Toll*, in: FS Großfeld, S. 173; *Schröter*, Unternehmensbewertung, S. 58 f.

Als zweiter Grund wird angeführt, dass in der Betriebswirtschaft der *eine* objektive, allgemeingültige Unternehmenswert überhaupt nicht existiere.[331] Dagegen gebe es aber nur einen einzigen Kaufpreis. Die Werte könnten also denklogisch nicht identisch sein.[332]

Dieses Argument wird durch einen Blick auf die Praxis bestätigt. So zahlt der Käufer oft eine zusätzliche Prämie für das Synergiepotenzial des Unternehmens.[333] Zieht man als Vergleichsmaßstab zum Kaufpreis den Marktkapitalisierungswert des Unternehmens heran, liegt der Kaufpreis oft weit über dem seinerzeitigen Aktienkurs, oft sogar 40 bis 60 %.[334] Aber nicht nur in der Praxis, sondern auch in der Wirtschaftswissenschaft findet diese Argumentation eine Stütze: Anders als der Kaufpreis ist der Unternehmenswert eine sehr abstrakte Größe und kann sich für den Verkäufer anders darstellen als für den Käufer.[335] Denn eine Bewertung ist die Zuordnung eines Wertes zu einem Bewertungsobjekt durch das jeweilige Bewertungssubjekt.[336] Der Wert des Objekts wird durch den Nutzen bestimmt, den es dem Subjekt stiftet.[337] Der Unternehmenswert steht also in Korrelation zum Bewertungssubjekt, d.h. zu der Person, aus deren Sicht die Bewertung durchgeführt wird[338]. Dies trifft auf die Bewertung von Unternehmen umso mehr zu, da es kein „*stand-alone*-Unternehmen" gibt, sondern Unternehmen und deren Wert stets eng mit ihrem Eigentümer verbunden sind[339]. Der Unternehmenswert hängt ab von der Planung und den Zielen, die die Parteien mit der Transaktion verfolgen, von den

---

331 *Hüttemann*, in: Fleischer/Hüttemann, Rechtshandbuch Unternehmensbewertung, § 1 V. 2. Rn. 1.45; *Kiethe*, DStR 1995, 1756, 1759; *Paefgen*, DZWIR 1997, 177, 181; *Schnorbus/Rauch/Grimm*, AG 2021, 391, 392; *Staake*, in: Bilanzgarantien, S. 81, 103; *Wächter*, M&A Litigation, S. 724 Rn. 12.276 einschl. Fn. 317; *Wollny*, DStR 2013, 2132, 2134.

332 Zum Ganzen: *Wächter*, M&A Litigation, S. 590 – 593 Rn. 11.79 – 11.87.

333 *Busse von Colbe*, ZGR 1994, 595, 604; *Lenz*, The Logic of Merger and Acquisition Pricing, S. 4.

334 *Lenz*, The Logic of Merger and Acquisition Pricing, S. 4; zur Ungeeignetheit des Börsenkurses für die Unternehmenswertbestimmung s. S. 115 f.

335 *Hilgard*, ZIP 2005, 1813, 1815; *Matschke/Brösel*, Funktionale Unternehmensbewertung, S. 6 f.

336 *Hering/Toll*, in: FS Großfeld, S. 173, 175; *Matschke/Brösel*, Funktionale Unternehmensbewertung, S. 1; *Müller*, JuS 1973, 603, 605; *Obermaier*, in: FS Großfeld, S. 325, 327 f.

337 *Großfeld/Egger/Tönnes*, Recht der Unternehmensbewertung, S. 17 Rn. 73; *Hüttemann*, ZHR 162 (1998), 563, 573; *Kiethe*, DStR 1995, 1756, 1759; *Matschke/Brösel*, Funktionale Unternehmensbewertung, S. 2; *Obermaier*, in: FS Großfeld, S. 325, 328; *Jevons*, *Walras* und *Menger* entwickelten das sog. Grenznutzentheorem, anhand dessen die Nützlichkeit von Gütern mathematisch dargestellt werden konnte. Durch das sog. Marginalprinzip (daher die Bezeichnung als „marginalistische Revolution") gelang es ihnen, das vorherrschende Wertparadoxon aufzulösen und zu erklären, dass nutzlose Diamanten teurer sind als nützliches Wasser, weil sie zu den knappsten Gütern gehören, vgl. *Staake*, in: Bilanzgarantien, S. 81, 99.

338 *Brösel/Wasmuth*, in: FS Großfeld, S. 51, 53.

339 *Wächter/Wollny*, SchiedsVZ 2018, 80, 88 einschl. Fn. 51.

Synergien und Konzepten des Käufers und nicht zuletzt von der Wahl der Bewertungsmethode.[340] Der Unternehmenswert kann aus Sicht des Käufers wegen seiner spezifischen Konzepte und Synergien den Unternehmenswert aus Sicht des Verkäufers übersteigen.[341] Aus diesem Grund können bei einem Unternehmenskauf beide Parteien wirtschaftlich Gewinner sein.[342] Der Unternehmenswert bemisst sich mithin äußerst subjektiv für jede Partei und sogar für jeden potenziellen Käufer unterschiedlich.[343] Da jeder potenzielle Käufer eine eigene Unternehmensstrategie und eine eigene Unternehmenspolitik verfolgt und diese mit unterschiedlichen Kapitalstrukturen umsetzt, ergibt sich für jeden potenziellen Käufer ein eigener Unternehmenswert.[344] Dies erklärt, weshalb bei einem Bieterverfahren nicht jeder Interessent die gleiche Summe für das Unternehmen bietet.[345] Der Unternehmenswert ist mithin stets inhaberbezogen,[346] schließlich interessiert den Unternehmenskäufer nicht, welche Gewinne jemand anderes mit dem Unternehmen erzielen könnte, sondern welche Gewinne gerade er erzielen kann.[347] Damit ist eine objektive und allgemein akzeptierte Bezifferung des Unternehmenswerts von vornherein ausgeschlossen.[348]

c) Subjektiver Unternehmenswertbegriff

In der Wirtschaftswissenschaft war der Durchbruch der subjektiven Wertlehre eine Revolution.[349] Die Ökonomen *Léon Walras*, *William Stanley Jevons* und *Carl Menger* gelten als die Mitbegründer der subjektiven Wertlehre.[350] Sie verstanden den Wert eines Guts als das Ergebnis eines Vergleichs von Objekten durch ein Subjekt,[351] wobei der Vergleich auf den Bedürfnissen des Subjekts und dem Nutzen des Objekts basiert.[352] Damit handelt es sich um eine subjektive Bewertung.[353] Diese subjektive Bestimmung des Gebrauchswerts wich von der vorherrschenden Linie der Öko-

340 *Hilgard*, ZIP 2005, 1813, 1815; *Kiethe*, DStR 1995, 1756, 1759.

341 *Wächter/Wollny*, SchiedsVZ 2018, 80, 95.

342 *Wächter/Wollny*, SchiedsVZ 2018, 80, 88.

343 *Matschke/Brösel*, Funktionale Unternehmensbewertung, S. 2; *Obermaier*, in: FS Großfeld, S. 325, 331; *Paefgen*, DZWIR 1997, 177, 181.

344 *Brösel/Wasmuth*, in: FS Großfeld, S. 51, 61; *Hüttemann*, ZHR 162 (1998), 563, 574.

345 Vgl. *Wächter/Wollny*, SchiedsVZ 2018, 80, 88.

346 *Hüttemann*, ZHR 162 (1998), 563, 574.

347 *Müller*, JuS 1973, 603, 605.

348 *Kiethe*, DStR 1995, 1756, 1759; *Matschke/Brösel*, Funktionale Unternehmensbewertung, S. 39 f.

349 *Roncaglia*, A Brief History of Economic Thought, S. 155.

350 *van Suntum*, William Stanley Jevons, in: Klassiker des ökonomischen Denkens, S. 267.

351 *Wächter/Wollny*, SchiedsVZ 2018, 80, 87.

352 *Roncaglia*, A Brief History of Economic Thought, S. 145 f.; *Wächter/Wollny*, SchiedsVZ 2018, 80, 87.

353 *Roncaglia*, A Brief History of Economic Thought, S. 145 f.

nomen jener Zeit ab, den Gebrauchswert objektiv zu bestimmen.[354] Ein zentraler Begriff der subjektiven Wertlehre von *Walras, Jevons* und *Menger* ist der wertbildende Grenznutzen.[355] Er bezeichnet den Zuwachs des Nutzens für ein Gut durch Verbrauch einer zusätzlichen „marginalen Einheit“ eines Gutes.[356] Die Lehre von *Walras, Jevons* und *Menger* wird daher auch als „marginalistische Revolution“ bezeichnet.[357] Die drei Ökonomen legten innerhalb der subjektiven Wertlehre unterschiedliche Schwerpunkte, die sich jeweils mit dem subjektiven Unternehmenswertbegriff vereinbaren lassen. Nach *Jevons* zeigt sich der Nutzen für jedes Subjekt darin, wie viel ein Subjekt bereit ist, für das Gut zu bezahlen.[358] Seine zentrale Idee war es, dass der Wert eines Gutes keine feste, sondern eine veränderliche Größe ist, die für jede Person und sogar für dieselbe Person je nach den Umständen unterschiedlich sein kann. So hat z. B. Wasser in der Wüste einen größeren Wert als in der Nähe eines Flusses oder Sees.[359] Nach *Menger* folgt der Wert eines Guts aus der Bewertung der Bedürfnisse und der Eignung des Guts zur Befriedigung dieser Bedürfnisse.[360] Er entwickelte die Theorie, dass Menschen Güter ausschließlich anhand ihrer subjektiven Präferenzen und Vorlieben bewerten.[361]

d) Funktionale Unternehmensbewertung

Bis etwa 1960 wurde der Unternehmenswert noch nach objektiven Kriterien ermittelt, seitdem wird allerdings der subjektive Unternehmenswertbegriff zu Grunde gelegt.[362] Mitte der 1970er Jahre wurde mit der funktionalen Unternehmensbewertung eine Brücke zwischen dem objektiven und dem subjektiven Unternehmenswert geschlagen: Die Unternehmensbewertung erfolgt nicht nur subjektiv aus Sicht des Bewertungssubjekts, sondern hängt auch ab von der Funktion

354 *Roncaglia*, A Brief History of Economic Thought, S. 155.

355 *Rima*, Development of Economic Analysis, S. 244; *Staake*, in: Bilanzgarantien, S. 81, 98.

356 *Schwalbe*, Léon Walras, in: Klassiker des ökonomischen Denkens, S. 248 f.; *Staake*, in: Bilanzgarantien, S. 81, 98.

357 Vgl. *Wächter/Wollny*, SchiedsVZ 2018, 80, 87.

358 *Roncaglia*, A Brief History of Economic Thought, S. 149 f.

359 Zum Ganzen: *van Suntum*, William Stanley Jevons, in: Klassiker des ökonomischen Denkens, S. 273.

360 *Roncaglia*, A Brief History of Economic Thought, S. 154.

361 *Milford*, Carl Menger, in: Klassiker des ökonomischen Denkens, S. 242; *Roncaglia*, A Brief History of Economic Thought, S. 310.

362 *Busse von Colbe*, ZGR 1994, 595, 597; *Großfeld*, JZ 1981, 641, 644; *Hüttemann*, in: Fleischer/Hüttemann, Rechtshandbuch Unternehmensbewertung, § 1 I. Rn. 1.2.; *Kiethe*, DStR 1995, 1756, 1759; *Matschke/Brösel*, Funktionale Unternehmensbewertung, S. 5 f.; *Schröter*, Unternehmensbewertung, S. 73 f.

der Bewertung, d.h. von dem Bewertungszweck.[363] Denn wenn der Unternehmenswert subjektbezogen sei, so habe sich auch die Auswahl der Bewertungsmethode nach dem mit der Bewertung verfolgten Zweck zu richten.[364] Dieser kann z. B. in der Entscheidung über die Änderung der Eigentumsverhältnisse an dem Bewertungsobjekt liegen,[365] was bei einer M&A-Transaktion der Fall ist.[366] Bei der Unternehmensbewertung handelt es sich nach heutigem Verständnis also um eine objektive Einschätzung unter Zugrundelegung subjektiver Kriterien.[367] Dass es sich um einen subjektiven Wert handelt, der durch einen neutralen Dritten objektiv, d.h. intersubjektiv nachprüfbar eingeschätzt wird, führte auch zu der Bezeichnung als „objektivierter Unternehmenswert".[368] Die Subjektivität des Unternehmenswerts ist dabei so wesentlich, dass die Bemessung des Unternehmenswerts stets eine individuelle Frage ist, die nicht abstrakt, sondern nur konkret anhand eines bestimmten Bewertungsanlasses beantwortet werden kann.[369]

Nach alledem ist der Begriff *Enterprise Value* als Bezeichnung für den Unternehmenswert im Rahmen der Schadensberechnung ungeeignet. Wenn im Folgenden vom Unternehmenswert gesprochen wird, ist in Abgrenzung zum *Enterprise Value* weder der Kaufpreis gemeint noch die Summe aus Nettoschulden und Nettoeigenkapital.

e) Käufer-Unternehmenswert und Verkäufer-Unternehmenswert

Wie gezeigt, ist die Abweichung von Kaufpreis und Unternehmenswert das treibende Motiv hinter jeder M&A-Transaktion (Arbitragegelegenheit[370]). Eine M&A-Transaktion kommt gerade deshalb zustande, weil der Käufer für das Unternehmen weniger bezahlt, als er damit einzunehmen erhofft (Gewinnerzielungsmotiv[371]). Der subjektive Käufer-Unternehmenswert übersteigt also den Kaufpreis.[372] Der Käufer-Unternehmenswert beschreibt die Gewinne, die der Käufer mit dem Un-

363 *Hüttemann*, in: Fleischer/Hüttemann, Rechtshandbuch Unternehmensbewertung, § 1 I. Rn. 1.2.; *Matschke/Brösel*, Funktionale Unternehmensbewertung, S. 7, 11, 43 f.; *Schröter*, Unternehmensbewertung, S. 70, 76 f.

364 *Hüttemann*, in: Fleischer/Hüttemann, Rechtshandbuch Unternehmensbewertung, § 1 I. Rn. 1.2.

365 *Matschke/Brösel*, Funktionale Unternehmensbewertung, S. 7.

366 *Matschke/Brösel*, Funktionale Unternehmensbewertung, S. 9.

367 *Kiethe*, DStR 1995, 1756, 1759.

368 *Jonas*, in: Fleischer/Hüttemann, Rechtshandbuch Unternehmensbewertung, § 3 I. Rn. 3.2; *Tönnes*, M&A Review 12/2017, 448, 449.

369 *Bark*, Kapitalisierungszinssatz, S. V.

370 *Obermaier*, in: FS Großfeld, S. 325, 334.

371 *Wächter*, M&A Litigation, S. 592 Rn. 11.85.

372 *Obermaier*, in: FS Großfeld, S. 325, 331.

ternehmen erwirtschaftet, nachdem er das Unternehmenskonzept geändert, das Unternehmen in seinen Bestand integriert und die Synergiepotenziale entfaltet hat.[373] Der Verkäufer verzichtet bei einem Verkauf auf die künftigen *Cashflows* aus dem Unternehmen, was sich für ihn wirtschaftlich nur lohnt, wenn die abgezinsten *Cashflows* niedriger sind als der Kaufpreis.[374] Um kein Verlustgeschäft zu erleiden, wird der Verkäufer daher einen Kaufpreis verlangen, der die Summe übersteigt, die er mit dem Unternehmen erwirtschaftet.[375] Der Kaufpreis muss seinen subjektiven Verkäufer-Unternehmenswert also übersteigen.[376] Der Verkäufer kann einen Kaufpreis verlangen, der den subjektiven Verkäufer-Unternehmenswert übersteigt, indem er die Käuferabsichten nutzt und es ihm in der Verhandlung gelingt, dass sich ein Teil der Käufersynergien in dem Kaufpreis niederschlägt.[377]

Daraus folgt, dass bei der Schadensberechnung nicht von einem Unternehmenswert ausgegangen werden kann, sondern dass stattdessen zwischen zwei Unternehmenswerten unterschieden werden muss: Dem Käufer-Unternehmenswert und dem Verkäufer-Unternehmenswert.

Der Käufer-Unternehmenswert ist der subjektive Entscheidungswert, den der Käufer zu zahlen bereit ist unter Berücksichtigung seines Nutzens, namentlich seiner strategischen Planung, erwarteter Synergien und der ihm verfügbaren alternativen Anlagemöglichkeiten.[378] Er wird als Entscheidungswert bezeichnet, da er der Vorbereitung einer individuellen Investitionsentscheidung dient.[379] Der Verkäufer-Unternehmenswert ist ebenfalls ein subjektiver Entscheidungswert, der sich entsprechend aus der Sicht des Verkäufers und seines Nutzens errechnet.[380] Die Entscheidungswerte von Käufer und Verkäufer sind zugleich Grenzpreise.[381] Ein Grenzpreis ist ein Wert, bis zu dem sich der Eigentumswechsel für das betreffende Bewertungssubjekt lohnt.[382] Sowohl Käufer als auch Verkäufer nehmen vor der Transaktion eine Unternehmensbewertung vor, um ihre jeweiligen Grenzpreise zu ermitteln.[383] Aus betriebswirtschaftlicher Sicht handelt es sich bei der Unterneh-

---

373 *Paefgen*, DZWIR 1997, 177, 181; *Wächter*, M&A Litigation, S. 724 f. Rn. 12.278.

374 *Hafner*, in: Neue Betriebswirtschaft, S. 229, 229.

375 *Hering/Toll*, in: FS Großfeld, S. 173 f; *Obermaier*, in: FS Großfeld, S. 325, 329; *Wächter*, M&A Litigation, S. 589 Rn. 11.76, S. 591 Rn. 11.82 f.

376 *Wächter*, M&A Litigation, S. 589 Rn. 11.76, S. 591 Rn. 11.82 f.; *Wollny*, in: Bilanzgarantien, S. 105, 116.

377 *Busse von Colbe*, ZGR 1994, 595, 604, 608; *Wächter*, M&A Litigation, S. 724 f. Rn. 12.278 einschl. Fn. 320.

378 *Großfeld*, JZ 1981, 641, 644; *Paefgen*, DZWIR 1997, 177, 181.

379 *Großfeld*, JZ 1981, 641, 645.

380 *Großfeld*, JZ 1981, 641, 644; *Paefgen*, DZWIR 1997, 177, 181.

381 *Wollny*, DStR 2013, 2132, 2134.

382 *Obermaier*, in: FS Großfeld, S. 325, 329.

383 *Obermaier*, in: FS Großfeld, S. 325.

mensbewertung um ein Entscheidungsproblem, das darin besteht, die Grenzpreise für Verkäufer und Käufer zu bestimmen.[384] Für den Käufer ist der Grenzpreis der Preis, den er höchstens zu zahlen bereit ist, um nach dem Kauf im Vergleich zu seiner besten alternativen Kapitalverwendung besser oder ebenso gut gestellt zu sein.[385] Für den Verkäufer ist der Grenzpreis der Preis, den er hierfür mindestens verlangen muss.[386] Deshalb ist der Käufer-Grenzpreis eine Preisobergrenze und der Verkäufer-Grenzpreis eine Preisuntergrenze für den zu vereinbarenden Unternehmenskaufpreis.[387]

Ausgehend von ihren Grenzpreisen verhandeln die Parteien ihren Einigungspreis (sogenannter Einigungswert[388]).[389] Der Einigungswert liegt bei gleichstarken Verhandlungspositionen in der Mitte der Grenzpreise.[390] Der Kaufpreis liegt also oberhalb des subjektiven Verkäufer-Unternehmenswerts und unterhalb des subjektiven Käufer-Unternehmenswerts.[391] Der Einigungswert ist deshalb aber nicht objektiv, sondern intersubjektiv, parteienbezogen und parteiabhängig, denn er gilt nur in Bezug auf zwei Personen.[392]

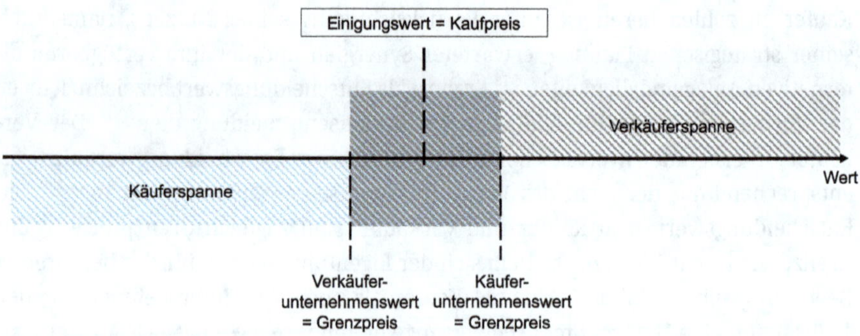

Abbildung 6: Grafische Darstellung der Grenzpreise von Käufer-Unternehmenswert und Verkäufer-Unternehmenswert.

---

384 *Obermaier*, in: FS Großfeld, S. 325, 329.
385 *Obermaier*, in: FS Großfeld, S. 325, 329; *Wollny*, in: Bilanzgarantien, S. 105, 116.
386 *Obermaier*, in: FS Großfeld, S. 325, 329; *Wollny*, in: Bilanzgarantien, S. 105, 116.
387 *Obermaier*, in: FS Großfeld, S. 325, 329.
388 *Großfeld*, JZ 1981, 641, 645.
389 *Wollny*, DStR 2013, 2132, 2134.
390 *Großfeld*, JZ 1981, 641, 645.
391 *Wächter*, M&A Litigation, S. 591 Rn. 11.84.
392 *Großfeld*, JZ 1981, 641, 645.

Wie aus *Abbildung 6* hervorgeht, wird bei der Unternehmensbewertung nicht mit Punktgrößen, sondern mit Bereichen gearbeitet. Dies liegt unter anderem daran, dass dem Zukunftserfolg des Unternehmens ein prognosebedingtes Risiko immanent ist.[393] Dass ein Unternehmenswert keine Punktgröße ist, ist im Übrigen ein weiteres Argument dafür, warum es den *einen* Unternehmenswert nicht geben kann.[394]

Für das Post M&A-Verfahren bedeutet dies, dass bei der Schadensberechnung durch das (Schieds-)Gericht ebenfalls Bereiche ermittelt werden können für den Unternehmenswert in mangelhaftem und mangelfreiem Zustand bzw. den hypothetischen niedrigeren Kaufpreis.[395] Dies ist mit den Vorgaben in § 287 ZPO vereinbar, da das Gesetz eine ungefähre Schadensschätzung einer auf den Cent genauen Berechnung vorzieht.[396]

Im älteren Schrifttum wurde zusätzlich zwischen dem Entscheidungswert und dem Schiedswert unterschieden. Der Entscheidungswert sei der Wert, der bei der Kauf- und Verkaufspreisfindung maßgeblich war, während der Schiedswert im Post M&A-Verfahren festgestellt werde[397] und mangels Konsenses der Parteien vom Gericht oder einem Gutachter bestimmt werden müsse.[398] Heute wird diese Differenzierung aber nicht mehr vorgenommen, sie lässt sich zumindest dem jüngeren Schrifttum nicht entnehmen. Sie ist im Post M&A-Verfahren auch nicht erforderlich, da die Bezeichnung als Schaden ausreichend deutlich macht, dass der Unternehmensminderwert bzw. hypothetische niedrigere Kaufpreis nicht einvernehmlich, sondern gerichtlich bestimmt wird.

Eine Aufgabe bei der Schadensberechnung besteht nun darin, den Verkäufer-Unternehmenswert und/oder den Käufer-Unternehmenswert zu ermitteln. Der vereinbarte Kaufpreis gibt für die Ermittlung dieser zwei Unternehmenswerte lediglich einen Richtwert vor und die Ermittlung des Kaufpreises selbst ist nur schwer nachvollziehbar.[399] Das Bindeglied zwischen den unterschiedlichen Interessen und Unternehmenswerten von Käufer und Verkäufer sind die wertbildenden Faktoren des Unternehmens, die den Ausgangspunkt für die Unternehmensbewertung darstellen.[400] Wie sich zeigen wird, knüpfen die verschiedenen Unternehmensbewertungsmethoden an unterschiedliche wertbildende Unternehmensfaktoren an.

393 *Matschke/Brösel*, Funktionale Unternehmensbewertung, S. 45.
394 *Matschke/Brösel*, Funktionale Unternehmensbewertung, S. 46.
395 Zu diesem Ergebnis gelangt auch *Wasmuth*, Funktionale Schadensbewertung, S. 246.
396 Zu den Einzelheiten s. oben S. 15 f.
397 *Kiethe*, DStR 1995, 1756, 1759.
398 *Paefgen*, DZWIR 1997, 177, 181.
399 *Hilgard*, ZIP 2005, 1813, 1815.
400 *Großfeld*, JZ 1981, 641, 647.

2 Das Substanzwertverfahren

a) Unternehmenswertbestimmung anhand des Sachwerts

Das Substanzwertverfahren geht davon aus, dass der Wert des Unternehmens aus der Wertsumme der einzelnen Vermögensgegenstände (der sogenannte Sachwert[401]) minus den Passiva besteht.[402] Für die Berechnung des Sachwerts werden die Werte des nicht betriebsnotwendigen Vermögens mit den Werten des betriebsnotwendigen Vermögens addiert.[403] Die Ergebnisse liegen allerdings weit auseinander, je nachdem, ob man für diese Vermögenswerte die Werte im Falle einer Neuanschaffung (Reproduktionswerte bei Fortführung des Unternehmens [*Going Concern*-Prinzip]) oder die Liquidationswerte (Verkaufswert der Gegenstände bei Zerschlagung des Unternehmens) einsetzt.[404] Beides ist zulässig und anerkannt.[405]

b) Kritik am Substanzwertverfahren

Der Bundesgerichtshof sieht das Substanzwertverfahren als unzulänglich an, weil es die immateriellen Vermögenswerte des Unternehmens nicht erfasse wie etwa die Qualität der Geschäftsführung und des Personals, die Marktstellung, die Geschäftsverbindungen und das *Know-How.*[406] Ein zweiter Kritikpunkt des Bundesgerichtshofs zielt auf die bereits thematisierte Unterscheidung zwischen objektiven Substanzwerten und subjektiven Nutzwerten ab. Diese Unterscheidung komme nach seiner Ansicht beim Substanzwertverfahren zu kurz, da bei einer Fortführung des Unternehmens weniger der Substanzwert als vielmehr der künftige Nutzen von Bedeutung sei.[407]

Die Argumentation im Schrifttum zielt in dieselbe Richtung wie die des Bundesgerichtshofs. Das Substanzwertverfahren sei deshalb nicht zu wählen, weil sich

---

401 BGH, Beschluss vom 8.5.1998 – BLw 18/97, BGHZ 138, 371, 383 = NZG 1998, 644, 646.

402 *Ernst/Schneider/Thielen*, Unternehmensbewertungen, S. 2; *Huxol*, DK 2021, 328, 331; *Vischer*, SJZ 106 (2010) Nr. 6, 129, 133.

403 *Ernst/Schneider/Thielen*, Unternehmensbewertungen, S. 3.

404 *Ernst/Schneider/Thielen*, Unternehmensbewertungen, S. 3 f.

405 *Ernst/Schneider/Thielen*, Unternehmensbewertungen, S. 3; während das LG München I mit Selbstverständlichkeit die Reproduktionswerte heranzieht, da der Substanzwert die Aufwendungen erfassen solle, die nötig seien, um ein gleiches Unternehmen zu errichten, vgl. LG München I, Beschluss vom 28.5.2014 – 5 HK O 22657/12, BeckRS 2015, 17382, stellt das OLG Dresden wie selbstverständlich auf die Liquidationswerte ab, da bei Anwendung des Substanzwertverfahrens ein Verkauf des Unternehmens unterstellt und danach gefragt werde, welches Entgelt hierdurch zu erzielen sei, vgl. OLG Dresden, Urteil vom 25.6.2010 – 24 UF 800/09, NJOZ 2011, 580, 582.

406 BGH, Beschluss vom 8.5.1998 – BLw 18/97, BGHZ 138, 371, 383 = NZG 1998, 644, 646.

407 BGH, Beschluss vom 8.5.1998 – BLw 18/97, BGHZ 138, 371, 383 = NZG 1998, 644, 646.

der Unternehmenswert nicht nur aus der Summe der Werte der einzelnen Unternehmensgegenstände (Substanzwert) zusammensetze, sondern vielmehr aus dem Geschäftswert (Firmenwert), dem sogenannten *Goodwill*, weshalb der Unternehmenswert stets höher sei als sein Substanzwert.[408] Da es sich beim *Goodwill* um einen ideellen Wert handelt,[409] wird dieser beim Substanzwertverfahren nicht erfasst. Neben dem *Goodwill* würden außerdem das Zusammenspiel der Vermögensgegenstände und die Qualität der Verwaltung als „gewachsener Geschäftswert" den Unternehmenswert erhöhen, weshalb die isolierte Betrachtung des Substanzwerts unzureichend sei.[410] Berichte über die aktuelle Entwicklung in der Unternehmensbewertungspraxis bestätigen diese These: Die *Goodwills* stellen inzwischen in vielen Konzernen betragsmäßig einen zentralen Konzernjahresabschlussposten dar.[411] Er ist deshalb so wichtig geworden, weil die Zahl der Unternehmenskäufe stark zugenommen hat und die gezahlten Kaufpreise deutlich über den erworbenen Reinvermögen lagen.[412] Auch der Bundesgerichtshof hat im Rahmen eines Zugewinnausgleichs speziell zum *Goodwill* bereits früh entschieden, dass der *Goodwill* neben der Ertragslage den Unternehmenswert wesentlich bestimme.[413] Kritik erfährt das Substanzwertverfahren auch für die Tatsache, dass es ihm an jeglichem Zukunftsbezug mangle. Der Wert eines Unternehmens resultiere aus den künftigen ökonomischen Folgen der Vermögensgegenstände und anderer betrieblicher Werte. Die künftigen ökonomischen Folgen fänden in dem Substanzwertverfahren aber keinerlei Beachtung.[414]

c) Anwendung auf kleinere Unternehmen

Das Substanzwertverfahren wird daher vor allem auf kleinere Unternehmen angewendet.[415] Der Grund liegt auf der Hand, denn bei kleineren Unternehmen ma-

---

408 Vgl. *Großfeld*, JZ 1981, 641; *Großfeld/Egger/Tönnes*, Recht der Unternehmensbewertung, S. 73 Rn. 319.

409 BGH, Urteil vom 24.10.1990 – XII ZR 101/89, NJW 1991, 1547, 1550 („Den ideellen Wert (goodwill) der Gemeinschaftspraxis").

410 *Großfeld/Egger/Tönnes*, Recht der Unternehmensbewertung, S. 29 Rn. 126.

411 *Wirth/Küting/Dusemond*, DB 2021, 1281, 1282; vgl. exemplarisch den Konzernabschluss der E.ON SE, abrufbar unter *https://www.eon.com/content/dam/eon/eon-com/eon-com-assets/documents/investor-relations/de/geschaeftsbericht/GB21_D_gesamt.pdf* (zuletzt abgerufen am 15.11.2022), demzufolge der *Goodwill* der erworbenen Unternehmen (d.h. die Differenz zwischen dem von EO.N jeweils gezahlten Kaufpreis und dem jeweiligen Netto-Reinvermögen zum Erwerbszeitpunkt) zum 31.12.2021 EUR 17,4 Mrd. betrug und damit knapp 15 % der Bilanzsumme ausmachte.

412 *Wirth/Küting/Dusemond*, DB 2021, 1281, 1282.

413 BGH, Urteil vom 10.10.1979 – IV ZR 79/78, BGHZ 75, 195, 198 f. = JZ 1980, 105.

414 *Becker*, Investition und Finanzierung, S. 87.

415 *Vischer*, SJZ 106 (2010) Nr. 6, 129, 132.

chen die Marktstellung und der *Goodwill* nur einen kleinen Anteil des Unternehmenswerts aus. Die Rechtsprechung präferiert zwar das Ertragswertverfahren, doch hat der Bundesgerichtshof darauf hingewiesen, dass das Substanzwertverfahren dann vorzugswürdig sei, wenn das nicht betriebsnotwendige Vermögen einen überdurchschnittlich hohen Anteil des Gesamtvermögens ausmache und dem Substanzwert bei der Unternehmensbewertung daher eine erhöhte Bedeutung zukomme.[416]

Dieses Argument ist stichhaltig, wenn man sich als Beispiel eine Lebensmittelfabrik mit Goldreserven vor Augen führt. Die Goldreserven sind zwar nicht betriebsnotwendig und erhöhen dadurch nicht den Unternehmensnutzen, doch sie können einen erheblichen Anteil des Betriebsvermögens darstellen. Wenn der Anteil der Goldreserven an dem Gesamtunternehmenswert außerordentlich hoch ist, ist es gerechtfertigt, auf das Substanzwertverfahren zurückzugreifen und das Unternehmen entsprechend höher zu bewerten.

3 Das Ertragswertverfahren

Das Ertragswertverfahren gehört zu den sogenannten fundamentalanalytischen Bewertungsverfahren, welche sich im Gegensatz zu den marktorientierten Verfahren nicht an unternehmensexternen Wertgrößen orientieren, sondern mit dem „inneren" Wert des Unternehmens arbeiten.[417]

a) Der Begriff des Ertragswerts

Die Bezeichnung „Ertragswert" wird verschieden gebraucht.[418] Der Ertragswert im weiteren Sinne bezeichnet in der Regel den Unternehmenswert einschließlich des nicht betriebsnotwendigen Vermögens nach dem Finanzergebnis (auch *Equity Value* genannt).[419] Der Ertragswert im engeren Sinne bezeichnet dagegen die Summe der Barwerte der künftigen Überschüsse des Unternehmens (vereinzelt auch *Enterprise Value* genannt).[420] Teilweise wird der Ertragswert definiert als der Barwert des zukünftigen Erfolgs des Unternehmens,[421] wobei der künftige Erfolg des Unter-

---

416 BGH, Urteil vom 24.5.1993 – II ZR 36/92, ZIP 1993, 1160, 1162.

417 OLG Stuttgart, Beschluss vom 8.7.2011 – 20 W 14/08, AG 2011, 795, 796; *Picot*, Handbuch Mergers & Acquisitions, S. 152.

418 *Wächter*, M&A Litigation, S. 760 Rn. 12.371 Fn. 425.

419 *Wächter*, M&A Litigation, S. 760 Rn. 12.371 Fn. 425.

420 *Wächter*, M&A Litigation, S. 760 Rn. 12.371 Fn. 425.

421 Vgl. *Kiethe*, DStR 1995, 1756, 1760.

nehmens eine Prognose ist, die aus den Jahresabschlüssen der Vergangenheit abgeleitet wird.[422]

b) Unternehmenswertbestimmung aus Sicht eines Investors

Ein Unternehmenskauf ist eine Investition.[423] Bei dem Ertragswertverfahren wird die Frage, ob und – wenn ja – zu welchem Preis der Käufer das Unternehmen erwerben soll, auf dieselbe Art und Weise gehandhabt wie jede andere Investitionsentscheidung auch: Durch die Kapitalwertmethode (Abzinsung). Denn der potenzielle Unternehmenskäufer steht vor der Entscheidung, ob er mit seinem Kapital das Unternehmen erwerben oder ein alternatives Investment tätigen soll. Die Entscheidung richtet sich danach, ob sich für den Käufer der Unternehmenskauf oder ein alternatives Investment besser rentiert. Der Käufer entscheidet sich dann für den Unternehmenskauf, wenn er mit dem Unternehmen eine höhere Rendite erzielt als mit einem Alternativinvestment.[424] Die Bewertung des Unternehmens geschieht deshalb durch einen Vergleich des Unternehmens mit alternativen Investitionsobjekten.[425] Für diesen Vergleich wird errechnet, welches Investment in den nächsten Jahren die höhere Rendite erzielt.[426] Bei einem Unternehmen besteht die Rendite in seinem Ertrag. Beim Ertragswertverfahren wird der Unternehmenswert daher aus der Ertragskraft, d.h. der Eigenschaft des Unternehmens, finanzielle Überschüsse für den Unternehmensinhaber zu generieren, abgeleitet.[427] Aus den künftigen Erträgen, die den Anteilseignern zufließen, wird der Unternehmenswert berechnet,[428] indem die künftigen Ertragsüberschüsse ermittelt, abgezinst und mit dem Wert des nicht betriebsnotwendigen Vermögens addiert werden.[429] Das Ertragswertverfahren kombiniert also den Ertragswert im engeren Sinne mit dem Ertragswert im weiteren Sinne, um den Unternehmenswert festzustellen. Dass der Käufer den Barwert des zu erzielenden Ertrags mit einer Alternativrendite vergleicht, ver-

---

422 *Kiethe*, DStR 1995, 1756, 1760.

423 *Hafner*, in: Neue Betriebswirtschaft, S. 229, 229.

424 *Hüttemann*, in: Fleischer/Hüttemann, Rechtshandbuch Unternehmensbewertung, § 1 I. Rn. 1.1.; *Wächter*, M&A Litigation, S. 598 Rn. 11.110.

425 *Hüttemann*, in: Fleischer/Hüttemann, Rechtshandbuch Unternehmensbewertung, § 1 I. Rn. 1.1; *Wollny*, in: Bilanzgarantien, S. 105, 116.

426 *Wollny*, in: Bilanzgarantien, S. 105, 116.

427 *Großfeld/Egger/Tönnes*, Recht der Unternehmensbewertung, S. 17 Rn. 73, S. 50 Rn. 228, S. 53 f. Rn. 245, 247–249; *Herfs/Goj*, DB 2021, 772, 773.

428 OLG Stuttgart, Beschluss vom 8.7.2011 – 20 W 14/08, AG 2011, 795, 798; *Ballwieser*, in: FS Großfeld, S. 21, 25; *Elsing/Kramer*, in: FS Großfeld, S. 109, 117.

429 *Hüttemann*, ZHR 162 (1998), 563, 566.

deutlicht das strikte Handeln nach dem oben angesprochenen Gewinnerzielungsmotiv.[430]

c) Ertragsprognose durch Unternehmensplanung

Die den Anteilseignern künftig zufließenden Erträge, d. h. die Ertragsüberschüsse, die das Unternehmen nachhaltig erwirtschaftet,[431] bestimmen sich nach der Unternehmensplanung.[432] Der in die Unendlichkeit reichende Planungshorizont wird dabei in mehrere Phasen unterteilt.[433] Nach dem Bewertungsstandard IDW S1 i. d. F. 2008 erfolgt die Unterteilung in eine Detailplanungsphase über einen ersten überschaubaren Zeitraum und in eine sich daran anschließende langfristige Fortführungsphase.[434] Diese Trennung ist mit dem Gesamtbewertungsprinzip vereinbar.[435] Das Gesamtbewertungsprinzip besagt, dass das Unternehmen als Ganzes zu bewerten ist, sodass als Zukunftserfolg der Zahlungsstrom des ganzen Bewertungsobjekts erfasst werden muss.[436] Die nähere Zukunft kann fundierter und auch differenzierter prognostiziert werden, während für spätere Zeiträume gröbere Verfahren und Annahmen anzuwenden sind.[437]

d) Abzinsung der Erträge auf den Bewertungsstichtag

Die nach der Unternehmensplanung prognostizierten künftigen Überschüsse werden anschließend auf den Bewertungsstichtag abgezinst, was auch als Kapitalisieren oder Diskontieren bezeichnet wird.[438] Abzinsung bedeutet, dass die künftigen Überschüsse zum Gegenwartswert aggregiert werden.[439] Im Gegensatz zur Verzinsung berechnet die Abzinsung, welchen Wert der Betrag, der nach einer bestimmten Periode als Überschuss erzielt wird, heute (zum Zeitpunkt t=0) hat.[440] Das Ergebnis der Abzinsung ist der sogenannte Barwert der künftigen Überschüsse am Bewertungsstich-

---

430 *Wächter*, M&A Litigation, S. 592 Rn. 11.85.

431 *Picot*, Handbuch Mergers & Acquisitions, S. 165 f.

432 OLG Stuttgart, Beschluss vom 8.7.2011 – 20 W 14/08, AG 2011, 795, 796; *Veil/Preisser*, in: Spindler/Stilz-AktG, § 305 Rn. 87.

433 *Ballwieser*, in: FS Großfeld, S. 21, 25.

434 IDW S1 i. d. F. 2008, S. 16 f.; *Ballwieser*, in: FS Großfeld, S. 21, 25.

435 *Matschke/Brösel*, Funktionale Unternehmensbewertung, S. 45.

436 *Matschke/Brösel*, Funktionale Unternehmensbewertung, S. 45; *Wasmuth*, Funktionale Schadensbewertung, S. 70 f.

437 *Matschke/Brösel*, Funktionale Unternehmensbewertung, S. 45.

438 *Großfeld/Egger/Tönnes*, Recht der Unternehmensbewertung, S. 45 Rn. 207, S. 55 Rn. 252; *Wächter*, M&A Litigation, S. 571 Fn. 26; *Wollny*, in: Bilanzgarantien, S. 105, 107.

439 *Oehlrich*, NJOZ 2020, 1, 3; *Wollny*, in: Bilanzgarantien, S. 105, 107.

440 *Wächter*, M&A Litigation, S. 567 Fn. 13.

tag.[441] Die Abzinsung ist also die Umkehrung der Verzinsung. Der Zinssatz für die Abzinsung lautet Kapitalisierungszinssatz oder Kapitalzinsfuß.[442] Rechnerisch erfolgt die Abzinsung, indem der Wert der Zahlung in der Zukunft durch den Diskontfaktor (1 + Kapitalisierungszinssatz) geteilt wird.[443] Beträgt der Wert der zukünftigen Zahlung beispielsweise EUR 110,00, so liegt der Barwert bei einem angenommenen Kapitalisierungszinssatz von 6 % bei EUR 103,77 (EUR 110 ÷ (1 + 0,06)).

Für die Abzinsung über *n* Jahre ergibt sich für den Diskontfaktor $(1 + \text{Kapitalisierungszinssatz})^n$.

Durch die Abzinsung wird gleichzeitig ein Vergleich der Barwerte anderer Investitionen, etwa Bundesanleihen oder Aktien ermöglicht und der Wert ermittelt, der bei einer realistischen Rendite die gleichen Erträge bringt wie das Unternehmen.[444] Dem liegt der Gedanke zu Grunde, dass eine spätere Zahlung weniger Wert ist als eine sofortige, da in der Zwischenzeit Renditen entgehen.[445] Deshalb werden künftige Zahlungen abgezinst, sie erhalten also einen Abschlag für die ausgefallene Rendite.[446] Auf diese Weise werden alternative Investitionen bezogen auf einen bestimmten Stichtag vergleichbar.[447] Der Vergleich zu anderen Investitionsmöglichkeiten erfolgt über die Bestimmung des Kapitalisierungszinssatzes, also des Zinssatzes, mit dem die Abzinsung erfolgt. Der Bestimmung der Höhe des Kapitalisierungszinssatzes liegt nämlich der Vergleich zu Grunde, wie viel eine mögliche Alternativinvestition mit dem eingesetzten Kapital generieren könnte.[448] Die Rendite aus der Alternativinvestition ist der Kapitalisierungszinssatz.[449] Der Kapitalisierungszinssatz hat zwei Funktionen: Er berücksichtigt zum einen die Erfolgswirksamkeit anderer dem Käufer bzw. Verkäufer zugänglicher Kapitalanlagemöglichkeiten und zum anderen das allgemeine Unternehmerrisiko.[450]

---

441 *Großfeld/Egger/Tönnes*, Recht der Unternehmensbewertung, S. 45 Rn. 207.
442 *Bark*, Der Kapitalisierungszinssatz, S. 1; *Schröter*, Unternehmensbewertung, S. 99.
443 *Oehlrich*, NJOZ 2020, 1, 3.
444 *Großfeld/Egger/Tönnes*, Recht der Unternehmensbewertung, S. 123 Rn. 534.
445 *Großfeld/Egger/Tönnes*, Recht der Unternehmensbewertung, S. 123 Rn. 534.
446 *Großfeld/Egger/Tönnes*, Recht der Unternehmensbewertung, S. 123 Rn. 534.
447 *Großfeld/Egger/Tönnes*, Recht der Unternehmensbewertung, S. 123 Rn. 534.
448 *Schröter*, Unternehmensbewertung, S. 99.
449 *Wollny*, in: Bilanzgarantien, S. 105, 116.
450 BGH, Urteil vom 12.2.1979 – II ZR 106/78, WM 1979, 432.

e) Ermittlung des Kapitalisierungszinssatzes

Der Kapitalisierungszinssatz ist ein zusammengesetzter Zinssatz. Denn um die Vergleichbarkeit zu gewährleisten, muss er zwei verschiedene Elemente abbilden. Er besteht aus einem risikolosen[451] Basiszinssatz und einem Risikozuschlag.[452]

Der risikolose Basiszinssatz ergibt sich nach den Empfehlungen des IDW S1 aus dem landesüblichen Zinssatz für eine (quasi-)risikofreie Kapitalmarktanlage.[453] Er stellt den landesüblichen Zinssatz für eine risikoarme Anlage dar und wird ermittelt, indem der durchschnittliche Zinssatz für öffentliche Anleihen ausgewertet wird (in einem vom Oberlandesgericht Stuttgart entschiedenen Fall betrug der Basiszinssatz laut IDW S1 i. d. F. 2005 5,0 %).[454] Liegt das Zinsversprechen für eine Bundesanleihe z. B. bei 2 % p.a., so beträgt der Abzinsungszinssatz für sichere Anlagen 2 %.[455] Die öffentliche Anleihe ist deshalb der Vergleichswert für den risikolosen Basiszinssatz, da nur der Staat als quasi risikoloser Schuldner gilt.[456] Der Basiszinssatz repräsentiert also die Alternativrendite, die der Unternehmensinhaber erzielen kann, wenn er anstatt in das Unternehmen in ein risikoloses Wertpapier investiert.[457] Der Basiszinssatz hat damit den Zweck, die Rendite einer risikoarmen Alternativinvestition im Vergleich zur Rendite aus dem Unternehmen widerzuspiegeln.[458]

Der Risikozuschlag ist als zweites Element des Kapitalisierungszinssatzes gerechtfertigt, weil eine Investition in ein Unternehmen aufgrund der unternehmerischen Tätigkeit riskanter ist als die Investition in eine öffentliche Anleihe.[459] Die geplanten Gewinne des Unternehmens sind nicht sicher, hängen vom unternehmerischen Geschick und vom Markt ab und können sogar vollständig ausbleiben.[460] Der Risikozuschlag führt zu einer Erhöhung des Kapitalisierungszinssatzes und senkt damit den Unternehmenswert.[461] Er wird durch das *Capital Asset Pricing*

451 Risikolosigkeit bedeutet frei von Ausfall-, Zinsschwankungs- und Währungsrisiken, vgl. *Bark*, Der Kapitalisierungszinssatz, S. 10.

452 OLG Stuttgart, Beschluss vom 8.7.2011 – 20 W 14/08, AG 2011, 795, 798.

453 IDW S1 i. d. F. 2008, S. 24; OLG Stuttgart, Beschluss vom 8.7.2011 – 20 W 14/08, AG 2011, 795, 798.

454 OLG Stuttgart, Beschluss vom 8.7.2011 – 20 W 14/08, AG 2011, 795, 798.

455 *Risse*, ZIP 2021, 2309, 2313.

456 *Bark*, Der Kapitalisierungszinssatz, S. 10.

457 *Bark*, Der Kapitalisierungszinssatz, S. 10.

458 *Schröter*, Unternehmensbewertung, S. 100.

459 OLG Stuttgart, Beschluss vom 8.7.2011 – 20 W 14/08, AG 2011, 795, 798; *Schröter*, Unternehmensbewertung, S. 101.

460 *Risse*, ZIP 2021, 2309, 2313.

461 *Schröter*, Unternehmensbewertung, S. 101.

Model (CAPM) ermittelt.[462] Dem CAPM liegt die Kapitalkostentheorie zu Grunde, wonach die Renditeerwartung eines Wertpapiers von seinem Risiko abhängt.[463] Das CAPM unterstellt, dass bei einem vollkommenen Kapitalmarkt der erwartete Ertrag des risikobehafteten Investments die Rendite von risikofreien Anleihen übersteigt und fragt danach, welche Mehrrendite das zu bewertende Unternehmen bieten muss, damit ein Investor in das Unternehmen statt in Anleihen investiert.[464] Mit anderen Worten: Ein Investor zieht nur dann eine riskante Anlageform einer sicheren Anlageform vor, wenn er sich hierdurch eine höhere Verzinsung verspricht; er verlangt also einen Risikozuschlag.[465] Neben dem Diskontierungszinssatz werden mithilfe des CAPM auch die Eigenkapitalkosten[466] ermittelt,[467] indem die Rendite einer risikofreien Anlage mit einer allgemeinen, unternehmensspezifischen Risikoprämie kombiniert wird.[468]

Das CAPM beinhaltet zwei Rechenschritte: Zunächst wird die Differenz zwischen der durchschnittlichen Rendite des Aktienmarkts und der Rendite aus risikofreien öffentlichen Anleihen über mehrere Jahre ermittelt. Die Differenz ist eine durchschnittliche Risikoprämie (sogenannte Marktrisikoprämie).[469] Dieses allgemeine Risiko für die Investition in ein Unternehmen anstatt in eine Bundesanleihe kann z. B. mit einem Zinszuschlag i.H.v. 5 % ausgedrückt werden. Sodann wird diese Differenz mit einem unternehmensspezifischen Faktor (sogenannter Betafaktor) multipliziert.[470] Der Betafaktor stellt das Verhältnis zwischen dem systematischen Risiko der Einzelanlage und dem Risiko des Marktportfolios dar.[471] Der Betafaktor beschreibt also die Höhe des spezifischen Unternehmensrisikos, indem er angibt, wie die künftige Rendite aus der Beteiligung an dem zu bewertenden Unternehmen im Vergleich zum Marktportfolio ausfällt.[472] Der Betafaktor folgt aus einer Schätzung, wie sich eine Änderung der Rendite des Marktportfolios voraussichtlich auf

462 OLG Stuttgart, Beschluss vom 8.7.2011–20 W 14/08, AG 2011, 795, 798; *Schröter*, Unternehmensbewertung, S. 102; *Schüler/Lagraf*, DK 2021, 138, 143.

463 *Schröter*, Unternehmensbewertung, S. 108.

464 *Schröter*, Unternehmensbewertung, S. 108.

465 *Risse*, ZIP 2021, 2309, 2313.

466 Eigenkapitalkosten bezeichnen die Rendite, die die Eigenkapitalgeber eines Unternehmens für die Überlassung ihrer finanziellen Mittel verlangen, s. hierzu die Ausführungen auf S. 105 ff.

467 *Schröter*, Unternehmensbewertung, S. 108.

468 *Schröter*, Unternehmensbewertung, S. 108.

469 OLG Stuttgart, Beschluss vom 8.7.2011–20 W 14/08, BeckRS 2011, 18552 Rn. 245; *Schröter*, Unternehmensbewertung, S. 108.

470 Zum Ganzen: OLG Stuttgart, Beschluss vom 8.7.2011–20 W 14/08, AG 2011, 795, 797 f.

471 *Tran/Ebeling*, DB 2021, 1553, 1554.

472 OLG Stuttgart, Beschluss vom 8.7.2011–20 W 14/08, AG 2011, 795, 799, 801; OLG Frankfurt a. M., Beschluss vom 17.1.2017–21 W 37/11, BeckRS 2017, 102412 Rn. 110.

die Rendite der spezifischen Unternehmensbeteiligung auswirken wird.[473] Er ist kein empirisch feststellbarer Vergangenheitswert, sondern ein durch Schätzung zu ermittelnder Zukunftswert.[474] Als Grundlage für diese Schätzung bieten sich verschiedene Kapitalmarktdaten als Anhaltspunkte an: Ist das Unternehmen eine AG, bietet die historische Entwicklung des Börsenkurses einen Anhaltspunkt, aber auch die Börsenkurse von vergleichbaren Unternehmen (*Peer Group*) eignen sich als Grundlage für die Schätzung. Alternativ kann der Betafaktor durch allgemeine Überlegungen zum spezifischen Unternehmensrisiko im Vergleich zum Risiko des Marktportfolios herausgearbeitet werden.[475] Wenn z. B. der Wert des Unternehmens in der Vergangenheit 20 % stärker geschwankt hat als der Wert von Vergleichsunternehmen, dann beträgt der Betafaktor 1,2. Schlussendlich wird der Kapitalisierungszinssatz ermittelt, indem der allgemeine alternative Anleihezinssatz mit dem Produkt aus Marktrisikoprämie und Betafaktor addiert wird.[476] Für die jeweils angeführten Beispielswerte bedeutet dies, dass die Marktrisikoprämie (5 %) multipliziert wird mit dem Betafaktor (1,2) und dieser Risikozuschlag (= 6 %) wird addiert mit dem Basiszinssatz (2 %), sodass der Kapitalisierungszinssatz 8 % beträgt.[477]

Im Anschluss an die Abzinsung wird berechnet, ob die abgezinsten Erträge ausgeschüttet werden können, ob also ausreichend Finanzmittel verfügbar sind. Außerdem wird die konkrete Steuerlast des betreffenden Unternehmenseigentümers in die Berechnung einbezogen.[478]

f) Grafische Darstellung des Ertragswertverfahrens

Das Ertragswertverfahren besteht nach alledem aus mehreren Rechenschritten, die grafisch wie folgt abgebildet werden können:

473 OLG Stuttgart, Beschluss vom 8.7.2011 – 20 W 14/08, AG 2011, 795, 799; OLG Frankfurt a. M., Beschluss vom 17.1.2017 – 21 W 37/11, BeckRS 2017, 102412 Rn. 110.

474 OLG Stuttgart, Beschluss vom 8.7.2011 – 20 W 14/08, AG 2011, 795, 799; OLG Frankfurt a. M., Beschluss vom 17.1.2017 – 21 W 37/11, BeckRS 2017, 102412 Rn. 110.

475 OLG Stuttgart, Beschluss vom 8.7.2011 – 20 W 14/08, AG 2011, 795, 799; OLG Frankfurt a. M., Beschluss vom 17.1.2017 – 21 W 37/11, BeckRS 2017, 102412 Rn. 110.

476 *Schröter*, Unternehmensbewertung, S. 108 f.

477 Zu der Beispielsrechnung *Risse*, ZIP 2021, 2309, 2313.

478 *Risse*, ZIP 2021, 2309, 2313; *Wächter*, M&A Litigation, S. 571 Fn. 26.

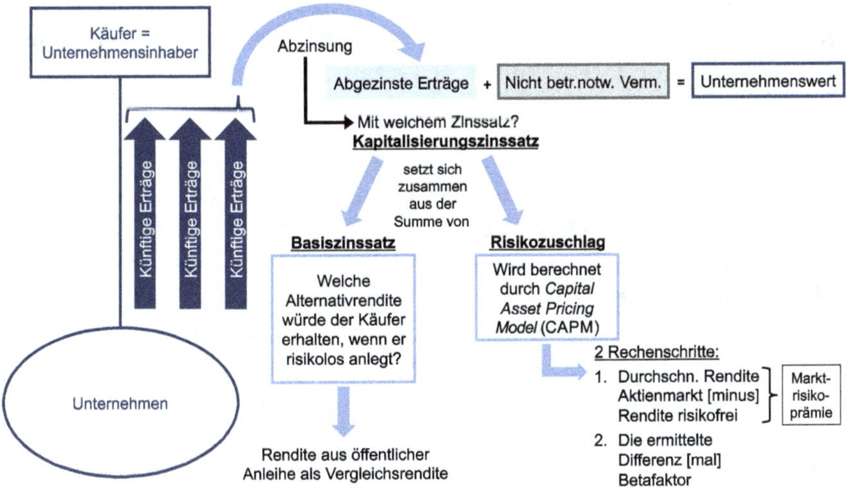

Abbildung 7: Grafische Darstellung der einzelnen Rechenschritte des Ertragswertverfahrens.

g) Verstärkung des subjektiven Elements des Unternehmenswerts

Zusammenfassend und allgemeingültig lässt sich festhalten, dass der Wert des Unternehmens beim Ertragswertverfahren aus Sicht des Bewertungssubjekts aus den zukünftigen finanziellen Erfolgserwartungen aus dem Unternehmen bei optimaler Disposition über das Unternehmen im Vergleich zu den künftigen Erfolgserwartungen der besten verdrängten Handlungsalternative bemessen wird.[479] Bei der Ermittlung des „richtigen" Kalkulationszinssatzes aus der Rendite der besten verdrängten Alternativinvestition wird die Anlage am Kapitalmarkt als Alternativinvestment pauschal für alle Investoren angenommen.[480] Die Alternativinvestments und -renditen von Käufer und Verkäufer am Kapitalmarkt unterscheiden sich, schließlich verfügen sie über unterschiedliche Strategien, Finanzierungen, Zielsetzungen und Risikopräferenzen.[481]

Damit verstärkt das Element „Abzinsung" die Subjektivität des Unternehmenswerts. Denn die Abweichung zwischen Käufer- und Verkäufer-Unternehmenswert beschränkt sich nicht darauf, dass sie unterschiedliche Erträge prognostizieren, sondern wird dadurch intensiviert, dass sie diese unterschiedlichen Erträge mit verschiedenen Kapitalisierungszinssätzen abzinsen. Der Unternehmenswert ist durch das Ertragswertverfahren also zweifach subjektiv: Zum einen

479 *Obermaier*, in: FS Großfeld, S. 325, 329 f.

480 *Obermaier*, in: FS Großfeld, S. 325, 332.

481 *Obermaier*, in: FS Großfeld, S. 325, 332.

hängt er davon ab, was Käufer bzw. Verkäufer subjektiv an Erträgen aus dem Unternehmen „herauszuholen" erwarten und zum anderen davon, welche Rendite sie am Kapitalmarkt für ihre alternative Anlageentscheidung subjektiv erwarten.

h) Korrektur um Sonderwerte

Das Ergebnis des Ertragswertverfahrens bildet allerdings nicht in jedem Fall den vollständigen Unternehmenswert ab,[482] sondern muss im Einzelfall noch um Sonderwerte erhöht oder verringert werden.[483] So wird das Ergebnis des Ertragswertverfahrens fallbezogen durch gesonderte Bewertung von Beteiligungsbesitz und von sogenanntem nicht betriebsnotwendigem (neutralem) Vermögen ergänzt.[484] Das Oberlandesgericht Stuttgart erhöhte in einem Fall den Ertragswert um einen Sonderwert, weil das Unternehmen nicht betriebsnotwendige Grundstücke in seinem Bestand hatte.[485] Es entschied, dass sich der Unternehmenswert beim Ertragswertverfahren durch die nicht betriebsnotwendigen Grundstücke zwar erhöhe, allerdings nicht um die prognostizierten Erlöse einer Grundstücksveräußerung, sondern nur um den Betrag, der verbleibt, wenn man vom Verkaufspreis die Kosten und Steuern abzieht, die bei einem Grundstücksverkauf anfallen würden. Dies seien namentlich die zu entrichtenden Unternehmenssteuern sowie die typisierten persönlichen Ertragsteuern der Anteilseigner, die ebenfalls anfallen würden, wenn die Überschüsse des Geschäftsbetriebs ausgeschüttet würden.[486] Im Einzelfall sei es nämlich angezeigt, den Ertragswert um den Liquidationswert (Erlös abzüglich der Liquidationskosten) des nicht betriebsnotwendigen Vermögens zu erhöhen.[487]

i) Bewertungsstandard IDW S1

Wie an mehreren Stellen erwähnt, werden bei der Anwendung des Ertragswertverfahrens die Vorgaben des noch heute gültigen IDW S1 i. d. F. 2008 berücksichtigt, wonach der Ertragswert berechnet wird, indem die den Anteilseignern künftig zufließenden Erträge prognostiziert und mit dem Kapitalisierungszinssatz abgezinst werden, um ihren Barwert zu berechnen.[488] In Deutschland dominieren

482 *Ballwieser*, in: FS Großfeld, S. 21, 27.
483 *Ballwieser*, in: FS Großfeld, S. 21, 27.
484 BayObLG, Beschluss vom 11.12.1995 – 3Z BR 36/91, NJW-RR 1996, 1125, 1126.
485 OLG Stuttgart, Beschluss vom 8.7.2011 – 20 W 14/08, BeckRS 2011, 18552 Rn. 310.
486 OLG Stuttgart, Beschluss vom 8.7.2011 – 20 W 14/08, BeckRS 2011, 18552 Rn. 310.
487 Vgl. OLG Stuttgart, Beschluss vom 8.7.2011 – 20 W 14/08, BeckRS 2011, 18552 Rn. 292 – 296.
488 OLG Stuttgart, Beschluss vom 8.7.2011 – 20 W 14/08, AG 2011, 795, 798.

Wirtschaftsprüfer die Praxis der Unternehmensbewertung.[489] Aus diesem Grund nimmt das Institut der Wirtschaftsprüfer e.V. (IDW) eine herausgehobene Stellung bei der Entwicklung und ganz allgemein in der Bewertungspraxis ein. Es veröffentlichte Empfehlungen und Stellungnahmen für eine Standardisierung der Unternehmensbewertung mit dem Namen IDW Standard: Grundsätze zur Durchführung von Unternehmensbewertungen (Bewertungsstandard IDW S1).[490] In dem IDW-Standard sind die berufsständischen Vorgaben für die Durchführung von Unternehmensbewertungen zusammengefasst.[491] Die Empfehlungen des IDW S1 bilden nach der Rechtsprechung als Expertenauffassung eine Erkenntnisquelle für das methodisch richtige Vorgehen im Rahmen der fundamentalanalytischen Ermittlung des Unternehmenswerts.[492] Das Institut der Wirtschaftsprüfer ist ein privater Verein.[493] Eine Normqualität hat der IDW-Standard deshalb nicht. Der Bundesgerichtshof entschied in dem Stinnes-Beschluss, die Frage, ob als fachliches Regelwerk der IDW S1 i. d. F. 2000 oder der IDW S1 i. d. F. 2005 heranzuziehen sei, betreffe weder die Auslegung einer Norm noch die Subsumtion unter eine Norm, sondern die Tatsachenfeststellung.[494] Auch wenn der IDW-Standard rechtlich nicht verbindlich ist, genießt er eine große Geltung und Akzeptanz in der Praxis.[495] Wirtschaftsprüfer wenden ihn auch deshalb fast ausnahmslos an, um Haftungsrisiken zu vermeiden, schließlich sind sie gemäß § 43 WPO zur gewissenhaften Berufsausübung verpflichtet.[496] Im IDW S1 i. d. F. 2008 werden als Bewertungsmethoden das Ertragswertverfahren sowie das DCF-Verfahren vorgegeben, womit im Ergebnis eine kapitalmarktorientierte Unternehmensbewertung empfohlen wird.[497] Der IDW-Standard ist allerdings nicht frei von Kritik.[498] Aktuell wird bemängelt, dass der durch den IDW S1 i. d. F. 2008 geprägte methodische Rahmen nicht alle Aspekte einer kapitalmarktorientierten Unternehmensbewertung ausreichend

---

489 *Ernst/Schneider/Thielen*, Unternehmensbewertungen, S. 1; *Hüttemann*, in: Fleischer/Hüttemann, Rechtshandbuch Unternehmensbewertung, § 1 I. Rn. 1.3.

490 *Hüttemann*, in: Fleischer/Hüttemann, Rechtshandbuch Unternehmensbewertung, § 1 I. Rn. 1.3.

491 *Ernst/Schneider/Thielen*, Unternehmensbewertungen, S. 1; *Schüler/Lagraf*, DK 2021, 138.

492 OLG Stuttgart, Beschluss vom 8.7.2011 – 20 W 14/08, AG 2011, 795, 796.

493 *Fleischer*, AG 2016, 185, 188; *Großfeld/Egger/Tönnes*, Recht der Unternehmensbewertung, S. 3 Rn. 13.

494 BGH, Beschluss vom 29.9.2015 – II ZB 23/14, BGHZ 207, 114, 119 Rn. 13 = AG 2016, 135, 137 Rn. 13 = NZG 2016, 139, 140 Rn. 13; zustimmend *Fleischer*, AG 2016, 185, 188.

495 *Großfeld*, BB 2005, BB-Special 7, 2.

496 *Fleischer*, AG 2014, 97, 100.

497 *Breuer/Ruiz de Vargas/Schüler*, DB 2021, 1961, 1962; *Hommel*, BB 2005, BB-Special 7, 13; *Schröter*, Unternehmensbewertung, S. 105.

498 *Fleischer*, AG 2016, 185, 189.

berücksichtige.[499] Schärfer formuliert wird ein weiterer Kritikpunkt, der sich dagegen richtet, dass deutsche Gerichte blind auf den IDW S1 abstellten.[500]

Nicht nur der Inhalt des IDW-Standards, sondern auch dessen unhinterfragte Anwendung stehen mithin in der Kritik.

j) Lediglich mittelbare Berücksichtigung des Sachwerts

Bei dem Ertragswertverfahren wird der Sachwert, also der Wert der einzelnen Vermögensgegenstände (Anlagevermögen und Forderungen), nicht vollständig ausgeblendet. Er spielt allerdings nur eine untergeordnete Rolle, da er lediglich mittelbar in die Unternehmensbewertung einfließt.[501] Der Sachwert findet also nicht 1:1 im Unternehmenswert Niederschlag, sondern nur über den „Umweg" des Jahresabschlusses. Der Sachwert ist mithin nur ein Zwischenwert, aus dem erst ein wirtschaftlicher Wert gezogen werden muss, aus dem dann wiederum der Unternehmenswert abzuleiten ist. Deshalb ist der Sachwert nur ein Bestandteil des Ertragswerts.[502] Die Sachwerte sind beim Ertragswertverfahren nur Mittel zum Zweck, künftig Gewinne zu erwirtschaften.[503] Dass der Ertragswert eine Zukunftsprognose über das wirtschaftliche Ergebnis ist, erschwert es naturgemäß, den Mangel zahlenmäßig in der Schadensberechnung abzubilden, sobald der Mangel einen Sachwert betrifft.[504]

Da es aus betriebswirtschaftlicher Sicht für den Unternehmenswert aber ohnehin nur auf den Nutzen ankommt, der mit der Substanz erwirtschaftet wird, nicht aber auf die Substanz selbst,[505] verdient diese Handhabung trotz ihrer Komplexität Zustimmung.

k) Kritik am Ertragswertverfahren

Ein Kritikpunkt an dem Ertragswertverfahren lautet, dass die künftigen Erträge und der zukunftsgerichtete Kapitalisierungszinssatz als künftige Entwicklungen

---

499 Vgl. *Breuer/Ruiz de Vargas/Schüler*, DB 2021, 1961.

500 Vgl. *Brösel/Wasmuth*, in: FS Großfeld, S. 51, 52, 61–64 („[D]er Rückgriff der Rechtsprechung auf den IDW S 1 hat zu einem „Objektivierungswahn" […] geführt") sowie *Wasmuth*, Funktionale Schadensbewertung, S. 171 f. („Die Vergötterung und Selbstbeweihräucherung des IDW S 1 ist übertrieben."), S. 250 f. („Die bisherige Rechtsprechung läuft dem „Dämon" des IDW S 1 hinterher").

501 BGH, Beschluss vom 8.5.1998 – BLw 18/97, BGHZ 138, 371, 383 = NZG 1998, 644, 646.

502 Zum Ganzen: *Kiethe*, DStR 1995, 1756, 1760.

503 *Risse*, ZIP 2021, 2309, 2312.

504 *Kiethe*, DStR 1995, 1756, 1760.

505 *Kiethe*, DStR 1995, 1756, 1760.

nicht mit Sicherheit antizipierbar seien.[506] Deshalb sei ihr Ergebnis nicht mathematisch korrekt, sondern allenfalls vertretbar.[507]

Diese Kritik ist haltlos. Das Ertragswertverfahren nimmt nicht für sich in Anspruch, einen unwiderlegbaren Betrag festzustellen, sondern den Unternehmenswert zu bestimmen, bei dem es sich – wie gezeigt – nicht um eine exakte Punktgröße, sondern um einen Bereich handelt. Ist die Feststellung einer mathematisch korrekten Punktgröße bereits nicht beabsichtigt, so geht der Vorwurf ihrer Verfehlung ins Leere.

Überdies ist das prognostische Element des Ertragswertverfahrens daran zu beurteilen, ob es den mit der Unternehmensbewertung verfolgten Zweck beeinträchtigt oder vereitelt. Der Zweck des Ertragswertverfahrens besteht für den Käufer und Verkäufer darin, ihre jeweiligen Grenzpreise zu ermitteln. Wie in *Abbildung 6* dargestellt, bildet der Käufer-Grenzpreis eine Preisobergrenze und der Verkäufer-Grenzpreis eine Preisuntergrenze, innerhalb deren Spanne die Parteien den Unternehmenskaufpreis vereinbaren. Damit dient das Ertragswertverfahren der Schaffung einer Verhandlungsgrundlage. Dass die ermittelte Preisspanne auf einer Prognose beruht und deshalb mit gewissen Unsicherheiten behaftet ist, steht einer erfolgreichen Kaufpreisverhandlung nicht entgegen. Zum einen sind die Parteien gleichermaßen von den Unsicherheiten betroffen, sodass die konsensuale Kaufpreisfindung nicht beeinträchtigt ist. Zum anderen steht in der Kaufpreisverhandlung nicht das Erreichen von mathematischer Genauigkeit im Vordergrund, sondern das Durchsetzen von Interessen. Dass der Einigungswert nicht stets in der mathematisch korrekten Mitte der beiden Grenzwerte liegt, sondern maßgeblich von der Verhandlungsstärke der Parteien abhängt, bietet hierfür den Beleg.

Die Kritik an dem Ertragswertverfahren ist auch dann unberechtigt, wenn sie vor dem Hintergrund des Post M&A-Verfahrens untersucht wird. Ob die prognosebedingte Unsicherheit den Zweck des Ertragswertverfahrens im Post M&A-Verfahren beeinträchtigt oder vereitelt, beurteilt sich danach, ob die Schadensbestimmung erst und nur dann gelingt, wenn der Schaden mathematisch korrekt und zweifelsfrei ermittelt wird. Es ist herausgearbeitet worden, dass § 287 Abs. 1 ZPO das Maß der richterlichen Überzeugung von der Schadenshöhe reduziert und eine ungefähre Schadensschätzung durch das Gericht gestattet. Prognosebedingte Unsicherheiten schaden folglich nicht.

---

506 *Schnorbus/Rauch/Grimm*, AG 2021, 391, 396.
507 *Schnorbus/Rauch/Grimm*, AG 2021, 391, 396.

I) Anwendung durch Gerichte

Der Bundesgerichtshof billigt das Ertragswertverfahren[508] und hat die Kritik aus der Literatur[509], bei Anwendung des Ertragswertverfahrens sei die Tatsachengrundlage nicht genügend für eine Schätzung gemäß § 287 ZPO, verworfen.[510] Die Begründung des Bundesgerichtshofs lautet, dass trotz aller Schwierigkeiten bei der zuverlässigen Bestimmung des künftigen Ertrags Einigkeit herrsche, dass der Ertragswert bei der Bewertung lebender Betriebe die entscheidende Rolle spiele. Dies sei auch daran zu erkennen, dass die Parteien ihren Kaufpreis anhand ihres erwarteten Nutzens bestimmen.[511]

Das Ertragswertverfahren ist als Methode zur Unternehmensbewertung nicht nur anerkannt,[512] sondern bei den Gerichten die führende Unternehmensbewertungsmethode.[513] Nach Ansicht des Bundesgerichtshofs werde der subjektive Nutzen, auf den es bei der Unternehmensbewertung vorwiegend ankomme, im Ertragswertverfahren stärker berücksichtigt als im Substanzwertverfahren, weshalb es grundsätzlich[514] den Vorzug genieße[515] und sich gegenüber dem Substanzwertverfahren durchgesetzt habe.[516] Auch nach der Wirtschaftswissenschaft ist wie gezeigt der künftige Nutzen, den das Unternehmen für ein Subjekt hat, für die

---

508 BGH, Urteil vom 13.3.1978 – II ZR 142/76, NJW 1978, 1316, 1319, insoweit nicht abgedruckt in BGHZ 71, 40, 52; BGH, Urteil vom 12.2.1979 – II ZR 106/78, WM 1979, 432; BGH, Urteil vom 24.5.1993 – II ZR 36/92, ZIP 1993, 1160, 1162; *Kiethe*, DStR 1995, 1756, 1760.

509 *Kiethe*, DStR 1995, 1756, 1760; *Zehner*, DB 1981, 2109, 2115 f.

510 BGH, Urteil vom 13.3.1978 – II ZR 142/76, NJW 1978, 1316, 1319, insoweit nicht abgedruckt in BGHZ 71, 40, 52; *Kiethe*, DStR 1995, 1756, 1760.

511 BGH, Urteil vom 13.3.1978 – II ZR 142/76, NJW 1978, 1316, 1319, insoweit nicht abgedruckt in BGHZ 71, 40, 52; *Kiethe*, DStR 1995, 1756, 1760.

512 BGH, Beschluss vom 21.7.2003 – II ZB 17/01, NJW 2003, 3272–3274, insoweit nicht abgedruckt in BGHZ 156, 57, 60; BayObLG, Beschluss vom 11.12.1995 – 3Z BR 36/91, NJW-RR 1996, 1125, 1126; OLG Stuttgart, Beschluss vom 26.10.2006 – 20 W 14/05, NZG 2007, 112, 114; *Hüffer/Koch*, Aktiengesetz, § 305 Rn. 24; *Stephan*, in: Schmidt/Lutter-AktG, § 305 Rn. 49; verfassungsrechtlich ist das Ertragswertverfahren unbedenklich, vgl. BVerfG, Beschluss vom 27.4.1999 – 1 BvR 1613 – 94, NJW 1999, 3769, 3771; OLG Stuttgart, Beschluss vom 8.7.2011 – 20 W 14/08, BeckRS 2011, 18552 Rn. 121; *Elsing/Kramer*, in: FS Großfeld, S. 109, 117.

513 *Großfeld/Egger/Tönnes*, Recht der Unternehmensbewertung, S. 50 Rn. 229.

514 Zu den Ausnahmefällen s. S. 83 f.

515 BGH, Beschluss vom 8.5.1998 – BLw 18/97, BGHZ 138, 371, 383 = NZG 1998, 644, 646.

516 BGH, Urteil vom 24.9.1984 – II ZR 256/83, NJW 1985, 192, 193; BGH, Beschluss vom 8.5.1998 – BLw 18/97, BGHZ 138, 371, 383 = NZG 1998, 644, 646; auch das OLG Düsseldorf akzeptierte das Ertragswertverfahren, da der Ertragswert zzgl. dem Wert des nicht betriebsnotwendigen Vermögens „eine sinnvolle Kombination von Ertrags- und Substanzwert" sei, vgl. OLG Düsseldorf, Beschluss vom 17.2.1984 – 19 W 1/81, WM 1984, 732, 733; *Emmerich/Habersack*, Konzernrecht, S. 380, § 22 Rn. 34; *Seetzen*, WM 1994, 45, 46.

Unternehmensbewertung maßgebend und nicht primär der Substanzwert.[517] Deshalb wird die Berechnung primär mit dem Ertragswertverfahren vorgenommen.[518] Sie verspricht nicht nur die individuellste, sondern auch die genaueste Bezifferung des Unternehmenswerts.[519]

m) Definition des Unternehmenswerts bei Anwendung des Ertragswertverfahrens

Berücksichtigt man, dass der Unternehmenswert nicht nur objektiv von der Unternehmenssubstanz abhängt, sondern vor allem subjektiv von dem Unternehmensnutzen, den das Unternehmen künftig für den Käufer hat bzw. für den Verkäufer hätte, so erscheint die Definition von *Wächter*[520] geeignet:

> „Unternehmenswert = Barwert der Überschüsse aus dem operativen Geschäftsbetrieb plus Barwert der Überschüsse aus dem nicht betriebsnotwendigen Vermögen"
>
> (*Wächter*, M&A Litigation, S. 560 Rn. 10.34)

Der Barwert der Überschüsse aus dem operativen Geschäftsbetrieb wird aus den abgezinsten Zukunftswerten errechnet.[521] Die zum nicht betriebsnotwendigen Vermögen gehörenden Überschüsse sind in dem bereits angeführten Beispiel die Goldreserven der Lebensmittelfabrik. Sie erhöhen den Unternehmenswert, weil sie verkauft werden können.[522] Der Wert des nicht betriebsnotwendigen Vermögens ist meist der aktuelle Verkehrswert,[523] in dem angeführten Beispiel der aktuelle Verkehrswert der Goldreserven.

Der Vorteil dieser weiten Definition liegt nach Ansicht von *Wächter* darin, dass sie das positive Interesse umfasst, sollte das Unternehmen vollständig untergehen. Außerdem entspreche diese weite Definition dem Grundsatz der Totalreparation, da sie sämtliche Werte des Unternehmens einschließe.[524] Ein weiterer Vorteil dieser Definition liege darin, dass sie die Unterscheidung zwischen betriebsnotwendigen und nicht betriebsnotwendigen Vermögensgegenständen hervorhebe. Diese Unterscheidung sei in der Schadensberechnung wichtig.[525]

---

517 *Vischer*, SJZ 106 (2010) Nr. 6, 129, 132.
518 *Vischer*, SJZ 106 (2010) Nr. 6, 129, 132.
519 *Risse*, ZIP 2021, 2309, 2313.
520 *Wächter*, M&A Litigation, S. 559 f. Rn. 10.34.
521 *Wächter*, M&A Litigation, S. 566 f. Rn. 11.10 einschl. Fn. 13; *Wollny*, in: Bilanzgarantien, S. 105, 107.
522 *Wächter*, M&A Litigation, S. 572 f. Rn. 11.22.
523 *Wächter*, M&A Litigation, S. 573 Fn. 30.
524 Zum Ganzen: *Wächter*, M&A Litigation, S. 560 Rn. 10.36.
525 Zum Ganzen: *Wächter*, M&A Litigation, S. 567 f. Rn. 11.12.

Diese Definition des Unternehmenswerts lässt sich sowohl für den Käufer-Unternehmenswert als auch für den Verkäufer-Unternehmenswert verwenden. Der Barwert der Überschüsse aus dem operativen Geschäftsbetrieb ist für die zwei Parteien unterschiedlich hoch, da sie den operativen Geschäftsbetrieb mit unterschiedlichen Konzepten und Synergien betreiben. Setzen die Parteien ihren jeweiligen Barwert der Überschüsse in die Definitionsformel ein, erhalten sie ihren jeweiligen Unternehmenswert. Die Definition berücksichtigt also, dass es sich um eine objektive Einschätzung unter Zugrundelegung subjektiver Kriterien handelt und ist mit der Theorie vom funktionalen Unternehmenswert und der Unterscheidung zwischen Verkäufer-Unternehmenswert und Käufer-Unternehmenswert vereinbar. Auch ist es richtig, dass eine Differenzierung zwischen betriebsnotwendigem und nicht betriebsnotwendigem Vermögen von Bedeutung ist. Denn bei Anwendung des Ertragswertverfahrens ist – in Übereinstimmung mit der Auffassung des Oberlandesgerichts Stuttgart – im Einzelfall der Liquidationswert des nicht betriebsnotwendigen Vermögens zusätzlich zu addieren.

4 Das DCF-Verfahren

a) Unternehmenswertbestimmung aus Sicht eines Investors

Wie das Ertragswertverfahren ist auch das DCF-Verfahren eine ertragswertorientierte Methode[526] (auch Kapitalwertmethode genannt[527]). Es hat mit dem Ertragswertverfahren viel gemeinsam,[528] da beide Verfahren zum Ziel haben, den gegenwärtigen Barwert der künftigen Überschüsse zu ermitteln.[529] Das DCF-Verfahren orientiert sich allerdings nicht am Ertrag (Jahresüberschuss), sondern an den Zahlungsströmen, den sogenannten *Cashflows*[530], die in das Unternehmen hinein und aus ihm hinaus fließen.[531] Denn beim DCF-Verfahren werden die künftig erwarteten *Cashflows* an den Investor mit einem Kapitalisierungszinssatz auf den Bewertungsstichtag diskontiert.[532] Daher rührt auch der Name des DCF-Verfahrens,

---

526 *Ernst/Schneider/Thielen*, Unternehmensbewertungen, S. 182.

527 *Ballwieser*, in: FS Großfeld, S. 21; *Elsing/Kramer*, in: FS Großfeld, S. 109, 117.

528 *Ernst/Schneider/Thielen*, Unternehmensbewertungen, S. 10; kritisch *Wasmuth*, Funktionale Schadensbewertung, S. 94.

529 *Elsing/Kramer*, in: FS Großfeld, S. 109, 118.

530 *Schröter*, Unternehmensbewertung, S. 105.

531 *Großfeld*, BB 2005, BB-Special 7, 2, 3.

532 *Elsing/Kramer*, in: FS Großfeld, S. 109, 118; *Schröter*, Unternehmensbewertung, S. 105; *Wollny*, in: Bilanzgarantien, S. 105, 106.

denn DCF steht für *Discounted Cashflows.*[533] Der Unternehmenswert nach dem DCF-Verfahren ist die Summe der Barwerte der zukünftigen freien *Cashflows,*[534] was als Kapitalwert bezeichnet[535] und zugleich näher erläutert wird. Die *Cashflows* sind ein Saldo der Ein- und Auszahlungen eines Geschäftsjahrs.[536] Die *Cashflows* werden ermittelt, indem die GuV um nicht zahlungswirksame Aufwendungen[537] bereinigt wird.[538] Die *Free Cashflows* sind die Einnahmenüberschüsse, die an die Kapitalgeber ausgeschüttet werden.[539]

Die Gemeinsamkeit von Ertragswertverfahren und DCF-Verfahren besteht also darin, dass bei beiden Verfahren der Wert des Unternehmens im Barwert der mit ihm künftig generierten Erfolgswerte gesehen wird, einmal im Barwert der Erträge (Ertragswertverfahren) und einmal im Barwert der *Cashflows* (DCF-Verfahren).[540] Beim DCF-Verfahren wird der Kapitalisierungszinssatz durch das CAPM ermittelt. Auch deshalb ähneln sich die zwei Verfahren. Die Annäherung zwischen dem Ertragswertverfahren und dem DCF-Verfahren geht inzwischen so weit, dass die beiden Bewertungsverfahren zu identischen Ergebnissen führen,[541] wenn die modernste Ausprägung des Ertragswertverfahrens verwendet wird, namentlich der zahlungsstromorientierte (*Cashflow*-orientierte) Ansatz, bei dem der Eigenkapitalkostensatz ebenfalls aus kapitalmarkttheoretischen Modellen wie dem CAPM entnommen wird.[542]

Diese Ausprägung des Ertragswertverfahrens, die sich durch die Anwendung des CAPM auszeichnet, wurde ab S. 84 vorgestellt. Wenn also sowohl beim DCF-Verfahren als auch beim Ertragswertverfahren der Kapitalisierungszinssatz durch das CAPM ermittelt wird, ist die Herleitung des Kapitalisierungszinssatzes identisch. Dies erklärt die Annäherung der zwei Verfahren.

Das Ertragswertverfahren und das DCF-Verfahren haben mithin viele Überschneidungen. Unterschiede zwischen dem DCF-Verfahren und dem Ertragswert-

---

533 *Oehlrich*, NJOZ 2020, 1, 2; *Wächter*, M&A Litigation, S. 572 Fn. 27.

534 *Hafner*, in: Neue Betriebswirtschaft, S. 229, 231.

535 *Hafner*, in: Neue Betriebswirtschaft, S. 229, 231.

536 *Schröter*, Unternehmensbewertung, S. 105.

537 Nicht zahlungswirksame Aufwendungen sind z.B. Abschreibungen, vgl. *Rauscher/Koch*, in: BeckHdB IFRS, Teil B. IV. § 18. II. 2. Rn. 44.

538 *Müller*, BC 2017, 213, 214; *Oehlrich*, NJOZ 2020, 1, 3 f.

539 *Großfeld*, BB 2005, BB-Special 7, 2, 3.

540 *Elsing/Kramer*, in: FS Großfeld, S. 109, 118; *Schröter*, Unternehmensbewertung, S. 105; *Veil/Preisser*, in: Spindler/Stilz-AktG, § 305 Rn. 76–78.

541 Str., *Elsing/Kramer*, in: FS Großfeld, S. 109, 118; *Ernst/Schneider/Thielen*, Unternehmensbewertungen, S. 10; *Großfeld/Egger/Tönnes*, Recht der Unternehmensbewertung, S. 51 Rn. 233; *Schröter*, Unternehmensbewertung, S. 105; a.A. *Wasmuth*, Funktionale Schadensbewertung, S. 94 f.

542 *Ernst/Schneider/Thielen*, Unternehmensbewertungen, S. 10.

verfahren bestehen in Detailfragen, etwa bei der Frage, ob die Einkommensteuer der Eigentümer berücksichtigt werden soll. Dies ist bei der DCF-Methode in der Regel nicht der Fall, bei dem Ertragswertverfahren hingegen schon.[543]

b) Prognose der *Cashflows* durch Unternehmensplanung

Die Summe der freien *Cashflows* ist also die gesuchte Größe.[544] Bei der Prognose der künftigen freien *Cashflows* wird von einem unendlichen Planungszeitraum und einer unendlichen Lebensdauer des Unternehmens ausgegangen (von Ausnahmefällen mit auf Zeit angelegten Unternehmen einmal abgesehen).[545] Da eine exakte Planung bis in die Unendlichkeit allerdings unmöglich ist, wird mit einem Phasenmodell gearbeitet, bei dem der Planungszeitraum in zwei oder drei Phasen eingeteilt wird.[546] Während die erste Phase (oder die ersten beiden Phasen) eine Detailplanung enthalten, repräsentiert die letzte Phase den so genannten *Terminal Value*.[547] Dieser wird auch als Fortführungswert[548] oder ewige Rente bezeichnet,[549] weil es sich um eine nicht endende wiederkehrende Zahlung handelt.[550] Für die Detailplanung werden mithilfe eines Geschäftsplans, der eine vollständige Finanzflussrechnung ermöglicht, die *Cashflows* der sogenannten Detailplanungsperiode[551], meist der Zeitraum der nächsten fünf bis zehn Jahre, aufgelistet.[552] Die *Cashflows* nach der Detailplanungsperiode werden geschätzt, um die ewige Rente zu beziffern.[553] Das Drei-Phasen-Modell ist genauer als das Zwei-Phasen-Modell, da nach drei bis fünf Jahren noch kein Beharrungszustand für die Erträge des Unternehmens einsetzt.[554]

c) Abzinsung der *Cashflows*

Die künftigen *Cashflows* können allerdings nicht einfach addiert werden, zuvor ist – wie beim Ertragswertverfahren – der heutige Wert (Barwert) der künftigen *Cash-*

---

543 *Picot*, Handbuch Mergers & Acquisitions, S. 166.
544 *Hafner*, in: Neue Betriebswirtschaft, S. 229, 231.
545 *Hafner*, in: Neue Betriebswirtschaft, S. 229, 234.
546 *Hafner*, in: Neue Betriebswirtschaft, S. 229, 234.
547 *Hafner*, in: Neue Betriebswirtschaft, S. 229, 234.
548 *Picot*, Handbuch Mergers & Acquisitions, S. 153 ff., 161; *Zülch*, DStR 2005, 391, 394.
549 LG Hamburg, Beschluss vom 21.3.2014 – 417 HKO 205/12, BeckRS 2015, 10054; *Barthel*, DStR 1995, 343, 347.
550 *Wächter*, M&A Litigation, S. 754 Rn. 12.353.
551 *Picot*, Handbuch Mergers & Acquisitions, S. 155 f.
552 *Picot*, Handbuch Mergers & Acquisitions, S. 153.
553 *Picot*, Handbuch Mergers & Acquisitions, S. 153 ff., 161.
554 *Ballwieser*, in: FS Großfeld, S. 21, 34.

flows zu ermitteln.[555] Um den Barwert eines *Cashflows* zu errechnen, zinst man ihn ab.[556] Die Abzinsung bildet genau wie für das Ertragswertverfahren auch für das DCF-Verfahren die Basis[557] und verfolgt ebenso wie beim Ertragswertverfahren zwei Zwecke. Zum einen gebietet der Zeitwert des Geldes eine Abzinsung, da ein Euro heute mehr wert ist als ein Euro in einem Jahr.[558] Schließlich kann Kapital jährlich eine Rendite erzielen. Zum anderen spiegelt die Abzinsung die Risiken der *Cashflows* wider, da ein riskanter *Cashflow* für Personen, die nicht risikoaffin sind, weniger wert ist als ein sicherer *Cashflow*. Beide Aspekte, der Zeitwert des Geldes und das Risiko, werden in der Wissenschaft mit dem Begriff „Opportunitätskosten des Kapitals" erfasst. Kapital steht nicht kostenlos zur Verfügung und ist stets der besten Verwendung zuzuführen. In der Bewertungspraxis hat sich hierfür die Bezeichnung Kapitalkosten („*Cost of Capital*") etabliert.[559] Eigenkapitalkosten sind eine wesentliche Größe bei der Unternehmensbewertung.[560] Sie bezeichnen die Rendite, die die Eigenkapitalgeber eines Unternehmens für die Überlassung ihrer finanziellen Mittel verlangen.[561] Die Eigenkapitalkosten setzen sich zusammen aus einem risikolosen Zinssatz und einem systematischen Unternehmensrisiko.[562]

Die Abzinsung der *Cashflows* im Zwei-Phasen-Modell lässt sich grafisch wie folgt darstellen:

d) Anwendung auf größere, internationale Unternehmen

Das DCF-Verfahren stammt aus dem angelsächsischen Bewertungsbereich und ist international vorherrschend.[563] Genau wie das Ertragswertverfahren ist auch das DCF-Verfahren als Standard des Instituts der Wirtschaftsprüfer (IDW) anerkannt und stellt für Wirtschaftsprüfer einen ebenso verbindlichen Leitfaden bei Unternehmensbewertungen dar.[564] Während das DCF-Verfahren vorwiegend zur Bewertung größerer, internationaler Unternehmen zum Einsatz kommt, werden mit dem Ertragswertverfahren kleinere und mittelständische, nationale Unternehmen bewertet, da es individuelle Entscheidungswerte besser berücksichtigt.[565] Kleine

555 *Hafner*, in: Neue Betriebswirtschaft, S. 229, 231.
556 *Wächter*, M&A Litigation, S. 572 Fn. 27.
557 *Oehlrich*, NJOZ 2020, 1, 3.
558 *Oehlrich*, NJOZ 2020, 1, 2.
559 Zum Ganzen: *Oehlrich*, NJOZ 2020, 1, 2.
560 *Tran/Ebeling*, DB 2021, 1553.
561 *Tran/Ebeling*, DB 2021, 1553, 1554.
562 *Tran/Ebeling*, DB 2021, 1553, 1554.
563 *Schröter*, Unternehmensbewertung, S. 105.
564 *Elsing/Kramer*, in: FS Großfeld, S. 109, 117; *Schröter*, Unternehmensbewertung, S. 105.
565 *Elsing/Kramer*, in: FS Großfeld, S. 109, 118.

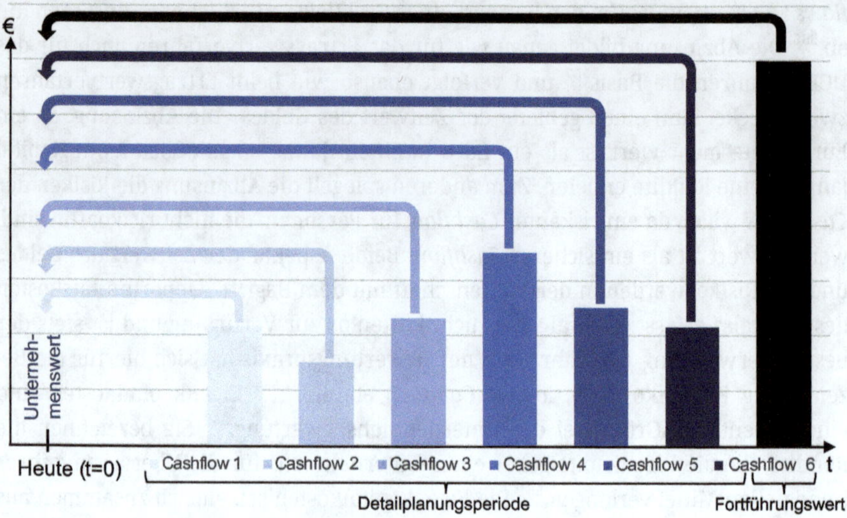

Abbildung 8: Zahlungsreihe nach dem DCF-Verfahren im Zwei-Phasen-Modell, erstellt auf Grundlage der Erläuterungen von *Picot*, Handbuch Mergers & Acquisitions, S. 153, 155 f., 161 sowie von *Hafner*, in: Neue Betriebswirtschaft, S. 229, 234.

und mittelgroße Unternehmen (KMU[566]) sind meist inhabergeführt, wodurch ihr Ergebnis wesentlich von dem Inhaber und dessen Fachkompetenz abhängt.[567] Dessen Ausscheiden sowie die Frage, inwiefern der Erfolg auch unter dem neuen Inhaber erwirtschaftet oder sogar ausgebaut werden kann, ist bei der Erfolgsprognose hinreichend zu berücksichtigen.[568] Das DCF-Verfahren dagegen eignet sich für größere Unternehmen, da diese bei der M&A-Transaktion aus ihrem bisherigen Investitions- und Finanzierungsprogramm herausgelöst werden, was strukturelle Veränderungen nach sich zieht. Diese kann das schlichte Ertragswertverfahren nicht abbilden.[569] Das DCF-Verfahren ist auch deshalb für größere, internationale Unternehmen geeignet, weil es beim WACC-Ansatz dem Umstand Rechnung trägt, dass die Investition „Unternehmenskauf" nicht nur mit Eigen-, sondern auch mit Fremdkapital finanziert wird. Hierauf ist näher einzugehen.

566 *Peemöller*, BB 2005, BB-Special 7, 30.
567 *Wasmuth*, Funktionale Schadensbewertung, S. 147 f.
568 *Peemöller*, BB 2005, BB-Special 7, 30 f.; *Wasmuth*, Funktionale Schadensbewertung, S. 148.
569 Zum Ganzen: *Hering/Toll*, in: FS Großfeld, S. 173, 181.

e) WACC-Ansatz

Es existieren verschiedene Ausprägungen des DCF-Verfahrens.[570] Besonders relevant ist der im angelsächsischen Raum vorherrschende WACC-Ansatz. Er hat sich durchgesetzt, da er mit vereinfachenden Annahmen arbeitet und damit die Anwendung erleichtert.[571] Vor allem aber überzeugt er durch ein inhaltliches Merkmal: Der WACC-Ansatz trägt dem Umstand Rechnung, dass die Investition „Unternehmenskauf" nicht nur mit Eigen-, sondern auch mit Fremdkapital finanziert wird.

Das Akronym „WACC" steht für *Weighted Average Cost of Capital*, was mit „gewichtete Durchschnittskapitalkosten" übersetzt werden kann.[572] Sowohl bei der Ermittlung der *Cashflows* als auch bei der Ermittlung der Kapitalkosten kommt es entscheidend auf die Perspektive an. Wie gezeigt, hängen beide Größen davon ab, aus wessen Sicht die Unternehmensbewertung erfolgt. Bislang wurde die Bewertung sowohl auf Verkäufer- als auch auf Käuferseite stets aus einer Sicht betrachtet, vornehmlich aus Sicht des Eigenkapitalgebers. Diese Sichtweise ist allerdings unzureichend und sonach ungenau, denn sie vernachlässigt die Tatsache, dass bei großen Unternehmen Verkäufer und Käufer ihre Investition nicht nur aus eigenen Mitteln finanzieren. Beide finanzieren ihren jeweiligen Unternehmenskauf teilweise fremd,[573] um von dem sogenannten *Leverage*-Effekt (Hebelwirkung) zu profitieren. Der *Leverage*-Effekt beschreibt die positive Auswirkung von Fremdkapital auf die Eigenkapitalrendite. Zwar verpflichtet die Aufnahme von Fremdkapital zur Zahlung von Zinsen, doch solange die Gesamtkapitalrendite des Investments diese Zinsen übersteigt, bewirkt der Fremdkapitalanteil eine Erhöhung der Eigenkapitalrentabilität.[574]

Mit anderen Worten: Die Eigenkapitalrendite berechnet sich aus dem Verhältnis von eingesetztem Eigenkapital zum Reingewinn. Finanziert der Unternehmenskäufer den Kaufpreis i.H.v. TEUR 100 selbst und erzielt er einen Gewinn i.H.v. TEUR 10, so liegt seine Eigenkapitalrendite bei 10 %. Finanziert er dagegen 50 % des Kaufpreises fremd, entrichtet 2 % Zinsen an den Fremdkapitalgeber (= TEUR 1) und erwirtschaftet mit dem Unternehmen einen Gewinn i.H.v. TEUR 10, so hat er von dem Gewinn zwar die Fremdkapitalkosten abzuziehen (TEUR 1), er hat jedoch mit dem Einsatz von nur TEUR 50 Eigenkapital einen Gewinn i.H.v. TEUR 9 erzielt, was

---

570 *Schröter*, Unternehmensbewertung, S. 106.

571 Zum Ganzen: *Oehlrich*, NJOZ 2020, 1, 4.

572 *Mellen/Evans*, Valuation for M&A, S. 169; *Oehlrich*, NJOZ 2020, 1, 4.

573 *Mellen/Evans*, Valuation for M&A, S. 169.

574 Zum Ganzen: *Rieg*, BC 2016, 130 f.; *Rödding/Brinkmann/Fischer*, in: Lüdicke/Sistermann, UnternehmenStR, 5. Abschnitt, § 14 I. 1. Rn. 5.

eine Rendite i.H.v. 18 % bedeutet. Er hat seine Eigenkapitalrendite durch den Einsatz von Fremdkapital mithin regelrecht „gehebelt“.

Beim Unternehmenskauf durch Private Equity Fonds wird zum Zwecke des *Leverage*-Effekts sogar der Großteil des Kaufpreises fremdfinanziert, in der Regel 75 % oder mehr.[575] Der Fremdkapitalgeber finanziert den Unternehmenskauf, da er für sein eingesetztes Kapital vom Fremdkapitalnehmer eine Rendite in Form von Zinsen erhält. Da also auch der Fremdkapitalgeber am Unternehmenserfolg partizipiert, kann auch aus seiner Sicht anhand der Größen *Cashflow* und Kapitalkosten der Unternehmenswert bestimmt werden. Betrachtet man jeweils nur den Eigenkapitalgeber[576] oder nur den Fremdkapitalgeber, so sind die *Free Cashflows* und Eigenkapitalkosten nur aus Sicht dieser einen Person zu bestimmen.[577] Die *Free Cashflows* des Eigenkapitalgebers sind stets mit den Kapitalkosten des Eigenkapitalgebers abzuzinsen; die *Free Cashflows* des Fremdkapitalgebers sind stets mit den Kapitalkosten des Fremdkapitalgebers abzuzinsen.[578] Hier setzt der WACC-Ansatz an. Seine Besonderheit besteht nun darin, dass die *Free Cashflows* und die Kapitalkosten sowohl von den Eigen- als auch von den Fremdkapitalgebern (sogenannte Gesamtkapitalgeber) ermittelt werden.[579] Im Gegensatz zu den *Free Cashflows* der Eigenkapitalgeber enthalten die *Free Cashflows* der Gesamtkapitalgeber Zins- und Tilgungszahlungen an die Fremdkapitalgeber, sie werden also nicht abgezogen.[580] Das WACC-Verfahren berücksichtigt aber nicht die Finanzierungskosten (Zinsen),[581] d.h. es werden die künftigen freien *Cashflows* vor Finanzierungskosten, also die *Cashflows*, die allen Kapitalgebern (sowohl von Eigen- als auch von Fremdkapital) zur Verfügung stehen, abgezinst.[582]

Für die Ermittlung der *Free Cashflows* der Gesamtkapitalgeber, die die Zins- und Tilgungszahlungen enthalten, wird in der Gewinnplanung unterstellt, das Unternehmen sei vollständig mit Eigenkapital finanziert. Anschließend werden die nicht zahlungswirksamen Erträge und Aufwendungen korrigiert.[583]

---

575 *Rödding/Brinkmann/Fischer*, in: Lüdicke/Sistermann, UnternehmenStR, 5. Abschnitt, § 14 I. 1. Rn. 5.

576 Bei Betrachtung des Eigenkapitalgebers, also seiner *Free Cashflows* und seiner Kapitalkosten spricht man von der FTE-Methode (*Flow-to-Equity*-Methode), vgl. *Oehlrich*, NJOZ 2020, 1, 3.

577 *Oehlrich*, NJOZ 2020, 1, 3.

578 *Oehlrich*, NJOZ 2020, 1, 3.

579 *Oehlrich*, NJOZ 2020, 1, 4.

580 *Oehlrich*, NJOZ 2020, 1, 4.

581 *Hafner*, in: Neue Betriebswirtschaft, S. 229, 233 f.

582 *Hafner*, in: Neue Betriebswirtschaft, S. 229, 234.

583 Zum Ganzen: *Oehlrich*, NJOZ 2020, 1, 4.

Um die Gesamtkapitalkosten zu berechnen, ist mithin lediglich erforderlich, die Fremdkapitalkosten (Zinsen) nicht abzuziehen. Dies geschieht, indem man unterstellt, das Unternehmen sei ausschließlich mit Eigenkapital finanziert.

Der WACC-Ansatz bestimmt nicht nur maßgeblich die Herleitung der *Free Cashflows*, sondern hat auch eine Auswirkung auf die Ermittlung der Kapitalkosten. Denn auch die Kapitalkosten werden aus der Perspektive der Gesamtkapitalgeber bestimmt,[584] nicht nur aus Sicht des Käufers oder Verkäufers als Eigenkapitalgeber.

Die Kapitalkosten sind maßgeblich für die Frage, mit welchem Kapitalisierungszinssatz der Käufer bzw. Verkäufer die Abzinsung vornehmen soll. Wie gezeigt, lautet hierbei die Ausgangsüberlegung, dass er den Zinssatz verwendet, den er für seine Alternativinvestition als Rendite erwartet. Allerdings finanzieren Verkäufer und Käufer ihren Unternehmenskauf gewöhnlich zum Teil mit Fremdkapital. Dies unberücksichtigt zu lassen, würde den Vergleich der zwei Investitionen verfälschen, denn die Rendite aus dem Unternehmenskauf basiert nicht allein auf ihrem eingesetzten Eigenkapital, sondern zum Teil auch auf dem Fremdkapital. Um dies bei dem Investitionsvergleich zu berücksichtigen, ist also erforderlich, in die Berechnung einfließen zu lassen, zu welchem Prozentsatz der Unternehmenskauf fremdfinanziert wird.

Der Kapitalisierungszinssatz muss beide Kosten berücksichtigen, die Eigenkapitalkosten und die Fremdkapitalkosten.[585] Dies gelingt dem WACC, einem gewichteten Durchschnittszinssatz. Dieser Zinssatz ist ein Mittel aus Eigen- und Fremdkapitalkosten,[586] d. h. er stellt die aus Eigen- und Fremdkapitalzinssatz gewichteten Kapitalkosten dar.[587] Er ist ein risikoadäquater Zinssatz aus den Kapitalkosten des Unternehmens.[588] Der WACC stellt sicher, dass die kombinierten Kosten für Fremd- und Eigenkapital in die Berechnung Eingang finden.[589] Dies geschieht, indem die gesamten *Cashflows*, also sowohl die *Cashflows*, die den Eigenkapitalgebern, als auch die *Cashflows*, die den Fremdkapitalgebern zufließen, mit einem gewichteten durchschnittlichen Kapitalkostensatz diskontiert werden.[590] Der gewichtete Durchschnittszinssatz wird ermittelt, indem die Renditeerwartung der Eigenkapitalgeber gewichtet mit dem Anteil des Eigenkapitals am Gesamtkapital addiert wird mit der Renditeerwartung der Fremdkapitalgeber gewichtet mit dem Anteil des

584 *Oehlrich*, NJOZ 2020, 1, 4 f.

585 *Mellen/Evans*, Valuation for M&A, S. 169.

586 *Picot*, Handbuch Mergers & Acquisitions, S. 152 ff., 161.

587 *Bark*, Der Kapitalisierungszinssatz, S. 1.

588 *Hafner*, in: Neue Betriebswirtschaft, S. 229, 231.

589 *Mellen/Evans*, Valuation for M&A, S. 169.

590 *Schröter*, Unternehmensbewertung, S. 106.

Fremdkapitals am Gesamtkapital.[591] Dieser Wert steht für die Summe, die ein Investor maximal bereit ist, für den Erwerb der künftigen freien *Cashflows* aufzubringen.[592] Zieht man den Marktwert des Fremdkapitals ab, erhält man den Marktwert des Eigenkapitals und dieser stellt zugleich den Unternehmenswert dar.[593] Der WACC sinkt, wenn für den Kaufpreis mehr kostengünstiges Fremdkapital und dafür weniger teures Eigenkapital vom Käufer eingesetzt wird.[594] Die Eigenkapitalkosten werden aus den Preisen für am Kapitalmarkt gehandelte Wertpapiere abgeleitet, die hinsichtlich ihres Chancen-Risiko-Profils dem zu erwerbenden Unternehmen ähneln.[595] Wäre der Unternehmenskäufer in der Lage, mit seinem Eigenkapital am Kapitalmarkt durch Wertpapiere (anstatt durch den Unternehmenskauf) eine Rendite von 6 % p.a. zu erzielen, so betragen die Eigenkapitalkosten 6 % p.a. Der durchschnittliche Kapitalkostensatz bedeutet, dass der Eigenkapitalkostensatz (erwartete Rendite[596]) mit dem Eigenkapitalanteil multipliziert und der Fremdkapitalkostensatz mit dem Fremdkapitalanteil multipliziert und diese zwei Werte anschließend addiert werden.[597] Eine anschauliche Beispielrechnung lautet wie folgt: Wenn der Unternehmenskäufer den Kaufpreis für das Unternehmen zu 70 % mit Eigenkapital und zu 30 % mit Fremdkapital finanziert und sein Eigenkapital alternativ am Kapitalmarkt für eine Rendite in Höhe von 6 % p.a. anlegen könnte und für das Fremdkapital Zinsen in Höhe von 2 % p.a. bezahlt, beträgt sein gewichteter Durchschnittszinssatz 4,8 % (0,7x6 + 0,3x2). Der Unternehmenskäufer wird die Zahlungsströme also mit einem Diskontierungszinssatz in Höhe von 4,8 % abzinsen.

Der Unternehmenswert wird schlussendlich ermittelt, indem die *Free Cashflows* der Gesamtkapitalgeber mit den Kapitalkosten aus der Perspektive der Gesamtkapitalgeber abgezinst werden. Soll anschließend der Marktwert des Eigenkapitals berechnet werden, ist vom Unternehmenswert der Marktwert des Fremdkapitals abzuziehen. Ggf. ist nicht betriebsnotwendiges Vermögen in Höhe seines Marktwerts hinzuzurechnen.[598]

591 *Schröter*, Unternehmensbewertung, S. 106.
592 *Schröter*, Unternehmensbewertung, S. 106.
593 *Schröter*, Unternehmensbewertung, S. 106.
594 *Mellen/Evans*, Valuation for M&A, S. 169.
595 *Picot*, Handbuch Mergers & Acquisitions, S. 156.
596 *Picot*, Handbuch Mergers & Acquisitions, S. 157.
597 *Picot*, Handbuch Mergers & Acquisitions, S. 156.
598 Zum Ganzen: *Oehlrich*, NJOZ 2020, 1, 4f.

f) *Equity*-Verfahren und *Entity*-Verfahren

Innerhalb des DCF-Verfahrens ist das *Equity*-Verfahren (Nettoverfahren) vom *Entity*-Verfahren (Bruttoverfahren) zu unterscheiden.[599]

Beim *Equity*-Verfahren wird die Kapitalisierung der Nettozuflüsse auf das Eigenkapital (an die Kapitaleigner) bezogen.[600] Mithilfe des *Equity*-Verfahrens wird der Wert des Eigenkapitals ermittelt,[601] indem die *Cashflows* aus Sicht der Eigenkapitalgeber (Anteilseigner) betrachtet und mit den erwarteten oder geforderten Eigenkapitalkosten abgezinst werden.[602] Gesucht wird in diesem Fall nur der Wert für die Anteilseigner; bereits bei Ermittlung der *Cashflows* werden von den Überschüssen die Fremdkapitalkosten (Zinsen) sowie die damit zusammenhängenden Steuerersparnisse subtrahiert (Nettokapitalisierung) und der verbleibende Überschuss wird diskontiert.[603] Das Ergebnis ist der Eigenkapitalwert.[604] Zieht man hiervon die Nettoverschuldung ab, erhält man den Unternehmenswert.[605] Diese Berechnung ist nicht nur der *Equity*-Ansatz im DCF-Verfahren, sondern zugleich die Berechnungsform bei dem in Deutschland verbreiteten und ab S. 84 bereits näher erläuterten Ertragswertverfahren.[606] Der Name des *Equity*-Verfahrens rührt daher, dass die Zahlungsströme betrachtet werden, die an die Eigentümer fließen.[607] Deshalb ist auch das Ertragswertverfahren eine Variante des *Equity*-Verfahrens.[608]

Das Merkmal des *Entity*-Verfahrens besteht darin, dass die Kapitalisierung auf das Unternehmen insgesamt bezogen wird,[609] indem es die erwarteten *Cashflows* sowohl an die Eigen- als auch an die Fremdkapitalgeber betrachtet und durch die Kapitalisierung dieser *Cashflows* den Gesamtvermögenswert berechnet.[610] Beim

---

599 *Bark*, Der Kapitalisierungszinssatz, S. 1; vgl. *Ernst/Schneider/Thielen*, Unternehmensbewertungen, S. 27–38; *Großfeld/Egger/Tönnes*, Recht der Unternehmensbewertung, S. 50 Rn. 231; *Hafner*, in: Neue Betriebswirtschaft, S. 229, 230.

600 *Bruski*, BB 2005, BB-Special 7, 19, 21.

601 *Großfeld/Egger/Tönnes*, Recht der Unternehmensbewertung, S. 51 Rn. 233; *Hafner*, in: Neue Betriebswirtschaft, S. 229, 230.

602 *Bark*, Der Kapitalisierungszinssatz, S. 1; *Großfeld/Egger/Tönnes*, Recht der Unternehmensbewertung, S. 51 Rn. 233; *Schröter*, Unternehmensbewertung, S. 107.

603 *Bark*, Der Kapitalisierungszinssatz, S. 1; *Großfeld/Egger/Tönnes*, Recht der Unternehmensbewertung, S. 51 Rn. 233, S. 149 Rn. 627; *Hafner*, in: Neue Betriebswirtschaft, S. 229, 234; *Schröter*, Unternehmensbewertung, S. 107.

604 *Hafner*, in: Neue Betriebswirtschaft, S. 229, 234.

605 *Hafner*, in: Neue Betriebswirtschaft, S. 229, 234.

606 *Bark*, Der Kapitalisierungszinssatz, S. 1; *Großfeld/Egger/Tönnes*, Recht der Unternehmensbewertung, S. 51 Rn. 233.

607 *Picot*, Handbuch Mergers & Acquisitions, S. 165.

608 *Picot*, Handbuch Mergers & Acquisitions, S. 166; *Schröter*, Unternehmensbewertung, S. 107.

609 *Bruski*, BB 2005, BB-Special 7, 19, 21.

610 *Großfeld/Egger/Tönnes*, Recht der Unternehmensbewertung, S. 51 Rn. 232.

Entity-Verfahren kommt es maßgeblich auf den bereits erläuterten WACC-Ansatz an.[611] Der Unternehmenswert wird beim *Entity*-Verfahren errechnet, indem die *Cashflows*, die den Eigen- und Fremdkapitalgebern zufließen, mit dem WACC abgezinst werden, mithin mit den gewichteten durchschnittlichen Kapitalkosten.[612] Das *Entity*-Verfahren ist das in der Praxis meist verwendete Verfahren.[613] Indem es den Wert sowohl des Eigen- als auch des Fremdkapitals ermittelt, berechnet es einen Unternehmenswert, der von der Finanzierungsstruktur unabhängig ist.[614] Erst nach der Abzinsung zieht man in einem zweiten Schritt von diesem Wert die Nettoverschuldung (liquide Mittel minus Verbindlichkeiten[615]) des Unternehmens ab und erhält den Wert des Eigenkapitals des Unternehmens.[616]

g) Verstärkung des subjektiven Elements des Unternehmenswerts

Das DCF-Verfahren ermittelt genau wie das Ertragswertverfahren einen subjektiven Unternehmenswert aus Sicht des Bewertungssubjekts. Die Subjektivität rührt daher, dass der Käufer bereits im ersten Schritt des DCF-Verfahrens der *Cashflow*-Prognose in der Detailplanungsperiode nicht etwa die Zahlen des real vorhandenen Unternehmens zu Grunde legt, sondern stattdessen das zukünftige, in seinen Unternehmensverbund eingegliederte und von seinen Synergien profitierende Unternehmen plant.[617] Somit fällt die Unternehmensbewertung bereits aufgrund dieses ersten Schritts subjektiv und bei jedem potenziellen Käufer unterschiedlich aus.[618] Im zweiten Schritt werden diese *Cashflows* mit dem gewichteten Durchschnittszinssatz abgezinst.[619] Auch der gewichtete Durchschnittszinssatz unterscheidet sich bei jedem Kaufinteressenten, da er seine konkret erzielbare Alternativverzinsung beinhaltet.[620] Je höher die Alternativrendite des jeweiligen potenziellen Käufers ist, desto niedriger bewertet er das Unternehmen.[621] Auch dieser Schritt geschieht so subjektiv, dass er bei jedem Kaufinteressenten zu einem anderen Bewertungsergebnis führt. Auch der Fortführungswert ist ein subjektiver Wert, weil die der Detailplanungsphase zeitlich nachgelagerten *Cashflows* geschätzt und ebenfalls

---

611 *Großfeld/Egger/Tönnes*, Recht der Unternehmensbewertung, S. 51 Rn. 232.
612 *Bark*, Der Kapitalisierungszinssatz, S. 1; *Hafner*, in: Neue Betriebswirtschaft, S. 229, 233 f.
613 *Hafner*, in: Neue Betriebswirtschaft, S. 229, 230, 234.
614 *Hafner*, in: Neue Betriebswirtschaft, S. 229, 230.
615 *Hafner*, in: Neue Betriebswirtschaft, S. 229, 233.
616 *Hafner*, in: Neue Betriebswirtschaft, S. 229, 233 f.
617 *Wächter*, M&A Litigation, S. 557 f. Rn. 10.29.
618 *Wächter*, M&A Litigation, S. 557 f. Rn. 10.29.
619 *Picot*, Handbuch Mergers & Acquisitions, S. 153.
620 *Wächter*, M&A Litigation, S. 558 Rn. 10.29.
621 *Wächter*, M&A Litigation, S. 558 Rn. 10.29, S. 590 Rn. 11.77.

abgezinst werden. Die Summe aus den abgezinsten *Cashflows* der Detailplanungsperiode und dem Fortführungswert stellt das Bewertungsergebnis dar.[622] Addiert man zu dem Bewertungsergebnis den Wert der nicht betriebsnotwendigen Vermögensgegenstände und überschüssigen liquiden Mittel, erhält man den Unternehmensgesamtwert.[623] Zieht man hiervon die vorrangig zu bedienenden Verbindlichkeiten (Marktwert des gesamten zu verzinsenden Kapitals, hybride Wertpapiere, Minderheitsbeteiligungen u. ä.) ab, ergibt sich der Eigenkapitalwert des Unternehmens.[624] Der Eigenkapitalwert ist für den potenziellen Erwerber eine wesentliche Kennzahl, denn dies ist die Summe, die er durch seinen Eigenkapitaleinsatz voraussichtlich erwirtschaften wird.

h) Kritik am DCF-Verfahren

Das DCF-Verfahren ist nicht frei von Kritik. Sein Nachteil liege darin, dass der Fortführungswert (in *Abbildung 8* schwarz gefärbt) auf einer Wachstumserwartung basiert.[625] Da der Fortführungswert einen sehr hohen Prozentsatz am Gesamtwert des Unternehmens ausmache,[626] hänge damit auch der Unternehmenswert ganz wesentlich von dem erwarteten Wachstum ab, das in der Praxis in vielen Fällen unterschätzt werde. Der Unternehmenswert falle dann zu gering aus.[627] So wurde als langfristige Wachstumsrate oft die erwartete Inflationsrate von 1 bis 3 % p.a. angesetzt, obwohl gemessen an den Jahresüberschüssen zwischen 2006 und 2011 im Chemiesektor eine durchschnittliche Unternehmenswachstumsrate von 13 %, in der Pharmabranche von 11 % und für Handelsunternehmen von 17 % erzielt wurde.[628]

Dass die Planung nie in Gänze korrekt sein wird, da niemand die Zukunft vorhersagen kann, beeinträchtigt die Geeignetheit des DCF-Verfahrens allerdings nicht. Der Fortführungswert bestimmt zwar ca. 70 bis 80 % des Unternehmenswerts, allerdings machen die ersten 38 Jahre ca. 97 % des Fortführungswerts aus. Solange dieser Zeitraum also halbwegs planmäßig verläuft (keine Weltkriege, Naturkatastrophen oder Weltwirtschaftskrisen), ist der berechnete Unternehmenswert zutreffend, da davon auszugehen ist, dass das Unternehmen auf sonstige Veränderungen (neue Technologien, Kundenwünsche und Produkte) reagieren und sich anpassen wird.[629]

---

622 *Picot*, Handbuch Mergers & Acquisitions, S. 153 ff., 161.
623 *Bruski*, BB 2005, BB-Special 7, 19, 21; *Picot*, Handbuch Mergers & Acquisitions, S. 164.
624 *Picot*, Handbuch Mergers & Acquisitions, S. 164.
625 *Picot*, Handbuch Mergers & Acquisitions, S. 162.
626 *Zülch*, DStR 2005, 391, 394.
627 Zum Ganzen: *Picot*, Handbuch Mergers & Acquisitions, S. 162.
628 *Picot*, Handbuch Mergers & Acquisitions, S. 162.
629 Zum Ganzen: *Wächter*, M&A Litigation, S. 579 f. Rn. 11.44 – 11.46.

i) Vorteile des DCF-Verfahrens

Ein Vorteil des DCF-Verfahrens liegt in der zukunftsorientierten Betrachtung und der Berücksichtigung sowohl unternehmensinterner als auch -externer Bewertungsinformationen. Die Prognosen fallen zwar subjektiv aus, gleichzeitig sind sie aber transparent und objektiv vergleichbar.[630] Die Transparenz gewährleistet die Nachprüfbarkeit und fachliche Diskussion.[631] Ein weiterer Vorteil der kapitalwertorientierten Verfahren besteht darin, dass sie im Vergleich zum *Mutliple*-Verfahren auf einer breiteren und transparenteren Datengrundlage basieren.[632] Aufgrund der zureichenden Datengrundlage sowie der Tatsache, dass eine Detailplanung erfolgt, gilt das DCF-Verfahren als besonders zuverlässig.[633] Ein Vorteil, der durch das CAPM entsteht, ist, dass der Kapitalisierungszinssatz frei von subjektiven Einschätzungen und unter Berücksichtigung der Eigenkapitalkosten des betreffenden Unternehmens marktgestützt berechnet wird.[634] Das CAPM hat den Vorteil, dass die Ermittlung des Kapitalisierungszinssatzes nicht vollständig subjektiv durch das Bewertungssubjekt gestaltet werden kann. Denn da der Kapitalisierungszinssatz aus dem risikofreien Basiszinssatz resultiert, erhöht um das Produkt der aus Kapitalmarktdaten hergeleiteten Marktrisikoprämie und Betafaktor, ist er abhängig vom Markt. Die Auswahl der Kapitalmarktdaten und damit die Herleitung des Kapitalisierungszinssatzes können im Nachhinein überprüft werden.[635] Der Vorteil des DCF-Verfahrens mit dem WACC-Ansatz besteht darin, dass die zu prognostizierenden *Cashflows* von der Finanzierung unabhängig sind, was die Prognose erleichtert.[636] Ein weiterer Vorteil besteht darin, dass die Bewertung durch den WACC-Ansatz losgelöst von den subjektiven Finanzierungserwartungen der Beteiligten erfolgt.[637]

Zusammenfassend lässt sich für die kapitalwertorientierten Verfahren festhalten, dass bei Unternehmenskäufen – wie bei jeder anderen Investitionsentscheidung – der Unternehmenswert die Summe der diskontierten künftigen Einzahlungsüberschüsse ist, die den Anteilseignern zustehen.[638] Das subjektive Risiko des Unternehmenskäufers findet dabei in der Wahl des Diskontierungszinssatzes Berücksichtigung.[639] Die Investition ist für den Käufer nur dann wirtschaftlich

---

630 Zum Ganzen: *Picot*, Handbuch Mergers & Acquisitions, S. 167.
631 *Risse*, ZIP 2021, 2309, 2320.
632 *Elsing/Kramer*, in: FS Großfeld, S. 109, 118.
633 *Elsing/Kramer*, in: FS Großfeld, S. 109, 118.
634 *Schröter*, Unternehmensbewertung, S. 109.
635 Zum Ganzen: *Wollny*, Bilanzgarantien, S. 105, 114.
636 *Schröter*, Unternehmensbewertung, S. 106.
637 *Schröter*, Unternehmensbewertung, S. 106.
638 *Picot*, Handbuch Mergers & Acquisitions, S. 152.
639 *Picot*, Handbuch Mergers & Acquisitions, S. 152.

vorteilhaft, wenn die risikoadäquat abgezinsten Erfolgswerte größer sind als der zu zahlende Kaufpreis.[640] Ebenso verfährt der Verkäufer, um zu ermitteln, welchen Kaufpreis er verlangen muss, um das Unternehmen nicht unter Wert zu veräußern. Er wird vom Käufer (mindestens) den Barwert (also den abgezinsten Wert) der zukünftigen Überschüsse verlangen, um kein Verlustgeschäft zu erleiden.[641]

5 Das *Multiple*-Verfahren

a) Unternehmenswertbestimmung durch Vervielfachung einer Unternehmenskennzahl

Das *Multiple*-Verfahren, auch Marktwertverfahren,[642] gehört zu den marktorientierten, auch marktwertorientierten[643] Verfahren, bei denen der Unternehmenswert anhand vergleichbarer Unternehmenskäufe oder des aktuellen Aktienkurses des Unternehmens oder vergleichbarer Unternehmen ermittelt wird.[644] Im Grundsatz geht auch das *Multiple*-Verfahren davon aus, dass der Unternehmenswert der Wert der künftigen Erträge ist, der Unterschied zu den kapitalwertorientierten Verfahren besteht allerdings darin, wie die künftigen Erträge ermittelt werden. Bei dem *Multiple*-Verfahren geschieht dies nämlich ohne eine detaillierte Unternehmensplanung,[645] also ohne einen Blick in das „Innere" des Unternehmens. Stattdessen wird der Wert des Unternehmens „von außen" durch einen Vergleich mit ähnlichen Unternehmen oder M&A-Transaktionen ermittelt.[646]

Beim *Multiple*-Verfahren ist der Unternehmenswert das Produkt aus einer als *Performance Indicator* identifizierten Bezugsgröße des Unternehmens mit einem Faktor (Multiplikator).[647] Das *Multiple*-Verfahren hat zum Inhalt, die Preise von gehandelten Unternehmen zu ermitteln, die dem Bewertungsobjekt möglichst ähnlich sind (sogenannte *Peers*).[648] Die Preise für die vergleichbaren M&A-Transaktionen werden ins Verhältnis gesetzt zu dem *Performance Indicator*, einer spezifischen, einfach zu beobachtenden finanziellen Kennzahl des jeweiligen Unter-

---

640 *Hafner*, in: Neue Betriebswirtschaft, S. 230, 230.

641 *Wächter*, M&A Litigation, S. 570 Rn. 11.17.

642 *Vischer*, SJZ 106 (2010) Nr. 6, 129, 133.

643 *Hafner*, in: Neue Betriebswirtschaft, S. 229, 230 f.

644 *Elsing/Kramer*, in: FS Großfeld, S. 109, 117; *Picot*, Handbuch Mergers & Acquisitions, S. 167; treffend lautet der von *Moxter* geprägte Grundsatz „Bewerten heißt vergleichen", vgl. *Moxter*, Grundsätze ordnungsmäßiger Unternehmensbewertung, S. 123.

645 *Wächter*, M&A Litigation, S. 583 f. Rn 11.56 – 11.59.

646 *Elsing/Kramer*, in: FS Großfeld, S. 109, 117.

647 *Schröter*, Unternehmensbewertung, S. 114.

648 *Ballwieser*, in: FS Großfeld, S. 21, 22, 29; *Vischer*, SJZ 106 (2010) Nr. 6, 129, 133.

nehmens.[649] Als finanzielle Kennzahlen eignen sich z. B. Umsatz, Gewinn, Gewinn vor Steuern (EBT), Gewinn vor Zinsen und Steuern (EBIT) oder Gewinn vor Zinsen, Steuern und Abschreibungen (EBITDA).[650] Aus der Relation dieser zwei Werte wird ein Multiplikator errechnet.[651] Dieser Multiplikator beschreibt mithin das Verhältnis von EBIT, Gewinn oder anderen Kennzahlen zum Kaufpreis.[652] Der Unternehmenswert wird anschließend ermittelt, indem der *Performance Indicator* des zu erwerbenden Unternehmens mit dieser Verhältniszahl (dem Multiplikator, Faktor oder auch *Multiple*) multipliziert wird.[653] Das Verhältnis zwischen Preis und Bezugsgröße wird also auf das zu bewertende Unternehmen übertragen.[654] Da durch dieses Verfahren ein Gesamtunternehmenswert ermittelt wird, ist in einem letzten Schritt noch der Marktwert des Fremdkapitals in Abzug zu bringen.[655] Das *Multiple*-Verfahren hat seinen Ursprung in dem wirtschaftswissenschaftlichen Ansatz, dass Unternehmen in effizienten Märkten mit vergleichbarem Ergebnispotenzial, vergleichbarer Wachstumsprognose und vergleichbarem Risiko auch vergleichbare Marktpreise haben sollten.[656] Deshalb werden aus den Kaufpreisen von bisherigen vergleichbaren M&A-Transaktionen Multiplikatoren abgeleitet, mit deren Hilfe eine Bandbreite für den Marktwert des betreffenden Unternehmens ermittelt werden kann.[657]

In einer anderen Ausformung des *Multiple*-Verfahrens wird der Multiplikator ermittelt, indem der an der Börse beobachtbare Unternehmenswert (die Börsenbewertung) vergleichbarer Unternehmen mit einer finanziellen Kennzahl, etwa Umsatz, EBIT oder EBITDA ins Verhältnis gesetzt und anschließend dieser Wert auf den Median verdichtet wird.[658] Der Multiplikator wird mithin nicht anhand vergleichbarer M&A-Transaktionen aus der Vergangenheit, sondern anhand vergleichbarer Unternehmen ermittelt. Als vergleichbar anerkannt sind unter anderem Unternehmen mit derselben Branchenzugehörigkeit, Profitabilität, demselben Wachstum oder Risiko.[659]

---

649 *Ballwieser*, in: FS Großfeld, S. 21, 22, 30; *Picot*, Handbuch Mergers & Acquisitions, S. 169; *Vischer*, SJZ 106 (2010) Nr. 6, 129, 133.

650 *Ballwieser*, in: FS Großfeld, S. 21, 22; *Schröter*, Unternehmensbewertung, S. 114; *Vischer*, SJZ 106 (2010) Nr. 6, 129, 133.

651 *Ballwieser*, in: FS Großfeld, S. 21, 22; *Schüler*, DB 2015, 2277.

652 *Wächter*, M&A Litigation, S. 754 Rn. 12.354.

653 *Ballwieser*, in: FS Großfeld, S. 21, 22; *Picot*, Handbuch Mergers & Acquisitions, S. 168.

654 *Schröter*, Unternehmensbewertung, S. 114.

655 *Schröter*, Unternehmensbewertung, S. 114.

656 *Hafner*, in: Neue Betriebswirtschaft, S. 229, 230; *Höfling*, NZG 2020, 136, 137.

657 *Hafner*, in: Neue Betriebswirtschaft, S. 229, 230.

658 *Picot*, Handbuch Mergers & Acquisitions, S. 168 f.

659 *Picot*, Handbuch Mergers & Acquisitions, S. 169.

b) Vorteile des *Multiple*-Verfahrens

Ein Vorteil des *Multiple*-Verfahrens besteht in seiner Einfachheit.[660] Mit wenig Aufwand ermöglicht es eine Unternehmenswertberechnung.[661] Zudem bietet es eine schnelle Bewertung.[662] Ein weiterer Vorteil besteht darin, dass bereits in einem sehr frühen Stadium der Transaktion und ohne dass der Verkäufer dem Käufer Informationen zur Verfügung stellen muss, ein ungefährer Kaufpreis ermittelt werden kann, da die Vergleichsdaten öffentlichen Informationsquellen entnommen werden können.[663]

Ein anderer Vorteil dieses Bewertungsverfahrens soll darin liegen, dass auch Synergieeffekte in die Wertanalyse einbezogen werden, schließlich sind diese im Kaufpreis (nicht aber im Börsenwert) enthalten.[664]

Es darf bezweifelt werden, dass es sich hierbei um einen Vorteil handelt. Synergieeffekte sind ein subjektiver Faktor, der individuell vom Bewertungssubjekt abhängt und einfach übertragen auf ein anderes Bewertungssubjekt die Wertanalyse schlimmstenfalls verfälscht. Denn wenn ein Unternehmenskäufer in der Vergangenheit für ein Unternehmen eine hohe Synergieprämie bezahlte, weil das Unternehmen sein Geschäft hervorragend ergänzt, so ist der Kaufpreis im Verhältnis zu den Unternehmenskennzahlen besonders hoch. Daraus folgt ein großer Multiplikator. Dieser Synergieeffekt hat seinen Ursprung aber in den Absichten und der Ausstattung des Unternehmenskäufers. Wenn in derselben Branche nun ein anderer Käufer ein vergleichbares Unternehmen erwirbt, er aber nicht derartige Synergien erzeugen kann, so wäre der Multiplikator ungerechtfertigt groß. Nur weil ein Unternehmenskäufer enorme Synergieeffekte zu erzielen hoffte, muss dies für einen anderen Unternehmenskäufer eines vergleichbaren Unternehmens in derselben Branche nicht zwingend gleichsam gelten.

Ein Vorteil des *Multiple*-Verfahrens könnte darin zu sehen sein, dass es die Prognoseunsicherheiten, die dem Ertragswertverfahren und dem DCF-Verfahren immanent und dort unvermeidbar sind,[665] eliminiert. Diese Betrachtung greift indes zu kurz. Die Prognoseunsicherheit ist auch dem *Multiple*-Verfahren inhärent, sie drängt sich dort lediglich nicht in dem gleichen Maße auf. Auch beim *Multiple*-Verfahren resultiert der Unternehmenswert aus dem künftigen Unternehmenserfolg, schließlich erfolgt dessen Berechnung durch Vervielfältigung einer Unter-

---

660 *Picot*, Handbuch Mergers & Acquisitions, S. 175.

661 *Risse*, ZIP 2021, 2309, 2312 („relativ einfach und damit schnell und preiswert"); *Schröter*, Unternehmensbewertung, S. 115.

662 *Oehlrich*, IRZ 2021, 171.

663 *Elsing/Kramer*, in: FS Großfeld, S. 109, 117; *Risse*, ZIP 2021, 2309, 2312.

664 *Picot*, Handbuch Mergers & Acquisitions, S. 169.

665 *Ballwieser*, in: FS Großfeld, S. 21, 33 f.

nehmenskennzahl, die den Unternehmenserfolg des abgeschlossenen Geschäftsjahrs widerspiegelt. Im Grunde genommen wird auf diese Weise der bisherige Unternehmenserfolg auf die Zukunft projiziert, was stets mit gewissen Prognoseunsicherheiten einhergeht. Die Unsicherheiten in Bezug auf die Prognosen stellen also keinen Hinderungsgrund dar, das Ertragswertverfahren oder das DCF-Verfahren zu wählen, denn das *Multiple*-Verfahren enthält diese Unsicherheiten ebenso. Die Prognoseunsicherheiten sind darüber hinaus kein Hinderungsgrund, eines der Verfahren in der Schadensberechnung zu verwenden, denn der Gesetzgeber lässt mit § 287 Abs. 1 ZPO eine ungefähre Schadensschätzung ausreichen.[666]

c) Nachteile des *Multiple*-Verfahrens

Die Liste der Nachteile des *Multiple*-Verfahrens ist lang. Ein Nachteil besteht darin, dass die Unternehmen und M&A-Transaktionen mitunter nicht so vergleichbar sind wie erwünscht, aber keine anderen, besser geeigneten Vergleichswerte zur Verfügung stehen.[667] Die beschränkte Datengrundlage bei der Unternehmenswertermittlung „von außen" ist ein klarer Nachteil und macht das Verfahren unzuverlässig.[668] Auch sei die Zusammenstellung der Vergleichsgruppe eine Fehlerquelle und im Ergebnis durch und durch subjektiv: Sollen die Vergleichsunternehmen ihren Sitz in demselben Land haben, sollen sie einen ähnlichen Jahresumsatz erwirtschaften und wenn ja, wie sehr darf dieser abweichen? Wann zählt ein Unternehmen noch zu derselben Branche, zählt etwa der Hersteller von Videospielen noch zur Spielwarenbranche?[669] Das *Multiple*-Verfahren sei auch fehleranfällig, denn möglicherweise war das Geschäftsjahr, das der Unternehmenskennzahl (etwa dem EBIT) zu Grunde lag, besonders gut oder besonders schlecht.[670] Ein weiterer Kritikpunkt lautet, dass das *Multiple*-Verfahren nicht Risiken „herausfiltert", die transaktionsspezifisch sind, sondern diese berücksichtigt, als gelten sie für alle vergleichbaren Unternehmen und M&A-Transaktionen.[671] Ebenfalls als Nachteil ist zu bewerten, dass das *Multiple*-Verfahren die Unterscheidung zwischen Preis und Wert vernachlässigt.[672] Die Gleichsetzung von Preis und Wert ist falsch, da gerade die Differenz zwischen Preis und Wert die treibende Kraft jeder M&A-Transaktion

---

666 BGH, Beschluss vom 15.9.2020 – II ZB 6/20, BGHZ 227, 137, 143 Rn. 20 = DStR 2020, 2742, 2743 Rn. 20 („Der Wert der Unternehmensbeteiligung ist vom Gericht im Wege der Schätzung nach § 287 Abs. 1 ZPO zu ermitteln.").

667 *Picot*, Handbuch Mergers & Acquisitions, S. 171; *Schröter*, Unternehmensbewertung, S. 115.

668 *Elsing/Kramer*, in: FS Großfeld, S. 109, 117.

669 Zum Ganzen: *Risse*, ZIP 2021, 2309, 2311.

670 *Risse*, ZIP 2021, 2309, 2311.

671 *Picot*, Handbuch Mergers & Acquisitions, S. 171.

672 *Ballwieser*, in: FS Großfeld, S. 21, 22, 31.

ist. Und selbst bei Berücksichtigung des Unterschieds zwischen Preis und Wert ist die Vorgabe, dass der Käufer-Unternehmenswert bei dem *Multiple*-Verfahren oberhalb des Kaufpreises liegen müsse, höchst ungenau.[673] Deshalb sei das *Multiple*-Verfahren allenfalls für eine erste Preisschätzung geeignet.[674] Wird als Vergleichswert der Aktienkurs vergleichbarer Unternehmen zur *Multiple*-Ermittlung herangezogen, lautet ein weiterer Kritikpunkt, dass die Aktienkurse nicht die Synergieeffekte wiedergeben.[675] Und das *Multiple*-Verfahren sei auch nicht in der Lage, die Prognoseunsicherheiten des Ertragswertverfahrens und des DCF-Verfahrens zu beseitigen.[676] Das *Multiple*-Verfahren mache diese Unsicherheiten in Bezug auf die Zukunftswerte lediglich nicht auf dieselbe Weise sichtbar.[677] Ein weiterer, schwerwiegender Kritikpunkt lautet, dass das *Multiple*-Verfahren im Vergleich zu einer Bewertung mit expliziter Zukunftsplanung und Abzinsung in höchstem Maße intransparent sei.[678] Gerade im Post M&A-Verfahren, insbesondere im staatlichen Zwangsverfahren, in dem aus der Unternehmensbewertung Schadensersatzansprüche hergeleitet werden, sei Transparenz hingegen das höchste Gut.[679] So findet sich im Schrifttum die Einschätzung, dass das *Multiple*-Verfahren für die Unternehmensbewertung bei gesetzlich vorgegebenen Bewertungsanlässen gänzlich ungeeignet sei.[680]

Nach diesem Für und Wider ist dem juristischen Schrifttum zuzustimmen, wenn es zu folgendem Ergebnis gelangt:

> „Multiplikatoren eignen sich für Preisschätzungen, aber nicht für Bewertungen."[681]
>
> (*Ballwieser*, in: FS Großfeld, S. 21, 33)

6 Ungeeignetheit des Börsenwerts zur Unternehmensbewertung

Der Börsenwert (Kurswert am Bewertungsstichtag multipliziert mit der Zahl der ausgegebenen Aktien)[682] ist aus mehreren Gründen für die Unternehmensbewer-

673 *Ballwieser*, in: FS Großfeld, S. 21, 22.
674 *Ballwieser*, ZfbF 2018, S. 2; *Ballwieser*, in: FS Großfeld, S. 21, 22; *Schröter*, Unternehmensbewertung, S. 116.
675 *Ballwieser*, in: FS Großfeld, S. 21, 32.
676 *Ballwieser*, in: FS Großfeld, S. 21, 33 f.
677 *Ballwieser*, in: FS Großfeld, S. 21, 33 f.
678 *Wächter/Wollny*, NZG 2019, 801, 804.
679 *Wächter/Wollny*, NZG 2019, 801, 804.
680 Vgl. *Schröter*, Unternehmensbewertung, S. 115 f.
681 *Ballwieser*, in: FS Großfeld, S. 21, 33.
682 *Risse*, ZIP 2021, 2309, 2310.

tung ungeeignet. Zum einen kommt es vor, dass ausreichende Informationen für die Aktionäre und hinreichende Liquidität fehlen.[683] So hat der Bundesgerichtshof entschieden, dass die Abfindung von Minderheitsaktionären durch eine Unternehmensbewertung und nicht anhand des Börsenkurses zu bemessen sei, wenn nicht von einer effektiven Informationsbewertung ausgegangen werden könne, sodass der Börsenkurs keine verlässliche Aussage über den Verkehrswert der Unternehmensbeteiligung erlaube.[684] Dies ist kein Widerspruch zur DAT/Altana-Entscheidung des Bundesverfassungsgerichts[685] aus dem Jahr 1999. Denn auch wenn seit der DAT/Altana-Entscheidung der Börsenkurs bei der Abfindung von Minderheitsaktionären eine zu berücksichtigende Referenzgröße ist,[686] bedeutet das Erfordernis einer effektiven Informationsbewertung, dass der Börsenkurs allein nicht in jedem Fall eine Unternehmensbewertung ermöglicht.

Im Unterschied zu Unternehmenswerten werden Aktienwerte stetig durch Angebot und Nachfrage auf dem Markt gebildet und können dem Börsenkurs entnommen werden.[687] Eine Bewertung unter Berücksichtigung des Nutzens für das Unternehmenssubjekt ist jedoch nicht mit einer Bewertung durch Ablesung von Angebot und Nachfrage identisch. Börsenkurs und Unternehmenswert können daher nicht gleichgesetzt werden. Der Börsenkurs ist auch deshalb zur Unternehmensbewertung ungeeignet, weil er von diversen Faktoren beeinflusst wird und daher den Unternehmenswert nicht zuverlässig wiedergibt.[688] Starke Kursausschläge spiegeln nicht zwangsläufig ein realwirtschaftliches Bild wider. Nach dem IDW S1 i. d. F. 2008 sind die Börsenkurse zur „Plausibilitätsbeurteilung" heranzuziehen,[689] sie haben mithin lediglich eine Plausibilisierungsfunktion.

7 Wahl des Bewertungsverfahrens für die Schadensberechnung

Die soeben gegebene Übersicht ist nicht abschließend, da es noch weitere, in dieser Arbeit nicht näher behandelte Bewertungsmethoden gibt, etwa das Mittelwert-

---

683 OLG Frankfurt a. M., Beschluss vom 17.1.2017 – 21 W 37/12, BeckRS 2017, 102412; *Sekera-Terplan*, GWR 2017, 117.

684 BGH, Beschluss vom 12.1.2016 – II ZB 25/14, BGHZ 208, 265, 273 f. Rn. 23 = NZG 2016, 461, 464 Rn. 23.

685 BVerfG, Beschluss vom 27.4.1999 – BvR 1613/94, BVerfGE 100, 289 = AG 1999, 566 – 572.

686 *Schnorbus/Rauch/Grimm*, AG 2021, 391.

687 *Schnorbus/Rauch/Grimm*, AG 2021, 391, 395.

688 OLG Celle, Beschluss vom 31.7.1998 – 9 W 128/97, NZG 1998, 987.

689 IDW S1 i. d. F. 2008, S. 29.

verfahren[690] oder das Stuttgarter Verfahren[691]. Eine Ursache für die Methodenvielfalt liegt darin, dass die betriebswirtschaftliche Forschung stetig neue Bewertungskonzepte entwickelt.[692] Durch den starken Wissenstransfer zwischen Wissenschaft und Praxis ist die Bewertungspraxis stets im Wandel.[693] Außerdem sorgen diverse Bewertungsanlässe für die Notwendigkeit differenzierter Bewertungsverfahren.[694] Einige der Anlässe sind der Kauf und Verkauf von Unternehmen, *Management Buy-Outs*, *Squeeze-Outs* gemäß §§ 327a–327f AktG, Erbauseinandersetzungen, steuerrechtliche Bewertungsanlässe oder der Austritt von Gesellschaftern aus Personengesellschaften.[695] In dieser Arbeit werden nur die Bewertungsverfahren behandelt, die in der M&A-Praxis dominieren und aus diesem Grund für die Schadensberechnung im Post M&A-Verfahren in Rechtsprechung und Schrifttum erwogen und verwendet werden.

a) Wahlrecht des Gerichts

Nach höchstrichterlicher Rechtsprechung ist der Tatrichter nicht an eine bestimmte Wertermittlungsmethode gebunden.[696] Im Post M&A-Verfahren stellt sich daher die Frage, welches von mehreren in Betracht kommenden Bewertungsverfahren den Unternehmenswert bestmöglich abbildet[697] und daher zum Zwecke der Schadensberechnung zu wählen ist. Diese Frage ist von so großer Praxisrelevanz, dass in Post M&A-Verfahren Bewertungsfragen inzwischen „an der Spitze der streitanfälligen Themen“ stehen.[698] Dass die Wahl des Bewertungsverfahrens und die darin zu Grunde zu legenden Kennzahlen einen erheblichen Einfluss auf die Unternehmenswertberechnung und damit auf die Höhe des Schadensersatzanspruchs haben,[699] dürfte die Ursache für die hohe Streitanfälligkeit sein.

690 Zum Mittelwertverfahren ausführlich *Ballwieser*, in: FS Großfeld, S. 21, 32 f.; *Ernst/Schneider/Thielen*, Unternehmensbewertungen, S. 5 f.; *Fröhlich/Bächstedt*, in: Buth/Hermanns, Restrukturierung, 5. Teil § 22 Rn. 87.

691 Zum Stuttgarter Verfahren ausführlich *Ernst/Schneider/Thielen*, Unternehmensbewertungen, S. 7 f.; *Schröter*, Unternehmensbewertung, S. 113.

692 *Ernst/Schneider/Thielen*, Unternehmensbewertungen, S. 1.

693 *Ernst/Schneider/Thielen*, Unternehmensbewertungen, S. 1.

694 *Ernst/Schneider/Thielen*, Unternehmensbewertungen, S. 1.

695 *Ernst/Schneider/Thielen*, Unternehmensbewertungen, S. 1, Abb. 1–1.

696 BGH, Urteil vom 24.10.1990 – XII ZR 101/89, NJW 1991, 1547, 1548; BGH, Urteil vom 24.5.1993 – II ZR 36/92, NJW 1993, 2101, 2103.

697 *Fleischer*, AG 2016, 185, 196 („bewertungsrechtliche[s] Optimierungsgebot“).

698 *Schüppen*, in: FS Elsing, S. 509.

699 *Frey/Müller*, in: Bilanzgarantien, S. 281, 293.

b) Normorientierte Unternehmensbewertung: Gesetzliches Bewertungsziel als Auswahlkriterium

Der Bundesgerichtshof[700] entschied im Jahr 2015, der Richter habe die „jeweils geeignete[…], mit den Gesetzen zu vereinbarende[…] Bewertungsmethode" auszuwählen. Das Ziel der Unternehmensbewertung sei durch Auslegung des Gesetzes zu bestimmen.[701] Sowohl das Bewertungsverfahren als auch das innerhalb des Bewertungsverfahrens anzuwendende Berechnungsverfahren müsse den gesetzlichen Bewertungszielen entsprechen.[702] Die Auswahl des Bewertungsverfahrens und des darin anzuwendenden Berechnungsverfahrens richtet sich demzufolge nach dem Gesetz.

Dieses klare Bekennen des Bundesgerichtshofs zur normorientierten Unternehmensbewertung ist vom Schrifttum als „erfreulich" bezeichnet worden.[703] Theorem der normorientierten Unternehmensbewertung ist, dass bei gesetzlich angeordneten Unternehmensbewertungen die Rechtsordnung verbindliche Bewertungsvorgaben enthalte, die der Richter durch Auslegung der betreffenden Norm zu konkretisieren habe und über die sich kein Sachverständiger hinwegsetzen dürfe.[704] Richter und Sachverständiger bewegten sich bei der Unternehmenswertermittlung nicht in einem rechtlichen Vakuum, sondern müssten dem jeweiligen Normzweck Geltung verschaffen.[705] Deshalb hätten sie ein Unternehmensbewertungsverfahren auszuwählen, das geeignet sei, den jeweils gesetzlich vorgegebenen Bewertungszweck zu erfüllen, das also normzweckadäquat sei.[706] Dreh- und Angelpunkt der normorientierten Unternehmensbewertung ist mithin der gesetzliche Bewertungszweck.[707] Synonyme für die normorientierte Unternehmensbewertung sind rechtsgebundene Unternehmensbewertung, normgeprägte Unternehmensbewertung oder auch normzweckadäquate Bewertungsmethode.[708]

---

700 BGH, Beschluss vom 29. 9. 2015 – II ZB 23/14, BGHZ 207, 114, 127 Rn. 34 = AG 2016, 135, 140 Rn. 34 = NZG 2016, 139, 142 Rn. 34.

701 BGH, Beschluss vom 29. 9. 2015 – II ZB 23/14, BGHZ 207, 114, 119 Rn. 14 = AG 2016, 135, 137 Rn. 14 = NZG 2016, 139, 140 Rn. 14.

702 BGH, Beschluss vom 29. 9. 2015 – II ZB 23/14, BGHZ 207, 114, 119 Rn. 14 = AG 2016, 135, 137 Rn. 14 = NZG 2016, 139, 140 Rn. 14.

703 Vgl. *Fleischer*, AG 2016, 185, 189.

704 *Fleischer*, AG 2014, 97, 96; *Fleischer*, AG 2016, 185, 189.

705 *Fleischer*, AG 2016, 185, 190.

706 *Fleischer*, AG 2016, 185, 190.

707 *Fleischer*, AG 2016, 185, 190.

708 *Fleischer*, AG 2016, 185, 189 f.

c) Wahl des Bewertungsverfahrens je nach Einzelfall

Der Bundesgerichtshof setzte sich in der Entscheidung aus dem Jahr 2015 auch mit der negativen Folge auseinander, dass die Unternehmensbewertungswahl stets in jedem Einzelfall erneut getroffen werden muss. Er entschied wörtlich: „Eine bundesweit einheitliche Bewertungsweise mag zwar für die Rechtspraxis wünschenswert sein. Sie ist aber schon deshalb, weil jeder Bewertungsfall besonders zu beurteilen ist, nicht erreichbar".[709] Diese Entscheidung ist im Schrifttum begrüßt worden.[710] Sie eröffne dem Tatrichter einen marktorientierten Methodenpluralismus und führe zu valideren Unternehmenswerten, da es dem Tatrichter überlassen sei, die Vor- und Nachteile der geeigneten Bewertungsmethoden abzuwägen, um die vorzugswürdige auszuwählen.[711]

Die Zustimmung im Schrifttum mag in Anbetracht des sonst so lauten Rufs nach bundeseinheitlichen Vorgaben erstaunen, sie legitimiert sich allerdings durch ihr Motiv, eine valide Bewertung einer universellen Bewertung vorzuziehen. Die Anerkennung des Methodenpluralismus im Post M&A-Verfahren bedeutet für die Schadensberechnung, dass kein Bewertungsverfahren *per se* Vorrang genießt und kein Bewertungsverfahren von vornherein abzulehnen ist.

d) Wahl des Bewertungsverfahrens durch zwei Prüfungsschritte

Teile der Entscheidung aus dem Jahr 2015 wiederholte der Bundesgerichtshof seitdem in einer Entscheidung aus dem Jahr 2016 sowie in einer aktuellen Entscheidung aus dem Jahr 2020. Insbesondere folgende wiederkehrende Passagen lassen sich den Beschlüssen entnehmen:

> „Die Frage nach der geeigneten Bewertungsmethode ist keine Rechtsfrage, sondern Teil der Tatsachenfeststellung und beurteilt sich nach der wirtschaftswissenschaftlichen oder betriebswirtschaftlichen Bewertungstheorie und -praxis [...]. Dagegen ist es eine Rechtsfrage, ob eine vom Tatrichter gewählte Bewertungsmethode oder ein innerhalb der Bewertungsmethode gewähltes Berechnungsverfahren den gesetzlichen Bewertungszielen widerspricht."[712]
>
> (BGH, Beschluss vom 29.9.2015 – II ZB 23/14, BGHZ 207, 114, 118 Rn. 12 = AG 2016, 135, 137 Rn. 12 = NZG 2016, 139, 140 Rn. 12; BGH, Beschluss vom 12.1.2016 – II ZB 25/14, BGHZ 208, 265, 269 Rn. 14 = NJW-RR 2016, 610, 611)

---

709 BGH, Beschluss vom 29.9.2015 – II ZB 23/14, BGHZ 207, 114, 120 Rn. 16 = AG 2016, 135, 137 Rn. 16 = NZG 2016, 139, 141 Rn. 16.

710 Vgl. *Fischer*, AG 2016, 185, 198 f.

711 *Fischer*, AG 2016, 185, 199.

712 BGH, Beschluss vom 29.9.2015 – II ZB 23/14, BGHZ 207, 114, 118 Rn. 12 = AG 2016, 135, 137 Rn. 12 = NZG 2016, 139, 140 Rn. 12; BGH, Beschluss vom 12.1.2016 – II ZB 25/14, BGHZ 208, 265, 269 Rn. 14 = NJW-RR 2016, 610, 611.

Im Jahr 2020 entschied der Bundesgerichtshof:

> „Es ist eine Rechtsfrage, ob eine vom Tatrichter gewählte Bewertungsmethode oder ein innerhalb der Bewertungsmethode gewähltes Berechnungsverfahren den gesetzlichen Bewertungszielen widerspricht [...], wohingegen die Frage, welche der Bewertungsmethoden im Einzelfall den Wert der Unternehmensbeteiligung zutreffend abbildet, Teil der tatsächlichen Würdigung des Sachverhalts ist und sich nach der wirtschafts- oder betriebswissenschaftlichen Bewertungstheorie und Praxis beurteilt."[713]
>
> (BGH, Beschluss vom 15.9.2020 – II ZB 6/20, BGHZ 227, 137, 141 Rn. 13 = DStR 2020, 2742, 2742 f.)

Auch in der obergerichtlichen Rechtsprechung ist der Zweck der Bewertung das wesentliche Kriterium bei der Wahl der Bewertungsmethode.[714]

Für den Tatrichter ergibt sich daraus folgende Prüfungsreihenfolge: In einem ersten Schritt hat er durch Auslegung des Gesetzes den Bewertungszweck (vom Bundesgerichtshof als „Bewertungsziel" bezeichnet) zu ermitteln. In einem zweiten Schritt hat der Richter ein Bewertungsverfahren und ein innerhalb des Bewertungsverfahrens anzuwendendes Berechnungsverfahren auszuwählen, das dem durch Auslegung ermittelten Bewertungszweck entspricht. Der erste Prüfungsschritt gehört zur Jurisprudenz und richtet sich deshalb nach der rechtswissenschaftlichen Auslegungsmethodik. Der zweite Prüfungsschritt gehört zur Tatsachenfeststellung und erfolgt auf Grundlage der wirtschafts- oder betriebswissenschaftlichen Bewertungstheorie und -praxis. Daraus folgt zum einen, dass das gesetzliche Bewertungsziel eine Doppelfunktion einnimmt: Es ist sowohl das Ergebnis der juristischen Auslegung als auch der Maßstab für die wirtschaftswissenschaftliche Methodenwahl. Zum anderen folgt daraus, dass nur beim zweiten Prüfungsschritt ein Sachverständiger hinzugezogen werden kann, da nur dieser Prüfungsschritt die Sachverhaltsfeststellung betrifft. Sind dem Richter beide Arbeitsschritte entsprechend dieser Vorgaben gelungen, ist das Bewertungsverfahren als geeignet zu qualifizieren, da es den Unternehmenswert zutreffend abbildet. Schematisch lässt sich dieser Prüfungszweischritt wie folgt darstellen:

e) Vereinbarkeit der normorientierten Unternehmensbewertung mit der funktionalen Unternehmensbewertung

Die höchstrichterliche Wertung, dass das Bewertungsverfahren nach dem Zweck der anzuwendenden Norm ausgewählt werden soll, welche sich wiederum aus dem

---

713 BGH, Beschluss vom 15.9.2020 – II ZB 6/20, BGHZ 227, 137, 141 Rn. 13 = DStR 2020, 2742, 2742 f.

714 Vgl. OLG Düsseldorf, Beschluss vom 8.8.2013 – I-26 W 15/12, NZG 2013, 1393, 1394 („Entscheidend ist damit, dass eine Bewertungsmethode angewandt wird, die das Bewertungsziel erreicht.").

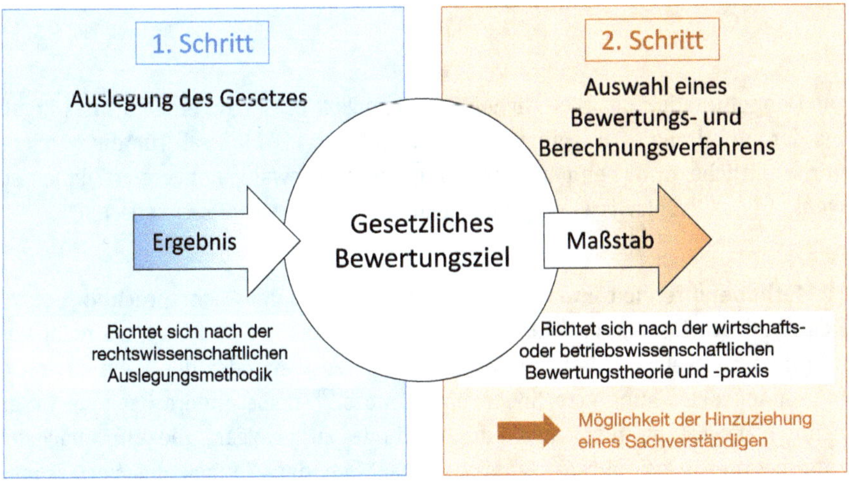

Abbildung 9: Die zwei Prüfungsschritte des Tatrichters im Rahmen der Bewertungsverfahrenswahl nach der normorientierten Unternehmensbewertung; erstellt auf Grundlage von BGH, Beschluss vom 29.9.2015 – II ZB 23/14, BGHZ 207, 114, 118 Rn. 12 = AG 2016, 135, 137 Rn. 12 = NZG 2016, 139, 140 Rn. 12; BGH, Beschluss vom 12.1.2016 – II ZB 25/14, BGHZ 208, 265, 269 Rn. 14 = NJW-RR 2016, 610, 611; BGH, Beschluss vom 15.9.2020 – II ZB 6/20, BGHZ 227, 137, 141 Rn. 13 = DStR 2020, 2742, 2742 f.

zu Grunde liegenden Lebenssachverhalt ergibt,[715] ist mit der Betriebswirtschaftslehre vereinbar. So ist in der Bewertungstheorie anerkannt, dass Unternehmensbewertungen vor allem zweckgerecht erfolgen müssen.[716]

Dies ist zugleich ein wesentliches Element der funktionalen Unternehmensbewertungstheorie. Die funktionale Unternehmensbewertungstheorie (auch funktionale Lehre)[717] besagt, dass der Unternehmenswert subjektiv, zukunftsbezogen und zweckabhängig zu ermitteln ist.[718] Der Grundsatz der Zweckabhängigkeit besagt:

> „Der Wert eines Unternehmens wird mit Bezugnahme auf die zum Bewertungszeitpunkt relevanten Vorstellungen und Planungen sowie die Möglichkeiten des konkreten Bewertungsinteressenten unter expliziter Berücksichtigung der verfolgten Aufgabenstellung der Unternehmensbewertung ermittelt."[719]

---

715 *Brösel/Wasmuth*, in: FS Großfeld, S. 51, 59; *Wasmuth*, Funktionale Schadensbewertung, S. 243.

716 *Ballwieser*, in: FS Großfeld, S. 21.

717 *Brösel/Wasmuth*, in: FS Großfeld, S. 51, 61.

718 *Matschke/Brösel*, Unternehmensbewertung, S. 23 f.; *Wasmuth*, Funktionale Schadensbewertung, S. 70 f.

719 *Brösel/Wasmuth*, in: FS Großfeld, S. 51, 59; *Matschke/Brösel*, Unternehmensbewertung, S. 23.

(*Matschke/Brösel*, Unternehmensbewertung, S. 23; *Brösel/Wasmuth*, in: FS Großfeld, S. 51, 59)

Die Doppelfunktion des gesetzlichen Bewertungszwecks, zum einen als das Ergebnis der juristischen Auslegung und zum anderen als Maßstab für die betriebswirtschaftliche Unternehmensbewertungsverfahrenswahl, konvergiert daher sowohl mit der Rechtswissenschaft als auch mit der Wirtschaftswissenschaft.

f) Methodenoffenheit und Methodenpluralismus in der Rechtsprechung

Das Bundesverfassungsgericht hat entschieden, dass Art. 14 Abs. 1 GG nicht vorschreibt, mit welcher Methode der Unternehmenswert oder der Wert einer Unternehmensbeteiligung errechnet werden muss.[720] Insbesondere hat eine Unternehmensbewertung nicht nach der Methode zu erfolgen, die zum höchsten Unternehmenswert führt.[721] Dies kann als Methodenoffenheit des Verfassungsrechts verstanden werden,[722] die auch der Bundesgerichtshof als den richtigen Weg betrachtet.[723] In dem vorgenannten Beschluss aus dem Jahr 2015 entschied der Bundesgerichtshof in Bezug auf einen *Squeeze-Out*, dass das Ertragswertverfahren zur Berechnung des Unternehmenswerts bei einem werbenden Unternehmen grundsätzlich geeignet sei, dass dies jedoch nicht ausschließe, im konkreten Einzelfall eine andere Bewertungsmethode zu wählen.[724] Er entschied wörtlich:

> „Der Unternehmenswert ist dabei im Wege einer Schätzung zu ermitteln […]. Zu dieser Schätzung ist bei einem werbenden Unternehmen die Ertragswertmethode eine grundsätzlich geeignete Methode […]. Das schließt es aber nicht aus, nach den konkreten Umständen des einzelnen Falls eine andere Methode zur Schätzung des Unternehmenswertes anzuwenden, beispielsweise ihn durch eine marktorientierte Methode nach dem Börsenwert des Unternehmens zu bestimmen […], den Unternehmenswert mittels dem der Ertragswertmethode ähnlichen Discounted-Cash-Flow-Verfahren zu ermitteln oder etwa in besonderen Fällen nach dem Liquidationswert […]. Entscheidend ist, dass die jeweilige Methode in der Wirtschaftswissenschaft oder Betriebswirtschaftslehre anerkannt und in der Praxis gebräuchlich ist."[725]

---

720 BVerfG, Beschluss vom 27.4.1999 – 1 BvR 1613/94, WM 1999, 1666, 1669; OLG Stuttgart, Beschluss vom 8.7.2001 – 20 W 14/08, AG 2011, 795, 795.

721 OLG Stuttgart, Beschluss vom 8.7.2011 – 20 W 14/08, AG 2011, 795, 798.

722 *Schnorbus/Rauch/Grimm*, AG 2021, 391, 392.

723 BGH, Beschluss vom 29.9.2015 – II ZB 23/14, BGHZ 207, 114, 126 f. Rn. 33 = AG 2016, 135, 139 f. Rn. 33 = NZG 2016, 139, 142 Rn. 33; *Fleischer*, AG 2016, 185, 192.

724 BGH, Beschluss vom 29.9.2015 – II ZB 23/14, BGHZ 207, 114, 126 f. Rn. 33 = AG 2016, 135, 139 f. Rn. 33 = NZG 2016, 139, 142 Rn. 33.

725 BGH, Beschluss vom 29.9.2015 – II ZB 23/14, BGHZ 207, 114, 126 f. Rn. 33 = AG 2016, 135, 139 f. Rn. 33 = NZG 2016, 139, 142 Rn. 33.

(BGH, Beschluss vom 29.9.2015 – II ZB 23/14, BGHZ 207, 114, 126 f. Rn. 33 = AG 2016, 135, 139 f. Rn. 33 = NZG 2016, 139, 142 Rn. 33)

Die Unternehmensbewertung sei je nach Einzelfall auszuwählen. So entschied auch das Oberlandesgericht Frankfurt a. M. in einem Spruchverfahren nach einem aktienrechtlichen *Squeeze-Out:*

> „Zutreffend ist zwar, dass auch im Fall eines Squeeze-Out eine Schätzung vermittels einer marktorientierten Methode erfolgen kann. Von der generellen Eignung marktwertorientierter Bewertungsverfahren abgesehen hat das Gericht aber die Aussagekraft und Tauglichkeit der anzuwendenden Methode mit Blick auf den konkreten Einzelfall einer Prüfung und Würdigung zu unterziehen."[726]
>
> (OLG Frankfurt a. M., Beschluss vom 17.1.2017 – 21 W 37/11, BeckRS 2017, 102412 Rn. 34)

Hinsichtlich des Merkmals, dass das Bewertungsverfahren in der Wirtschaftswissenschaft oder Betriebswirtschaftslehre anerkannt und in der Praxis gebräuchlich sein soll, lässt sich derzeit folgendes Bild beobachten: Das DCF-Verfahren ist in der Praxis neben dem *Multiple*-Verfahren zur Unternehmenswertbestimmung in M&A-Transaktionen am weitesten verbreitet.[727] Sie haben sich als beliebtes Instrument zur Entscheidungsfindung der Parteien etabliert, während das Ertragswertverfahren von Wirtschaftsprüfern im Rahmen ihrer Gutachtertätigkeit bevorzugt wird.[728] Auch die Rechtsprechung präferiert oft das Ertragswertverfahren.[729] Lange Zeit war in Deutschland das Ertragswertverfahren am weitesten verbreitet, weil es für Wirtschaftsprüfer zwingend vorgeschrieben war.[730] Mittlerweile hat der Standard des IDW das DCF-Verfahren aber neben dem Ertragswertverfahren als gleichrangig anerkannt, da durch die starke Internationalisierung unternehmerischer Aktivitäten die anglo-amerikanischen Unternehmensbewertungsmethodik auch in der deutschen M&A-Praxis und akademischen Diskussion großen Einfluss nahm.[731]

g) Gerichtliche Vertretbarkeitsprüfung bei Unternehmensbewertung durch Gutachter

Festzuhalten ist, dass nicht nur die Anwendung unterschiedlicher Bewertungsmethoden, sondern auch die unterschiedliche Anwendung derselben Bewertungsme-

726 OLG Frankfurt a. M., Beschluss vom 17.1.2017 – 21 W 37/11, BeckRS 2017, 102412 Rn. 34.

727 *Elsing/Kramer*, in: FS Großfeld, S. 109, 116; *Picot*, Handbuch Mergers & Acquisitions, S. 153, 170.

728 *Picot*, Handbuch Mergers & Acquisitions, S. 165 f.

729 BGH, Urteil vom 24.5.1993 – II ZR 36/92, ZIP 1993, 1160, 1162; OLG Stuttgart, Beschluss vom 8.7.2011 – 20 W 14/08, AG 2011, 795, 795; *Wächter*, M&A Litigation, S. 572 Rn. 11.19.

730 *Ernst/Schneider/Thielen*, Unternehmensbewertungen, S. 10.

731 *Ernst/Schneider/Thielen*, Unternehmensbewertungen, S. 10.

thode zu unterschiedlichen Ergebnissen führen kann.[732] Die gutachterlichen Unternehmensbewertungen müssen deshalb nicht einer richterlichen Richtigkeits-, sondern nur einer Vertretbarkeitsprüfung standhalten.[733] Ein zweiter Grund für die Vertretbarkeitsprüfung liegt darin, dass die Unternehmensplanung und die hierfür angesetzten Erträge bzw. *Cashflows* lediglich Schätzungen darstellen, die auf Prognosen zukünftiger Entwicklungen beruhen. Es gibt allerdings nicht nur die eine richtige Schätzung und nur selten trifft die Prognose auch tatsächlich exakt ein.[734] Was das Gericht aber prüfen kann, ist – unter anderem – ob der Sachverständige die aktuelle Fassung der IDW S1-Empfehlung zu Grunde gelegt hat[735] oder wie die Unternehmensplanung für die Prognose der zukünftigen Erträge bzw. *Cashflows* gestaltet wurde.[736] Fehler sind dann erheblich, wenn sie eine umfassende Neubegutachtung erforderlich machen.[737] Die Unternehmensplanung zum Zwecke der Prognose der künftigen Erträge ist ein Ergebnis der jeweiligen unternehmerischen Entscheidung. Das Gericht darf diese nur dann durch eigene Annahmen ersetzen, wenn es die Unternehmensplanung für unvertretbar hält. Die Anforderungen hieran sind streng. Es genügt nicht, wenn die Unternehmensplanung wirtschaftlich unvernünftig ist. Vielmehr ist eine Unternehmensplanung erst dann als unvertretbar zu qualifizieren, wenn sie auf unrichtigen Informationen basiert oder ihre Grundlage in sich widersprüchlich oder aus Sicht der Geschäftsführung unrealistisch ist oder wenn gegen die Bewertungsmethodik verstoßen wurde.[738]

h) Wahlrecht des Schiedsgerichts

Die Wahl des Bewertungsverfahrens zur Schadensberechnung lässt sich der Rechtsprechung der Schiedsgerichte, zu deren häufigsten Verfahren Post M&A-Streitigkeiten gehören,[739] nicht ohne Weiteres entnehmen, da diese nicht veröf-

---

732 OLG Stuttgart, Beschluss vom 8.7.2011 – 20 W 14/08, AG 201, 795, 796; So kamen etwa in einem Rechtsstreit vor dem *Delaware Court of Chancery* zwei Parteigutachter unter Anwendung des DCF-Verfahrens zu dem divergierenden Ergebnis, der Aktienwert liege zwischen USD 11,38 und 21,29 bzw. zwischen USD 33,70 und 59,95, da sie unterschiedliche Kennzahlen in dieselbe Berechnungsformel einsetzten, vgl. Delaware Court of Chancery, *Doft & Co. v. Travelocity.com, Inc.*, Memorandum Opinion 21.5.2014, S. 12. Im Ergebnis bewertete ein Parteigutachter den Aktienwert mehr als fünf mal so hoch wie der andere.

733 OLG Stuttgart, Beschluss vom 8.7.2011 – 20 W 14/08, AG 201, 795, 796.

734 Zum Ganzen: OLG Stuttgart, Beschluss vom 8.7.2011 – 20 W 14/08, AG 2011, 795, 796.

735 OLG Stuttgart, Beschluss vom 8.7.2011 – 20 W 14/08, AG 2011, 795, 796.

736 OLG Stuttgart, Beschluss vom 8.7.2011 – 20 W 14/08, AG 2011, 795, 796 f.

737 OLG Stuttgart, Beschluss vom 8.7.2011 – 20 W 14/08, AG 2011, 795, 796.

738 Zum Ganzen: OLG Stuttgart, Beschluss vom 8.7.2011 – 20 W 14/08, AG 2011, 795, 797.

739 *Menz*, in: Post-M&A-Schiedsverfahren, S. 49, 50.

fentlicht werden.[740] Die fehlende Nachvollziehbarkeit der schiedsrichterlichen Rechtsfortbildung wiegt so schwer, dass die Auswertung von Schiedssprüchen in Post M&A-Verfahren Gegenstand eines eigenständigen Forschungsprojekts wurde.[741] Das Forschungsergebnis lautet, dass sich das Ertragswertverfahren und das DCF-Verfahren gleichermaßen in der Praxis der DIS-Schiedsgerichte etabliert haben.[742] Die Auswertung von Schiedssprüchen brachte als weiteres Ergebnis hervor, dass Schiedsgerichte bei der Beurteilung der gutachterlichen Unternehmensbewertungen von einem weiten Ermessensspielraum Gebrauch machten und eine vertretbare Schadensberechnung des Klägers für ausreichend erachteten.[743] So lautete ein Schiedsspruch auszugsweise:

> „Auf Nachfrage erläuterte der Sachverständige, dass es sich bei der EBIT-Marge um eine Grundannahme handele. Die gewählte EBIT-Marge halte er für konservativ, was den geringen Schaden erkläre [Nachweise] Der Sachverständige erläuterte, dass es möglich sei, eine weitere Bereinigung des Modells mit einer geänderten EBIT-Marge vorzunehmen. Dies sei aus seiner Sicht, im Gegensatz zu den von ihm im Gutachten vorgenommenen [...] Bereinigungen, jedoch nicht zwingend.
>
> [...] Da der Sachverständige die für die Schadensberechnung gewählte EBIT-Marge für vertretbar hielt, sieht das Schiedsgericht keine Notwendigkeit hier eine Änderung des Modells und der Schadensberechnung vorzunehmen. Das Schiedsgericht sieht durchaus, dass eine Änderung der EBIT-Marge zu einem anderen, höheren Schaden führen könnte. [Nachweise] Aufgrund der Tatsache, dass es sich bei der EBIT-Marge um eine vertretbare Grundannahme handelt und diese von der für den Schaden darlegungs- und beweispflichtigen Schiedsklägerin für ihre Schadensberechnung selbst gewählt wurde, ist das Schiedsgericht der Ansicht, dass eine Änderung der EBIT-Marge hier jedoch nicht angezeigt ist."[744]
>
> (*Wagner*, in: Elsing/Pickrahn/Pörnbacher/Wagner, M&A-Streitigkeiten vor DIS-Schiedsgerichten, S. 133 Rn. 52)

Die Bewertung dieses Schiedsspruchs als Indikator für eine besonders weite Ermessensausübung durch das Schiedsgericht ist nicht zwingend. Dem Schiedskläger nicht mehr zuzusprechen als von ihm beantragt, kann ebenso als Beachtung des in

740 *Elsing/Kramer*, in: FS Großfeld, S. 109; *Menz*, in: Post-M&A-Schiedsverfahren, S. 49; *Pfiffner*, SchiedsVZ 2017, 256, 257.

741 S. das jüngst erschienene Werk „M&A-Streitigkeiten vor DIS-Schiedsgerichten" von *Elsing/Pickrahn/Pörnbacher/Wagner* als Ergebnis eines Forschungsprojekts des Beirats der Deutschen Institution für Schiedsgerichtsbarkeit (DIS).

742 *Wagner*, in: Elsing/Pickrahn/Pörnbacher/Wagner, M&A-Streitigkeiten vor DIS-Schiedsgerichten, S. 131 Rn. 47.

743 *Wagner*, in: Elsing/Pickrahn/Pörnbacher/Wagner, M&A-Streitigkeiten vor DIS-Schiedsgerichten, S. 132 f. Rn. 52.

744 *Wagner*, in: Elsing/Pickrahn/Pörnbacher/Wagner, M&A-Streitigkeiten vor DIS-Schiedsgerichten, S. 133 Rn. 52.

§ 308 Abs. 1 Satz 1 ZPO kodifizierten Grundsatzes verstanden werden. Dem Schiedskläger mehr als den von ihm konservativ kalkulierten Schadensersatz zuzusprechen, da das Sachverständigengutachten dies für möglich halte, würde eher auf eine weite Ermessensausübung schließen lassen.

Ohnehin sind Schiedsgerichte grundsätzlich zurückhaltend, wenn es darum geht, neues Recht zu sprechen oder weitreichende Leitsätze aufzustellen.[745] Dies entspricht auch ihrer Funktion, der zufolge sie staatliche Gerichte entlasten,[746] dabei anwendbare Rechtsregeln, mithin das staatliche Recht sowie ständige Rechtsprechung und einschlägige Einzelfallentscheidungen staatlicher Gerichte berücksichtigen[747] und den Unternehmenskaufvertrag auslegen sollen.[748] Präjudizien[749] oder Rechtsfortbildung zu schaffen, gehört nicht dazu.[750] Das Schiedsgericht findet seine Legitimation allein aus der Privatautonomie der Parteien,[751] die sich ausdrücklich mit einem Schiedsverfahren einverstanden erklärt haben müssen, bevor es ein Verfahren und damit seine Arbeit aufnehmen darf.[752] Über den Einzelfall hinauswirken und damit Rechtsfortbildung ermöglichen kann eine Entscheidung überdies nur dann, wenn sie veröffentlicht wird.[753] Trotz der privaten Schiedsgerichtsbarkeit genießen Schiedsrichter das gleiche Maß an richterlicher Unabhängigkeit wie deutsche staatliche Richter.[754] Ein Unterschied besteht im Entscheidungsmaßstab: Schiedsgerichte dürfen nach nichtstaatlichen Rechtsvorschriften (§ 1051 Abs. 1 Satz 1 ZPO) oder nach Billigkeit (§ 1051 Abs. 3 ZPO) entscheiden.[755] Inwiefern dies Auswirkungen auf die Schadensberechnung hat, kann mangels Veröffentlichungen allerdings nicht eingeschätzt werden. Die Beliebtheit

745 *Menz*, in: Post-M&A-Schiedsverfahren, S. 49, 52.

746 *Wolff*, in: Post-M&A-Schiedsverfahren, S. 73, 77.

747 *Gerstenmaier*, in: Post-M&A-Schiedsverfahren, S. 115, 116; *Menz*, in: Post-M&A-Schiedsverfahren, S. 49, 52; *Wolff*, in: Post-M&A-Schiedsverfahren, S. 73, 78.

748 *Menz*, in: Post-M&A-Schiedsverfahren, S. 49, 52.

749 Präjudizien sind eine Denkfigur aus dem angelsächsischen Recht und werden im deutschen Recht verstanden als gerichtlich entschiedene abstrakte Rechtsansichten, vgl. *Wolff*, in: Post-M&A-Schiedsverfahren, S. 89, 94.

750 *Menz*, in: Post-M&A-Schiedsverfahren, S. 49, 52; *Wolff*, in: Post-M&A-Schiedsverfahren, S. 73, 79. In dieselbe Richtung auch *Gaier*, in: Post-M&A-Schiedsverfahren, S. 66 f., wonach Schiedssprüche keine Rechtsprechung i.S.d. Art. 92 GG darstellten, da das Rechtsprechungsmonopol beim Staat liege; der letzte Aspekt dürfte str. sein, denn insoweit a.A. *Wolff*, in: Post-M&A-Schiedsverfahren, S. 73, 76, wonach es anerkannt sei, dass es sich bei Schiedssprüchen materiell um Rechtsprechung handelt.

751 *Gaier*, in: Post-M&A-Schiedsverfahren, S. 66 f.

752 *Gaier*, in: Post-M&A-Schiedsverfahren, S. 66.

753 *Gerstenmaier*, in: Post-M&A-Schiedsverfahren, S. 115, 116; *Wolff*, in: Post-M&A-Schiedsverfahren, S. 73, 80.

754 *Berger*, in: FS Elsing, S. 15, 24.

755 *Wolff*, in: Post-M&A-Schiedsverfahren, S. 73, 78.

der Schiedsklauseln in Unternehmenskaufverträgen hat ihre Ursache in den Vorteilen der Schiedsgerichtsbarkeit gegenüber staatlichen Gerichten: Die Öffentlichkeit ist ausgeschlossen und die privaten Schiedsrichter sind fachkundige Anwälte mit einem sehr guten Verständnis und reichen Erfahrungsschatz bezüglich M&A-Transaktionen, was eine hohe Expertise des Schiedsgerichts garantiert. Überdies sind Schiedssprüche, die ansonsten eine Rechtskraftqualität wie rechtskräftige Gerichtsurteile besitzen (§ 1055 ZPO),[756] grenzüberschreitend leichter vollstreckbar als Gerichtsurteile[757] und das Verfahren ist schnell abgeschlossen, da es nur eine Instanz und keinen Instanzenzug gibt. Letzteres ist der Grund dafür, weshalb für Post M&A-Verfahren kaum höchstrichterliche Rechtsprechung existiert.[758]

8 Zwischenergebnis

Angewandt auf das Post M&A-Verfahren bedeutet die normorientierte Unternehmensbewertung, dass der Tatrichter in einem ersten Prüfungsschritt durch Auslegung des Gesetzes das Bewertungsziel zu ermitteln und in einem zweiten Prüfungsschritt ein Bewertungsverfahren auszuwählen hat, das dem Bewertungsziel entspricht. Es sind mithin die folgenden zwei Fragen zu beantworten:

(1) Wie lautet das Bewertungsziel im Post M&A-Verfahren?

(2) Welche Bewertungsmethode entspricht diesem Bewertungsziel?

Das Bewertungsziel wird im Post M&A-Verfahren vorgegeben durch das Schadensersatzrecht (den Anspruchsgrundlagen), das Schadensrecht (den §§ 249 ff. BGB) und das Beweisrecht.

Nach Untersuchung des Schadensersatzrechts kann als Ergebnis und Antwort auf die erste Frage festgehalten werden, dass das Bewertungsziel im Post M&A-Verfahren von der Anspruchsgrundlage, mithin von der einschlägigen Fallgruppe abhängt.

Bei den Fallgruppen „Mängelgewährleistungsrecht" und „Garantieverletzung" gibt das Schadensersatzrecht vor, dass das positive Interesse zu ersetzen ist. Das gesetzliche Bewertungsziel der Anspruchsgrundlagen lautet bei diesen zwei Fallgruppen, dass der Käufer die Differenz zwischen dem Unternehmenswert in mangelfreiem Zustand und dem Unternehmenswert in mangelhaftem Zustand (Unternehmensminderwert) ersetzt verlangen kann. Nach Analyse des Unterneh-

756 *Burianski*, SchiedsVZ 2013, 20, 23.

757 *Demuth*, SchiedsVZ 2012, 271; *Duve/Wimalasena*, in: FS Elsing, S. 73, 95; *Meydin/Sorg*, in: Post-M&A-Schiedsverfahren, S. 11, 13; *Wolff*, in: Post-M&A-Schiedsverfahren, S. 73, 78.

758 Zum Ganzen: *Wilhelmi/Stürner*, in: Post-M&A-Schiedsverfahren, S. 1.

menswertbegriffs kann als weiteres Ergebnis festgehalten werden, dass es sich hierbei nicht um eine objektive Größe handelt, sondern um einen subjektiven Wert, der nur mit Bezug auf ein Bewertungssubjekt ermittelt werden kann.

Bei der Fallgruppe „c.i.c." gibt das Schadensersatzrecht dagegen vor, dass das negative Interesse ersetzt wird. Das gesetzliche Bewertungsziel der Anspruchsgrundlage lautet, dass der Käufer den zu viel gezahlten Teil des Kaufpreises erhält. Nach Analyse des Beweisrechts kann festgehalten werden, dass der zu viel gezahlte Teil des Kaufpreises aus Sicht des Käufers zu bestimmen ist, soweit dieser darlegt, er hätte bei pflichtgemäßer Aufklärung einen geringeren Kaufpreis vereinbart. Nach Analyse der Kaufpreisfindung im Rahmen einer M&A-Transaktion kann als weiteres Ergebnis festgehalten werden, dass die Unternehmensbewertung zur Vorbereitung einer Investitionsentscheidung auf eine Person bezogen ist und dass es sich bei der gesuchten Größe um einen subjektiven Entscheidungswert handelt.

Als Antwort auf die zweite Frage kann nach Analyse der unterschiedlichen Unternehmensbewertungsverfahren festgehalten werden, dass bei den Fallgruppen „Mängelgewährleistungsrecht" und „Garantieverletzung" das Ertragswertverfahren und das DCF-Verfahren dem gesetzlichen Bewertungsziel der Anspruchsgrundlagen in besonderem Maße gerecht werden und deshalb für die Auswahl durch den Tatrichter in Betracht kommen. Hat der Käufer ein kleines oder mittelgroßes Unternehmen erworben, wird das gesetzliche Bewertungsziel „Ersatz des positiven Interesses" durch Anwendung des Ertragswertverfahrens erreicht. Das Ertragswertverfahren bestimmt den Wert inhabergeführter Unternehmen präzise und beziffert folglich das positive Interesse in nicht zu beanstandender Weise. Nach dem Erwerb größerer Unternehmen, insbesondere solcher, die aus ihrer bisherigen Finanzierungsstruktur herausgelöst werden, wird das gesetzliche Bewertungsziel „Ersatz des positiven Interesses" dagegen durch Auswahl und Anwendung des DCF-Verfahrens erreicht. Dem DCF-Verfahren in Form des Entity-Verfahrens gelingt eine Unternehmenswertberechnung unabhängig von der Finanzierungsstruktur des Unternehmens und eignet sich daher für die Ermittlung des positiven Interesses. Nur wenn der Käufer ein kleineres Unternehmen erworben hat, dessen nicht betriebsnotwendiges Vermögen einen überdurchschnittlich hohen Anteil des Gesamtvermögens ausmacht, wird das Substanzwertverfahren dem gesetzlichen Bewertungsziel „Ersatz des positiven Interesses" gerecht und kommt für die Auswahl durch den Tatrichter in Betracht.

IV Die Schadensberechnung nach den gesetzlichen Vorgaben der §§ 249 ff. BGB

Für die vollständige Beantwortung der zwei Fragen sind im Folgenden die Vorgaben des Schadensrechts herauszuarbeiten. Es stellt sich die Frage, welches Bewertungsziel die §§ 249 ff. BGB beinhalten und welches Bewertungsverfahren diesem gesetzlichen Bewertungsziel gerecht wird.

Die gesetzlichen Vorgaben der §§ 249 ff. BGB gelten unabhängig von der Anspruchsgrundlage und deshalb gleichermaßen für die c.i.c. wie auch für das Mängelgewährleistungsrecht[759] und Garantien.[760] Auch wenn die §§ 249 ff. BGB nicht regeln, welches Interesse vom Schadensersatzanspruch umfasst ist, sondern (lediglich) regeln, wie der Schadensersatz zu leisten ist,[761] so wirken sich die in ihnen verankerten Prinzipien gleichwohl auf die Schadenshöhe und mithin auf die Schadensberechnung aus.

Das in den §§ 249 ff. BGB geregelte Schadensrecht enthält drei Prinzipien, die eine Leitlinie für die Schadensberechnung vorgeben: die Totalreparation, das Bereicherungsverbot sowie den Vorrang der Naturalrestitution.[762]

1 Totalreparation

a) Begriff des Schadens

Ein Schaden ist jede unfreiwillige Einbuße an materiellen und immateriellen Gütern in Folge eines bestimmten Ereignisses.[763] Teilweise wird ein Schaden auch als jedes verletzte Interesse definiert.[764] Im Ergebnis sind diese zwei Definitionen

---

759 In Ausnahmen gelten zur Schadensberechnung Sonderregeln wie für das Reisevertragsrecht oder Diskriminierung im Arbeitsrecht, vgl. *Höpfner*, in: Staudinger-BGB, Vorbem. zu §§ 249 ff. Rn. 7.

760 BGH, Urteil vom 15.3.2006 – VIII ZR 120/04, NJW-RR 2006, 1185, 1187; *Elsing/Kramer*, in: FS Großfeld, 109, 113; *Schöne/Uhlendorf*, in: Bilanzgarantien, S. 253, 257 f.; *Wächter*, M&A Litigation, S. 627 Rn. 12.22 einschl. Fn. 27; zur Anwendbarkeit der §§ 249 ff. BGB auf Garantien s. S. 59 ff.

761 *Brand*, in: Bilanzgarantien, S. 305. Diese Aussage ist allerdings hinsichtlich § 252 BGB einzuschränken. Da diese Vorschrift normiert, dass auch der entgangene Gewinn zum zu ersetzenden Schaden gehört und § 252 Satz 2 BGB regelt, was vom entgangenen Gewinn umfasst ist, findet sich im Schadensrecht eine spezielle Regelung über den Umfang des Schadensersatzes.

762 *Brand*, in: Bilanzgarantien, S. 297, 300; *Brand*, in: BeckOGK-BGB, § 249 Rn. 62, 69, 71.

763 *Brand*, Schadensersatzrecht, S. 5 Rn. 1; *Schöne/Uhlendorf*, in: Bilanzgarantien, S. 253, 258; *Wollny*, in: Bilanzgarantien, S. 105, 106.

764 *Brand*, Schadensersatzrecht, S. 5 Rn. 1; vgl. auch *Elsing/Kramer*, in: FS Großfeld, S. 109, 113; *Fuchs/Pauker/Baumgärtner*, Delikts- und Schadensersatzrecht, S. 379.

gleichbedeutend.[765] Der Schaden ist in jedem Einzelfall konkret zu berechnen. Für die Berechnung sind die tatsächlich eingetretene Vermögensminderung (*damnum emergens*) sowie die ausbleibende Vermögensmehrung (*lucrum cessans*) maßgeblich, denn der Schuldner muss dem Gläubiger dessen volles wirtschaftliches Interesse ersetzen.[766]

b) Begrenzung des Schadensersatzanspruchs nach unten hin

Das Schadensrecht soll den Schädiger nicht pönalisieren, sondern es verfolgt als Kernzweck die Restitution, also den Ausgleich der gestörten Vermögensverteilung.[767] Die Ausgleichsfunktion ist Folge der naturrechtlichen Tradition des deutschen Schadensersatzrechts und entstammt der Restitutionslehre der Schule von *Salamanca*, wonach die gestörte Vermögensverteilung zwischen den Parteien behoben werden soll.[768] Diese Ausgleichsfunktion ist sogleich das Fundament für den Grundsatz der Totalreparation, wonach der Schädiger sämtliche Folgen des schädigenden Ereignisses beseitigen, also sowohl unmittelbare wie auch mittelbare Schäden ausgleichen muss.[769] Der Grundsatz der Totalreparation erklärt zugleich, weshalb es bei der Bemessung der Schadensersatzhöhe unerheblich ist, ob der Schädiger leistungsfähig ist oder ob ihn für die Schädigung ein Verschulden oder gar Vorsatz trifft.[770] Die Pflicht besteht, soweit es der Ausgleich erfordert.[771] Entsprechend heißt es, die Totalreparation begrenze den Schadensersatzanspruch nach unten hin.[772]

c) Begrenzung des Schadensersatzanspruchs nach oben hin

In dem Merkmal „soweit" könnte allerdings zugleich eine limitierende Wirkung der Totalreparation *nach oben hin* gesehen werden. Diese These wird durch einen Vergleich mit anderen Rechtsordnungen bestätigt. Anders als beispielsweise in der US-amerikanischen Rechtsordnung wird nach deutschem Recht nur der Schaden ersetzt, der tatsächlich entstanden ist.[773] In den USA prägen zum einen die *treble damages* das

---

765 *Brand*, Schadensersatzrecht, S. 5 Rn. 1.

766 Zum Ganzen: *Grüneberg*, in: Grüneberg, Vorbem. v. § 249 Rn. 21.

767 *Brand*, Schadensersatzrecht, S. 15 Rn. 23, 25, S. 20 f. Rn. 32; *Elsing/Kramer*, in: FS Großfeld, 109, 113; *Ott/Schäfer*, ZIP 1986, 613, 617; *Wächter*, M&A Litigation, S. 617 f. Rn. 12.3, 12.5; *Wagner*, Schadensersatz, S. 5, 12, 14.

768 *Brand*, Schadensersatzrecht, S. 15 Rn. 23, S. 23 f. Rn. 41; *Wächter*, M&A Litigation, S. 622 Fn. 17.

769 Eine Ausnahme besteht für Fälle des hypothetischen Kausalverlaufs, ein Unterfall des Schutzzwecks der Norm.

770 *Brand*, Schadensersatzrecht, S. 20 Rn. 32, S. 24 Rn. 42.

771 *Brand*, Schadensersatzrecht, S. 14 Rn. 21, S. 20 Rn. 32.

772 *Elsing/Kramer*, in: FS Großfeld, S. 109, 113.

773 *Brand*, Schadensersatzrecht, S. 14 Rn. 21.

Schadensrecht, wonach der Geschädigte das Dreifache des tatsächlichen Vermögensschadens verlangen kann, und zum anderen die *punitive damages*, wonach der Verkäufer zur Zahlung eines Strafschadensersatzes verurteilt werden kann, der die Höhe des Schadens bei Weitem übersteigt. Dadurch sollen Schädiger offensichtlich präventiv von schädigendem Verhalten abgehalten werden.[774] Eine solche Rechtsfolge wäre in der deutschen Rechtsordnung mit dem Grundsatz der Totalreparation unvereinbar, was *de facto* einer Begrenzung nach oben hin gleichkommt.

d) (Keine) Präventionswirkung

Ob das deutsche Schadensersatzrecht gleichwohl wie das US-amerikanische eine Präventionsfunktion hat, ist umstritten. Vereinzelt wird dies angenommen, da es geeignet sei, abstrakt das Verhalten potenzieller Schädiger zu lenken.[775] Auf den Einwand, die Existenz eines Versicherungsschutzes könne diese Präventionswirkung aufheben, entgegnen Vertreter dieser Ansicht, dass auch der Versicherte nach wie vor ein Interesse daran habe, seine Versicherungsprämie und damit die Zahl seiner Schadensfälle kleinzuhalten. Die Präventionsfunktion sei deshalb durch einen Versicherungsschutz nicht beeinträchtigt.[776] Nach anderer Ansicht sei die Präventionsfunktion nur ein „erwünschtes Nebenprodukt", das hinter dem Ausgleichsprinzip zurücktrete.[777]

Die Präventionswirkung dürfte, wenn man sie denn annimmt, eine untergeordnete Rolle spielen. Präventions- und Abschreckungswirkung ist in der deutschen Rechtsordnung ein Zweck der Strafandrohung im Strafrecht.[778] Strafe und Prävention sind also in ihrer Zielsetzung eng miteinander verbunden. Da das deutsche Schadensersatzrecht anders als das US-amerikanische unstreitig keine Straffunktion hat, dürfte auch seine Präventions- und Abschreckungswirkung milde ausfallen. Hinzu kommt die Erkenntnis, dass der Grundsatz der Totalreparation den Schadensersatzanspruch in seiner Höhe sogar limitiert. Das ist bedeutungsvoll, denn Schädiger orientieren ihre Schadensvermeidung nicht anhand der drohenden Schäden, sondern anhand der drohenden Schadensersatzpflicht.[779] Sie können sicher sein, dass sie den Käufer zwar vollständig entschädigen müssen, darüber hinaus jedoch nicht. Abschreckung sieht anders aus.

---

774 *Brand*, Schadensersatzrecht, S. 14 Rn. 21; *Böhmer*, NJW 1990, 3049.

775 Dafür: *Wagner*, Schadensersatz, S. 5, 99, 136, mit dem Argument, dass Straf-, Ordnungswidrigkeiten- und Verwaltungsrecht mit der Verhaltenssteuerung überfordert seien.

776 Zum Ganzen: *Brand*, Schadensersatzrecht, S. 16 f. Rn. 26.

777 *Fuchs/Pauker/Baumgärtner*, Delikts- und Schadensersatzrecht, S. 376; *Ott/Schäfer*, ZIP 1986, 613, 620.

778 *Joecks/Erb*, in: MüKo-StGB Einl. Rn. 74; *Kindhäuser/Hilgendorf*, Strafgesetzbuch, vor § 1 Rn. 22 f.

779 *Schäfer/Ott*, Lehrbuch der ökonomischen Analyse des Zivilrechts, S. 386.

e) Vollständige Kompensation als Bewertungszweck

Wie gezeigt, bemisst sich die Wahl der Unternehmensbewertungsmethode nach dem gesetzlichen Bewertungsziel. Bei einer Unternehmensbewertung im Rahmen einer Abfindung i.S.d. § 305 Abs. 1 AktG oder § 327a Abs. 1 Satz 1 AktG ist der gesetzlich vorgegebene Bewertungszweck nach der Auslegung von Rechtsprechung und Lehre eine „volle" oder „vollständige" Entschädigung, die den „wirklichen" oder „wahren" Wert der Beteiligung abbilde.[780] Der Bundesgerichtshof hat entschieden:

> „Das Bewertungsziel einer dem wahren Wert möglichst nahekommenden Schätzung spricht für die Anwendung einer neuen Berechnungsmethode, wenn sie besser geeignet ist, also eine größere Annäherung an den „wahren" Unternehmenswert verspricht".[781]
>
> (BGH, Beschluss vom 29.9.2015 – II ZB 23/14, BGHZ 207, 114, 131 Rn. 42 = AG 2016, 135, 141 Rn. 42 = NZG 2016, 139, 143 f. Rn. 42)

In der Praxis hat sich zur richterlichen Ermittlung des „wahren" Unternehmenswerts durch Gutachter das Ertragswertverfahren durchgesetzt.[782] Die Unternehmensbewertung nach einem aktienrechtlichen *Squeeze-Out* kann allerdings nicht ohne Weiteres auf das Post M&A-Verfahren übertragen werden, da dort andere gesetzliche Regelungen den Bewertungszweck vorgeben. Nach einem aktienrechtlichen *Squeeze-Out* geht es um die Eigentumsgarantie aus Art. 14 Abs. 1 GG,[783] also um den Schutz der Minderheitsaktionäre. Aus diesem Grund ist beispielsweise auch unter bestimmten Voraussetzungen der Börsenkurs bei der Unternehmenswertbestimmung als Untergrenze zu berücksichtigen.[784] Dies ist beim Post M&A-Verfahren anders, da dort nicht der Eigentumsschutz im Vordergrund steht.

Im Post M&A-Verfahren ist die Unternehmensbewertung zu wählen, die den Zweck des Schadensrechts bestmöglich erfüllt. Dieser besteht nach dem Grundsatz der Totalreparation in einer vollständigen Kompensation des Unternehmenskäufers, die durch den tatsächlich eingetretenen Schaden nach unten und oben hin begrenzt ist. Zur Erreichung der Totalreparation muss das zu wählende Unternehmensbewertungsverfahren daher den vollständigen Unternehmensminderwert ermitteln. Da sich beim Unternehmenswert alles um die künftige Entwicklung

780 BGH, Beschluss vom 12.1.2016 – II ZB 25/14, BGHZ 208, 265, 269 Rn. 13 = NJW-RR 2016, 610, 611 Rn. 13; *Fleischer*, AG 2014, 97, 99; *Fleischer*, AG 2016, 185, 190.

781 BGH, Beschluss vom 29.9.2015 – II ZB 23/14, BGHZ 207, 114, 131 Rn. 42 = AG 2016, 135, 141 Rn. 42 = NZG 2016, 139, 143 f. Rn. 42.

782 OLG Stuttgart, Beschluss vom 8.7.2001 – 20 W 14/08, AG 2011, 795, 795.

783 OLG Düsseldorf, Beschluss vom 8.8.2013 – 26 W 17/12, BeckRS 2013, 15476; OLG Hamburg, Beschluss vom 7.9.2020 – 13 W 122/20, DK 2021, 77, 78 f.

784 OLG Frankfurt a.M., Beschluss vom 27.8.2020 – 21 W 59/19, DK 2021, 338, 339; OLG Hamburg, Beschluss vom 7.9.2020 – 13 W 122/20, DK 2021, 77, 78 f.; *Schüler/Lagraf*, DK 2021, 138, 139.

dreht,[785] muss für eine vollständige Schadenserfassung dieses Element in die Ermittlung des Unternehmensminderwerts einfließen. Dadurch führt der Grundsatz der Totalreparation im Post M&A-Verfahren zu einer Abweichung von der Schadensberechnung im Verbrauchsgüterkauf. Der Schaden besteht nicht in einem derzeitigen Vermögensverlust (das Unternehmen ist jetzt weniger wert; *damnum emergens*) und daneben in mangelbedingt verminderten Einnahmen (*lucrum cessans*). Richtigerweise müsste es in anderer Reihenfolge heißen: Das Unternehmen wird aufgrund des Mangels künftig einen geringeren Gewinn erzielen, deshalb ist es heute weniger wert. Denn der Wert ist nach dem Ertragswertverfahren, dem DCF-Verfahren und nach dem *Multiple*-Verfahren der Wert der künftigen Überschüsse. Das Ertragswertverfahren und das DCF-Verfahren tragen diesem Element in besonderer Weise Rechnung, da sie die künftigen Erfolgswerte detailliert planen, transparent festhalten und deren Barwert risikospezifisch berechnen.

Eine Ausnahme gilt freilich für nicht vorhandene oder defekte, nicht betriebsnotwendige Vermögensgegenstände. Da diese nicht die künftigen Erfolgswerte des Unternehmens beeinflussen, besteht der Schaden nur in Höhe des Verkehrswerts dieser Substanzwerte zum Zeitpunkt der letzten mündlichen Verhandlung. Diese Besonderheit wird im Rahmen des Ertragswertverfahrens und des DCF-Verfahrens berücksichtigt. Denn bei diesen beiden Verfahren wird das nicht betriebsnotwendige Vermögen in Höhe seines Marktwerts zum Barwert der künftigen Erträge bzw. *Cashflows* hinzuaddiert. Sollte das nicht betriebsnotwendige Vermögen fehlen oder mangelhaft sein, würden das Ertragswertverfahren und das DCF-Verfahren zu einem entsprechend geringeren Unternehmenswert führen.

Das Substanzwertverfahren wird in der M&A-Praxis nicht zur Berechnung des Unternehmenswerts verwendet, da es anstatt der künftigen Ausschüttungsströme den Liquidations- oder Wiederbeschaffungswert ermittelt.[786] In einer M&A-Transaktion ist aber eine *going-concern*-Betrachtung maßgeblich, denn entscheidend ist der Nutzen, den das zu erwerbende Unternehmen künftig für den Käufer und hypothetisch für den Verkäufer hat, würde er das Unternehmen behalten.[787] Somit lässt sich festhalten, dass das Substanzwertverfahren nur in Ausnahmefällen für die Schadensberechnung im Post M&A-Verfahren geeignet ist, namentlich wenn es ausschließlich um die Mangelhaftigkeit oder das Fehlen von Substanzwerten geht und diese neu zu beschaffen sind. Sobald sich der Mangel jedoch in künftigen, geringeren Ausschüttungsströmen niederschlägt, ist ein kapitalwertorientiertes Verfahren (Ertragswertverfahren oder DCF-Verfahren) oder das *Multiple*-Verfahren zu

---

785 S. oben S. 3.

786 *Elsing/Kramer*, in: FS Großfeld, S. 109, 116 f.

787 *Elsing/Kramer*, in: FS Großfeld, S. 109, 116 f.

wählen. Innerhalb dieser Auswahl verdienen die kapitalwertorientierten Verfahren wegen ihrer zutreffenden Wertabbildung in Bezug auf das nicht betriebsnotwendige Vermögen den Vorzug.

Daneben hat der Käufer wegen des Grundsatzes der Totalreparation einen Anspruch darauf, dass sämtliche Folgeschäden beseitigt werden. Für das Post M&A-Verfahren bedeutet der Grundsatz der Totalreparation, dass der Verkäufer – sofern die jeweilige Anspruchsgrundlage dies umfasst – auch für etwaige Haftungs-, Finanzierungs- oder *Goodwill*-Schäden des Unternehmenskäufers einzustehen hat.[788] Im Post M&A-Verfahren ist wie gezeigt in jeder Fallgruppe der Ersatz von etwaigen Folgeschäden von der jeweiligen Anspruchsgrundlage umfasst. Ein Verstoß gegen den Grundsatz der Totalreparation liegt dann vor, wenn der Verkäufer dem Käufer als Schadensersatz eine Summe zahlt, die nicht sämtliche Folgeschäden abdeckt.[789] Dies ist im Post M&A-Verfahren etwa dann der Fall, wenn der Verkäufer dem Käufer den Nominalwert des Bankguthabens ersetzt, der entgegen der Garantie des Verkäufers tatsächlich nicht existierte, die Schadenersatzzahlung aber nicht berücksichtigt, dass dem Käufer aufgrund des Garantieverstoßes bzw. Mangels Folgeschäden entstanden sind, weil ihm die Geldmittel bis *dato* nicht zur Verfügung standen.[790] Zu denken sei hierbei an Finanzierungsmehrkosten (zu zahlende Zinsen) oder entgangene Zinsen, weil der Käufer die Geldmittel nicht investieren konnte.[791] Ein anderes Beispiel für einen Verstoß gegen den Grundsatz der Totalreparation ist die fehlende Kompensation für die Vermögenseinbuße aufgrund einer Ratingherabstufung oder aufgrund eines *Goodwill*-Verlusts[792] oder Imageschadens. In Post M&A-Verfahren geht es nicht selten um Umweltverschmutzungen, die vom Unternehmen ausgehen, dem Käufer jedoch verheimlicht wurden. Neben den daraus resultierenden bezifferbaren Schäden (Strafzahlungen, Beseitigung der Kontaminationen) geht ein Imageschaden einher, dessen Ausmaß nur schwer abgeschätzt werden kann und je nach Reichweite durch die Presseberichterstattung ein unterschiedliches Ausmaß annimmt. Vertragspartner und Endabnehmer, die von dem Unternehmen und dessen Produkten und Dienstleistungen Abstand nehmen, werden ihre Beweggründe in den seltensten Fällen an das Unternehmen bzw. den Käufer kommunizieren. So bleiben die Folgen des Imageschadens im Dunkeln und dürften im Zweifel vom (Schieds-)Gericht unterschätzt werden.

---

788 *Brand*, in: Bilanzgarantien, S. 297, 301.
789 *Brand*, in: Bilanzgarantien, S. 297, 311.
790 *Brand*, in: Bilanzgarantien, S. 297, 311.
791 *Brand*, in: Bilanzgarantien, S. 297, 311.
792 *Brand*, in: Bilanzgarantien, S. 297, 315.

2 Schadensrechtliches Bereicherungsverbot

Die Ausgleichsfunktion ist nicht nur das Fundament für den Grundsatz der Totalreparation, sondern auch für das Bereicherungsverbot, das dem Schadensrecht inhärent ist.[793] Das schadensrechtliche Bereicherungsverbot kann ferner aus § 242 BGB hergeleitet werden sowie aus § 249 Abs. 2 Satz 1 BGB, der den Anspruch auf den erforderlichen Geldbetrag limitiert.[794] Nach der Definition des Bundesgerichtshofs besagt das schadensrechtliche Bereicherungsverbot, dass der Geschädigte zwar vollen Ersatz verlangen kann, an dem Schadensfall aber nicht „verdienen" soll.[795] Das Bereicherungsverbot ist sämtlichen Normen des Schadensrechts immanent und wirkt sich unmittelbar auf die Schadensberechnung aus. Es ist die Grundlage für die schadenskürzenden Fallgruppen „Vorteilsanrechnung"[796] und „Abzug neu für alt",[797] die im Post M&A-Verfahren aber nur von untergeordneter Bedeutung sein dürften, da der Käufer durch die Pflichtverletzung des Verkäufers selten einen Vorteil erlangt und selten Schadensersatz in Form neuer Güter (etwa einer neuen Maschine) erhält.

Eine Bereicherung des Käufers im Post M&A-Verfahren drängt sich nicht auf, schließlich haben sich Schwierigkeiten beim Erreichen der Totalreparation in Bezug auf Folgeschäden gezeigt. Dennoch ist das Bereicherungsverbot problembehaftet. Im Post M&A-Verfahren kann dann ein Konflikt mit dem schadensrechtlichen Bereicherungsverbot entstehen, wenn der Schaden des Käufers darin besteht, dass der Verkäufer in der Bilanz zu Unrecht eine Forderung aktiviert hat und der Käufer erst nach Gefahrübergang erfährt, dass die Forderung unlängst erloschen war. In diesem Fall würde der Käufer unbillig begünstigt, wenn der Verkäufer ihm den Nominalbetrag als Schadensersatz zahlen müsste. Denn das Risiko des Forderungsausfalls, das der Forderung immanent war, würde der Käufer zu keinem Zeitpunkt getragen haben.

Viel Aufsehen hat in diesem Zusammenhang eine Entscheidung des Oberlandesgerichts München erregt. Dieses entschied ein Post M&A-Verfahren, in dem der Verkäufer unter anderem garantiert hatte, dass Forderungen gegen Kunden in Höhe von EUR 52.010,55 bestünden.[798] Tatsächlich hatten die Kunden diese als offen ausgewiesenen Forderungen zum Bilanzstichtag aber bereits beglichen, sodass kein

---

793 *Brand*, Schadensersatzrecht, S. 22 Rn. 37; *Wagner*, Schadensersatz, S. 5, 12 f.

794 *Schack*, in: FS Stoll, S. 61, 69.

795 BGH, Urteil vom 29.4.2003 – VI ZR 393/02, BGHZ 154, 395, 398 = NJW 2003, 2085; *Wellner*, in: FS Müller, S. 491, 492.

796 *Ganter*, NJW 2012, 801, 802.

797 *Brand*, Schadensersatzrecht, S. 22 Rn. 37.

798 OLG München, Schlussurteil vom 30.3.2011 – 7 U 4226/10, BeckRS 2011, 7200.

Jahresüberschuss, sondern ein Jahresfehlbetrag vorlag. Die Käufer klagten auf Schadensersatz. Das Oberlandesgericht München hat die zu Unrecht aktivierten Forderungen als Schaden qualifiziert und den Verkäufer verurteilt, an die Käufer den Nominalbetrag der Forderungen zu zahlen. Dabei hat das Oberlandesgericht München nicht geprüft, ob die Forderungen werthaltig waren. Im Schrifttum[799] ist diese Entscheidung auf Kritik gestoßen, weil den Käufern trotz fehlerhafter Bilanz wirtschaftlich kein Schaden entstanden sei, wenn die Forderungen nicht werthaltig waren. Bei der Bilanzaufstellung hat der Unternehmer jede Forderung auf ihre Werthaltigkeit und Einbringlichkeit zu überprüfen und, falls es an ihnen fehlt, die Forderung zum Bilanzstichtag entsprechend ihrem Wert nach unten zu korrigieren.[800] Im Schrifttum wurde dafür plädiert, dass das Gericht zu prüfen habe, ob die Forderung werthaltig war. Beweisbelastet für die Werthaltigkeit der zu Unrecht garantierten Forderung sei der Käufer. War die Forderung nicht werthaltig, so würde das Gericht gegen das Bereicherungsverbot verstoßen, wenn es dem Käufer Schadensersatz zuspräche. Denn der Käufer stünde dann wirtschaftlich besser als ohne das schädigende Ereignis, bei dem er zwar eine Forderung hätte, diese jedoch nicht eintreiben könnte.[801] Die Berücksichtigung der Werthaltigkeit der Forderung dürfe dabei freilich nur eine Rolle spielen, wenn der Verkäufer die Forderung zu Unrecht aktiviert und eine Bilanzgarantie abgegeben hat.[802] Denn bei dem Verkauf einer Forderung haftet der Verkäufer grundsätzlich nur für das Bestehen der Forderung (sogenannte Verität), nicht aber dafür, dass sie auch werthaltig ist (sogenannte Bonität)[803] und eine Forderung dürfe bilanziell auch dann aktiviert werden, wenn sie nicht werthaltig ist.[804] Ein Schaden des Käufers entstehe aber nur dann, wenn die garantiewidrig bereits erloschene Forderung tatsächlich werthaltig war. Deshalb sei dieses Kriterium bei der Schadensberechnung zu prüfen.[805] Aufgrund dieser Überlegungen gelangten einige Vertreter des Schrifttums zu der Ansicht, dass das Oberlandesgericht München irrig angenommen habe, die Garantie für eine Forderung erstrecke sich auch auf ihre Werthaltigkeit, was aber nicht korrekt sei.[806]

---

799 *Brand*, in: Bilanzgarantien, S. 297, 310; *Louven/Mehrbrey*, NZG 2014, 1321, 1327.

800 *Christians*, in: Neue Betriebswirtschaft, S. 39, 50.

801 Zum Ganzen: *Brand*, in: Bilanzgarantien, S. 297, 312 f.

802 *Brand*, in: Bilanzgarantien, S. 297, 313.

803 OLG Naumburg, Urteil vom 28.2.1995 – 7 U 38/94, NJW-RR 1995, 799, 800; *Lettmaier*, JA 2021, 265, 270; zur Begründung dieser Formulierung s. S. 66 ff.

804 *Brand*, in: Bilanzgarantien, S. 297, 313.

805 *Brand*, in: Bilanzgarantien, S. 297, 313.

806 Vgl. *Brand*, in: Bilanzgarantien, S. 297, 313.

Diese Schlussfolgerung überzeugt nicht. Nur weil das Oberlandesgericht München die Werthaltigkeit nicht geprüft hat, kann ihm damit noch nicht unterstellt werden, es habe sie als Gegenstand der Garantie qualifiziert. Ausdrücklich hat das Oberlandesgericht München dies zumindest nicht geschlussfolgert. Es stellen sich im Zusammenhang mit dem Urteil des Oberlandesgerichts München und der daran ausgesetzten Kritik mehrere Fragen. Zum einen ist fraglich, ob denn eine Forderung, die zum Übertragungsstichtag gar nicht existierte, überhaupt werthaltig oder nicht werthaltig gewesen sein kann. Es liegt auf der Hand, dass das (Schieds-)Gericht nicht beurteilen kann, ob eine nicht existente Forderung werthaltig war. Und selbst wenn es auf die Werthaltigkeit einer hypothetischen Forderung abstellt, droht die Einschätzung der Werthaltigkeit verfälscht zu werden: So wird das (Schieds-)Gericht darauf abstellen, ob der Forderungsschuldner zum Zeitpunkt des Gefahrübergangs zahlungsfähig war. Dieser kann aber zum Gefahrübergang zahlungsunfähig gewesen sein, weil er bereits zuvor die Forderung tatsächlich beglichen hat. Nur weil er die Forderung kein zweites Mal begleichen kann, käme das (Schieds-)Gericht zu dem irrtümlichen Schluss, dass die Forderung nicht werthaltig gewesen sei. Eine beglichene Forderung war aber werthaltig. Es kann daher nur darauf ankommen, ob die hypothetische Forderung zum Übertragungsstichtag hypothetisch entstanden war, nach den Angaben des Verkäufers nicht einwendungs- oder einredebehaftet war und der Schuldner, der hypothetisch noch nicht geleistet hat, zahlungsfähig war. Mit dieser Herangehensweise sollte die Werthaltigkeit einer hypothetischen Forderung genauer bestimmt werden können. Zum anderen stellt sich aber auch die Frage, ob denn die Empörung über die Entscheidung des Oberlandesgerichts München ihre Berechtigung hat, schließlich handelte es sich um eine Forderung, die von den Kunden bereits beglichen worden war. Die Werthaltigkeit der Forderungen dürfte damit außer Zweifel stehen. Hätte das Oberlandesgericht München geprüft, ob die Kundenforderungen zum Übertragungsstichtag hypothetisch entstanden, nicht einwendungs- oder einredebehaftet waren und ob die Kunden, die hypothetisch noch nicht geleistet hätten, zahlungsfähig waren, dann wäre es zu dem Ergebnis gelangt, dass die hypothetischen Forderungen werthaltig waren und der Urteilstenor wäre derselbe gewesen. Bei Forderungen, die deshalb nicht existieren, weil sie bereits erfüllt worden sind, kann die hypothetische Werthaltigkeit demnach keinen großen Unterschied machen. Anders sieht es freilich aus, wenn die Werthaltigkeit nicht an der Zahlungsfähigkeit der Kunden scheitert. Dies ist dann der Fall, wenn die Forderung entgegen der Aussage des Verkäufers nicht einbringlich ist, allerdings nicht wegen Erfüllung, sondern wegen anderer Einwendungen oder Einreden.

Das schadensrechtliche Bereicherungsverbot ist im Post M&A-Verfahren unter einem weiteren Aspekt von großer Bedeutung. Entscheidet sich der Käufer, den Unternehmensminderwert als kleinen Schadensersatz oder wegen Garantieverletzung ersetzt zu verlangen, ist darauf zu achten, ob die verminderte Ertragskraft des Unternehmens bereits im Rahmen des Unternehmensminderwerts kompensiert wird. Ist dies der Fall, kann sie nicht zusätzlich als weiterer Mangelfolgeschaden ersetzt verlangt werden,[807] da andernfalls gegen das schadensrechtliche Bereicherungsverbot verstoßen würde. Der Käufer darf an dem schädigenden Ereignis eben nicht verdienen.

Das Ertragswertverfahren, das DCF-Verfahren sowie das *Multiple*-Verfahren berücksichtigen die verminderte Ertragskraft bereits bei der Unternehmenswertbestimmung. Sollte der Mangel bzw. die Garantieverletzung zu Erwerbseinbußen führen, so gebietet das schadensrechtliche Bereicherungsverbot, dass diese nicht zusätzlich als Folgeschäden ersetzt werden. Nur in den Fällen, in denen das Substanzwertverfahren zur Anwendung gelangt, wären die künftigen, mangelbedingten bzw. garantiebedingten Erwerbseinbußen gesondert als Folgeschaden zuzusprechen. Das Substanzwertverfahren sollte aber ohnehin nur in den Fällen zur Anwendung kommen, in denen die Mangelhaftigkeit bzw. Garantieverletzung ausschließlich in dem Fehlen oder dem Defekt von nicht betriebsnotwendigem Vermögen liegt.

3 Naturalrestitution, §§ 249, 250, 252 BGB

Der Wortlaut des § 249 Abs. 1 BGB vereint zugleich zwei Vorgaben des Schadensrechts: Zum einen den Ausgleichsgedanken als Zielvorgabe des Schadensrechts und zum anderen die Art und Weise, wie Schadensersatz zu leisten ist, nämlich in Form der Naturalrestitution.[808] Dabei sind diese zwei Vorgaben dogmatisch nicht strikt zu trennen, sondern vielmehr folgt auch die Naturalrestitution ebenso wie der Grundsatz der Totalreparation und das schadensrechtliche Bereicherungsverbot aus dem Ausgleichsgedanken, der wie gezeigt den Leitgedanken des Schadensrechts darstellt.[809] Die §§ 249, 250, 252 BGB formen die Naturalrestitution inhaltlich aus. Die Naturalrestitution besagt, dass der schadensfreie Zustand *in natura* herzustellen ist.[810] Der Geschädigte ist dabei gemäß § 249 Abs. 1 BGB so zu stellen, wie er stünde, wenn sich der vergangene Zustand ohne das schädigende Ereignis fortentwickelt hätte.[811] Die Formen der Naturalrestitution sind vielseitig und umfassen weit mehr als bloß Reparaturen. Der Schädiger kann Naturalrestitution leisten, indem er einen

807 *Ernst*, in: MüKo-BGB, § 281 Rn. 152.
808 *Wächter*, M&A Litigation, S. 619 f. Rn. 12.6, 12.8.
809 *Brand*, Schadensersatzrecht, S. 20 Rn. 32, S. 22 Rn. 38.
810 *Brand*, Schadensersatzrecht, S. 22 Rn. 38; *Brand*, in: Bilanzgarantien, S. 297, 313 f.
811 *Brand*, Schadensersatzrecht, S. 59 f. Rn. 2.

Ersatz liefert, eine bestimmte Rechtslage herstellt, den Geschädigten von Verbindlichkeiten freistellt oder Verträge abschließt.[812]

Nach der Rechtsprechung des Bundesgerichtshofs[813] ist der Geschädigte „Herr des Restitutionsgeschehens". Ihm stehen anlässlich der Naturalrestitution die Reparatur und die Ersatzbeschaffung zur freien Auswahl. Das Bestimmungsrecht des Geschädigten wird selbst in Anbetracht des Spannungsverhältnisses zwischen den Interessengegensätzen von Geschädigtem und Schädiger bzw. dessen Versicherer nicht gemindert.[814]

Die herrschende Stellung des Geschädigten leitet der Bundesgerichtshof aus § 249 Abs. 2 Satz 1 BGB ab, wonach der Geschädigte ersetzungsbefugt sei und die Mittel zur Schadensbehebung frei wählen könne.[815] Die Ersetzungsbefugnis bedeutet im Einzelnen, dass der Geschädigte im Rahmen seiner Dispositionsfreiheit anstelle der Reparatur durch den Schädiger den Schaden selbst beheben und die vom Schädiger erhaltenen Geldmittel frei verwenden kann.[816] Auch im Zusammenhang mit der Ersetzungsbefugnis findet sich berechtigterweise die Betitelung des Geschädigten als „Herr des Restitutionsgeschehens"[817]. Auf die (Nicht-)Anwendbarkeit des § 249 Abs. 2 Satz 1 BGB im Post M&A-Verfahren ist zurückzukommen.[818]

Die Ersatzlieferung anstelle der Reparatur dürfte im Post M&A-Verfahren von geringer Relevanz sein, da eine Ersatzbeschaffung aufgrund der Individualität eines jeden Unternehmens nicht möglich ist. Es stellt sich die Frage, ob eine Ersatzbeschaffung für ein einzelnes *Asset* eine Ersatzlieferung darstellt, denn diese dürfte möglich sein, wenn z. B. eine Produktionsmaschine defekt ist und der Verkäufer sie durch eine funktionsfähige Produktionsmaschine austauschen kann. Auf den ersten Blick handelt es sich hierbei um eine Ersatzbeschaffung, da der Verkäufer dem Käufer ein neues Gut liefert. Allerdings ist der Kaufgegenstand das Unternehmen in seiner Sach- und Rechtsgesamtheit als Ganzes und nicht das einzelne *Asset*. Wenn der Verkäufer ein *Asset* „nachliefert", so wird der Kaufgegenstand hierdurch nicht ausgetauscht. Da sich das Unternehmen unter anderem aus den einzelnen *Assets* zusammensetzt, handelt es sich bei der Ersatzbeschaffung eines *Assets* vielmehr um die Lieferung eines Ersatzteils für den Kaufgegenstand, mithin um eine Reparatur. Die Bezeichnung „Ersatzlieferung" ist im Post M&A-Verfahren aus diesem Grund

812 *Brand*, in: Bilanzgarantien, S. 303; *Oetker*, in: MüKo-BGB, § 249 Rn. 344.
813 BGH, Urteil vom 29.4.2003 – VI ZR 393/02, BGHZ 154, 395, 397 = NJW 2003, 2085.
814 Zum Ganzen: BGH, Urteil vom 29.4.2003 – VI ZR 393/02, BGHZ 154, 395, 397 = NJW 2003, 2085.
815 BGH, Urteil vom 29.4.2003 – VI ZR 393/02, BGHZ 154, 395, 397 f. = NJW 2003, 2085.
816 *Wellner*, in: FS Müller, S. 491, 492.
817 Vgl. *Wellner*, in: FS Müller, S. 491, 492.
818 S. unten S. 166.

irreführend. Vereinzelt lassen sich die Formulierungen „Anschaffungskosten der *Assets*"[819] und „Ersatzanschaffung"[820] finden, wenn davon die Rede ist, dass einzelne *Assets* „nachgeliefert" oder ausgetauscht werden. Um eine Ersatzlieferung handelt es sich dabei streng genommen aber nicht. Deshalb eignet sich für den Austausch einzelner *Assets* besser die Bezeichnung „Reparatur", „Nachbesserung" oder „Herstellung". Im Ergebnis scheidet im Post M&A-Verfahren eine Ersatzlieferung des Unternehmens im Ganzen regelmäßig aus, sodass sich die Naturalrestitution im Rahmen des § 249 Abs. 1 BGB auf eine Reparatur beschränkt.

Gemäß § 250 BGB kann der Käufer Ersatz in Geld verlangen, wenn der Verkäufer die Herstellung nicht rechtzeitig vorgenommen hat. Obwohl es sich um einen Ersatz in Geld handelt, ist § 250 BGB ein Fall der Naturalrestitution, weil es im Kern um die Wiederherstellung geht.[821]

Die Naturalrestitution, die alternativ in Form des Geldersatzes geleistet werden kann, ist abzugrenzen von der Kompensation gemäß §§ 251, 253 BGB, die ausschließlich in Form der Geldentschädigung vorkommt.[822] § 251 Abs. 1 BGB legt fest, dass eine Geldentschädigung nur in Betracht kommt, soweit die Herstellung nicht möglich oder nicht genügend ist. Hieraus ergibt sich ein eindeutiger Vorrang der Naturalrestitution vor der Kompensation.[823] Der Vorrang der Naturalrestitution postuliert einen verstärkten Rechtsgüterschutz, der beispielsweise im US-amerikanischen Schadensrecht so nicht bekannt ist.[824] Der Geschädigte soll nicht gegen seinen Willen auf einen bloßen Geldbetrag verwiesen werden.[825] Dem Integritätsinteresse des Käufers wird folglich ein hoher Rang beigemessen.[826]

Die Rechtspraxis zeichnet hingegen ein anderes Bild, in dem der Geschädigte zumeist von sich aus eine Geldzahlung verlangt.[827] Von den zwei Ausprägungen der Naturalrestitution – Reparatur und Leistung des für die Restitution notwendigen Geldbetrags – stellt die zweite Ausprägung damit in der Praxis den Regelfall dar.[828]

Rechtsdogmatisch ist dies jedoch nicht unzweifelhaft. Den für die Reparatur erforderlichen Geldbetrag kann der Geschädigte nur unter zusätzlichen Voraussetzungen verlangen. Gemäß § 249 Abs. 2 Satz 1 BGB ist die Verletzung einer Person

---

819 Vgl. *Wächter*, M&A Litigation, S. 546 f. Rn. 10.3.
820 Vgl. *Wächter*, M&A Litigation, S. 718 Rn. 12.260.
821 *Schack*, in: FS Stoll, S. 61, 63.
822 *Huber*, Das neue Schadensersatzrecht, § 1 Rn. 3.
823 *Schack*, in: FS Stoll, S. 61, 62.
824 *Schack*, in: FS Stoll, S. 61, 62.
825 *Schack*, in: FS Stoll, S. 61, 62.
826 *Henle*, in: Bilanzgarantien, S. 189, 196.
827 *Schack*, in: FS Stoll, S. 61, 62.
828 *Huber*, Das neue Schadensersatzrecht, § 1 Rn. 3.

oder die Beschädigung einer Sache erforderlich. § 250 Satz 2 BGB fordert den erfolglosen Ablauf einer Frist. Keine dieser Voraussetzungen liegt in den meisten Post M&A-Verfahren vor. Dieses Paradoxon lässt sich zum einen damit erklären, dass der Käufer im Rahmen des kleinen Schadensersatzes bei Möglichkeit der Nacherfüllung nach seiner Wahl den Unternehmensminderwert oder die Mangelbeseitigungskosten verlangen kann, ohne dass in der Literatur oder Rechtsprechung hierbei eine weitere Differenzierung zwischen Naturalrestitution und Wertersatz vorgenommen wird. Zum anderen ist die Rechtspraxis von dem Umstand geprägt, dass Unternehmenskaufverträge üblicherweise eine Klausel enthalten, wonach Schadensersatz ausschließlich in Form einer Geldzahlung zu leisten sei.[829] Dass der Käufer vom Verkäufer eine Geldzahlung anstelle der Vornahme einer Handlung verlangt, dürfte darüber hinaus rechtsökonomisch vorzugswürdig sein. In der Rechtsökonomie ist anerkannt, dass ein Schadensersatzanspruch dem Erfüllungsanspruch vorzuziehen ist, wenn die Kosten der (Nach-)Verhandlung über die Erfüllung (in der Praxis oft unter Hinzuziehung von Rechtsanwälten) die Schadensersatzforderung übersteigen würden. Aus rechtsökonomischen Gesichtspunkten ist dies effizient.[830] Diese Wertung kann auf die Schadensersatzleistung übertragen werden. Für den Verkäufer dürfte der Aufwand steigen, wenn er die Reparaturhandlung selbst vorzunehmen hat, da er zuvor mit dem Käufer die Ausgestaltung der Reparaturmaßnahme wie Auswahl des Ersatzgegenstands, Lieferzeitfenster, Zutrittsgewährung in die Unternehmensräume und Entsorgung des defekten, auszutauschenden *Assets* besprechen müsste. Es dürfte effizienter sein, wenn der Verkäufer dem Käufer stattdessen den für die Beschaffung eines neuen und für Entsorgung des defekten *Assets* erforderlichen Geldbetrag zahlt. Auf weitere rechtsökonomische Aspekte in der Schadensberechnung im Post M&A-Verfahren ist zurückzukommen.[831]

a) Naturalrestitution durch Herstellung eines wirtschaftlich gleichwertigen Zustands?

Die bereits genannte Entscheidung des Oberlandesgerichts München[832] über die falsche Bilanzierung von bereits beglichenen Kundenforderungen wurde im Schrifttum auch in Bezug auf den Vorrang der Naturalrestitution kritisiert. Das Oberlandesgericht München hatte angenommen, der Verkäufer leiste Naturalrestitution, indem er den Nominalbetrag der fehlgebuchten Forderung an den Käufer

829 *Brand*, in: Bilanzgarantien, S. 297, 298 f.; s. hierzu auch S. 269 f.
830 *Schäfer/Ott*, Ökonomische Analyse des Zivilrechts, S. 556.
831 S. S. 250 ff.
832 OLG München, Schlussurteil vom 30.3.2011 – 7 U 4226/10, BeckRS 2011, 7200.

zahle. Diese Auffassung ist vielfach auf Kritik gestoßen,[833] weil dies Wertersatz in Geld darstelle, schließlich habe der Verkäufer nicht dieselben Forderungen gegen die Kunden wieder aufleben lassen oder neu begründet. Das Gericht zeigte ein sehr weites Verständnis von der Naturalrestitution. Naturalherstellung bedeute nach seiner Auffassung, dass der Verkäufer den Käufer so zu stellen habe, als wären die Angaben des Verkäufers zutreffend gewesen. Im Schrifttum hieß es dagegen, eine Naturalrestitution sei schon gar nicht möglich gewesen, schließlich könnten die vom Verkäufer garantierten Forderungen des Unternehmens gegen die Kunden nicht identisch begründet werden. Außerdem hätten die Parteien doch gerade für diesen Fall, dass die Naturalrestitution unmöglich sei, die Leistung von Schadensersatz vereinbart.[834] Das Gericht zog den gegenteiligen Schluss: Die Anforderungen an eine Naturalrestitution dürften nicht überspannt werden. Da dieselben Forderungen nicht wiederhergestellt werden könnten, habe der Verkäufer den Nominalbetrag der fehlgebuchten Forderungen zu erstatten.

In dieses Diskussionsfeld reiht sich nahtlos der Meinungsstreit ein, ob bei der Naturalrestitution exakt der Zustand ohne das schädigende Ereignis (bei der Garantieverletzung also exakt der garantierte Zustand) tatsächlich wiederhergestellt werden müsse[835] oder ob für eine Naturalrestitution die Herstellung eines wirtschaftlich gleichwertigen Zustands genüge.[836] Die Naturalrestitution verlangt nach der zuletzt genannten Ansicht nicht, dass der Zustand ohne schädigendes Ereignis erreicht werden müsse, sondern es genüge, wenn lediglich der wirtschaftliche Zustand wiederhergestellt wird, der ohne schädigendes Ereignis bestünde.[837] Diese Ansicht ließe sich mit dem Argument untermauern, dass bezogen auf die Beschädigung einer Sache unter einer streng naturwissenschaftlichen Betrachtung der *status quo ante* ohnehin nicht wiederhergestellt werden könne.[838] Dieses Argument lässt sich im Post M&A-Verfahren anführen, denn der geschuldete bzw. garantierte Unternehmenszustand zum Gefahrübergang lässt sich nachträglich tatsächlich nicht mehr herstellen. Nach dieser Ansicht solle man deshalb die Grenzen der Naturalrestitution nicht zu eng ziehen. Wenn beispielsweise eine garantierte Forderung nicht existiert, dann könne der Verkäufer im Wege der Naturalrestitution dem Käufer den Forderungsbetrag zahlen. Wenn der Verkäufer beispielsweise

833 Vgl. *Hamann*, in: Bilanzgarantien, S. 175, 181 f.; *Wächter*, NJW 2013, 1270, 1275 f.

834 *Louven/Mehrbrey*, NZG 2014, 1321, 1326 f.

835 So die Ansicht von *Wächter*, M&A Litigation 2014, Rn. 1507.

836 So die Ansicht von *Brand*, in: Bilanzgarantien, S. 297, 311; auch diese Auffassung findet sich bei *Wächter*, wobei er den Begriff der wirtschaftlichen Gleichwertigkeit sehr eng auslegt, vgl. *Wächter*, NJW 2013, 1270, 1275 f.

837 *Brand*, in: Bilanzgarantien, S. 297, 311; *Flume*, in: BeckOK-BGB, § 249 Rn. 56.

838 *Schack*, in: FS Stoll, S. 61, 63.

garantiert hat, das Unternehmen habe Bargeldpositionen, veräußerbare Gegenstände im nicht betriebsnotwendigen Vermögen oder werthaltige Forderungen, und stellen sich diese Garantien als falsch heraus, dann könne der Verkäufer Naturalrestitution durch eine Geldzahlung leisten, weil der Käufer hierdurch wirtschaftlich gestellt wird, wie er ohne schädigendes Ereignis stünde. Die wirtschaftliche Wiederherstellung trete nämlich in diesen Fällen bereits dann ein, wenn der unrichtige Buchwert korrigiert wird, der Käufer also die Buchwertdifferenz ausgeglichen erhalte.[839]

Die erstgenannte Ansicht zieht die Grenzen der Naturalrestitution enger. Der Ausgleich der Buchwertdifferenz stelle keine Naturalrestitution dar, weil der Käufer dadurch keine Forderung erhielte, wie sie garantiert war, sondern ein Bankguthaben. Eine Geldzahlung in Höhe der Buchwertdifferenz könne allenfalls dann eine Naturalrestitution darstellen, wenn die verletzte Bilanzgarantie auf die Höhe des Kassenbestands oder die Höhe des Bankkontostands bezogen war.[840] In allen anderen Bilanzgarantiefällen, wie etwa fehlendem Anlagevermögen oder fehlenden Vorräten, stelle eine Geldzahlung keine Naturalherstellung dar, da nur das Konto oder der Kassenbestand aufgewertet würde.[841] Dann werde eine andere Bilanzposition gemehrt, nämlich die Bilanzposition gemäß § 266 Abs. 2 B. IV. HGB „Guthaben bei Kreditinstituten“. Das sei aber nicht der Inhalt der Garantie gewesen. Dieses Argument überzeugt die Vertreter der Gegenansicht nicht. Bei Schadensersatz wegen einer beschädigten Sache erlaube das Gesetz in § 249 Abs. 2 Satz 1 BGB, dass die Naturalrestitution auch dadurch geleistet werden könne, dass der Geschädigte den für die Reparatur erforderlichen Geldbetrag erhalte und er müsse ihn nicht einmal für die Reparatur aufwenden. Diese Dispositionsfreiheit verdeutliche die Vorschrift des § 249 Abs. 2 Satz 2 BGB.[842]

Bei strenger Lesart des § 249 Abs. 1 BGB geht aus dem Gesetz nicht hervor, dass lediglich ein wirtschaftlich vergleichbarer Zustand herzustellen sei. Selbst wenn man § 249 Abs. 2 BGB ins Feld führt, ändert sich dieses Ergebnis nicht. Denn § 249 Abs. 2 BGB ist nach seinem Wortlaut vielmehr ein Ausnahmetatbestand zu § 249 Abs. 1 BGB und zwar mit einem engen Anwendungsbereich. Zum einen gilt er nur für Personen- und Sachschäden, zum anderen enthält er ein Wahlrecht. Nur im Ausnahmefall genügt also eine wirtschaftliche Wiederherstellung. Ein Grundsatzgedanke für die Naturalrestitution nach § 249 Abs. 1 BGB kann aus dieser Ausnahmevorschrift nicht abgeleitet werden. Das widerspräche dem Wortlaut und der Systematik des § 249 BGB. Überdies handelt es sich bei Garantieverletzungen oder

839 *Brand*, in: Bilanzgarantien, S. 297, 311.
840 *Wächter*, M&A Litigation, S. 771 f. Rn. 12.391.
841 *Wächter*, M&A Litigation, S. 772 Rn. 12.392.
842 *Brand*, in: Bilanzgarantien, S. 297, 311.

Unternehmensmängeln nicht um die Beschädigung einer Person oder einer Sache i.S.d. § 249 Abs. 2 BGB. Ein allgemeiner Grundsatz kann aus einem Ausnahmetatbestand, der nicht einmal einschlägig ist, erst recht nicht abgeleitet werden. Der Wortlaut und die Systematik des § 249 BGB sprechen also dagegen, dass die Naturalrestitution auch die Herstellung eines wirtschaftlich gleichwertigen Zustands umfasse.

Außerdem dürfte ein wirtschaftlicher Ausgleich in Geld nicht so einfach umzusetzen sein, wie es zunächst scheint. Ob zwei Zustände wirtschaftlich gleichwertig sind, ist durch einen Vergleich, namentlich eine Analyse zweier Vermögenslagen, festzustellen. Im Post M&A-Verfahren zeigt ein solcher Vergleich aber schnell, dass es nicht wirtschaftlich gleichwertig ist, ob eine Gesellschaft eine Immobilie mit einem EUR 1 Mio. höheren Buchwert besitzt oder ob die Gesellschaft EUR 1 Mio. mehr „in der Kasse hat".[843]

Diese strenge Lesart des § 249 BGB ist allerdings mit dem Sinn und Zweck der Vorschrift unvereinbar. Ihr Regelungsziel liegt in der vorrangigen Befriedigung des Integritätsinteresses, die Befriedigung des Wertinteresses ist demgegenüber subsidiär.[844] Werden zu hohe Anforderungen an die Naturalrestitution gestellt, so würde dieses Ziel verfehlt, denn die Naturalrestitution würde allzu schnell als unmöglich eingestuft und der Käufer auf die Geldentschädigung (§ 251 BGB) verwiesen. Der Käufer bekäme nicht mehr sein Integritäts-, sondern nur noch sein Wertinteresse ersetzt.[845] Dieser Übergang von Naturalrestitution auf Wertersatz hat für den Käufer den Nachteil, dass seine immateriellen Interessen beim Wertersatz gemäß § 253 Abs. 1 BGB nur unter zusätzlichen Voraussetzungen erstattet werden.[846] Speziell nach einem Unternehmenskauf kann die Naturalrestitution dann für den Käufer vorteilhafter sein als der Wertersatz, wenn z. B. gewerbliche Schutzrechte oder andere Vermögenswerte vom Verkäufer garantiewidrig nicht übertragen wurden.[847] Dies spricht dafür, bereits die Herstellung eines wirtschaftlich gleichwertigen Zustands für die Naturalrestitution ausreichen zu lassen, um den Übergang von der Naturalrestitution zum Wertersatz hinauszuzögern. Auch der Bundesgerichtshof vertritt ein weites Verständnis der Naturalrestitution. Im Fall der Zerstörung eines Unikats und bei Unmöglichkeit der Reparatur sei durch

843 Zum Ganzen: *Wächter*, M&A Litigation, S. 772 Rn. 12.393.

844 *Oetker*, in: MüKo-BGB, § 249 Rn. 325.

845 *Oetker*, in: MüKo-BGB, § 249 Rn. 325.

846 *Oetker*, in: MüKo-BGB, § 249 Rn. 325.

847 *Kästle/Oberbracht*, Unternehmenskauf, S. 205.

die Beschaffung „einer gleichartigen und *gleichwertigen* Sache“ Naturalrestitution zu leisten.[848]

b) Naturalrestitution bei Ersatz des negativen Interesses

Im Post M&A-Verfahren steht dem Käufer im Rahmen der c.i.c. wie gezeigt ein Wahlrecht zu. Die Rückabwicklung des Vertrags in Verbindung mit dem Ersatz der nutzlosen Aufwendungen stellt eine Ausformung der Naturalrestitution dar.[849] Ob auch die Erstattung des zu viel gezahlten Kaufpreises eine Naturalrestitution darstellt, ist umstritten.[850] Die Begründung für die Qualifizierung als Naturalrestitution basiert auf zwei Argumenten. Zum einen könne die Geldzahlung als Ausgleich eine Naturalrestitution sein, da auch die Herstellung eines Zustands oder die Freistellung von einer Verbindlichkeit Ausprägungen der Naturalrestitution darstellten. Zum anderen gehe es darum, einen wirtschaftlich gleichwertigen Zustand herzustellen und dies sei bei der Geldzahlung der Fall.[851] Dieser Ansicht, dass auch die zweite Wahlmöglichkeit des Käufers – die Erstattung des zu viel gezahlten Kaufpreises – eine Naturalrestitution i.S.d. § 249 Abs. 1 BGB darstellt, schließen sich nicht alle an.[852]

Sie überzeugt jedoch, da sie den Zustand herstellt, der ohne schädigendes Ereignis hypothetisch bestehen würde. Wenn sich der Käufer auch ohne Täuschung für den Vertragsschluss entschieden hätte, allerdings nur gegen Zahlung eines geringeren Kaufpreises, dann stellt die Rückzahlung des zu viel gezahlten Teil des Kaufpreises streng genommen die Herstellung des schadensfreien Zustands *in natura* dar. Er wird so gestellt, als hätte sich der vergangene Zustand ohne das schädigende Ereignis fortentwickelt, und dies ist *per* Definition Naturalrestitution.

---

848 BGH, Urteil vom 10.7.1984 – VI ZR 262/82, BGHZ 92, 85, 87 f. = NJW 1984, 2282 (eigene Hervorhebung).

849 *Paefgen/Wallisch*, in: Bilanzgarantien, S. 205, 209.

850 Dafür: *Medicus*, in: FS Lange, S. 539, 556, mit dem Argument, durch Herabsetzung des Kaufpreises werde der Zustand hergestellt, der ohne Pflichtverletzung bestünde und das sei *per* Definition Naturalrestitution i.S.d. § 249 Satz 1 BGB; *Paefgen/Wallisch*, in: Bilanzgarantien, S. 205, 209 f.; *Stoll* in: FS Riesenfeld S. 275, 280 f., mit dem Argument, der Vertragsschluss selbst sei das Schadensereignis, daher sei der günstigere Vertrag ohne Schadensereignis die Naturalrestitution; *Wächter*, M&A Litigation, S. 676 Rn. 12.136; *Wächter/Wollny*, SchiedsVZ 2018, 80, 93.

851 *Wächter*, M&A Litigation, S. 676 Rn. 12.136.

852 A.A. BGH, Urteil vom 23.3.1990 – V ZR 16/89, NJW-RR 1990, 970, 971, mit der Auffassung, dass nur die Vertragsabwicklung, also das Abstandnehmen vom Vertrag eine Naturalrestitution innerhalb der c.i.c. darstelle, denn wenn der Schaden in der Eingehung einer Verbindlichkeit liegt, dann sei die Naturalrestitution gem. § 249 Satz 1 BGB nicht auf Zahlung, sondern auf Vertragsaufhebung gerichtet, dieser Anspruch könne aber gem. § 250 Satz 2 BGB in einen Zahlungsanspruch übergehen.

c) Naturalrestitution bei Ersatz des positiven Interesses (Mängelgewährleistungsrecht)

Wie gezeigt, steht dem Käufer im Rahmen des Mängelgewährleistungsrechts bei Möglichkeit der Nacherfüllung ein Wahlrecht zu, ob er die Kosten der Nacherfüllung oder den mangelbedingten Unternehmensminderwert als Schadensersatz verlangt. Im Verbrauchsgüterkauf dürften diese zwei Posten in etwa auf dieselbe Summe hinauslaufen. So dürfte es beispielsweise keinen großen Unterschied ausmachen, ob der Verkäufer eines defekten Fahrrads die Reparaturkosten i.H.v. EUR 100 bezahlt oder den Minderwert des reparaturbedürftigen Fahrrads i.H.v. EUR 100. Anderes gilt jedoch beim Unternehmenskauf. Es macht für den Verkäufer einen Unterschied, ob er die überschaubaren, einmaligen Reparaturkosten für eine defekte Produktionsmaschine oder den Unternehmensminderwert aufgrund eines dauerhaften Produktionsausfalls zu zahlen hat. Letzterer kann um ein Vielfaches höher sein. Hierin besteht eine Besonderheit der Schadensberechnung im Post M&A-Verfahren: Wirkt sich der Mangel auf das Betriebsergebnis und somit auch auf den *Cashflow* des Unternehmens aus, so wird der Unternehmensminderwert im Vergleich zum Reparaturaufwand erheblich höher ausfallen. Diese Besonderheit des Post M&A-Verfahrens basiert auf dem Umstand, dass der Käufer im Unterschied zum Konsumgüterkauf das Unternehmen nicht nur wegen seines Substanzwerts, sondern auch und vor allem wegen dessen Ertragswerts erwirbt, da er durch das Unternehmen in Zukunft Gewinne zu erwirtschaften hofft. Er bezahlt also für die Inhaberschaft aller künftigen Forderungen. Der Defekt an beispielsweise einer Produktionsmaschine kann nicht nur Reparaturkosten verursachen, sondern zusätzlich Produktionsausfälle, das Nichteinhalten von Lieferterminen, das Abspringen von Kunden oder einen Aufnahmestopp für Neuaufträge.

Bei strenger Umsetzung führt das Wahlrecht des Käufers im Zweifel jedoch zu dem fragwürdigen Ergebnis, dass der Käufer auf die Erstattung einmaliger Reparaturkosten verzichtet und den Minderwert liquidiert, den das Unternehmen aufgrund einer defekten Maschine davonträgt. Genau an dieser Stelle offenbart sich das Problem, dass das Schadensrecht anhand von Konsumgüterkäufen entwickelt worden ist.[853] Der zum kleinen Schadensersatz statt der Leistung allgemein anerkannte Grundsatz, dass der Käufer bei Möglichkeit der Nacherfüllung frei wählen könne, ob er den mangelbedingten Unternehmensminderwert (Mangelunwert) oder die Mangelbeseitigungskosten in Geld ersetzt haben möchte, stößt beim Unternehmenskauf an seine Grenzen.

Untersucht man diesen Fall anhand des Gesetzes, so genießt die Naturalrestitution gemäß § 249 Abs. 1 BGB (Reparatur durch den Verkäufer) Vorrang vor der

853 Zur Kritik s. S. 3 einschl. Fn. 20.

Kompensation gemäß § 251 BGB (Erstattung des Unternehmensminderwerts). Der „Wechsel“ von der Naturalrestitution zur Kompensation ist grundsätzlich nur möglich, wenn die Reparatur unmöglich, ungenügend oder unverhältnismäßig ist, § 251 BGB. Zwar hat der Käufer gemäß § 249 Abs. 2 BGB und § 250 BGB auch innerhalb der Naturalrestitution die Möglichkeit, eine Geldzahlung vom Verkäufer zu verlangen. Hierbei handelt es sich allerdings nicht um den Unternehmensminderwert, sondern um die Reparaturkosten. Damit spricht die Dogmatik des Schadensrechts dagegen, dass der Käufer ein Wahlrecht hat zwischen dem Ersatz der Mängelbeseitigungskosten und dem Unternehmensminderwert. Der „Sprung“ von der Naturalrestitution zur Kompensation durch ein vorbehaltloses Wahlrecht des Käufers erscheint *contra legem.*

Angemessen erscheint eine Korrektur über die Schadensminderungsobliegenheit des Käufers, auf die ab S. 185 näher eingegangen wird. Ist dem Käufer die Reparatur und damit die Verhinderung künftiger Ertragsausfälle möglich, so kann ihm zugemutet werden, den Schaden gering zu halten. Im Ergebnis dürften durch eine zügige Reparatur die Reparaturkosten und der Unternehmensminderwert nicht allzu sehr divergieren.

Eine ähnliche Frage lautet, wie der Schaden zu berechnen ist, wenn eine Reparatur möglich ist, der Mangel allerdings bereits zu Ertragseinbußen geführt hat, die nicht mehr abzuwenden sind. Auf diese Frage wird ab S. 167 näher eingegangen.

d) Entbehrlichkeit einer Unternehmensbewertung im Falle der Naturalrestitution?

Die in der Literatur zur Schadensberechnung im Post M&A-Verfahren zu findenden Lösungsansätze lassen den Eindruck entstehen, es sei lohnenswert, eine Unternehmensbewertung zum Zwecke der Schadensberechnung zu vermeiden.

Nach einem Vorschlag solle der Käufer, wann immer möglich, die einzelnen Schadenspositionen direkt beim Verkäufer liquidieren. Anstatt einen Vergleich der Unternehmenswerte vorzunehmen, solle der Käufer vom Verkäufer die Erstattung von Reparaturkosten, sonstigen Aufwendungen und ggf. den entgangenen Gewinn des Unternehmens verlangen. Dies sei für den Käufer einfacher.[854] Soweit der Mangel nicht zu komplexen Gewinnausfällen führt, sei die einfache Addition der Kosten der Naturalherstellung (Reparatur- oder Ersatzbeschaffungskosten[855]) ausreichend und eine Unternehmensbewertung obsolet, denn der Schaden könne durch Angebotsschreiben, Kostenvoranschläge oder Rechnungen ermittelt und

854 *Meyer-Sparenberg*, in: Beck'sches M&A-Handbuch, § 48 Rn. 32.

855 *Wächter*, M&A Litigation, S. 565 Rn. 11.5.

anschließend addiert werden.[856] Die Mangelbeseitigungskosten stellten auch die richtige Schadensersatzhöhe dar, denn sie konkretisierten den Wertunterschied zwischen dem mangelhaften und dem mangelfreien Unternehmen.[857] Sollten sie noch nicht feststehen, komme ein Feststellungsurteil in Betracht.[858] Diese Art der Schadensberechnung wird als direkte Methode bezeichnet.[859] Die direkte Methode erspare den „Umweg" über den Vergleich von zwei Gesamtvermögenslagen und besteche dadurch, dass sie von Kaufleuten und Privatleuten anerkannt und bevorzugt werde.[860]

Wenn aber die Berechnung des Gewinnausfalls komplex ist, weil sie von Zukunftsprognosen abhängt, sei die Differenz zwischen einem realen und einem hypothetischen Vermögensbestand maßgeblich. Hierfür seien zwei vollständige Geschäftspläne und Unternehmensbewertungen, eine für den realen Fall und eine für den hypothetischen Fall zu erstellen, was als indirekte Methode bezeichnet wird. Die Mehrkosten oder Mindereinnahmen könnten dann nicht als eine einmalige Schadensposition beziffert werden, sondern es sei zu berechnen, wie sich diese über mehrere Jahre hinweg auswirkten, etwa indem die Produktion verringert wurde, indem Kunden verloren gingen oder indem wegen der Reparaturkosten kein Geld für den Rohstoffeinkauf vorhanden war.[861] Für den Gesamtvermögensvergleich durch die indirekte Methode sei das Gesamtvermögen des Käufers – einmal tatsächlich und einmal hypothetisch – durch das DCF-Verfahren oder durch das Ertragswertverfahren zu bestimmen.[862]

Dauert die Beeinträchtigung so lange an, dass der Umsatz gemindert wird, so seien bei der direkten Methode zusätzlich die Folgeschäden wie etwa entgangener Gewinn zu addieren.[863] Bei der indirekten Methode sei dies nicht erforderlich, da diese Schadenpositionen bereits über die geminderten Zuflüsse oder erhöhten Abflüsse in die Unternehmensbewertung einfließen.[864]

Der Zuspruch für die direkte Methode erscheint im Grundsatz stichhaltig, doch die Argumentation muss bedenklich erscheinen. Die Schadensberechnung ist nicht danach auszuwählen, welche Berechnung dem Käufer vermeintlich leichter fällt,

856 *Wächter*, M&A Litigation, S. 563 Rn. 11.1; *Wächter/Wollny*, SchiedsVZ 2018, 80, 87; *Wächter/Wollny*, NZG 2019, 801, 806.
857 *Kiethe*, DStR 1995, 1756, 1759.
858 *Wächter/Wollny*, NZG 2019, 801, 806.
859 *Demuth*, in: Bilanzgarantien, S. 165, 166; *Wächter*, M&A Litigation, S. 730 f. Rn. 12.295, 12.299.
860 *Wächter*, M&A Litigation, S. 731 Rn. 12.299.
861 Zum Ganzen: *Wächter/Wollny*, SchiedsVZ 2018, 80, 87.
862 *Wächter*, M&A Litigation, S. 732 f. Rn. 12.302.
863 *Wächter*, M&A Litigation, S. 563 Rn. 11.1, S. 753 Rn. 12.349.
864 *Wächter*, M&A Litigation, S. 753 Rn. 12.349.

sondern anhand der schadensrechtlichen Vorgaben. Und diese verbieten nach dem herausgearbeiteten Ergebnis eine Bereicherung des Käufers. Eine Schwäche der direkten Methode liegt allerdings darin, dass schadensmindernde Positionen nicht zwingend in die Berechnung einfließen. So kann etwa eine zerstörte, nicht (mehr) betriebsnotwendige Maschine, deren Wert in Geld ersetzt wird, Platz schaffen, der anschließend anderweitig genutzt wird.[865] Die indirekte Methode ist zwar aufwendiger, allerdings finden Schadensminderungen zwangsläufig in der Schadensberechnung Niederschlag.[866]

Überdies darf bezweifelt werden, ob die direkte Methode eine komplexe schadensrelevante Zukunftsprognose umgeht. Wenn bei der direkten Methode die künftigen Ertragseinbußen als entgangener Gewinn[867] zu schätzen sind, um sie mit den Reparaturkosten zu addieren, dann verliert diese Methode den Großteil ihrer Einfachheit und damit ihres Vorteils. Aus diesem Grund sollte die direkte Methode ausschließlich zur Anwendung gelangen, wenn Einmalschäden vorliegen, die sich nicht auf den Ertrag auswirken. Dies ist der Fall bei der Mangelhaftigkeit von ausschließlich nicht betriebsnotwendigem Vermögen. Sobald aber betriebsnotwendiges Vermögen mangelhaft ist oder fehlt und eine künftige Ertragseinbuße verursacht, ist eine Unternehmensbewertung angezeigt.

Diese Kritikpunkte bzw. argumentativen Bedenken bezüglich der direkten Methode klingen teilweise auch in der Literatur an. Die Addition funktioniere nur, wenn es sich um einen Einmalschaden handelt, der sich nicht nachteilig auf das künftige operative Geschäft auswirkt. Das sei der Fall, wenn dem Unternehmen etwas fehlt, etwa Bargeld oder Guthaben oder andere Wirtschaftsgüter, die nicht betriebsnotwendig sind oder wenn die Verbindlichkeiten höher als angegeben sind. War das fehlende Bargeld oder Guthaben allerdings betriebsnotwendig, dann seien die Konsequenzen schadenserhöhend, denn das Unternehmen werde zusätzliche Schulden aufnehmen müssen und hierfür in Zukunft Zinsen an die Gläubiger zahlen.[868]

Diese Differenzierung, die direkte Methode nur bei Einmalschäden an nicht betriebsnotwendigem Vermögen in Betracht zu ziehen, korrespondiert mit der Erkenntnis, das Substanzwertverfahren empfehle sich immer in den Fällen, in denen der Schaden anhand einzelner Aktivposten berechnet werden kann.[869] Die

---

865 *Wächter*, M&A Litigation, S. 731 f. Rn. 12.299 einschl. Fn. 346.

866 *Wächter*, M&A Litigation, S. 732 Rn. 12.300.

867 Zu den Gründen, weshalb es sich bei Ertragseinbußen im Post M&A-Verfahren streng genommen nicht um entgangenen Gewinn i.S.d. § 252 BGB handelt, s. S. 174 ff.

868 *Wächter*, M&A Litigation, S. 604 Rn. 11.134 ff.

869 *Frey/Müller*, in: Bilanzgarantien, S. 281, 291.

Schadensberechnung im Post M&A-Verfahren kommt also nur in den einfachsten Sachverhaltskonstellationen ohne Unternehmensbewertung aus.[870]

e) Naturalrestitution bei Ersatz des positiven Interesses (Garantieverletzung)

Bei Garantieverletzungen sind die §§ 249 ff. BGB anwendbar. Die konsequente Anwendung des Schadensrechts bedeutet, dass auch bei einer Garantieverletzung die Naturalrestitution Vorrang vor der Entschädigung in Geld genießt. Der Bundesgerichtshof beherzigt dies und hat in einem Post M&A-Verfahren entschieden, im Falle der wahrheitswidrigen Garantieerklärung, ein Kredit sei abgelöst (d. h. durch einen neuen Kredit getilgt), habe der Verkäufer den Käufer von der Verbindlichkeit freizustellen.[871] In der Literatur wurde diese Rechtsfolge als Naturalrestitution qualifiziert und aus dem Urteil der Schluss gefolgert, dass auch bei der Garantie der Vorrang der Naturalrestitution gelte.[872] Dies sei auch zutreffend, denn es sei kein Grund ersichtlich, weshalb die §§ 249 ff. BGB bei Garantieverletzungen nicht gelten sollten.[873] Ganz im Gegenteil führe es zu einer unnötigen Verkomplizierung, wenn trotz tatsächlicher Möglichkeit einer Naturalrestitution (z. B. Reparatur) den Parteien diese pragmatische Lösung verwehrt bliebe und stattdessen eine Schadensersatzberechnung mit Unternehmenswerten angestrengt würde.[874] Ihr Einverständnis mit der Naturalrestitution würden die Parteien damit zum Ausdruck bringen, dass in den meisten Unternehmenskaufverträgen als Rechtsfolge einer Garantieverletzung die Naturalrestitution als vorrangig vereinbart sei.[875]

Ein Kritikpunkt der Literatur richtet sich dagegen, dass einige Gerichte nicht die Naturalrestitution prüften und damit ihren Vorrang missachten würden, indem sie bei einer Garantieverletzung direkt zum § 251 Abs. 1 BGB „springen".[876] Bei Garantieverletzungen sei eine Naturalrestitution aber sachgerechter. Betreffe die Garantie das Nichtbestehen einer in Wirklichkeit existenten Verbindlichkeit, sei Naturalrestitution daher in Form der Freistellung zu leisten.[877]

Auch wenn die Naturalrestitution eine pragmatische Lösung darstellen mag, ist doch in jedem Einzelfall zu prüfen, ob sie den Grundsatz der Totalreparation wahrt. Führt nämlich die Garantieverletzung zu künftigen Ertragseinbußen, so wäre eine Reparatur allein wohl nicht ausreichend, um das positive Interesse des Käufers

870 *Wächter/Wollny*, NZG 2019, 801, 802.
871 BGH, Urteil vom 10.2.1999 – VIII ZR 70/98, ZIP 1999, 607, 609.
872 Vgl. *Wächter*, M&A Litigation, S. 713 f. Rn. 12.249.
873 *Wächter*, M&A Litigation, S. 716 Rn. 12.256.
874 *Wächter*, M&A Litigation, S. 718 Rn. 12.260.
875 *Wächter*, M&A Litigation, S. 718 Rn. 12.260.
876 *Wächter*, M&A Litigation, S. 714 Rn. 12.250.
877 *Wächter*, M&A Litigation, S. 720 Rn. 12.266 einschl. Fn. 301.

vollständig zu ersetzen. Auf diese Sachverhaltskonstellation wird ab S. 167 ausführlich eingegangen.

aa) Bilanzgarantie: Naturalrestitution durch Bilanzauffüllung?

Zu den Garantien, die häufig in Unternehmenskaufverträgen abgegeben werden, gehört auch die Bilanzgarantie.[878] Eine Bilanzgarantie bedeutet, dass der Verkäufer garantiert, dass die bilanziellen Angaben korrekt sind.[879] Die Bilanzgarantie hat bei Unternehmenskäufen deshalb eine so große Bedeutung und häufige Verwendung, da die Bewertung des Unternehmens maßgeblich auf dem jüngsten zum Transaktionszeitpunkt vorliegenden Jahresabschluss basiert.[880] Der Käufer stützt seine gesamte Wirtschaftlichkeitsanalyse und Kaufpreiskalkulation auf die Bilanz, die er vom Verkäufer erhalten hat. Folglich ist der Käufer darauf angewiesen, dass die Bilanzangaben korrekt sind, da seine Kalkulation andernfalls ihre Grundlage verliert. Dementsprechend verlangt er vom Verkäufer die Abgabe einer Bilanzgarantie.

(i) Vorrang der Naturalrestitution bei Bilanzgarantien

Bei der Bilanzgarantie handelt es sich regelmäßig[881] um eine selbstständige Garantie i.S.d. § 311 Abs. 1 BGB.[882] Bei einer selbstständigen Garantie wird die Verpflichtung zur Schadloshaltung übernommen, falls der garantierte Erfolg nicht eintritt.[883] Der Umfang der Schadloshaltung bestimmt sich nach den Grundsätzen des Schadensrechts und die §§ 249 ff. BGB finden auf Garantieverpflichtungen Anwendung.[884] Der Garantieschuldner hat den Gläubiger so zu stellen, als ob der garantierte Erfolg eingetreten und der Schaden nicht entstanden wäre.[885] Deshalb verlangt die Naturalrestitution bei verletzten Bilanzgarantien, dass der Verkäufer

---

878 *Beisel*, in: Beisel/Klumpp, Der Unternehmenskauf, § 16 Rn. 87 f.

879 *Beisel*, in: Beisel/Klumpp, Der Unternehmenskauf, § 16 Rn. 88; *Picot*, Handbuch Mergers & Acquisitions, S. 332; zu den unterschiedlichen Tatbeständen der sog. harten Bilanzgarantie und weichen Bilanzgarantie s. *Schulz/Sommer*, NZG 2018, 50, 52.

880 *Mohamed*, DNotZ 2019, 884, 885.

881 Wobei die Rechtsqualität der vom Verkäufer im Unternehmenskaufvertrag abgegebenen Garantien stets im Einzelfall durch Auslegung zu ermitteln ist, §§ 133, 157 BGB (s. hierzu auch S. 57 ff.).

882 So das Auslegungsergebnis in einem Rechtsstreit vor dem OLG München, Schlussurteil vom 30.3.2011 – 7 U 4226/10, BeckRS 2011, 7200.

883 BGH, Urteil vom 10.2.1999 – VIII ZR 70/98, NJW 1999, 1542, 1543; *Weidenkaff*, in: Grüneberg, § 443 Rn. 9.

884 BGH, Urteil vom 11.7.1985 – IX ZR 11/85, NJW 1985, 2941, 2942; BGH, Urteil vom 10.2.1999 – VIII ZR 70/98, NJW 1999, 1542, 1544.

885 BGH, Urteil vom 10.2.1999 – VIII ZR 70/98, NJW 1999, 1542, 1544; *Brand*, in: Bilanzgarantien, S. 297, 308.

den Käufer in die wirtschaftliche Situation versetzt, in der er sich bei richtiger Bilanz befunden hätte.[886] Auch nach der Verletzung einer Bilanzgarantie ist – vorbehaltlich einer abweichenden Individualvereinbarung der Parteien[887] – der Zustand herzustellen, der bestehen würde, wenn der zum Ersatz verpflichtende Umstand nicht eingetreten wäre (§ 249 Abs. 1 BGB).[888] Für die Schadensberechnung ist zwischen der Naturalrestitution (§ 249 Abs. 1 BGB) und dem Wertersatz (§ 251 Abs. 1 BGB) zu differenzieren, wobei auch hier die Naturalrestitution den Vorrang genießt.[889] Erst wenn die Herstellung des garantierten Zustands unmöglich ist, steht dem Käufer ein Schadensersatzanspruch in Geld zu.[890] Der Vorrang der Naturalrestitution bei Bilanzgarantien ist im Ausgangspunkt unstreitig und sowohl in der Literatur[891] als auch in der Rechtsprechung[892] herrscht hierüber insoweit Einigkeit.

(ii) Bilanzauffüllungsthese

In welcher Form bei Bilanzgarantien Naturalrestitution zu leisten ist, ist in der Rechtsprechung und Literatur allerdings umstritten, insbesondere unter dem Gesichtspunkt der hierzu entwickelten Bilanzauffüllungsthese.[893] Die Bilanzauffüllungsthese hat zum Inhalt, dass der Verkäufer, wenn er einen Posten zu Unrecht aktiviert hat, die entsprechende Summe nachschießen soll. Hat er einen Posten zu Unrecht nicht passiviert, soll er die entsprechende Gegenposition aufbauen.[894] Die Bilanzauffüllungsthese bedeutet im Ergebnis, dass der Betrag, um den die Bilanzgarantie unrichtig ist, als Schadensersatz zu zahlen ist.[895] Der Schaden beträgt nach der Bilanzauffüllungsthese also die Differenz zwischen dem garantierten Bilanz-

---

886 *Brand*, in: Bilanzgarantien, S. 297, 308; *Hilgard*, BB 2013, 937, 939.

887 So die Rechtslage in dem bereits auf S. 135 Fn. 798 genannten Rechtsstreit vor dem OLG München, Schlussurteil vom 30.3.2011 – 7 U 4226/10, BeckRS 2011, 7200 sowie in einem Rechtsstreit vor dem OLG Frankfurt a. M., Urteil vom 7.5.2015 – 26 U 35/12, NZG 2016, 435, 438 Rn. 73. Dort hatten die individualvertraglichen Rechtsfolgenregelungen für die Bilanzgarantien Vorrang vor den dispositiven §§ 249 ff. BGB, sie stimmten allerdings inhaltlich mit dem Gesetzesrecht überein.

888 *Wächter*, M&A Litigation, S. 770 f. Rn. 12.388.

889 *Wächter*, M&A Litigation, S. 763 Rn. 12.372.

890 *Picot*, Handbuch Mergers & Acquisitions, S. 333.

891 *Wächter*, M&A Litigation, S. 763 Rn. 12.372; *Picot*, Handbuch Mergers & Acquisitions, S. 333.

892 BGH, Urteil vom 11.7.1985 – IX ZR 11/85, NJW 1985, 2941, 2942; BGH, Urteil vom 10.2.1999 – VIII ZR 70/98, NJW 1999, 1542, 1544.

893 *Brand*, in: Bilanzgarantien, S. 297, 309; vgl. OLG München, Schlussurteil vom 30.3.2011 – 7 U 4226/10, BeckRS 2011, 7200 Rn. 33; OLG Frankfurt a. M., Urteil vom 7.5.2015 – 26 U 35/12, NZG 2016, 435, 438 Rn. 73.

894 Zum Ganzen: *Brand*, in: Bilanzgarantien, S. 297, 309; *Wächter*, NJW 2013, 1270, 1274.

895 *Hennrichs*, NZG 2014, 1001, 1005; *Wächter*, M&A Litigation, S. 765 Rn. 12.377.

wert und dem korrigierten Bilanzwert (Buchwertdifferenz).[896] Obwohl die Bilanzauffüllungsthese stets eine Schadensersatzzahlung in Geld fordert, nimmt sie für sich in Anspruch, die richtige Form der Naturalrestitution zu erreichen.[897]

(iii) Uneinheitliche Rechtsprechung

Die Bilanzauffüllungsthese wird vor allem in der Rechtsprechung vertreten.[898] Das Oberlandesgericht München hat in dem bereits erörterten[899] Urteil aus dem Jahr 2011 entschieden, dass bei einer verletzten Bilanzgarantie Naturalrestitution geleistet werde, indem die Gesellschaft so zu stellen sei, als wären die Angaben im Jahresabschluss richtig gewesen und als bestünden die fehlerhaft als offen gebuchten Forderungen nach wie vor (obwohl sie tatsächlich nicht mehr bestanden, worin der Verstoß gegen die Bilanzgarantie lag).[900] Auch wenn die Herstellung der identischen Forderungen gegen dieselben Schuldner tatsächlich nicht mehr möglich sei, ändere dies nichts an diesem Ergebnis. Die Anforderungen an die Naturalrestitution dürften nicht überspannt werden. Es genüge, wenn die Forderung gegen den Verkäufer begründet werde in Form eines Zahlungsanspruchs gegen den Verkäufer in Höhe der fehlgebuchten Forderungen.[901] Damit hat das Oberlandesgericht München die Bilanzauffüllungsthese anerkannt. Die Rechtsprechung ist insoweit allerdings nicht einheitlich. Das Oberlandesgericht Frankfurt a. M.[902] entschied im Jahr 2015 einen ähnlichen Fall einer Bilanzgarantieverletzung gegensätzlich. Bei Verletzung einer Bilanzgarantie sei der Käufer nach dem Oberlandesgericht Frankfurt a. M. – so hatten es die Parteien im Unternehmenskaufvertrag vereinbart[903] – so zu stellen, wie er stehen würde, wenn die entsprechende Bilanzgarantie zutreffend gewesen wäre.[904] Im Ausgangspunkt gingen beide Oberlandesgerichte mithin von identischen Voraussetzungen aus. Das Oberlandesgericht Frankfurt a. M. gelangte jedoch zu einer gegenläufigen Rechtsfolge: Da die Bilanzgarantie für die Kaufentscheidung und insbesondere für die Kaufpreisfindung

---

896 *Wächter*, M&A Litigation, S. 771 Rn. 12.389.

897 *Brand*, in: Bilanzgarantien, S. 297, 308.

898 *Brand*, in: Bilanzgarantien, S. 297, 308; vgl. OLG München, Schlussurteil vom 30. 3. 2011 – 7 U 4226/10, BeckRS 2011, 7200 Rn. 33; LG Limburg a. d. Lahn, Urteil vom 29. 6. 2012 – 1 O 28/10.

899 S. oben S. 135 ff.

900 OLG München, Schlussurteil vom 30. 3. 2011 – 7 U 4226/10, BeckRS 2011, 7200 Rn. 33.

901 OLG München, Schlussurteil vom 30. 3. 2011 – 7 U 4226/10, BeckRS 2011, 7200 Rn. 33; zustimmend *Schulz/Sommer*, NZG 2018, 50, 53.

902 OLG Frankfurt a. M., Urteil vom 7. 5. 2015 – 26 U 35/12, NZG 2016, 435 – 440.

903 Diese individualvertragliche Rechtsfolgenregelung für die Bilanzgarantie stimmt inhaltlich mit dem Gesetzesrecht überein. S. hierzu auch S. 151 Fn. 887.

904 OLG Frankfurt a. M., Urteil vom 7. 5. 2015 – 26 U 35/12, NZG 2016, 435, 438 Rn. 73.

maßgeblich sei, sei der Käufer so zu stellen, wie wenn es ihm gelungen wäre, das Unternehmen zu einem günstigeren Kaufpreis zu erwerben.[905] Damit sprach das Oberlandesgericht Frankfurt a. M. das negative Interesse zu und lehnte sich ausdrücklich an die Rechtsprechung des Bundesgerichtshofs zur c.i.c.-Haftung an.[906] Die Rechtsprechung des Bundesgerichtshofs, wonach bei einer Garantieverletzung das positive Interesse zu ersetzen sei, hat das Oberlandesgericht Frankfurt a. M. außer Betracht gelassen, was im Schrifttum auf Kritik gestoßen ist.[907] Die Vorinstanz[908] hatte noch im Einklang mit dem Oberlandesgericht München die Bilanzauffüllungsthese vertreten,[909] diese Lösung lehnte das Oberlandesgericht Frankfurt a. M. aber kategorisch ab.

In der Diskussion um die Bilanzauffüllungsthese wurde aus einer älteren Entscheidung des Bundesgerichtshofs[910] aus dem Jahr 1977 geschlussfolgert, er habe die Bilanzauffüllungsthese abgelehnt.[911] Auf den Bundesgerichtshof könne sich daher „niemand stützen, der eine ‚Bilanzauffüllung' als Schadensersatz fordert."[912]

Diese Schlussfolgerung erweist sich jedoch als nicht begründbar und ist im Schrifttum vereinzelt geblieben. Der Bundesgerichtshof hat sich in dem Urteil zwar kritisch dazu geäußert, dass die Vorinstanz die Bilanzauffüllungsthese angewendet hatte, allerdings korrigierte er das Berufungsurteil dahingehend, dass der Schadensersatzanspruch aus c.i.c. folge und der Schaden deshalb nicht in der Differenz zwischen dem bilanzmäßig ausgewiesenen Gewinn und dem tatsächlichen Verlust, sondern in dem zu viel gezahlten Teil des Kaufpreises liege.[913] Tatsächlich hat der Bundesgerichtshof bislang nicht zur Bilanzauffüllungsthese Stellung genommen. Denn auch in einem anderen Fall, der zur Entscheidung durch den Bundesgerichtshof gelangte und in dem eine Bilanz fehlerhaft war, erklärte er die c.i.c. zur richtigen Anspruchsgrundlage, da kein Unternehmenskauf, sondern ein Anteilskauf i.H.v. 60 % der Geschäftsanteile vorlag.[914] Der Bundesgerichtshof hatte somit bislang

---

905 Zum Ganzen: OLG Frankfurt a. M., Urteil vom 7.5.2015 – 26 U 35/12, NZG 2016, 435, 438 Rn. 73.

906 OLG Frankfurt a. M., Urteil vom 7.5.2015 – 26 U 35/12, NZG 2016, 435, 438 Rn. 75; BGH, Urteil vom 25.5.1977 – VIII ZR 186/75, BGHZ 69, 53 – 59 = NJW 1977, 1536 – 1538; BGH, Urteil vom 2.6.1980 – VIII ZR 64/79, NJW 1980, 2408 – 2410.

907 *Schulz/Sommer* bewerten das Urteil des OLG Frankfurt a. M. aus diesem Grund als Fehlentscheidung, vgl. *Schulz/Sommer*, NZG 2018, 50, 53 f.

908 LG Limburg a. d. Lahn, Urteil vom 29.6.2012 – 1 O 28/10.

909 *Mehrbrey/Hofmeister*, NZG 2016, 419, 420.

910 BGH, Urteil vom 25.5.1977 – VIII ZR 186/75, BGHZ 69, 53 – 59 = NJW 1977, 1536 – 1538.

911 *Hilgard*, BB 2013, 937, 941.

912 *Hilgard*, BB 2013, 937, 941.

913 BGH, Urteil vom 25.5.1977 – VIII ZR 186/75, BGHZ 69, 53, 58 f. = NJW 1977, 1536, 1538.

914 BGH, Urteil vom 2.6.1980 – VIII ZR 64/79, NJW 1980, 2408 – 2410.

keinen Anlass, zur Bilanzauffüllungsthese als Form der Naturalrestitution Stellung zu nehmen.

(iv) Verstoß gegen Grundsätze des Schadensrechts

Im Schrifttum wird die Bilanzauffüllungsthese nur vereinzelt vertreten,[915] die überwiegende Zahl der Autoren lehnt sie dagegen ab.[916]

Den Anforderungen des Schadensrechts wird die Bilanzauffüllungsthese erkennbar nicht gerecht. Das Bedürfnis nach einer schlichten Schadensberechnung durch Bilanzauffüllung ist zwar nachvollziehbar, doch die Kritik lautet zu Recht, dass mit der Bilanzauffüllungsthese „das Schadensrecht über Bord geworfen"[917] wird. Die Frage, welcher Zustand ohne das schädigende Ereignis bestünde (Ausgleichsprinzip), wird mit der Bilanzauffüllungsthese nicht beantwortet und noch nicht einmal gestellt.

Auch das Prinzip der Totalreparation[918] und das Bereicherungsverbot werden mit der Bilanzauffüllungsthese ausgeblendet und – je nach Sachverhaltskonstellation – sogar verletzt. Das Prinzip der Totalreparation wird verletzt, sobald der falsche Bilanzwert aus einem Umstand herrührt, der zu Folgeschäden führte, denn Folgeschäden werden von der Bilanzauffüllungsthese nicht erfasst.[919] Das schadensrechtliche Bereicherungsverbot wird verletzt, wenn die falsche Bilanz keinen Schaden verursachte und gleichwohl eine Bilanzauffüllung erfolgt. Zu denken ist etwa an einen immateriellen Vermögensgegenstand, der zu Unrecht in der Bilanz ausgewiesen wird. So kann ein Patent für ein neues Verfahren in der Bilanz stehen, obwohl das Patent tatsächlich nicht erteilt worden ist. Stellt sich im Nachgang heraus, dass das neue Verfahren fehlerhaft und somit unbrauchbar ist, liegt kein wirtschaftlicher Schaden vor, da das Patent, selbst wenn es existiert hätte, wirtschaftlich wertlos gewesen wäre. Müsste der Verkäufer gleichwohl den Bilanzwert des Patents an den Verkäufer als Schadensersatz zahlen, würde der Käufer an der Bilanzgarantieverletzung verdienen.

Ein anderes Beispiel für eine Überkompensation durch Bilanzauffüllung lautet, dass die Bilanzgarantie unrichtig ist, wenn fehlerhaft keine Rückstellungen für einen rechtshängigen Prozess gebildet wurden. Wenn der Prozess in Zukunft aber

---

915 Vgl. *Bergjan*, in: Saenger/Aderhold/Lenkaitis/Speckmann, Handels- und Gesellschaftsrecht, § 11 Rn. 152, (ohne nähere Begründung); mit Einschränkungen im Einzelfall: *Schulz/Sommer*, NZG 2018, 50, 53 f.

916 Vgl. *Beisel*, in: Beisel/Klumpp, Der Unternehmenskauf, § 16 Rn. 83; *Hennrichs*, NZG 2014, 1001, 1005 f.; *Paefgen/Wallisch*, in: Bilanzgarantie, S. 205, 220 f.; *Wächter*, M&A Litigation, S. 765 Rn. 12.377.

917 *Wächter*, M&A Litigation, S. 765 Rn. 12.377.

918 Zu diesem Ergebnis gelangt auch *Wächter*, M&A Litigation, S. 770 Rn. 12.386.

919 *Wächter*, M&A Litigation, S. 783 Rn. 12.427.

gewonnen wird, dem Käufer also kein wirtschaftlicher Schaden entsteht, stünde der Käufer bei Anwendung der Bilanzauffüllungsthese und Zahlung der Buchdifferenz sogar besser, als wenn die Bilanz richtig gewesen wäre, denn er würde den Prozess gewinnen und vom Verkäufer eine Kompensation erhalten, zu deren Zahlung er nicht verurteilt worden ist.[920]

(v) Bilanzwert entspricht nicht Höhe des Schadens

Gegen die Bilanzauffüllungsthese sprechen noch weitere Argumente. Die Bilanzauffüllungsthese verzichtet auf eine korrekte Schadensberechnung. Buchwerte entsprechen nicht den Verkehrswerten.[921] Der Verkehrswert ist der Betrag, den ein Dritter als Erwerber üblicherweise zu zahlen bereit ist.[922] Der Bilanzwert setzt sich dagegen unter anderem zusammen aus den Anschaffungskosten, dem Anschaffungsdatum, den Abschreibungsraten und dem Zustand.[923] Abschreibungen erfassen den Wertverzehr, der durch die Nutzung eines Anlagegegenstands eintritt. Der Wertverzehr kann ver- oder gebrauchsbedingte, zeit- oder rechtlich bedingte Ursachen haben.[924] Mag bei der Bilanzposition „Barvermögen" (Kassenbestand und Bankguthaben) der Bilanzwert dem Verkehrswert noch in etwa entsprechen und eine Bilanzauffüllung ungefähr die tatsächliche Schadenshöhe kompensieren, so ist bei anderen Bilanzpositionen die Schadenshöhe ein anderer Wert als die Bilanzdifferenz. Am Beispiel von betriebsnotwendigem Vermögen wird deutlich, dass selbst ein pauschales Abstellen auf den Verkehrswert der Bilanzposition für die Schadensberechnung zu undifferenziert wäre. Bei betriebsnotwendigem Vermögen wie Vorräten kommt es aus Sicht des Käufers nicht auf den Wert an, den sie bei einer Weiterveräußerung generieren würden, sondern auf den Gewinn, den er durch ihre Weiterverarbeitung generieren kann. Auf Letzteren kommt es aber an, schließlich ist der Schaden des Käufers gemäß § 249 Abs. 1 BGB danach zu bemessen, wie der Käufer stünde, wenn die Vorräte so hoch wären, wie in der Bilanz ausgewiesen. Die künftige Gewinnrealisierung bleibt bei der Bilanzauffüllungsthese aber völlig unberücksichtigt und würde den Schaden zu gering bemessen,[925] denn in der Bilanz sind die Werte der Vorräte nicht mit der Summe ausgewiesen, die sie erwirtschaften werden, sondern nach den gewogenen durchschnittlichen Anschaffungs- oder Herstellungskosten.[926]

920 Zu diesem Beispiel *Wächter*, NJW 2013, 1270, 1274 f.; *Wächter*, M&A Litigation, S. 784 f. Rn. 12.431.
921 *Wächter*, M&A Litigation, S. 769 Rn. 12.383; zustimmend *Hilgard*, BB 2013, 937, 938.
922 BGH, Urteil vom 20.3.1995 – II ZR 205/94, BGHZ 129, 136, 164 = DStR 1995, 1232, 1236.
923 *Wächter*, M&A Litigation, S. 764 Rn. 12.373.
924 Zum Ganzen: *Christians*, in: Neue Betriebswirtschaft, S. 39, 73.
925 *Wächter*, M&A Litigation, S. 767 f. Rn. 12.381 f.
926 *Boecker/Lindmayr*, in: Beck-STBH, B. Die Posten des Jahresabschlusses 1.B.I.1.a. Rn. 533.

Vom Buchwert und Verkehrswert außerdem zu unterscheiden ist der Unternehmensminderwert. Buchwerte von betriebsnotwendigem Vermögen sind für die Unternehmensbewertung sogar weitgehend irrelevant.[927] Bei Garantieverletzungen kommt es, soweit die Naturalherstellung unmöglich oder ungenügend ist, zu einer Entschädigung in Geld gemäß § 251 Abs. 1 Alt. 1 BGB.[928] Für eine Wertentschädigung gemäß § 251 Abs. 1 BGB müsse die Unternehmenswertminderung ermittelt werden, der Unternehmenswert müsse also zunächst anhand seiner künftigen Überschüsse ermittelt werden. Der Unternehmensminderwert werde so gut wie nie der Buchwertdifferenz entsprechen.[929]

Die Bilanzauffüllungsthese berechnet den Schaden auch deshalb nicht korrekt, da sie etwaige Folgeschäden unberücksichtigt lässt.[930] Selbst wenn die fehlerhafte Bilanzgarantie die Bilanzposition „Barvermögen" (Kassenbestand und Bankguthaben) betreffen sollte, bei der der Bilanzwert dem Verkehrswert in etwa entspricht, so führt eine Bilanzauffüllung dennoch zur Unterkompensation, da Folgeschäden wie Zinsausfälle nicht berücksichtigt werden, was die Schadensersatzhöhe verfälscht.[931]

Im Schrifttum wird die Bilanzauffüllungsthese aus diesen Gründen wegen Missachtung der §§ 249 ff. BGB als rechtswidrig eingestuft.[932] Sie löse sich vom allgemeinen Schadensrecht und überdehne den Parteiwillen.[933]

An den angeführten Beispielen des nicht erteilten Patents[934] oder der fehlenden Rückstellung für einen Prozess[935] wird deutlich, dass der Käufer nicht nur darlegen und beweisen muss, dass die Bilanzgarantie unrichtig ist, sondern auch, dass ihm hieraus ein kausaler Schaden entstanden ist. Er muss darlegen und beweisen, dass die unrichtige Bilanzsumme einen unternehmenswertrelevanten Umstand widerspiegelt, der sich nachteilig ausgewirkt hat. Wenn ein Bilanzwert für ein Patent ausgewiesen ist, das tatsächlich nicht erteilt wurde, so muss der Käufer darlegen und beweisen, dass der Bilanzwert des Patents unternehmenswertrelevant war, da es ein funktionsfähiges Verfahren schützen sollte. Dass der Verkäufer nicht exakt garantiert hat, dass das neue Verfahren funktionsfähig ist, sondern lediglich eine –

---

927 *Hilgard*, BB 2013, 937, 938.
928 *Wächter*, NJW 2013, 1270, 1276; hierzu ausführlich S. 167 ff.
929 Zum Ganzen: *Wächter*, M&A Litigation, S. 768 f. Rn. 12.383.
930 *Wächter*, NJW 2013, 1270, 1274.
931 *Wächter*, M&A Litigation, S. 767 f. Rn. 12.381 f.
932 Vgl. *Wächter*, M&A Litigation, S. 770 Rn. 12.386.
933 *Hennrichs*, NZG 2014, 1001, 1006.
934 S. oben S. 155.
935 S. oben S. 155 f.

in dieser Hinsicht ungenaue – Bilanzgarantie abgegeben hat, ist das Ergebnis der Vertragsverhandlung und geht zulasten des Käufers.[936]

Zu diesem Ergebnis gelangen selbst einige der Meinungsvertreter, die im Ausgangspunkt die Bilanzauffüllungsthese vertreten. Sie verlangen, dass in jedem Einzelfall zu prüfen sei, ob dem Käufer aufgrund der Garantieverletzung tatsächlich ein Schaden entstanden sei und ob eine Bilanzauffüllung den Schaden vollständig kompensiere.[937] Fehlen Geldmittel, die zu Unrecht aktiviert wurden, seien diese durch Bilanzauffüllung zu ersetzen. Doch seien Rückstellungen fehlerhaft nicht gebildet worden und verwirkliche sich später nicht das Risiko, so sei der Wert des Unternehmens trotz falscher Bilanz nicht gemindert und der Käufer habe keinen Schaden erlitten.[938]

(vi) Fehlende Trennung zwischen Tatbestands- und Rechtsfolgenseite

Ein weiteres Argument gegen die Bilanzauffüllungsthese ist dogmatischer Natur: Sie lasse eine saubere Trennung zwischen Tatbestands- und Rechtsfolgenseite vermissen. Dass die Bilanzsumme um eine gewisse Höhe unrichtig ist, gehöre zur Tatbestandsseite und erfülle den Tatbestand der Garantieverletzung. Der Tatbestand sei aber nicht gleichzusetzen mit der Rechtsfolge.[939] Auf der Rechtsfolgenseite sei der Käufer so zu stellen, wie er stünde, wenn die Garantieaussage richtig gewesen wäre. Hierfür sei ein Gesamtvermögensvergleich anzustellen. Dieser könne im Einzelfall zu dem Ergebnis führen, dass überhaupt kein Schaden vorliegt.[940]

Dieses Argument wird durch die Beispiele eines nicht erteilten Patents[941] oder der unterlassenen Prozessrückstellung[942] untermauert. Würde der Gesamtvermögensvergleich in diesen Beispielsfällen übergangen und stattdessen die Bilanzdifferenz ohne Rücksicht auf einen tatsächlich eingetretenen Schaden ersetzt werden, wäre das Prinzip von Tatbestands- und Rechtsfolgenseite verletzt.

(vii) Fehlende Berücksichtigung künftiger Zahlungsströme

Ein anderes Argument gegen die Bilanzauffüllungsthese betrifft die fehlende Einbeziehung künftiger Zahlungsströme. Die Ausgleichsfunktion des Schadensrechts

936 Zu diesem Ergebnis gelangt auch *Wächter*, M&A Litigation, S. 764 f. Rn. 12.376.

937 *Schulz/Sommer*, NZG 2018, 50, 53 f.

938 Zum Ganzen: *Schulz/Sommer*, NZG 2018, 50, 53 f.

939 Zum Ganzen: *Wächter*, NJW 2013, 1270, 1275; *Wächter*, M&A Litigation, S. 767 Rn. 12.380; zustimmend *Hilgard*, BB 2013, 937, 938.

940 *Wächter*, M&A Litigation, S. 781 Rn. 12.423.

941 S. oben S. 155.

942 S. oben S. 155 f.

verlange, dass der Schadensersatz den Vermögensverlust des Käufers kompensiert und dies sei bei einer Garantieverletzung der Unternehmensminderwert nebst Folgeschäden. Die Bilanzdifferenz stelle aber nicht den Unternehmensminderwert dar, da bei der Bilanzerstellung keine zukunftsorientierte Unternehmensbewertung stattfindet. Die Bilanz spiegle nicht die künftigen Zahlungsströme wider.[943] Stattdessen stellt die Bilanz auf der Passivseite die Mittelherkunft, also die Kapitalgeber dar (beim Eigenkapital die Eigentümer, beim Fremdkapital die Gläubiger), während die Aktivseite die Vermögensgegenstände (Anlagevermögen und Umlaufvermögen) und damit die Mittelverwendung repräsentiert.[944] Interessanterweise können selbst die Befürworter der Bilanzauffüllungsthese dieser Argumentation etwas abgewinnen. Nach ihrer Auffassung sei bei Bilanzgarantien im Einzelfall eine Schadensberechnung mithilfe eines Unternehmensbewertungsverfahrens anzustellen, nämlich wenn der Bilanzfehler ertragsrelevant ist und sich daher auf den Unternehmenswert auswirkt. Dann sei mithilfe eines ertragsorientierten Bewertungsverfahrens oder des *Multiple*-Verfahrens der Schaden zu berechnen.[945]

(viii) Fehlende Herstellung eines wirtschaftlich gleichwertigen Zustands

Kritisiert wird überdies, dass die Bilanzauffüllungsthese für sich in Anspruch nimmt, Naturalrestitution zu bewirken. Naturalrestitution bedeutet gemäß § 249 Abs. 1 BGB, dass der Geschädigte so zu stellen ist, wie er ohne schädigendes Ereignis stünde. Mit einer Geldleistung (Bilanzauffüllung) des Verkäufers würde der Käufer aber lediglich so gestellt, wie er bei richtiger Garantie für die Bilanzposition „Barvermögen“ (Kassenbestand und Bankguthaben) stünde. Bei allen anderen falschen Bilanzpositionen stelle eine Geldleistung des Verkäufers deshalb keine Naturalrestitution dar. Das Auffüllen des Kassenbestands sei insbesondere nicht die Herstellung der richtigen Bilanzposition hinsichtlich überbewerteter Anlagevermögen, Vorräte oder fehlender Rückstellungen.[946] Hierdurch würde auch kein wirtschaftlich gleichwertiger Zustand hergestellt. Wirtschaftlich mache es einen Unterschied, ob der Käufer über einen bestimmten Kassenbestand verfügt oder ob das betriebsnotwendige Vermögen einen bestimmten Buchwert aufweist. Ob etwas wirtschaftlich vergleichbar ist, beurteilt sich ohnehin durch einen Vermögensvergleich (Differenzhypothese). Aus diesem werde deutlich, dass die Vermögensposition des

---

943 Zum Ganzen: *Wächter*, M&A Litigation, S. 768 f. Rn. 12.383.

944 *Christians*, in: Neue Betriebswirtschaft, S. 39, 49.

945 Zum Ganzen: *Schulz/Sommer*, NZG 2018, 50, 54.

946 Zum Ganzen: *Wächter*, NJW 2013, 1270, 1275 f.; *Wächter*, M&A Litigation, S. 767–772 Rn. 12.380–12.392.

Käufers abweicht, wenn er statt einer wertvollen betriebsnotwendigen Immobilie deren Wertdifferenz im Kassenbestand hat.[947]

Diese Sichtweise überzeugt, denn der Wert des Grundstücks mit der betriebsnotwendigen Immobilie kann sich z. B. positiv entwickeln, während der Wert des Kassenbestands im selben Zeitraum inflationsbedingt sinkt.

(ix) Überzeugender Lösungsansatz

Zusammenfassend kann sich folgender Aussage angeschlossen werden: Wenn die Bilanzposition falsch ausgewiesen und der Tatbestand der unrichtigen Bilanzgarantie erfüllt ist, ist es für die Rechtsfolge irrelevant, um wie viel die Bilanzgarantie quantitativ zu hoch abgegeben wurde. Die Rechtsfolge und die Höhe des Schadensersatzes haben sich allein nach der Differenzhypothese und dem Vermögensvergleich zu richten.[948]

Nach alledem ist also zu berechnen, wie die Vermögenslage des Käufers bei Richtigkeit der Bilanzangaben gewesen wäre und inwiefern sich diese von seiner tatsächlichen Vermögenslage unterscheidet (Differenzhypothese). Hierfür ist nicht einfach nur der Bilanzwert mit seinem hypothetischen Vermögen gleichzusetzen, sondern aus der Bilanz ist zu ermitteln, wie hoch das hypothetische Vermögen gewesen wäre, wie sich also der Umstand hinter dem Bilanzwert auf die künftigen Erträge des Unternehmens ausgewirkt hätte.

Eine Herangehensweise lautet, aus einem hohen Bilanzwert für betriebsnotwendiges Vermögen wie etwa Maschinen zu schließen, dass die Maschinen neu und/oder nicht defekt waren.[949]

Diese Herangehensweise im Rahmen der Differenzhypothese achtet den Grundsatz der Totalreparation. Denn auch etwaige Folgeschäden, die aus dem bilanzgarantiewidrigen Umstand herrühren, werden in dem Gesamtvermögensvergleich erfasst. Um den Vorrang der Naturalrestitution zu wahren, ist es allerdings geboten, zuvor zu prüfen, ob die Bilanzgarantieverletzung durch Reparatur, also Nachbesserung oder „Nachlieferung“ eines *Assets*, Freistellung von Verbindlichkeiten oder im Einzelfall durch Erhöhung des Barvermögens ausgeglichen werden kann.[950] In diesem Zusammenhang wird vertreten, dass der Verkäufer eine fehlerhafte Bilanzgarantie wegen zu geringer Vorräte durch Naturalrestitution ausgleichen könne, indem er die fehlenden Vorräte nachliefere.[951] Sollten die zu ge-

---

947 Zum Ganzen: *Wächter*, M&A Litigation, S. 772 Rn. 12.393.

948 Zum Ganzen: *Wächter*, M&A Litigation, S. 767 Rn. 12.380, S. 768 f. Rn. 12.383.

949 *Wächter*, M&A Litigation, S. 775 f. Rn. 12.403.

950 Zu diesem Ergebnis gelangt auch *Wächter*, M&A Litigation, S. 648 Rn. 12.70.

951 *Wächter*, M&A Litigation, S. 648 Rn. 12.70.

ringen Vorräte (noch) nicht zu Folgeschäden geführt haben, ist dieser Lösungsweg mit dem Schadensrecht vereinbar. Denn in diesem Fall wahrt er den Vorrang der Naturalrestitution und zugleich den Grundsatz der Totalreparation.

(x) Keine Naturalrestitution durch Erstellung einer neuen Bilanz

Nicht unerwähnt bleiben soll der Lösungsansatz, dass es bei einer verletzten Bilanzgarantie für eine Naturalrestitution ausreiche – und dieser Vorschlag wurde tatsächlich unterbreitet[952] –, eine neue (richtige) Bilanz zu erstellen. Meinungsführer im Schrifttum lehnen dies entschieden ab, weil hierdurch das Prinzip der Totalreparation verletzt würde,[953] äußern sich irritiert zu diesem Lösungsvorschlag und bezeichnen ihn als „befremdlich".[954] Mit diesem Vorschlag sei dem vermögensgeschädigten Käufer ersichtlich nicht gedient.[955] Er verstoße überdies gegen das Prinzip der Totalreparation: Wenn der Verkäufer garantiert, dass eine Maschine funktionsfähig ist und stellt sich diese Garantie anschließend als falsch heraus, so würde es zur Restitution des Käufers nicht genügen, wenn die Maschine mit ihrem wahren Wert bilanziert würde.[956] Denn damit stünde der Käufer wirtschaftlich schlechter, als wenn der Verkäufer die Garantie nicht verletzt hätte und die Maschine funktionsfähig wäre.[957] *Wächter* findet noch deutlichere Worte: Die Abgabe einer Garantie, die sich als falsch herausstellt, werde nicht wiedergutgemacht, indem die Aussage korrigiert wird.[958] Auch das Oberlandesgericht München hat diese Rechtsauffassung abgelehnt und entschieden, dass die Korrektur der Bilanz allenfalls dann als Naturalrestitution vertretbar sei, wenn die Parteien dies ausdrücklich als Rechtsfolge der Bilanzgarantie vereinbart haben.[959] Eine solche Vereinbarung dürfte in der Praxis eine Seltenheit darstellen und lag auch in dem vom Oberlandesgericht München zu beurteilenden Sachverhalt nicht vor.

---

952 Unter anderem von dem beklagten Verkäufer in dem Rechtsstreit vor dem OLG München, Schlussurteil vom 30.3.2011 – 7 U 4226/10, BeckRS 2011, 7200 Rn. 13.

953 *Brand*, in: Bilanzgarantien, S. 297, 308.

954 *Wächter*, M&A Litigation, S. 774 Rn. 12.399.

955 *Hennrichs*, NZG 2014, 1001, 1005.

956 *Brand*, in: Bilanzgarantien, S. 297, 308.

957 *Brand*, in: Bilanzgarantien, S. 297, 308.

958 *Wächter*, M&A Litigation, S. 774 Rn. 12.399.

959 OLG München, Schlussurteil vom 30.3.2011 – 7 U 4226/10, BeckRS 2011, 7200 Rn. 34.

bb) Eigenkapitalgarantie: Naturalrestitution durch Bilanzauffüllung?

Bei der Verletzung einer Eigenkapitalgarantie ist ebenfalls streitig, wie der Schaden berechnet wird.[960] Bei der Eigenkapitalgarantie handelt es sich um eine selbstständige Garantie[961] über die Höhe des Eigenkapitals, d. h. der Verkäufer garantiert, dass eine bestimmte bilanzielle Eigenkapitalgröße i.S.d. § 266 Abs. 3 A. HGB zu einem bestimmten Zeitpunkt vorhanden ist.[962] Das bilanzielle Eigenkapital stellt die tatsächliche Vermögenslage des Unternehmens dar, indem es die Bilanzpositionen „Gezeichnetes Kapital", „Kapitalrücklage", „Gewinnvortrag/Verlustvortrag" und „Jahresüberschuss/Jahresfehlbetrag" miteinander verrechnet.[963]

Die Bilanz teilt sich auf in die Mittelherkunft (ausgewiesen auf der Passivseite) und in die Mittelverwendung (ausgewiesen auf der Aktivseite).

Folglich sind auf der Aktivseite der Bilanz alle Vermögensgegenstände aufgeführt (Anlagevermögen und Umlaufvermögen), auf der Passivseite sind entsprechend die Schulden und das Eigenkapital aufgelistet.[964] Das Eigenkapital zeigt das Reinvermögen, dessen Summe errechnet wird, indem alle Vermögenswerte von der Aktivseite addiert und hiervon die auf der Passivseite stehenden Schulden abgezogen werden.[965] Das Eigenkapital ist mithin die Differenz aus dem Vermögen und den Schulden des Unternehmens.[966] Die Eigenkapitalgarantie bezieht sich regelmäßig auf einen Jahresabschluss oder einen Zwischenabschluss zum Übergangsstichtag.[967] Damit stellt die Eigenkapitalgarantie einen Unterfall der Bilanzgarantie dar.[968]

Wenn der Verkäufer beispielsweise garantiert, das Eigenkapital des Unternehmens betrage EUR 1 Mio., tatsächlich ist es aber negativ und beträgt TEUR -500, dann ist streitig, wie der Schaden des Käufers berechnet wird.[969] Grundsätzlich gilt bei der Eigenkapitalgarantie (ebenso wie bei der Bilanzgarantie), dass der Verkäufer den Zustand herzustellen hat, der bestehen würde, wenn die Garantie richtig gewesen wäre (Naturalrestitution).[970] Teilweise wird – ohne nähere Begründung – die Ansicht vertreten, dass der Verkäufer bei Verletzung der Eigenkapitalgarantie

960 *Beisel*, in: Beisel/Klumpp, Der Unternehmenskauf, § 16 Rn. 83.
961 *Hilgard*, BB 2013, 937, 939.
962 *Beisel*, in: Beisel/Klumpp, Der Unternehmenskauf, § 16 Rn. 83 f., 88; *Paefgen/Wallisch*, in: Bilanzgarantien, S. 205, 216; *Picot*, Handbuch Mergers & Acquisitions, S. 332.
963 *Hilgard*, BB 2013, 937, 937.
964 *Christians*, in: Neue Betriebswirtschaft, S. 39, 49 f.
965 *Christians*, in: Neue Betriebswirtschaft, S. 39, 49 f.
966 *Hilgard*, BB 2013, 937, 938.
967 *Hilgard*, BB 2013, 937, 937.
968 *Hilgard*, BB 2013, 937, 937.
969 *Beisel*, in: Beisel/Klumpp, Der Unternehmenskauf, § 16 Rn. 83.
970 *Hilgard*, BB 2013, 937, 939.

„dem Käufer ohne weiteres die Differenz zwischen dem garantierten und dem tatsächlichen Eigenkapital zu ersetzen [hat]".[971] Auch wenn dabei die Bilanzauffüllungsthese nicht beim Namen genannt wird, so wird sie doch vertreten. In dem gewählten Beispiel würde das bedeuten, dass der Verkäufer EUR 1,5 Mio. an den Käufer zahlen muss. Im Anschluss machen die Meinungsvertreter allerdings den Vorschlag, dass die Parteien vertraglich regeln sollten, ob der Verkäufer die Bilanz auffüllen oder aber den durch das fehlende Eigenkapital herbeigeführten Unternehmensminderwert ausgleichen soll.[972] Hierin kann durchaus eine kritische Auseinandersetzung mit der Bilanzauffüllungsthese gesehen werden, da sie diese nicht uneingeschränkt empfehlen.

Wie bei der Bilanzgarantie erfährt die Bilanzauffüllungsthese auch bei der Eigenkapitalgarantie vielfache Kritik. Die Bilanzauffüllungsthese harmoniere weder mit der Berechnung des Unternehmenswerts noch mit dem Schadensrecht, weil die Bilanzauffüllung keine Naturalrestitution darstelle. Durch die Geldzahlung werde das Eigenkapital nicht nachträglich korrigiert, sondern nur der Bilanzposten „Guthaben bei Kreditinstituten" künftig erhöht. Stattdessen sei der Schaden zu berechnen, indem man den Unternehmenswert bemesse.[973] Würde der Verkäufer bloß die Eigenkapitaldifferenz „nachschießen" müssen, würde der erforderliche Zwischenschritt übergangen zu prüfen, weshalb das Ist-Eigenkapital unter dem garantierten Soll-Eigenkapital liegt und welcher kausale Schaden dem Käufer aus diesem Sachverhalt erwächst.[974] Der Schaden sei unter Anwendung der §§ 249 ff. BGB und unter Achtung des Ausgleichsgedankens zu ermitteln.[975] Die Problematik der Ungenauigkeit bei Bilanzgarantien werde bei Eigenkapitalgarantien sogar noch verstärkt. Die Unrichtigkeit einer Bilanzgarantie allein gewähre dem Käufer noch keinen Schadensersatzanspruch, sondern er müsse beweisen, welcher Sachverhaltsumstand die Unrichtigkeit herbeiführte (in dem oben angeführten Beispiel: Patent für neues Verfahren nicht erteilt) und dass sich daraus ein kausaler Schaden entwickelt hat.[976] Die Bilanzgarantie ist also ungenau, weil der Verkäufer nicht garantiert hat, dass das neue Verfahren funktionsfähig und das Patent erteilt worden ist. Bei Eigenkapitalgarantien sei der garantierte Zustand sogar noch ungenauer als bei Bilanzgarantien, denn das Eigenkapital ist eine Saldogröße aus der Verrechnung aller bilanziellen Aktiva und Passiva.[977] Gehe es um ihren Unter-

---

971 *Binz/Freudenberg*, DStR 1991, 1629, 1631.
972 *Binz/Freudenberg*, DStR 1991, 1629, 1631.
973 Zum Ganzen: *Beisel*, in: Beisel/Klumpp, Der Unternehmenskauf, § 16 Rn. 83, 88.
974 *Wächter*, M&A Litigation, S. 279 f. Rn. 5.237.
975 *Wächter*, M&A Litigation, S. 280 Rn. 5.238.
976 S. hierzu oben S. 158.
977 *Wächter*, M&A Litigation, S. 281 Rn. 5.240.

nehmenswertbezug, seien diese Bilanzpositionen nicht gleichwertig.[978] Betriebsnotwendiges Vermögen mit einem Buchwert i.H.v. TEUR 100 erhöht den Unternehmenswert nicht in derselben Höhe wie Bankguthaben mit einem Buchwert i.H.v. TEUR 100.[979] Nur weil das Unternehmen eine Produktionsmaschine i.W.v. EUR 1 Mio. erwirbt, bedeutet dies nicht, dass der Unternehmenswert, der sich anhand der Rendite bemisst, ebenfalls um EUR 1 Mio. steigt. Obwohl die Bilanzpositionen hinsichtlich ihres Unternehmenswertbezugs mithin nicht gleichwertig sind, werden sie zur Ermittlung des Eigenkapitals aber dennoch miteinander verrechnet.[980] Bei der Eigenkapitalgarantie werde aber gerade nicht die Zusammensetzung des Eigenkapitals garantiert, sondern nur die Richtigkeit der „Summenzeile".[981] Das Eigenkapital habe damit kaum einen Unternehmenswertbezug,[982] was die Eigenkapitalgarantie so ungenau mache. Die Schwierigkeit der Aufschlüsselung, wie die Eigenkapitalunterschreitung zustande kam und welcher schadensbegründende Umstand dem zu Grunde liegt, gehe auch hier zulasten des Käufers.[983] Außerdem bedeute ein vermindertes Eigenkapital nicht zwangsläufig, dass sich die wirtschaftliche Situation des Unternehmens verschlechtert hat. Das verminderte Eigenkapital könne beispielsweise daher rühren, dass die Buchwerte bestimmter Anlagegüter[984] abgeschrieben werden.[985] Die wirtschaftliche Situation und die Rendite des Unternehmens bleiben von der Abschreibung unberührt.

Würde man also nach einer Verletzung der Eigenkapitalgarantie die Bilanzauffüllung genügen lassen, so verstieße man im Einzelfall gegen das schadensrechtliche Bereicherungsverbot, da der Käufer, ohne einen tatsächlichen Schaden erlitten zu haben, eine Geldzahlung des Verkäufers verlangen könnte. Dies ist allein dadurch vermeidbar, das Schadensrecht auch im Fall der Eigenkapitalgarantie anzuwenden und vom Käufer zu verlangen, dass er auf Tatbestandsseite die Verletzung der Eigenkapitalgarantie (Abweichung des Ist-Eigenkapitals vom Soll-Eigen-

978 *Wächter*, M&A Litigation, S. 283 Rn. 5.246.

979 *Wächter*, M&A Litigation, S. 283 Rn. 5.246.

980 *Wächter*, M&A Litigation, S. 281 Rn. 5.240 („Eigenkapitalgarantien setzen insoweit den Problemen von Bilanzgarantien […] „die Krone auf" […]. Birnen dürfen, ja sollen, mit Äpfeln verrechnet werden.").

981 *Wächter*, M&A Litigation, S. 281 f. Rn. 5.242.

982 *Wächter*, M&A Litigation, S. 281 Rn. 5.241.

983 *Wächter*, M&A Litigation, S. 284 f. Rn. 5.248.

984 Das Anlagevermögen besteht aus den Gegenständen, die bestimmt sind, dauernd dem Geschäftsbetrieb zu dienen wie beispielsweise Grundstücke, technische Anlagen und Maschinen oder die Betriebsausstattung. Es ist abzugrenzen vom Umlaufvermögen, das „verbraucht" wird wie etwa Vorräte, Forderungen oder Kassenbestände, vgl. *Christians*, in: Neue Betriebswirtschaft, S. 39, 49 f.

985 Zum Ganzen: *Hilgard*, BB 2013, 937, 938.

kapital) und auf der Rechtsfolgenseite durch einen Gesamtvermögensvergleich den Eintritt eines Schadens darlegt.

Eine sich hierin einreihende Argumentation stützt sich auf den Grundsatz der Totalreparation: Die Bilanzauffüllungsthese führe bei der Eigenkapitalgarantie sogar zu einem zu geringen Schadensersatzanspruch, der den Käufer nicht ausreichend entschädige. Denn wenn die Eigenkapitalverminderung ihre Ursache in einem Sachverhalt habe, der sich dauerhaft und über mehrere Jahre hinweg negativ auf die Ertragslage des Unternehmens auswirkt, so sei eine einmalige Entschädigung in Höhe der Buchwertdifferenz nicht ausreichend. In diesen Fällen sei es sachgerechter, den Vermögensnachteil oder Fehlbetrag mit dem *Multiple* zu multiplizieren und das Produkt dem Käufer als Schadensersatz zuzusprechen.[986]

So einleuchtend das Abstellen auf die Auswirkung der verletzten Eigenkapitalgarantie auch ist, höchste Vorsicht ist bei dem Vorschlag geboten, einen Vermögensnachteil mit einem Faktor zu multiplizieren, um den Schadensersatz zu ermitteln. Im Rahmen der Vertragsverhandlung zum Gewährleistungsrecht besteht zwischen den Parteien sogar zumeist Einigkeit, dass der Schadensbetrag gerade nicht ermittelt werden soll, indem der Schaden mit dem Faktor multipliziert wird.[987] Dieser Konsens verdient Zustimmung. Wie gezeigt, besteht der Schadensersatzanspruch beim Mängelgewährleistungsrecht in Höhe der Kosten der Naturalrestitution bzw. in dem Unternehmensminderwert. Bei der Garantieverletzung ist ebenfalls der Unternehmensminderwert maßgeblich. Selbst wenn dieser unter Heranziehung des *Multiple*-Verfahrens ermittelt werden sollte, so bedeutet dies jedoch nicht die Multiplikation des Schadens mit einem Vielfachen, sondern zwei vollständige Unternehmensbewertungen, einmal über den tatsächlichen Unternehmenswert mit Garantieverletzung und einmal über den hypothetischen Unternehmenswert ohne Garantieverletzung. Der Schaden besteht in der Differenz zwischen den zwei Unternehmenswerten.

Auch bei der Eigenkapitalgarantie wird es kritisch betrachtet, dass die Bilanzauffüllungsthese für sich in Anspruch nimmt, die Naturalrestitution darzustellen. Eine Naturalrestitution sei nach einer Ansicht im Schrifttum bei einer Eigenkapitalgarantie *per se* unmöglich, da es sich bei der Eigenkapitalgarantie um eine stichtagsbezogene Garantie handelt.[988] Mit der Eigenkapitalgarantie attestiere

---

986 Zum Ganzen: *Hilgard*, BB 2013, 937, 940.

987 *Kästle/Oberbracht*, Unternehmenskauf, S. 208; a.A. *Daghles/Haßler*, M&A Review 4/2019, 90, 94, wonach eine Schadensberechnung nach dem Kaufpreis-Multiplikator dann in Betracht komme, wenn der Schaden das kaufpreisrelevante EBIT/EBITDA betrifft, auf dessen Grundlage der Kaufpreis-Multiplikator festgelegt wurde. In diesen Fällen sei zu überlegen, ob der Schaden mit dem Multiplikator zu multiplizieren sei.

988 *Hilgard*, BB 2013, 937, 939.

der Verkäufer gegenüber dem Käufer, dass sich das bilanzierte Vermögen bis zum jeweiligen Stichtag nicht ändert. Unterschreitet das Eigenkapital nach dem Stichtag den garantierten Wert, liege keine Garantieverletzung vor und der Käufer sei hiervor auch nicht geschützt.[989] Wenn das Eigenkapital am Stichtag den garantierten Wert unterschreitet und eine Garantieverletzung vorliegt, dann könne der Verkäufer aber keine Naturalrestitution leisten, weil der Stichtag bereits verstrichen sei. Er könne das Eigenkapital nicht rückwirkend zum Stichtag erhöhen.[990] Deshalb komme grundsätzlich nur ein Anspruch auf Schadensersatz in Betracht.[991]

Nach alledem ist die Bilanzauffüllungsthese auch im Rahmen der Eigenkapitalgarantie abzulehnen.

4 Ersatz der Herstellungskosten, § 249 Abs. 2 BGB

Obwohl es bei der bereits angesprochenen Ersetzungsbefugnis gemäß § 249 Abs. 2 Satz 1 BGB um die Zahlung eines Geldbetrags geht, handelt es sich streng genommen um eine Form der Naturalrestitution, da der Geschädigte den zur Herstellung erforderlichen Geldbetrag verlangen kann und der schadensrechtliche Bezugspunkt damit ebenso wie bei § 249 Abs. 1 BGB die Wiederherstellung, d. h. Restitution, ist.[992]

Geld statt der Herstellung des schadensfreien Zustands kann der Gläubiger nach dem Wortlaut des § 249 Abs. 2 BGB allerdings nur nach der Verletzung einer Person oder Beschädigung einer Sache verlangen. In diesen Fällen soll es dem Geschädigten nicht zugemutet werden, seine Rechtsgüter dem Schädiger zur Wiederherstellung anzuvertrauen.[993]

In den Fallkonstellationen, die zu Post M&A-Verfahren führen, ist § 249 Abs. 2 BGB regelmäßig nicht einschlägig. Der Käufer verlangt in diesen Fällen Schadensersatz wegen einer unterlassenen Aufklärung, eines Unternehmensmangels oder wegen einer Garantieverletzung, nicht jedoch wegen einer Sachbeschädigung. Mängelbeseitigungsansprüche unterfallen nicht dem § 249 Abs. 2 BGB.[994] Selbst wenn der Mangel in dem Defekt eines Inventargegenstands besteht, so ist der Anwendungsbereich des § 249 Abs. 2 BGB demgemäß nicht eröffnet. Denn dieser umfasst nur die Fälle, in denen der Verkäufer Inventargegenstände nach dem Ge-

989 Zum Ganzen: *Hilgard*, BB 2013, 937, 939.

990 Zum Ganzen: *Hilgard*, BB 2013, 937, 939.

991 *Hilgard*, BB 2013, 937, 939.

992 Str., *Grüneberg*, in: Grüneberg, § 249 Rn. 7, § 251 Rn. 10; *Schack*, in: FS Stoll, S. 61, 62 f.; a.A. jedoch ohne nähere Begründung: *Kästle/Oberbracht*, Unternehmenskauf, S. 205.

993 *Oetker*, in: MüKo-BGB, § 249 Rn. 357.

994 *Schulze*, in: Schulze-BGB § 249 Rn. 3.

fahrübergang, also nach dem *Closing* beschädigt. Dies dürfte in einer zu vernachlässigenden Anzahl der Fälle vorkommen.

5 Entschädigung in Geld (Wertersatz), §§ 251, 253 BGB

Häufig treten Fälle auf, in denen eine Naturalrestitution nicht möglich oder aus Sicht des Käufers nicht ausreichend ist. Zu denken ist an den Fall, dass ein Deckungskauf nicht möglich ist,[995] was auf den Unternehmenskauf zutrifft. In anderen Sachverhaltskonstellationen ist eine Naturalrestitution aus Sicht des Verkäufers unverhältnismäßig. Für all diese Fälle ordnen die Vorschriften der §§ 251, 253 BGB an, dass keine Naturalrestitution zu leisten ist und dass an ihre Stelle eine Entschädigung in Geld (Wertersatz) tritt. Zwar schweigt § 251 BGB dazu, wie die Entschädigung in Geld bemessen werden soll, doch eine Konkretisierung ist nicht erforderlich, da § 249 Abs. 1 BGB und der darin konstituierte Ausgleichsgedanke auch bei der Anwendung des § 251 BGB Geltung genießen.[996] Für die Entschädigung in Geld gemäß § 251 BGB ist daher die Vermögenseinbuße (Wertsummendifferenz) zu errechnen, die zwischen der Gesamtvermögenslage mit schädigendem Ereignis und der hypothetischen Gesamtvermögenslage ohne das schädigende Ereignis besteht.[997] Es ist mithin nicht die Höhe der Nacherfüllungskosten maßgeblich, sondern die Höhe des Unternehmensminderwerts. Die Berechnung der Entschädigung in Geld erfolgt anhand anderer Maßstäbe als die der Naturalrestitution. Denn die Naturalrestitution und die Entschädigung in Geld dienen unterschiedlichen Interessen.[998] Die Naturalrestitution schützt das Integritätsinteresse des Käufers, gewährt also den Betrag, der zur Wiederherstellung erforderlich ist (etwa Reparaturkosten). Dagegen berechnet sich die Entschädigung in Geld danach, wie sehr das Vermögen des Käufers durch das schädigende Ereignis vermindert worden ist.[999]

Die Zahlung eines Geldbetrags im Rahmen der Naturalrestitution gemäß §§ 249 Abs. 2, 250 BGB ist nicht mit der Entschädigung in Geld (Wertersatz) gemäß §§ 251, 253 BGB zu verwechseln, bei der die Naturalrestitution nicht möglich oder nicht genügend ist.[1000] Allein § 251 Abs. 2 Satz 1 BGB ordnet eine Ersetzungsbefugnis des Verkäufers an. Er darf den Käufer erst dann durch Wertersatz entschädigen, wenn

---

995 *Riehm*, in: BeckOGK-BGB, § 283 Rn. 45.

996 *Wächter*, M&A Litigation, S. 620 f. Rn. 12.9, 12.11.

997 *Beisel*, in: Beisel/Klumpp, Der Unternehmenskauf, § 16 Rn. 50.

998 *Brand*, in: Bilanzgarantien, S. 297, 313 f.; *Flume*, in: BeckOK-BGB, § 250 Rn. 10.

999 Zum Ganzen: *Brand*, in: Bilanzgarantien, S. 297, 313 f.; *Flume*, in: BeckOK-BGB, § 250 Rn. 10.

1000 *Grüneberg*, in: Grüneberg, § 249 Rn. 7, § 251 Rn. 1; *Schöne/Uhlendorf*, in: Bilanzgarantien, S. 253, 264 f.; *Wächter*, M&A Litigation, S. 669 f. Rn. 12.120.

die Herstellung unverhältnismäßig ist. Damit kommt eine Kompensation anstelle der Naturalrestitution insgesamt nur in Betracht, wenn die Wiederherstellung unmöglich, ungenügend oder unzumutbar ist.[1001] Die Zahlung des Geldbetrags gemäß §§ 249, 250 BGB dient dem Integritätsinteresse des Käufers und kompensiert die Kosten zur Herstellung des Zustands, der ohne das schädigende Ereignis bestünde.[1002] Die Entschädigung in Geld (Wertersatz) gemäß § 251 BGB schützt dagegen nur das Wertinteresse des Käufers[1003] und kompensiert seine Vermögenseinbuße im Wege eines Gesamtvermögensausgleichs.[1004] Der praktische Anwendungsbereich der §§ 249 Abs. 2, 250 BGB ist zwar klein, ihnen kommt aber bei Bilanzgarantien durchaus eine Bedeutung zu, denn in diesen vereinbaren die Parteien häufig eine Nachfrist,[1005] nach deren erfolglosem Ablauf der Geldbetrag gemäß §§ 249 Abs. 2, 250 BGB zu zahlen ist.

Ist die Naturalrestitution nicht ausreichend, so tritt der Wertersatz ergänzend daneben, damit ein vollständiger Ausgleich erfolgt.[1006] Dies erfordert der Grundsatz der Totalreparation und ergibt sich aus dem Wortlaut des § 251 Abs. 1 Alt. 2 BGB („soweit").[1007] Je nach Einzelfall sind Naturalrestitution und Wertersatz daher zu kombinieren.[1008] Sobald dem Käufer ein Gewinn entgangen ist, den der Verkäufer durch eine Naturalrestitution nicht mehr verhindern kann, tritt der Wertersatz gemäß § 251 BGB neben die Naturalrestitution gemäß § 249 BGB.[1009] Erst wenn die Voraussetzungen von § 251 Abs. 1 BGB vorliegen, geschieht der Übergang auch bei der Garantieverletzung von der Naturalrestitution zur Wertentschädigung.[1010]

Naturalrestitution und Wertersatz schließen sich also nicht gegenseitig aus. Die Annahme eines Exklusivitätsverhältnisses zwischen den Formen des Schadensersatzes würde in Einzelfällen einen Verstoß gegen das Prinzip der Totalreparation zur Folge haben. Dem Wortlaut der §§ 249 ff. BGB ist auch kein Exklusivitätsverhältnis zu entnehmen.

Für das Nebeneinander von Naturalrestitution und Wertersatz im Post M&A-Verfahren existiert eine treffende Beschreibung: Sind die *Assets* mangelhaft, beispielsweise eine Produktionsmaschine, so bestehe die Naturalrestitution darin, dass

---

1001 Zum Ganzen: *Schack*, in: FS Stoll, S. 61, 63.
1002 *Schöne/Uhlendorf*, in: Bilanzgarantien, S. 253, 265.
1003 *Schöne/Uhlendorf*, in: Bilanzgarantien, S. 253, 265; *Wollny*, DStR 2013, 2132.
1004 *Schöne/Uhlendorf*, in: Bilanzgarantien, S. 253, 265.
1005 *Brand*, Schadensersatzrecht, S. 72 f. Rn. 33.
1006 *Brand*, in: Bilanzgarantien, S. 297, 311 f.; *Wächter/Wollny*, SchiedsVZ 2018, 80, 98.
1007 *Wächter*, M&A Litigation, S. 625 f. Rn. 12.19, S. 651 Rn. 12.78.
1008 *Brand*, in: Bilanzgarantien, S. 297, 311 f.; *Wächter*, M&A Litigation, S. 651 Rn. 12.79.
1009 *Brand*, in: Bilanzgarantien, S. 297, 311 f.; *Wächter*, M&A Litigation, S. 651 f. Rn. 12.78 f.
1010 *Wächter*, M&A Litigation, S. 722 Rn. 12.274.

der Verkäufer dem Käufer eine mangelfreie Maschine verschafft, §§ 249, 250 BGB. Ist die Naturalrestitution allerdings nicht für die Kompensation ausreichend, weil die Reparatur oder Ersatzlieferung so spät vorgenommen wird, dass ein Verlust nicht mehr verhindert werden kann, so habe der Verkäufer dem Käufer zusätzlich den bis dahin entstandenen Ertragsverlust zu ersetzen. Die Naturalrestitution habe also den Zweck, den Gebrauchswert auf der *Input*-Seite (Investition) zu ersetzen, sie berücksichtige nicht den Unternehmensgewinn. Dies sei der Wertentschädigung vorbehalten, die die *Output*-Seite (Absatz) ersetze.[1011] Der Grund für diese Zweiteilung liege darin, dass es für eine Totalreparation nicht ausreiche, wenn der Verkäufer nur den damals geschuldeten Zustand herstelle. Stattdessen habe er den *status quo ante* herzustellen, der heute ohne das schädigende Ereignis bestehen würde. Die hypothetische Weiterentwicklung gehöre somit zum ersatzpflichtigen Zustand.[1012] Bildlich gesprochen ersetzt die Naturalrestitution gemäß § 249 BGB die Kosten der Saat, wohingegen die Entschädigung in Geld gemäß § 251 BGB den Veräußerungserlös der Ernte ersetzt.[1013]

Ein anderer Anwendungsfall für den Wertersatz neben der Naturalrestitution sind die Folgeschäden. Folgeschäden liegen z. B. dann vor, wenn der Verkäufer dem Käufer den Nominalwert des Bankguthabens ersetzt, der – entgegen der Behauptung des Verkäufers – tatsächlich nicht existierte, die Schadenersatzzahlung aber nicht berücksichtigt, dass dem Käufer aufgrund dieses Mangels Folgeschäden entstanden sind, weil ihm die Geldmittel nicht zur Verfügung standen. Zu denken sei hierbei an Finanzierungsmehrkosten (zu zahlende Zinsen) oder entgangene Zinsen, weil der Käufer die Geldmittel nicht investieren konnte.[1014] Ein anderes Beispiel ist die Vermögenseinbuße aufgrund einer Ratingherabstufung oder aufgrund eines *Goodwill*-Verlusts. Treten solche Folgeschäden auf und ist die Naturalrestitution vorrangig, so tritt der Ausgleich des Folgeschadens in Geld neben die Naturalrestitution, § 251 Abs. 1 Alt. 2 BGB.[1015]

In Post M&A-Verfahren kommt es wegen des Ausgleichsgedankens in fast allen Fällen der Naturalrestitution zu einer Kombination mit der Wertentschädigung (§ 251 Abs. 1 Alt. 2 BGB).[1016] Für die Beurteilung, ob die Naturalrestitution zur Kompensation des Käufers ausreicht, ist eine Verkehrsanschauung über das Ergebnis der Naturalrestitution entscheidend.[1017] Verbleibt trotz Naturalrestitution

---

1011 Zum Ganzen: *Wächter*, M&A Litigation, S. 625 f. Rn. 12.19.

1012 Zum Ganzen: *Wächter*, M&A Litigation, S. 628 f. Rn. 12.25, S. 630 Rn. 12.28.

1013 *Wächter*, M&A Litigation, S. 639 Rn. 12.43.

1014 Zum Ganzen: *Brand*, in: Bilanzgarantien, S. 297, 311 f.

1015 Zum Ganzen: *Brand*, in: Bilanzgarantien, S. 297, 315.

1016 *Wächter*, M&A Litigation, S. 653 Rn. 12.84.

1017 *Schack*, in: FS Stoll, S. 61, 64.

ein merkantiler Minderwert, ist dieser gesondert gemäß § 251 Abs. 1 BGB zu ersetzen.[1018] Die Naturalrestitution kommt im Post M&A-Verfahren tatsächlich schnell an ihre Grenzen. Denn in der Zeit zwischen Feststellung des Mangels und Reparatur oder Ersatz eines *Assets* hat das Unternehmen weniger Überschüsse generiert. Diese kausale Erwerbsminderung kann auch nicht durch eine Reparatur oder den Ersatz eines *Assets* rückwirkend behoben werden. Da dies im operativen Geschäft schnell der Fall ist, kommt grundsätzlich jede Naturalrestitution zu spät. Deshalb ist es erforderlich, dass ergänzend zur Naturalrestitution die Differenz ausgeglichen wird, die die entgangenen Überschüsse darstellt.[1019] Damit kommt dem Wertersatz gemäß § 251 BGB im Post M&A-Verfahren eine besondere Relevanz zu.[1020] Die Kombination von Naturalrestitution (§ 249 Abs. 1 BGB) und Wertentschädigung (§ 251 Abs. 1 Alt. 2 BGB) ist auch deshalb eine Besonderheit des Post M&A-Verfahrens, da bei der Schadensberechnung üblicherweise kein Schwerpunkt auf der Unterscheidung zwischen § 249 BGB und § 251 BGB liegt, schließlich geht es in den meisten Fällen um den Ersatz für Verbrauchsgüter. In diesen Fällen entspricht die Naturalherstellung in Form der Ersatzbeschaffung (§ 249 BGB) der Höhe der Wertentschädigung (§ 251 BGB), da der Tauschwert mit den Anschaffungskosten oft identisch ist. Anders ist dies bei Investitionsgütern wie Unternehmen,[1021] da sich die Anschaffungskosten amortisieren sollen.

Wie sich das (Schieds-)Gericht zwischen Naturalrestitution (§ 249 Abs. 1 BGB) und Wertentschädigung (§ 251 Abs. 1 Alt. 2 BGB) entscheidet, ist für den Verkäufer von großer wirtschaftlicher Bedeutung. Für ihn macht es einen erheblichen wirtschaftlichen Unterschied, ob er zur Leistung von Naturalrestitution oder zur Zahlung einer Wertentschädigung verurteilt wird. Zwar kommt in beiden Fällen beim Käufer stets der gleiche Wert an, sowohl bei der Naturalrestitution als auch bei der Wertentschädigung. Dies ist auch zwingend, sonst wäre das Ausgleichsprinzip, dass sowohl für den § 249 BGB als auch für den § 251 BGB gilt, verletzt. Für den Verkäufer macht es jedoch einen Unterschied, ob der Käufer den Gewinn im Anschluss an die Naturalrestitution selbst erzielt oder ob er ihn vom Verkäufer im Wege der Wertentschädigung ersetzt bekommt.[1022] Im ersteren Fall muss der Verkäufer grundsätzlich nur eine kleine Summe aufwenden, um eine Reparatur zu tätigen, anschließend fließen dem Käufer aus seiner eigenen Tätigkeit Gewinne zu. Im zweiten Fall muss der Verkäufer dagegen, weil eine Reparatur nicht möglich ist, die Ertragseinbußen an den Käufer zahlen. Denn ist die Nacherfüllung unmöglich, ist der

---

1018 *Schack*, in: FS Stoll, S. 61, 64.
1019 *Wächter*, M&A Litigation, S. 597 Rn. 11.104.
1020 *Wollny*, in: Bilanzgarantien, S. 105, 106.
1021 Zum Ganzen: *Wächter*, M&A Litigation, S. 639 f. Rn. 12.44.
1022 Zum Ganzen: *Wächter*, M&A Litigation, S. 640 f. Rn. 12.47 f.

Unternehmensminderwert zu ersetzen und dieser umfasst den Betriebsausfall und alle künftigen Ertragseinbußen.

Folglich wirkt sich auch im Rahmen von § 251 BGB der Umstand nachteilig aus, dass das Schadensrecht anhand des Konsumgüterkaufs entwickelt worden ist und dem Käufer ein Wahlrecht zwischen der Erstattung der Reparaturkosten und dem Unternehmensminderwert gewährt. Eine Einschränkung durch die Schadensminderungsobliegenheit des Käufers scheint auch im Rahmen des § 251 BGB eine angemessene Lösung zu sein: Soweit der Käufer eine zügige Reparatur vornehmen und hierdurch in zumutbarer Weise den Betriebsausfall geringhalten kann, ist sein Wahlrecht auf die Reparaturkosten verdichtet bzw. sein Schadensersatzanspruch auf den Unternehmensminderwert entsprechend zu kürzen.

6 Vorrang der Naturalrestitution (§§ 249, 250, 252 BGB) vor der Entschädigung in Geld (§§ 251, 253 BGB)

Grundsätzlich hat der Verkäufer gemäß § 249 BGB Naturalrestitution zu leisten, da diese gegenüber der Wertentschädigung (§§ 251, 253 BGB) Vorrang genießt.[1023] Dies folgt aus dem Wortlaut des § 251 Abs. 1 BGB („soweit ... nicht").[1024] Der Vorrang bedeutet, dass das Integritätsinteresse auch dann ersatzfähig ist, wenn es das Wertinteresse übersteigt, der Herstellungsaufwand also den Wert der beschädigten Sache übersteigt.[1025] Die Naturalrestitution genießt sogar dann den Vorrang, wenn sie für den Schädiger teurer ist als ein Wertersatz in Geld. Erst wenn die Aufwendungen unverhältnismäßig sind, gestattet § 251 Abs. 2 BGB dem Schädiger, den Schaden in Geld zu ersetzen. Bevorzugt der Geschädigte die Zahlung von Geld, so kann er dies unter den Voraussetzungen des § 250 BGB tun, indem er dem Schädiger eine Frist zur Naturalrestitution setzt, die Ablehnung der Herstellung nach Fristablauf androht sowie den tatsächlichen erfolglosen Fristablauf abwartet. Der Geschädigte verliert in diesen Fällen seinen Anspruch auf Herstellung (§ 250 Satz 2 BGB), er erhält stattdessen den zur Wiederherstellung notwendigen Geldbetrag.[1026]

Die Naturalrestitution genießt ihren gesetzlich normierten Vorrang vor dem Wertersatz auch im Post M&A-Verfahren,[1027] in dem ein zusätzlicher Grund für den

1023 *Beisel*, in: Beisel/Klumpp, Der Unternehmenskauf, § 16 Rn. 50; *Elsing/Kramer*, in: FS Großfeld, 109, 113; *Wächter*, M&A Litigation, S. 641 Rn. 12.49.

1024 *Beisel*, in: Beisel/Klumpp, Der Unternehmenskauf, § 16 Rn. 50; *Schöne/Uhlendorf*, in: Bilanzgarantien, S. 253, 261 f.; *Wächter*, M&A Litigation, S. 641 Rn. 12.49.

1025 *Brand*, Schadensersatzrecht, S. 61 Rn. 4.

1026 *Brand*, in: Bilanzgarantien, S. 297, 304.

1027 *Hamann*, in: Bilanzgarantien, S. 175, 176.

Vorrang der Naturalrestitution ganz besonders zur Geltung komme: Nach dem Willen des Gesetzgebers soll dem Gericht soweit wie möglich die Entscheidung erspart werden, ob die Investition rentabel gewesen wäre. Solange irgend möglich soll das Gericht durch Ersatz-, Herstellungs- und Reparaturkosten den Schaden berechnen, bevor es sich mit den Unternehmensplanungen und -kennzahlen, der Schätzung der Überschüsse und der Abzinsung befassen muss.[1028]

Um den Vorrang der Naturalrestitution zu wahren, ist mithin die Entscheidung zu treffen, wann eine Naturalrestitution noch möglich ist und wann sie unmöglich geworden ist. Diese Entscheidung ist nicht eindeutig oder leicht zu treffen, da wie gezeigt umstritten ist, ob die Naturalrestitution (streng) erfordert, dass der Zustand ohne schädigenden Umstand herzustellen ist, oder ob es (weit) ausreicht, wenn ein wirtschaftlich gleichwertiger Zustand hergestellt wird. Sowohl im Schrifttum[1029] als auch in der Rechtsprechung[1030] lässt sich eine Tendenz zu Letzterem entnehmen. Der Begriff des Schadens sei kein reiner Rechtsbegriff, sondern ein wirtschaftlicher Begriff, weshalb der Geschädigte in die wirtschaftliche Situation zu versetzen sei, in der er sich ohne schädigendes Ereignis befinden würde.[1031] Damit kann die Frage, ob eine Naturalrestitution möglich ist, nicht abstrakt beantwortet werden, sondern ist stets nach wirtschaftlichen Gesichtspunkten im Einzelfall zu entscheiden.[1032]

Aus dem Vorrang der Naturalrestitution folgt für das Post M&A-Verfahren, dass der Verkäufer zur Naturalrestitution verpflichtet ist, soweit diese möglich ist. Ist sie zwar möglich, für eine Totalreparation jedoch nicht ausreichend, so tritt neben die Naturalrestitution ergänzend eine Entschädigung in Geld (§§ 251, 253 BGB). Dies ist in Post M&A-Verfahren insbesondere dann der Fall, wenn eine Naturalrestitution nicht den bis dahin eingetretenen oder künftigen Ertragsverlust kompensiert.

7 Differenzhypothese

Aus § 249 Abs. 1 BGB folgt die im 19. Jahrhundert von *Friedrich Mommsen* entwickelte[1033] Differenzhypothese. Das tatsächliche Vermögen des Käufers ist zu ver-

---

1028 Zum Ganzen: *Wächter*, M&A Litigation, S. 641 f. Rn. 12.50 f., S. 643 Rn. 12.57.

1029 *Fuchs/Pauker/Baumgärtner*, Delikts- und Schadensersatzrecht, S. 410; *Wächter*, M&A Litigation, S. 642 Rn. 12.52.

1030 OLG München, Urteil vom 30.3.2011 – 7 U 4226/10, BeckRS 2011, 7200 Rn. 33.

1031 *Fuchs/Pauker/Baumgärtner*, Delikts- und Schadensersatzrecht, S. 410.

1032 *Wächter*, M&A Litigation, S. 643 Rn. 12.57.

1033 *Mommsen*, Lehre von dem Interesse, S. 4; *Brand*, Schadensersatzrecht, S. 7 Rn. 8, S. 24 Rn. 42; *Wagner*, Schadensersatz, S. 5, 38.

gleichen mit seinem hypothetischen Vermögen ohne schädigendes Ereignis.[1034] Die Ermittlung des Schadens setzt folglich voraus, dass die hypothetische Vermögenslage des Käufers bestimmt wird, was anspruchsvoll ist, da sie nicht real ist und nur auf Annahmen und Schätzungen beruhen kann.[1035] Diesem Erkenntnisproblem wird prozessual mit dem beweisrechtlichen Instrument des § 287 ZPO begegnet, der eine Schadensschätzung erlaubt.[1036]

Die Differenzhypothese kommt noch nicht bei der Naturalrestitution zur Anwendung, sondern erst, wenn über die Norm des § 251 BGB (teilweise) eine Entschädigung in Geld zu zahlen ist.[1037] Der Unterschied der Rechenwege besteht darin, dass für die Berechnung der Naturalrestitution die Kosten der Reparatur oder – bei Untergang der Sache – der Wiederbeschaffungswert maßgeblich sind, während im Rahmen von § 251 BGB mit der Differenzhypothese ein Gesamtvermögensvergleich anzustellen und die Wertminderung des Gesamtvermögens zu berechnen ist.[1038] Der Gesamtvermögensvergleich in Bezug auf den Unternehmenswert erfordert die Durchführung von zwei Unternehmensbewertungen, einmal auf Grundlage der tatsächlichen Vermögenslage und einmal auf Grundlage der hypothetischen Vermögenslage.

8 Entgangener Gewinn

Die bereits angesprochene Vorschrift des § 252 BGB enthält eine Sonderregelung für entgangenen Gewinn. Sie ist von großer praktischer Bedeutung, da sie in Satz 2 eine Beweiserleichterung enthält.[1039] Nach der Rechtsprechung des Bundesgerichtshofs ist die Höhe des entgangenen Gewinns auf Grundlage der §§ 287 ZPO, 252 BGB zu schätzen. Eine Schätzung scheide nur dann aus, wenn sie mangels greifbarer Anhaltspunkte völlig aus der Luft gegriffen wäre. Selbst wenn die Schadenshöhe nicht bestimmbar ist, so bildeten die Umstände, die die Annahme eines erheblichen

1034 *Elsing/Kramer*, in: FS Großfeld, S. 109, 113; *Flume*, in: BeckOK-BGB, § 249 Rn. 37; *Ganter*, NJW 2012, 801; *Mommsen*, Lehre von dem Interesse, S. 4; *Schöne/Uhlendorf*, in: Bilanzgarantien, S. 253, 262; *Schulze*, in: Schulze-BGB, vor § 249 Rn. 6; *Wächter*, M&A Litigation, S. 654 Rn. 12.86; *Wagner*, Schadensersatz, S. 5, 39.

1035 *Demuth*, in: Bilanzgarantien, S.165; *Wagner*, Schadensersatz, S. 5, 72.

1036 *Demuth*, in: Bilanzgarantien, S.165, f.; *Wagner*, Schadensersatz, S. 5, 72.

1037 *Wächter*, M&A Litigation, S. 654 Rn. 12.86.

1038 *Wächter*, M&A Litigation, S. 655 Rn. 12.89.

1039 *Brand*, in: BeckOGK-BGB, § 252 Rn. 1.

Schadensausmaßes begründen, in der Regel eine ausreichende Grundlage, um zumindest einen gewissen Mindestschaden zu ermitteln.[1040]

Wie gezeigt, muss das Element der künftigen Unternehmensentwicklung in der Schadensberechnung Niederschlag finden. Es wird sich zeigen, dass im Post M&A-Verfahren der künftige, mangelbedingte Ertragsausfall nicht unter § 252 BGB fällt, da der entgangene Gewinn im Post M&A-Verfahren eine Sonderrolle einnimmt.

a) Ausgebliebene künftige Erträge bereits im Unternehmensminderwert enthalten

Da im Post M&A-Verfahren der Schaden des Käufers daraus resultiert, dass das Unternehmen künftig mangelbedingt geringere Erträge erzielen wird,[1041] liegt die Annahme nahe, dass es sich um entgangenen Gewinn handelt, der nach den Anforderungen des § 252 Satz 2 BGB zu berechnen sei. Entsprechend ist im Schrifttum für die mangelbedingte Gewinndifferenz des Unternehmens die Bezeichnung als entgangener Gewinn i.S.d. § 252 BGB zu finden.[1042] Bei genauer Betrachtung handelt es sich jedoch nicht um einen Fall des entgangenen Gewinns i.S.d. § 252 BGB. Über das Ertragswertverfahren und das DCF-Verfahren sind die zukünftigen Gewinne die Grundlage der Unternehmensbewertung.[1043] Auch das *Multiple*-Verfahren fußt auf der Annahme, dass der Unternehmenswert aus den künftigen Gewinnen resultiert. Die geplanten Einnahmen des Unternehmens sind in dem Unternehmenswert bereits unmittelbar eingepreist. Wenn das Unternehmen künftig mangelbedingt weniger erwirtschaftet, so sinkt der Unternehmenswert und der Käufer kann Schadensersatz verlangen. Deshalb umfasst der unmittelbare Schaden, namentlich der Unternehmensminderwert, ausnahmsweise die ausgebliebenen künftigen Erträge. Beim Ertragsausfall handelt es sich mithin gerade nicht um einen mittelbaren Schaden in Form eines entgangenen Gewinns.[1044] Stattdessen ist im Post M&A-Verfahren der Schadensposten „Gewinnausfall" ausnahmsweise als unmittelbarer Schaden zu qualifizieren. Denn ein unmittelbarer Schaden löst Reparaturkosten, Wiederbeschaffungskosten und den merkantilen Minderwert als Schadensersatzumfang aus.[1045] Das Rechtsinstitut des entgangenen Gewinns muss nicht bemüht

---

1040 Zum Ganzen: BGH, Urteil vom 26.11.1986 – VIII ZR 260/85, NJW 1987, 909, 910 m.w.N.

1041 *Herrmann/Lohwasser/Ziehms*, M&A Review 12/2012, 509, 511.

1042 Vgl. *Bergjan*, in: Saenger/Aderhold/Lenkaitis/Speckmann, Handels- und Gesellschaftsrecht, § 11 Rn. 155; *Dörfler*, in: Bilanzgarantien, S. 267, 268; *Mellert*, BB 2011, 1667, 1670; *Wächter*, M&A Litigation, S. 666 Rn. 12.113, S. 803 f. Rn. 12.474 f.; *Wollny*, in: Bilanzgarantien, S. 105, 117 f.

1043 *Vischer*, SJZ 106 (2010) Nr. 6, 129, 140.

1044 *Vischer*, SJZ 106 (2010) Nr. 6, 129, 140.

1045 Zum Umfang des unmittelbaren Schadens: *Brand*, Schadensersatzrecht, S. 13 f. Rn. 20.

werden, um einen vollständigen Schadensausgleich gemäß dem Grundsatz der Totalreparation zu erreichen.

b) Kompensation für entgangene Einnahmen als Teil der Naturalrestitution

Die mangelbedingte niedrigere Profitabilität des Unternehmens nicht als entgangenen Gewinn einzuordnen, sondern gemäß § 249 Abs. 1 BGB zu ersetzen, ist auch dogmatisch gerechtfertigt, da der in § 249 Abs. 1 BGB enthaltene Grundsatz der Totalreparation vorschreibt, den Käufer vollständig zu kompensieren. Deshalb ist der entgangene Gewinn dogmatisch der Naturalrestitution zuzuordnen, §§ 249 Abs. 1, 252 Satz 1 BGB.[1046] Da bereits der Grundsatz der Totalreparation in § 249 Abs. 1 BGB den Ersatz entgangener Gewinne zwingend erforderlich macht,[1047] hat § 252 Satz 1 BGB nur eine klarstellende Funktion. Allein § 252 Satz 2 BGB hat konstitutiven Charakter.[1048]

c) Auswirkung auf die Vertragsgestaltung

Deshalb sind auch Vertragsklauseln wie etwa „Ausschluss der Haftung für mittelbare Schäden" mit großer Skepsis zu betrachten. Teilweise heißt es, der Verkäufer könne mit einer solchen Klausel die Haftung für den Produktionsausfall umgehen, falls eine Maschine garantiewidrig defekt ist.[1049] Er müsse bei Verwendung dieser Klausel nur die Kosten der Reparatur und damit nur einen Bruchteil des beim Käufer eingetretenen Schadens tragen.[1050] Diese Klausel dürfte in einem Post M&A-Verfahren von der klagenden Partei gänzlich anders ausgelegt werden, schließlich stellen Gewinnausfälle im Post M&A-Verfahren einen unmittelbaren Schaden dar, indem sie den Unternehmenswert mindern. Falls ein solcher Haftungsausschluss zugunsten des Verkäufers im Kaufvertrag vereinbart werden soll, sollten die Parteien klarstellen, was sie unter mittelbaren Schäden verstehen und klarstellen, ob auch solche Schäden eingeschlossen sind, die eigentlich als Gewinnausfälle und im Post M&A-Verfahren als unmittelbare Schäden zu qualifizieren sind. Völlig zu Recht erfolgt daher der Hinweis im Schrifttum, diese vertragliche Ausschlussklausel könnte der Schadensberechnung durch eine Unternehmensbewertung zuwider-

---

1046 *Brand*, in: BeckOGK-BGB, § 252 Rn. 1; *Oetker* in: MüKo-BGB, § 252 Rn. 1; *Wächter*, M&A Litigation, S. 705 Rn. 12.229 einschl. Fn. 244.

1047 *Wächter*, M&A Litigation, S. 666 Rn. 12.113, S. 669 Rn. 12.119; zu demselben Schluss gelangt *Dörfler*, in: Bilanzgarantien, S. 267, 271.

1048 *Wächter*, M&A Litigation, S. 665 f. Rn. 12.112.

1049 *Mellert*, BB 2011, 1667, 1670.

1050 *Mellert*, BB 2011, 1667, 1670.

laufen und eine ordnungsgemäße Schadensermittlung durch eine Unternehmensbewertung sogar unmöglich machen.[1051]

d) Entgangener Gewinn im Falle der Weiterveräußerung des Unternehmens

Entgangener Gewinn ist der Schaden aus „geplatztem Weiterverkauf".[1052] Um entgangenen Gewinn handelt es sich im Post M&A-Verfahren richtigerweise nur, wenn das Unternehmen vom Käufer mangelbedingt nicht oder nur zu einem geringeren Kaufpreis weiterveräußert werden kann und ihm deshalb der Verkaufserlös zumindest teilweise entgeht.

e) Anforderungen an die Feststellung der entgangenen Einnahmen

Gleichwohl drängt sich die Frage auf, ob das Post M&A-Verfahren von der Beweiserleichterung des § 252 Satz 2 BGB und den hierzu entwickelten Rechenwegen profitieren kann. So lautet ein unterbreiteter Rechenvorschlag, den verlorenen Gewinn mit dem Prozentsatz seiner Eintrittswahrscheinlichkeit zu multiplizieren.[1053] Erleidet beispielsweise ein junger Jurastudent die Erwerbsunfähigkeit, wäre er aber mit einer Wahrscheinlichkeit von 10 % Partner einer Großkanzlei geworden, zu 60 % Richter und zu 30 % Verkäufer, so könne der Erwerbsschaden wie folgt berechnet werden: 0,1 x Jahresgehalt als Partner + 0,6 x Jahresgehalt als Richter + 0,3 x Jahresgehalt als Verkäufer.[1054] Übertragen auf das Post M&A-Verfahren bedeutet dieser Rechenweg, dass die entgangenen Einnahmen mit ihrer Eintrittswahrscheinlichkeit multipliziert werden könnten.

Von diesem Rechenweg ist im Post M&A-Verfahren abzusehen. Er basiert auf einer allzu groben Schätzung der Eintrittswahrscheinlichkeiten. Die Eintrittswahrscheinlichkeit von Erträgen und *Cashflows* werden beim Ertragswertverfahren und DCF-Verfahren im Wege der Planungsperioden präziser ermittelt und bei der Abzinsung berücksichtigt. Der mithilfe des CAPM ermittelte Risikozuschlag gewährleistet, dass die Eintrittswahrscheinlichkeit von Erträgen und *Cashflows* in die Unternehmensbewertung einfließt. Das CAPM ermittelt die Eintrittswahrscheinlichkeit darüber hinaus sehr genau und einzelfallabhängig, da der verwendete Betafaktor die Höhe des spezifischen Unternehmensrisikos angibt.[1055] Das Ertragswertverfahren und das DCF-Verfahren berücksichtigen die Eintrittswahrscheinlichkeit präzise, hinreichend und darüber hinaus auf wirtschaftswissen-

---

1051 Vgl. *Mellert*, BB 2011, 1667, 1670, 1674.
1052 *Grigoleit/Bender*, ZfPW 2019, 1, 35.
1053 *Wagner*, Schadensersatz, S. 5, 74.
1054 *Wagner*, Schadensersatz, S. 5, 74 f.
1055 Zu den Einzelheiten s. S. 88 ff.

schaftlich anerkannte Weise. Diese Unternehmensbewertungsmethoden sind damit spezifischer, genauer und gegenüber dem Rechenvorschlag mit den grob geschätzten Eintrittswahrscheinlichkeiten vorzugswürdig. Da mit dem Ertragswertverfahren und dem DCF-Verfahren der Unternehmensminderwert ermittelt werden kann, besteht keine Notwendigkeit, auf den oben genannten Rechenvorschlag zurückzugreifen.

Was die Beweiserleichterung des § 252 Satz 2 BGB und eine etwaige analoge Anwendung betrifft, so dürfte hierfür keine planwidrige Regelungslücke und damit schlichtweg kein Bedürfnis bestehen. Denn für den unmittelbaren Schaden setzt § 287 ZPO die Anforderungen an das Beweismaß herab.[1056] Der Schaden muss lediglich überwiegend wahrscheinlich sein. Zum anderen genügt eine ungefähre Schadensberechnung. Das (Schieds-)Gericht muss die Schadenshöhe nicht mit „spitzem Stift"[1057] ausrechnen.[1058] Eine exakte Berechnung des Schadens ist ohnehin nicht möglich, da bereits die Differenzhypothese besagt, dass ein hypothetischer Zustand für die Berechnung maßgeblich ist, der denklogisch nur auf Vermutungen beruhen kann.[1059] Hier ist der hypothetische Zustand noch schwieriger nachweisbar, da er nur aufgrund einer Zukunftsprognose ermittelt werden kann. Auch dies dürfte zusätzlich für eine Schätzung sprechen. Dogmatisch ist ein Rückgriff auf § 287 ZPO vertretbar, denn § 252 Satz 2 BGB stellt ohnehin nur eine Ergänzung zu § 287 ZPO dar.[1060]

f) Anforderungen an die Planungen und Prognosen zur Ermittlung des Ertragsausfalls

Die Kapitalwertverfahren (das Ertragswertverfahren und das DCF-Verfahren) stellen auf die subjektiven Erwartungen bezüglich der künftigen Erträge und *Cashflows* ab.[1061] An dieser Stelle drängt sich die Vermutung auf, dass der Käufer überzogene oder willkürliche Zukunftswerte vortragen könnte, um einen hohen Schadenswert darzulegen. Dieses Risiko besteht nicht nur beim unmittelbaren Schaden im Post M&A-Verfahren, sondern tritt auch bei Fällen des entgangenen Gewinns auf. Die Sachverhaltskonstellationen sind vergleichbar. Entweder erwartet der Käufer, den Kaufgegenstand am Markt gewinnbringend weiterzuveräußern, oder er erwartet, mit dem Unternehmen am Markt Gewinne zu erwirtschaften. In beiden Fällen

---

1056 *Wagner*, Schadensersatz, S. 5, 72.
1057 *Wagner*, Schadensersatz, S. 5, 72.
1058 S. hierzu auch S. 15 f.
1059 *Wagner*, Schadensersatz, S. 5, 79.
1060 *Brand*, Schadensersatzrecht, S. 77 Rn. 41.
1061 *Ballwieser*, in: FS Großfeld, S. 21, 22.

könnte der Käufer grundsätzlich eine beliebig hohe Gewinnmarge vortragen. Beim entgangenen Gewinn wird diesem Problem mit speziellen qualitativen Anforderungen an die Erwartungen des Käufers begegnet. Als Voraussetzung für entgangenen Gewinn muss für den Vortrag des Klägers eine überwiegende Wahrscheinlichkeit sprechen, d.h. es muss mehr dafür als dagegen sprechen, dass er den behaupteten Gewinn erzielt hätte.[1062] Auch im Post M&A-Verfahren besteht der Lösungsansatz in qualitativen Anforderungen an den Parteivortrag des Käufers. Die für die Unternehmensbewertung relevanten Planungen unterliegen wegen ihrer prognostischen Bestandteile im Rahmen der Schätzung gemäß § 287 Abs. 2 ZPO zwar keiner Richtigkeits- sondern nur einer Vertretbarkeitsprüfung.[1063] In die Bewertung sollen aber nur zutreffende Informationen einfließen, die zu realistischen und widerspruchsfreien Annahmen führen.[1064] Ist die Planung als realistisch zu beurteilen, so darf das Gericht diese nicht durch eine andere, ebenfalls realistische Planung ersetzen.[1065] Ist die Planung unplausibel, ist sie anzupassen und zwar unabhängig davon, ob dadurch der Unternehmenswert sinkt oder ggf. sogar steigt.[1066] Die Unternehmensbewertung ist dann vertretbar, wenn der Bewertung auf Basis zutreffender Informationen realistische und widerspruchsfreie Annahmen zu Grunde gelegt werden.[1067] Dieser Lösungsansatz ist auch mit den prozessualen Vorgaben des § 287 Abs. 2 ZPO vereinbar. Danach darf das Gericht den Schaden schätzen, wobei eine überwiegende, auf gesicherter Grundlage beruhende Wahrscheinlichkeit des Schadens genügt.[1068] Überzogene Vorstellungen des Käufers sind aber nicht überwiegend wahrscheinlich. Diesen Lösungsweg wählte auch das Oberlandesgericht Stuttgart, als es über die Angemessenheit eines Umtauschverhältnisses nach einer Verschmelzung zu entscheiden hatte.[1069] Es entschied, dass das Gericht festzustellen habe, ob die tatsächlichen Grundlagen der Unternehmensbewertung zutreffend seien. Die Planungen und Prognosen seien dagegen Entscheidungen der jeweiligen Unternehmensführungen im Rahmen des Vertragsabschlusses. Basierten die Planungen und Prognosen auf zutreffenden Informationen und enthielten sie keine inneren Widersprüche, so sei es nicht Aufgabe

---

1062 *Dörfler*, in: Bilanzgarantien, S. 267, 275 f.
1063 *Schüler*, DB 2015, 2277, 2281.
1064 *Schüler*, DB 2015, 2277, 2281.
1065 *Schüler*, DB 2015, 2277, 2281.
1066 *Schüler*, DB 2015, 2277, 2281.
1067 *Schüler*, DB 2015, 2277, 2284.
1068 *Saenger*, in: Saenger-ZPO, § 287 Rn. 15.
1069 OLG Stuttgart, Beschluss vom 8.3.2006 – 20 W 5/05, DStR 2006, 626.

des Gerichts, die Unternehmensbewertung durch eine eigene, ebenso vertretbare Unternehmensbewertung zu ersetzen.[1070]

Diese Wertung des Oberlandesgerichts Stuttgart im Zusammenhang mit einer Verschmelzung ist auf Post M&A-Verfahren (im Gegensatz zu den Fällen des *Squeeze-Out*) übertragbar, da das Gericht einen argumentativen Schwerpunkt darauf legte, dass bei der Verschmelzung voneinander unabhängiger Aktiengesellschaften eine echte Verhandlungssituation vorliege, die eine erhöhte Gewähr für die Angemessenheit des Umtauschverhältnisses biete. Auch bei der M&A-Transaktion handelt es sich um eine echte Verhandlungssituation, sodass im Post M&A-Verfahren ähnliche Maßstäbe an die Unternehmensplanung gerechtfertigt sind.

g) Zwischenergebnis

Als Zwischenergebnis kann festgehalten werden, dass für die Schadensberechnung im Post M&A-Verfahren kein entgangener Gewinn nach den Vorgaben des § 252 Satz 2 BGB ermittelt werden muss. Die Eintrittswahrscheinlichkeit bzw. das Ausfallrisiko von künftigen Erträgen und *Cashflows* wird beim Ertragswertverfahren und dem DCF-Verfahren wirtschaftswissenschaftlich präzise und unternehmensspezifisch berücksichtigt, was einen Vorteil dieser zwei Verfahren im Vergleich zum Substanzwertverfahren und dem *Multiple*-Verfahren darstellt. Eine analoge Anwendung des § 252 S. 2 BGB scheidet mangels planwidriger Regelungslücke aus, da § 287 ZPO von einer exakten Schadensberechnung befreit. Das Gericht kann seine Schadensschätzung auf die Planungen und Prognosen des Käufers stützen, sofern diese auf zutreffenden Informationen basieren und keine inneren Widersprüche enthalten.

9 Entgangene Nutzungsmöglichkeit

Thematisch eng verbunden mit dem entgangenen Gewinn ist die entgangene Nutzungsmöglichkeit, die unter Verwendung diverser Bezeichnungen abgehandelt wird wie etwa „entgangene Gebrauchsvorteile“[1071], „entgangene Sachnutzung“[1072] oder „Nutzungsverluste“[1073]. Sie betrifft das Affektionsinteresse des Käufers,[1074] d.h.

1070 Zum Ganzen: OLG Stuttgart, Beschluss vom 8.3.2006 – 20 W 5/05, DStR 2006, 626.

1071 S. *Wagner*, Schadensersatz, S. 5, 67.

1072 S. *Dornis*, in: BeckOGK-BGB, § 286 Rn. 364.

1073 S. *Schäfer/Ott*, Ökonomische Analyse des Zivilrechts, S. 382.

1074 *Schäfer/Ott*, Ökonomische Analyse des Zivilrechts, S. 374 f.

die subjektiv-individuelle Wertschätzung des Käufers gegenüber dem Unternehmen.[1075]

a) Ersatzfähigkeit nach der Rechtsprechung

Die Rechtsprechung erkennt die Ersatzfähigkeit bei privat genutzten Gegenständen an, wenn in der Einbuße der Nutzungsmöglichkeit ein der geldmäßigen Objektivierung zugänglicher vermögensrechtlicher Gehalt liegt.[1076] Diese Kommerzialisierung des Gebrauchswerts[1077] sei unter anderem der Fall bei Kraftfahrzeugen[1078] und Wohnungen.[1079] Nach der Rechtsprechung des Bundesgerichtshofs folgt die Berechtigung dieses Anspruchs unmittelbar aus § 249 Abs. 1 BGB.[1080] Es sei zu unterscheiden zwischen dem Substanzwert, der auf den Güterbestand abzielt, und dem Nutzungswert, der den Gütereinsatz bezeichnet. Letzterer sei durch die Reparatur der Sache nicht hinreichend ausgeglichen.[1081] Die entgangene Sachnutzung stelle einen Schaden dar, sodass der Eigentümer gemäß § 249 Abs. 1 BGB Naturalrestitution verlangen könne, etwa die Anmietung einer Ersatzsache.[1082] Auch bei kommerziell genutzten Gegenständen verfolgt der Bundesgerichtshof einen ökonomischen Begründungsansatz. Wird ein Wirtschaftsgut erwerbswirtschaftlich produktiv eingesetzt, so stehe der Verkürzung ihres Nutzungswerts ein Gewinnentgang gegenüber, dessen Ersatz über § 252 Satz 1 BGB möglich sei. Diese Vorschrift unterstreiche die schadensrechtliche Bedeutung, die der Gesetzgeber dem Ausfall von erwerbswirtschaftlichen, vermögensmehrenden Einsätzen der Wirtschaftsgüter beimisst.[1083] Bei kommerziell genutzten Gegenständen erhält der Eigentümer den Ausgleich für die entgangene Nutzungsmöglichkeit also im Wege des entgangenen Gewinns.[1084] Hat der Käufer in der Übergangszeit Aufwendungen, um die Produktion aufrechtzuerhalten und Nutzungsverluste auszugleichen, so sind auch

---

1075 Vgl. *Oetker*, NJW 1985, 345, 346.

1076 BGH, Urteil vom 15.4.1966 – VI ZR 271/64, BGHZ 45, 212, 221 = NJW 1966, 1260, 1262.

1077 OLG Hamm, Urteil vom 5.2.1998 – 27 U 161/97, NJW 1998, 2292, 2293.

1078 BGH, Urteil vom 15.4.1966 – VI ZR 271/64, BGHZ 45, 212, 217, 221 = NJW 1966, 1260, 1261 f.

1079 BGH, Urteil vom 15.4.1966 – VI ZR 271/64, BGHZ 45, 212, 215 f. = NJW 1966, 1260, 1261; kritisch *Schäfer/Ott*, Ökonomische Analyse des Zivilrechts, S. 383, mit dem Einwand, das Schadensersatzrecht habe den Zweck, zurechenbare Schäden dem Schädiger zuzuweisen. Dem widerspräche es, bei der Ersatzpflicht anhand des Kommerzialisierungsgedankens danach zu unterscheiden, ob es sich um einen Luxusgegenstand handelt oder um einen Gegenstand des täglichen Gebrauchs.

1080 BGH, Urteil vom 15.4.1966 – VI ZR 271/64, BGHZ 45, 212, 216 = NJW 1966, 1260, 1261.

1081 Zum Ganzen: BGH, Beschluss vom 9.7.1986 – GSZ 1/86, BGHZ 98, 212, 220 f. = NJW 1987, 50, 52.

1082 BGH, Urteil vom 15.4.1966 – VI ZR 271/64, BGHZ 45, 212, 216 = NJW 1966, 1260, 1261; *Wagner*, Schadensersatz, S. 5, 67.

1083 Zum Ganzen: BGH, Beschluss vom 9.7.1986 – GSZ 1/86, BGHZ 98, 212, 219 = NJW 1987, 50, 52.

1084 *Wagner*, Schadensersatz, S. 5, 71.

diese vom Schadensersatzanspruch umfasst.[1085] Erwächst dem Geschädigten als Folge des Nutzungsausfalls ein Vorteil durch ersparten Verschleiß oder ersparte Einsatzkosten, ist dieser in der Differenzrechnung allerdings zu berücksichtigen.[1086]

b) Ersatzfähigkeit nach der Literaturmeinung

Im Schrifttum wird diese Rechtsprechung durch weitere Argumente unterfüttert. Der Käufer bezahle grundsätzlich nicht für ein Gut, sondern für dessen Benutzung, dies sei grundsätzlich beim Kauf von Waren das leitende Motiv und wirtschaftlich betrachtet sei der Substanzwert eines Gutes stets im Ergebnis der abgezinste Wert aller künftigen Nutzungsmöglichkeiten.[1087] Deshalb folge aus der fehlenden Nutzungsmöglichkeit einer Sache stets ein Schaden, der zu ersetzen sei.[1088] Jedes andere Ergebnis sei unvereinbar mit der Steuerungsfunktion des Schadensrechts.[1089] Schädiger würden ansonsten in der Tendenz einen zu geringen Schadensabwehraufwand leisten, was weder rechtspolitisch noch rechtsdogmatisch wünschenswert sei.[1090]

c) Kritik an der Ersatzfähigkeit

Die Kritikpunkte an der Ersatzfähigkeit des Nutzungsausfallschadens betreffen eine Ausuferung des Schadensrechts und die Befürchtung einer Kommerzialisierung weiterer Lebensbereiche.[1091]

Diese Befürchtungen haben im Post M&A-Verfahren keinen Bestand. Die Ausuferung des Schadensrechts wird dadurch eingedämmt, dass der Käufer die Anknüpfungstatsachen vortragen und seine Schadenshöhe darlegen muss. Ist ein Gewinnverlust als Folge des Nutzungsausfalls nicht überwiegend wahrscheinlich, wird ihn das Gericht nicht als Schaden qualifizieren. Auch für die Befürchtung der Kommerzialisierung eines weiteren Lebensbereichs besteht kein Anlass. Das Post M&A-Verfahren ist ein Rechtsstreit zwischen Kaufleuten aufgrund eines gewerblichen Rechtsgeschäfts, sodass über einen ohnehin kommerziellen Lebensbereich entschieden wird.

Ein anderes Argument, das sich gegen die Ersatzfähigkeit von Nutzungsausfallschäden richtet, lautet, dass die Versicherungsprämien andernfalls zu sehr

1085 *Schäfer/Ott*, Ökonomische Analyse des Zivilrechts, S. 382.

1086 Zum Ganzen: BGH, Beschluss vom 9.7.1986 – GSZ 1/86, BGHZ 98, 212, 221 = NJW 1987, 50, 52.

1087 *Ott/Schäfer*, ZIP 1986, 613, 621.

1088 *Schäfer/Ott*, Ökonomische Analyse des Zivilrechts, S. 387.

1089 *Schäfer/Ott*, Ökonomische Analyse des Zivilrechts, S. 391.

1090 *Schäfer/Ott*, Ökonomische Analyse des Zivilrechts, S. 374 f.

1091 *Ott/Schäfer*, ZIP 1986, 613, 616.

steigen würden. Diesem Argument wird zu Recht entgegengehalten, dass das Streben nach niedrigen Versicherungsprämien keine Grundlage im Gesetz habe und Schädiger ihre Schadensvermeidung ohnehin nicht an den drohenden Schäden, sondern an der drohenden Schadensersatzpflicht orientierten. Deshalb könne das Schadensrecht nur richtig steuern, wenn auch der Nutzungsausfall ersetzt werde.[1092] Außerdem sei die Erhöhung von Versicherungsprämien nicht *per se* schlecht, sondern sogar zu begrüßen. Denn auch wenn sie eine Preissteigerung bedeuteten, vermittelten sie dem Schädiger ein Gefühl für die richtigen Kosten und böten ihm einen wirtschaftlichen Anreiz, den Schaden abzuwenden.[1093]

d) Stellungnahme

Im Ergebnis können die wenigen Kritikpunkte an der grundsätzlichen Ersatzfähigkeit eines Nutzungsausfalls nicht überzeugen. Jedes einzelne Argument, das von der Rechtsprechung und dem Schrifttum für die grundsätzliche Ersatzfähigkeit des Nutzungsausfallschadens angeführt wurde, untermauert die These, dass der Schaden des Käufers im Post M&A-Verfahren gerade darin besteht, dass die künftigen Unternehmensgewinne kleiner ausfallen. Der Argumentation von Rechtsprechung und Schrifttum ist nämlich die Kernaussage zu entnehmen, dass ein Ersatz für einen Nutzungsausfall nicht in Betracht kommt, wenn sich der Wert des Gegenstands hauptsächlich in seinem Substanzwert erschöpft. In diesem Fall liegt ohne Beschädigung der Substanz bereits kein Schaden im Vermögen des Käufers vor. Vielmehr ist der Ersatz des Nutzungsausfalls erst dann gerechtfertigt, wenn sich der Wert des Gegenstands hauptsächlich aus dessen Nutzung zusammensetzt, sodass der Käufer eine spürbare Beeinträchtigung erlitten hat. Dies ist bei kommerziell genutzten Gegenständen grundsätzlich der Fall, bei privat genutzten Gegenständen, wie der Bundesgerichtshof richtig entschied, nur dann, wenn die Nutzungsmöglichkeit neben dem Sachwert ausnahmsweise einen eigenen, vermögensrechtlichen Gehalt hat. Was für kommerziell genutzte Gegenstände gilt, muss gleichsam für Unternehmen gelten. Unternehmen bestehen aus einer Vielzahl von Gegenständen, deren kommerzielle Nutzung den Wert des Unternehmens ausmacht. Das oben herausgearbeitete Zwischenergebnis, dass das Substanzwertverfahren zur Schadensberechnung grundsätzlich ungeeignet sei, weil der Unternehmenswert mehr ist als die Summe seiner *Assets*, wird hierdurch bestätigt.

1092 Zum Ganzen: *Schäfer/Ott*, Ökonomische Analyse des Zivilrechts, S. 385 f.
1093 *Schäfer/Ott*, Ökonomische Analyse des Zivilrechts, S. 392.

e) Auswirkung auf das Post M&A-Verfahren

Überträgt man die Argumentation zugunsten einer Ersatzfähigkeit des Nutzungsausfallschadens auf das Post M&A-Verfahren, so spricht dies dafür, den Schaden des Käufers mithilfe des Ertragswertverfahrens oder des DCF-Verfahrens zu bestimmen. Der entgangene Gewinn, der der Verkürzung des Nutzungswerts gegenübersteht, wird nur bei diesen zwei Verfahren detailliert prognostiziert und abgezinst. Das Substanzwertverfahren vernachlässigt den Nutzungswert des Unternehmens vollständig und erweist sich damit als unzureichend. Auch wenn das *Multiple*-Verfahren zwar davon ausgeht, dass der Wert des Unternehmens in der künftigen Gewinnerwartung liegt, so verzichtet es allerdings auf eine Bemessung des Nutzungswerts, also auf eine dezidierte Gewinnprognose und Abzinsung, weshalb das Verfahren für die Schadensberechnung nicht ebenso geeignet ist.

Es stellt eine Besonderheit des Post M&A-Verfahrens dar, dass der zu ersetzende Nutzungsausfallschaden nicht gesondert zu berechnen ist. Die Argumentation des Bundesgerichtshofs bezüglich Nutzungsausfallschäden bestätigt das bereits für den entgangenen Gewinn erzielte Zwischenergebnis, dass der Unternehmensminderwert den unmittelbaren Schaden darstellt, wenn ein Unternehmensbewertungsverfahren für den Unternehmensminderwert alle künftigen Nutzungsausfälle berücksichtigt. Ein mangelbedingter Nutzungsausfallschaden ist daher – ebenso wie beim entgangenen Gewinn – nicht gesondert zu ermitteln und zu ersetzen. Würde zusätzlich zum Unternehmensminderwert noch ein Nutzungsausfallschaden für die einzelnen, unbenutzbaren *Assets* als Schadensposition addiert werden, läge hierin ein Verstoß gegen das schadensrechtliche Bereicherungsverbot.

Wie schon beim entgangenen Gewinn werden auch für den Nutzungsausfallschaden Berechnungsvorschläge unterbreitet. Ein Vorschlag lautet, den Wert der Sache vor dem Eintritt des Schadensereignisses und den Zeitraum des Nutzungsausfalls zu ermitteln. Dann sei der Zeitwert der Sache auf die verbleibende Nutzungsdauer umzurechnen und die darauf entfallenden Zinskosten zu berechnen. Dabei seien nicht nur die Abschreibungen zu berücksichtigen, sondern auch die entgangenen Zinserträge bei einer alternativen Kapitalanlage („Opportunitätskosten"). Bei alledem sei eine Schätzung analog § 287 ZPO zulässig.[1094] Diese Berechnung dürfte sich jedoch nicht ebenso gut für das Post M&A-Verfahren eignen wie die Berechnung des Unternehmensminderwerts mithilfe eines Unternehmensbewertungsverfahrens. Zum einen sind die Unternehmensbewertungsverfahren spezifischer und damit hinsichtlich der Nutzungsausfallfolgen präziser. Zum anderen erübrigen sie den zusätzlichen Rechenschritt, den Wert des Unternehmens auf die Nutzungsdauer umzurechnen. Die ertragswertorientierten Bewertungsverfahren

---

1094 Zum Ganzen: *Schäfer/Ott*, Ökonomische Analyse des Zivilrechts, S. 391.

berücksichtigen die Nutzung und die Nutzungsdauer bereits bei der Unternehmenswertermittlung, indem sie mit einem Phasenmodell (Detailplanungsphase und Fortführungswert) arbeiten. Führt ein Mangel zu einem Nutzungsausfall, so erfassen die ertragswertorientierten Bewertungsverfahren diesen bereits hinreichend bei der Unternehmensbewertung: Der Unternehmenswert fällt mangelbedingt geringer aus. Für eine zusätzliche Umrechnung des Unternehmenswerts auf die Nutzungsdauer besteht insoweit kein Erfordernis.

10 Betriebsausfallschaden

Führt die mangelhafte Leistung des Verkäufers zu geminderten Einkünften des Käufers, weil er die Kaufsache mangelbedingt nicht bzw. nicht planmäßig in seinem Betrieb einsetzen konnte, spricht man von einem Betriebsausfallschaden.[1095] Ein anschauliches Beispiel ist die Lieferung eines defekten Pizzaofens an eine Pizzeria. Der Betriebsinhaber wird vom Verkäufer als Schadensersatz (neben der Nacherfüllung in Form der Nachbesserung oder Nachlieferung) die Ertragseinbußen verlangen, die er bis zur Nachbesserung erlitten hat.

Im Rahmen von Betriebsausfallschäden ist umstritten, unter welche Anspruchsgrundlage sie fallen und unter welchen Voraussetzungen sie erstattet werden. Nach einer Ansicht handelt es sich hierbei um einen Verzugsschaden, der nur unter den zusätzlichen Voraussetzungen von §§ 280 Abs. 2, 286 BGB ersetzt wird, weil jede Schlechtleistung eine Verzögerung der mangelfreien Leistung darstelle. Als Argument führt diese Ansicht an, dass die strengen Voraussetzungen des § 286 BGB nicht unterwandert werden dürften. Wäre der Schaden unter den geringen Voraussetzungen des § 280 Abs. 1 BGB ersatzfähig, würde der Verkäufer, der schlecht leistet, sogar schlechter stehen als derjenige, der überhaupt nicht leistet. Das könne nicht richtig sein. Auch sei die zusätzliche Voraussetzung der Mahnung interessengerecht, da nicht nur bei der Nichtleistung, sondern auch bei der Schlechtleistung Unklarheiten über die Dringlichkeit denkbar seien.[1096] Nach einer anderen Ansicht ist § 280 Abs. 1 BGB die richtige Anspruchsgrundlage und eine schärfere Haftung des schlechtleistenden Verkäufers sei durchaus gerechtfertigt. Er greife schließlich stärker in die Sphäre des Käufers ein und gefährde dessen Rechtsgüter durch eine Schlechtleistung mehr als durch eine Nichtleistung.[1097]

1095 *Grigoleit/Riehm*, JuS 2004, 745, 745.

1096 *Arnold/Dötsch*, BB 2003, 2250, 2253.

1097 *Canaris*, ZIP 2003, 321, 323; *Schulze*, in: Schulze-BGB, § 280 Rn. 6.

Außerdem sei dies mit der Begründung des Regierungsentwurfs[1098] vereinbar.[1099] Darin heißt es:

> „Liefert der Verkäufer also beispielsweise schuldhaft eine mangelhafte Maschine und verzögert sich deswegen deren Inbetriebnahme, so ist der Betriebsausfallschaden unabhängig von den weiteren Voraussetzungen des Verzugs unmittelbar nach § 280 Abs. 1 RE zu ersetzen."[1100]
> (Begr. RegE BT-Drucks. 14/6040, 225)

Macht der Käufer eines Unternehmens einen Mangel geltend, der sich ertragsmindernd auswirkt, handelt es sich hierbei jedoch nicht um einen Betriebsausfallschaden. Denn er erwarb nicht für seinen Betrieb eine (defekte) Maschine, sondern den gesamten Betrieb als solchen. Der Käufer ist allerdings nicht schutzlos gestellt. Die mangelbedingten Ertragseinbußen werden durch die ertragswertorientierten Bewertungsverfahren bei der Ermittlung des Unternehmensminderwerts hinreichend berücksichtigt.

11 Schadensminderungsobliegenheit

In der Schweiz, einem der bedeutendsten Schiedsgerichtsorte für Post M&A-Verfahren, wird im Schrifttum die Auffassung vertreten, dass der (Schieds-)Richter bei der Schadensbemessung die Schadensminderungspflicht des Käufers berücksichtigen müsse.[1101] Wenn der Käufer den Mangel in kurzer Zeit beheben kann, sodass die künftigen Gewinne bereits nach einer gewissen Zeit wieder fließen, habe der (Schieds-)Richter dies bei der Schadensberechnung zu berücksichtigen.[1102] Es ist davon auszugehen, dass der Schadensersatzanspruch des Käufers entsprechend gering ausfällt, wenn das (Schieds-)Gericht zu dem Schluss gelangt, dass der Käufer den Unternehmensmangel alsbald beheben könne.

In Deutschland ist die Schadensminderung ebenfalls relevant, allerdings handelt es sich nach deutschem Recht hierbei um eine bloße Obliegenheit des Geschädigten.[1103] Der Geschädigte soll dazu beitragen, dass der Schaden und die Schadensbeseitigungskosten nicht unnötig groß ausfallen.[1104] Gerade in Hinblick

1098 Begr. RegE BT-Drucks. 14/6040, 225.

1099 *Schulze*, in: Schulze-BGB, § 280 Rn. 6.

1100 Begr. RegE BT-Drucks. 14/6040, 225.

1101 S. *Vischer*, SJZ 106 (2010) Nr. 6, 129, 134.

1102 *Vischer*, SJZ 106 (2010) Nr. 6, 129, 134.

1103 BGH, Urteil vom 17.6.2014 – VI ZR 281/13, NJW 2014, 2493, 2494; *Oetker*, in: MüKo-BGB, § 254 Rn. 77; *Teichmann*, in: Jauernig-BGB, § 254 Rn. 1.

1104 *Oetker*, in: MüKo-BGB, § 254 Rn. 77.

auf einen Nutzungsausfallschaden hat sich der Geschädigte um eine schnelle Schadensbeseitigung und ggf. Reparatur oder Ersatzbeschaffung zur Überbrückung zu bemühen.[1105]

Obschon der Nutzungsausfallschaden, wie bereits dargelegt, im Post M&A-Verfahren keinen zusätzlichen Schadensposten darstellt, sondern der Nutzungsausfall bereits durch die ertragswertorientierten Bewertungsverfahren im unmittelbaren Schaden eingepreist ist, ist die in § 254 Abs. 2 BGB enthaltene Wertung beachtenswert. Denn § 254 Abs. 2 BGB ist eine Ausprägung des Grundsatzes von Treu und Glauben.[1106] Außerdem beschränkt sich der Wortlaut des § 254 Abs. 2 BGB, der davon spricht, „den Schaden abzuwenden oder zu mindern“, nicht nur auf mittelbare Schäden, sondern erstreckt sich auch auf unmittelbare Schäden. Wenn der Käufer beide Schäden ersetzt bekommt, so ist es interessengerecht, wenn ihn in beiden Fällen eine Schadensminderungsobliegenheit trifft. Und auch in den Post M&A-Verfahren, in denen eine Nacherfüllung möglich ist und der bis dahin entstandene Gewinnausfall ausnahmsweise als mittelbarer Folgeschaden zu ersetzen ist (es also nicht zu einer Unternehmensbewertung kommt), ändert sich an diesem Ergebnis nichts. Es hinge ansonsten von der Möglichkeit der Nacherfüllung und damit vom Zufall ab, ob der Käufer verpflichtet war, den Schaden möglichst kleinzuhalten. Dies wäre ein ungerechtfertigter Wertungswiderspruch. Darüber hinaus kann der Käufer zu dem Zeitpunkt, zu dem er den Schaden geringzuhalten hat (oder eben nicht), noch nicht vorhersagen, zu welcher dogmatischen Schadensqualifizierung (bei Unmöglichkeit der Nacherfüllung: unmittelbarer Schaden, bei Möglichkeit der Nacherfüllung: mittelbarer Folgeschaden) ein Richter später tendieren wird. Wie gezeigt, hängt die Einordnung unter anderem von der schwierigen Frage ab, ob das Erreichen eines wirtschaftlich gleichwertigen Zustands für eine Nacherfüllung genügt. Den Käufer träfe insoweit eine erhebliche Rechtsunsicherheit hinsichtlich des Bestehens seiner Obliegenheiten.

Im deutschen Recht führt die Verletzung der Schadensminderungsobliegenheit ebenfalls zu einer Schadenskürzung, und zwar nach den allgemeinen Regeln.[1107] Es erfolgt eine Schadensteilung nach dem Quotenprinzip.[1108]

Den Käufer trifft nach einer M&A-Transaktion mithin eine Schadensminderungsobliegenheit. Er hat sich um eine Geringhaltung der Ertragseinbußen zu bemühen. Verletzt er diese Obliegenheit, ist sein Schadensersatzanspruch quotal zu kürzen.

1105 *Oetker*, in: MüKo-BGB, § 254 Rn. 91.

1106 BGH, Urteil vom 17.6.2014 – VI ZR 281/13, NJW 2014, 2493, 2494; *Schulze*, in: Schulze-BGB, § 254 Rn. 1; *Teichmann*, in: Jauernig-BGB, § 254 Rn. 1.

1107 *Looschelders*, in: BeckOGK-BGB, § 254 Rn. 249.

1108 *Looschelders*, in: BeckOGK-BGB, § 254 Rn. 250; *Oetker*, in: MüKo-BGB, § 254 Rn. 106 f.

12 Subjektbezogenheit des Schadensbegriffs

Bei der Schadensberechnung im Post M&A-Verfahren stellt sich die Frage, ob der Unternehmensminderwert aus Sicht eines objektiven Dritten oder subjektiv aus Sicht des Käufers oder Verkäufers zu bemessen ist. Wenn man bedenkt, dass der Unternehmenswert aus dem Unternehmensnutzen für ein Subjekt abgeleitet wird, wird die Tragweite dieser Frage deutlich.[1109]

Den Unternehmenswert aus Sicht eines objektiven Dritten zu bemessen, schlägt fehl, da der Unternehmenswert – wie gezeigt – nicht objektiv messbar ist, sondern in dem Nutzen für das jeweilige Bewertungssubjekt liegt, sowie von dessen Planung, Zielen und Synergien abhängt. Somit reduziert sich die Frage darauf, ob der Unternehmensminderwert aus Sicht des Käufers oder aus Sicht des Verkäufers zu bemessen ist.

Die Bestimmung der schadensrechtlich relevanten Güter ist davon geprägt, dass das Schadensrecht auf die Wiederherstellung des Rechtssubjekts zielt, dessen freiheitliche Selbstbestimmung von der Rechtsordnung geschützt ist.[1110] Der Schaden ist auf eine bestimmte Person bezogen,[1111] namentlich auf die des Geschädigten.[1112] Der Schadensbegriff ist mithin subjektbezogen. Die Subjektbezogenheit des Schadensbegriffs hat weitreichende Folgen. Selbst subjektive Vorstellungen des Geschädigten sind vom Schadensrecht geschützt. Dies beruht darauf, dass das Schadensrecht dem Schutz der Persönlichkeit und der Handlungsfreiheit dient.[1113] Deshalb schützt das Schadensrecht nicht nur das Interesse an der Integrität des Vermögens, sondern auch das Interesse an der Integrität der Persönlichkeit sowie das Interesse, nach eigener Zwecksetzung handeln zu können. Dieses Interesse ist vor jeder nachteiligen Veränderung geschützt, die nicht dem Willen des Geschädigten entspricht.[1114] Bereits die gestörte Ressourcenverwendungsplanung wird daher als Vermögensschaden qualifiziert.[1115] Geht der Geschädigte durch den Schädiger verleitet einen Vertrag ein und bindet sein Vermögen in einer Weise, die er ohne Täuschung nicht gewählt hätte, so ist seine Verwendungsplanung gestört und es liegt ein Schaden vor, selbst wenn Leistung und Gegenleistung wertmäßig ausgeglichen sind.[1116] Zwar geht die Subjektbezogenheit des Schadensbegriffs nicht

1109 *Wollny*, in: Bilanzgarantien, S. 105, 115.
1110 *Ekkenga/Kuntz*, in: Soergel-BGB, vor § 249 Rn. 20.
1111 *Hilgard*, ZIP 2005, 1813, 1818; *Schack*, in: FS Stoll, S. 61, 69.
1112 *Schack*, in: FS Stoll, S. 61, 69.
1113 *Ekkenga/Kuntz*, in: Soergel-BGB, vor § 249 Rn. 20.
1114 Zum Ganzen: *Ekkenga/Kuntz*, in: Soergel-BGB, vor § 249 Rn. 20.
1115 *Ekkenga/Kuntz*, in: Soergel-BGB, vor § 249 Rn. 20, 61–63.
1116 *Ekkenga/Kuntz*, in: Soergel-BGB, vor § 249 Rn. 63.

so weit, dass der Geschädigte frei entscheiden könnte, was er als Schaden betrachte, dennoch richtet sich der Schaden stets nach dem Interesse des Geschädigten.[1117]

Die Rechtsprechung hat die Subjektbezogenheit des Schadensbegriffs anerkannt.[1118] Sie begründet die Subjektbezogenheit mit der Ausgleichsfunktion des Schadensrechts:

> „Der Schadensersatzanspruch dient dazu, den konkreten Nachteil des Geschädigten auszugleichen; der Schadensbegriff ist mithin im Ansatz subjektbezogen […].“[1119]
>
> (BGH, Urteil vom 26.9.1997 – V ZR 29/96, NJW 1998, 302, 304)

Das zweite Argument der Rechtsprechung für den „subjektbezogenen Zuschnitt“[1120] des Schadens ist der Schutzzweck der Haftungsnorm. Die Differenzhypothese sei eine wertneutrale Rechenoperation, die nicht davon befreie, die einzusetzenden Rechnungsposten am Schutzzweck der Haftung wertend zu bestimmen.[1121] Diese wertende Betrachtung lässt nach der Rechtsprechung einen Schaden sogar dann annehmen, wenn zwar keine wertmäßige Differenz vorliegt, aber die Leistung für die Zwecke des Geschädigten nicht voll brauchbar ist,[1122] oder wenn der Geschädigte einen Vertrag abgeschlossen hat, der seinen Zielen und Vermögensinteressen nicht entspricht.[1123]

a) Auswirkung auf das Post M&A-Verfahren

Übertragen auf die Schadensberechnung im Post M&A-Verfahren bedeutet diese Rechtsprechung, dass die Sicht des Käufers entscheidend ist. Die in die wertneutralen Rechenmethoden „Ertragswertverfahren“ und „DCF-Verfahren“ einzusetzenden Erträge bzw. *Cashflows* sind wertend und aus Sicht des Käufers zu bestimmen. Hierfür ist auf die Zwecke, die Ziele und die Vermögensinteressen des Käufers abzustellen. Die Zwecke, Ziele und Vermögensinteressen des Käufers lassen sich

---

1117 *Ekkenga/Kuntz*, in: Soergel-BGB, vor § 249 Rn. 20.

1118 BGH, Urteil vom 15.4.1966 – VI ZR 271/64, BGHZ 45, 212, 219 = NJW 1966, 1260, 1261; BGH, Urteil vom 26.9.1997 – V ZR 29/96, NJW 1998, 302, 304; BGH, Urteil vom 21.12.2004 – VI ZR 306/03, BGHZ 161, 361, 367 = NJW-RR 2005, 611, 612; BGH, Urteil vom 25.5.2020 – VI ZR 252/19, BGHZ 225, 316, 335 Rn. 46 = NJW 2020, 1962 Rn. 46 („Diesel-Skandal-Urteil“); OLG Frankfurt a. M., Schlussurteil vom 13.8.2019 – 8 U 199/15, BeckRS 2019, 21978 Rn. 10; OLG Stuttgart, Urteil vom 26.2.2020 – 9 U 376/19, BeckRS 2020, 12470 Rn. 29; OLG Stuttgart, Endurteil vom 10.3.2020 – 10 U 404/19, BeckRS 2020, 5616 Rn. 46; OLG Bamberg, Urteil vom 1.4.2021 – 8 U 253/20, BeckRS 2021, 10356 Rn. 38.

1119 BGH, Urteil vom 26.9.1997 – V ZR 29/96, NJW 1998, 302, 304.

1120 BGH, Beschluss vom 21.9.1989 – III ZR 22/88, BeckRS 1989, 31069278.

1121 Zum Ganzen: BGH, Beschluss vom 21.9.1989 – III ZR 22/88, BeckRS 1989, 31069278.

1122 BGH, Urteil vom 21.12.2004 – VI ZR 306/03, BGHZ 161, 361, 367 = NJW-RR 2005, 611, 612.

1123 BGH, Beschluss vom 26.3.2019 – XI ZR 372/18, WM 2019, 721, 722.

seiner Unternehmensbewertung und Kaufpreiskalkulation entnehmen, insbesondere dann, wenn er das DCF-Verfahren verwendet hat. Denn darin hat er seine Zwecke (Synergieeffekte und entsprechend hohe *Cashflows*), seine Ziele (Risikoaffinität und entsprechender Kapitalisierungszinssatz) sowie seine Vermögensinteressen (Höhe des Eigen- und Fremdkapitals) zu Grunde gelegt und daraus seinen subjektiven Käufer-Unternehmenswert abgeleitet. Hinsichtlich der Schadensberechnung im Rahmen der c.i.c. spricht die Subjektbezogenheit des Schadensbegriffs dafür, das Unternehmensbewertungsverfahren zu verwenden, das der getäuschte Käufer verwendet hat, um den subjektiven Käufer-Unternehmenswert als Grenzpreis für die Kaufpreisberechnung zu ermitteln.

Im Schrifttum wird vertreten, dass im Post M&A-Verfahren wegen der Subjektbezogenheit des Schadensbegriffs der Unternehmenswert und Schaden subjektiv zu bemessen seien. Da der subjektbezogene Schaden notwendig auf eine Person und deren Beziehung zur Sache bezogen ist, könne auch der Unternehmenswert nur auf subjektiven Grundlagen beruhen. Deshalb seien für den Schadensersatzanspruch die für den Käufer wertbeeinflussenden Faktoren maßgeblich.[1124] Die Subjektbezogenheit des Schadensbegriffs führe dazu, dass die Wertschätzung notwendigerweise subjektiv erfolge.[1125] Der Wert des Unternehmens sei abhängig von dem Nutzen, den es seinem Eigentümer stifte, und dies sei immer abhängig vom Eigentümer, also stets subjektbezogen.[1126] Der Unternehmenswert sei nach subjektiven Kriterien zu bewerten,[1127] da auch der Schadensbegriff subjektbezogen sei.[1128] Dementsprechend habe der Kläger die Tatsachen vorzutragen, die es dem Gericht ermöglichen, den Unternehmensminderwert gemäß § 287 ZPO zu schätzen. Hierzu gehören alle wesentlichen wertbeeinflussenden Faktoren für die Bewertung durch den Käufer, also auch die Angaben des Verkäufers, die möglicherweise für den Käufer ausschlaggebend waren, sowie die Wertfaktoren, die in der Person des Käufers liegen.[1129] Die Subjektbezogenheit des Schadensbegriffs gelte sowohl beim Ersatz des negativen wie auch des positiven Interesses.[1130]

1124 Zum Ganzen: *Kiethe*, DStR 1995, 1756, 1759 f.
1125 *Großfeld*, JZ 1981, 641, 644.
1126 *Großfeld*, JZ 1981, 641, 644.
1127 *Kiethe*, DStR 1995, 1756, 1759.
1128 *Kiethe*, DStR 1995, 1756, 1759 f.
1129 *Kiethe*, DStR 1995, 1756, 1762.
1130 *Wollny*, DStR 2017, 949, 953.

b) Auswirkung auf die Berechnung des positiven Interesses

Der Käufer-Unternehmenswert ist beim Ersatz des positiven Interesses maßgeblich, da der Schaden subjektbezogen ist.[1131] Der Schaden resultiert nicht daraus, dass die Garantieunrichtigkeit den Verkäufer-Unternehmenswert beeinträchtigt, sondern daraus, dass sie den Käufer-Unternehmenswert herabsenkt.[1132] Bei der Ermittlung des verletzten positiven Interesses ist der Diskontierungszinssatz zu verwenden, der spezifisch zum Käufer passt, beispielsweise ist er mithilfe der Kapitalkosten und dem CAPM zu bestimmen, wenn der Käufer kapitalmarktorientiert ist.[1133]

Das DCF-Verfahren dürfte zu diesem Zweck geeignet sein, da der Käufer sehr detailliert zu jedem einzelnen Planungsziel vortragen und damit seinen Vortrag zur Schadenshöhe substantiieren kann. Die prozessualen Hürden für die Wahrscheinlichkeit der Richtigkeit der Planung sind gemäß § 287 ZPO herabgesenkt.[1134]

Das *Multiple*-Verfahren dürfte für die Schadensberechnung in Post M&A-Verfahren dagegen ungeeignet sein. Zum einen ist für das (Schieds-)Gericht schon nicht ersichtlich, wie die Daten, die multipliziert werden, gewonnen wurden. Es fehlt an einer transparenten Unternehmensplanung, die das (Schieds-)Gericht überprüfen könnte. Nicht einmal unter den herabgesetzten Maßstäben der § 287 ZPO dürfte das *Multiple*-Verfahren für einen substantiierten Vortrag zur Schadenshöhe genügen.[1135]

c) Auswirkung auf die Berechnung des negativen Interesses

Im Rahmen der c.i.c. kommt es maßgeblich auf den hypothetischen Kaufpreis an, der ohne Täuschung vereinbart worden wäre. Da die Kaufpreiskalkulation, wie bereits dargelegt, auf einer subjektiven Unternehmensbewertung basiert, existiert kein objektiver Kaufpreis, sondern es existieren stets zwei subjektive Grenzpreise, innerhalb deren Überschneidungsbereich ein Kaufpreis vereinbart wird.[1136] Da der Kaufpreis(-bereich) also subjektiv ermittelt wird, stellt sich auch bei der c.i.c. die Frage, auf wessen Kaufpreiskalkulation abzustellen ist, auf die des Käufers oder die des Verkäufers. Da die Rechtsfolge der c.i.c. darin besteht, dem Käufer das negative Interesse zu ersetzen, erfordert sie, den Käufer so zu stellen, als ob er nicht getäuscht worden sei.[1137]

1131 *Wächter/Wollny*, NZG 2019, 801, 807.
1132 *Wächter/Wollny*, NZG 2019, 801, 807.
1133 *Wächter/Wollny*, SchiedsVZ 2018, 80, 99.
1134 Zum Ganzen: *Wächter*, M&A Litigation, S. 581 f. Rn. 11.50 f.
1135 *Wächter*, M&A Litigation, S. 581 ff. Rn. 11.50 ff.
1136 S. die *Abbildung 6* auf S. 80.
1137 *Wächter/Wollny*, NZG 2019, 801, 805.

Dieser Zweck wird erreicht, indem bei der Schadensberechnung auf den Käufer-Unternehmenswert abgestellt wird.

Damit ist einem Vorschlag zuzustimmen, demzufolge beim negativen Interesse der zu viel gezahlte Kaufpreis danach ermittelt werden soll, welche Bewertungsmethode der Käufer zur seinerzeitigen Kaufpreisfindung tatsächlich verwendet hat.[1138] Es komme auf die subjektive Bewertungsentscheidung des Käufers an, soweit diese rationalen Maßstäben entspricht, denn er sei bei der c.i.c. so zu stellen, wie er stehen würde, wenn er am Vertrag nach richtiger Aufklärung festgehalten hätte.[1139] Zu diesem Zweck könne auch auf Umstände außerhalb des Kaufvertrags zurückgegriffen werden, um zu erfahren, wie die Parteien den Kaufpreis hergeleitet haben, z. B. *Due Diligence Reports, Letters of Intent* oder interne Unterlagen, in denen der Käufer seine Kaufpreisermittlungsmethode dokumentierte.[1140] Dieser Vorschlag überzeugt, da er der Subjektivität des Schadensbegriffs sowie dem Normzweck gerecht wird.

Bei der c.i.c. spricht neben der Subjektivität des Schadensbegriffs und der Normadäquanz der Unternehmensbewertung noch ein drittes Argument für das Abstellen auf den Käufer-Unternehmenswert: Nach der Rechtsprechung des Bundesgerichtshofs ist dem Verkäufer im Rahmen der c.i.c. der Einwand versagt, er hätte zu einem solch niedrigen Kaufpreis das Unternehmen nicht verkauft.[1141] Nimmt man diese Leitlinie ernst, so darf das (Schieds-)Gericht nicht auf den Verkäufer-Unternehmenswert als unteren Grenzpreis der fiktiven Verhandlungssituation abstellen. Andernfalls wäre der Verkäufer-Unternehmenswert unweigerlich die Untergrenze des fiktiven Kaufpreises, wodurch die Wertung des Bundesgerichtshofs unterlaufen würde.

In Anbetracht der Subjektivität der Schadensberechnung wird im Schrifttum vereinzelt diskutiert, ob in die Schadensberechnung im Rahmen der c.i.c. auch objektive Anhaltspunkte einfließen dürften.[1142] So wurde der Vorschlag unterbreitet, den zu viel gezahlten Teil des Kaufpreises zwar unter Berücksichtigung der subjektiven Erwartungen, jedoch auch unter Berücksichtigung des Marktumfelds

1138 *Hübner*, BB 2010, 1483, 1489.

1139 *Hübner*, BB 2010, 1483, 1489.

1140 *Hilgard*, ZIP 2005, 1813, 1819.

1141 Str., BGH, Urteil vom 6.4.2001 – V ZR 394/99, NJW 2001, 2875, 2877, s. hierzu ausführlich S. 34 f.; A.A., es sei auch auf den Verkäufer-Unternehmenswert abzustellen, um den korrekten hypothetischen Grenzpreis abzuleiten: *Wächter*, M&A Litigation, S. 688 f. Rn. 12.164, 12.166 f., sowie um zu erreichen, dass der Käufer kein gutes Geschäft durchsetze, denn das sei vom negativen Interesse nicht umfasst, weshalb der Verkäufer argumentieren dürfe, so günstig hätte er das Unternehmen nicht verkauft: *Wächter/Wollny*, SchiedsVZ 2018, 80, 95.

1142 Vgl. *Elsing/Kramer*, in: FS Großfeld, S. 109, 118 f.; *Hilgard*, ZIP 2005, 1813, 1819.

und weiterer preisbildender Faktoren zu ermitteln, da der Kaufpreis das Ergebnis der Vertragsverhandlung der zwei Parteien sei.[1143]

Die Thematisierung von objektiven Kaufpreisfaktoren hat insofern ihre Berechtigung, als bei der c.i.c. nicht allein die Unternehmensbewertung des Käufers, sondern auch die anschließende Kaufpreisverhandlung rekonstruiert wird. Da sich diese grundsätzlich nicht allein nach den subjektiven Vorstellungen und Wünschen des Käufers gestaltet, sondern auch nach externen Faktoren (Verhandlungsstärke und -geschick des Verkäufers, Mitbewerberkreis, Marktsituation etc.), erscheint es zunächst einleuchtend, die Subjektivität der Schadensbewertung insoweit einzuschränken. Diese Schlussfolgerung greift allerdings zu kurz und lässt eine differenzierte Betrachtung der subjektiven Schadensbewertung vermissen. Die subjektive Schadensbewertung fußt stets auf objektiven Anhaltspunkten; diese sind unabdingbar. Eine subjektive Schadensbewertung blendet objektive Kaufpreisfaktoren nicht aus, sie erfordert sie sogar. Dies wird durch die Tatsache verdeutlicht, dass *Due Diligence Reports* zur Verhandlungsreproduktion herangezogen werden können. *Due Diligence Reports* enthalten das Ergebnis einer *Due Diligence*-Prüfung, mithin objektive Fakten. Sie enthalten keine (Wunsch-)Vorstellungen des Käufers. Die subjektive Schadensbewertung erfordert daher objektive Anhaltspunkte als Grundlage, die sodann für eine Bewertung und Kaufpreisverhandlung aus Sicht des Käufers heranzuziehen sind.

Dieses Ergebnis stimmt mit der Herangehensweise des Bundesgerichtshofs überein: Im Rahmen der c.i.c. sei auf die Bewertungskriterien abzustellen, die die Parteien der Kaufpreisermittlung zu Grunde gelegt haben. Der Bundesgerichtshof hat wörtlich entschieden, der zu viel gezahlte Teil des Kaufpreises sei

> „unter Berücksichtigung **aller für den Anteilserwerb maßgeblichen Umstände** – wie z. B. des wirtschaftlichen Interesses der Kl. an möglicherweise in der Zukunft zu erwartendem Gewinn – zu ermitteln und notfalls nach § 287 ZPO zu schätzen (BGHZ 69, 53 [58 f.] = NJW 1977, 1536).“ [1144]
>
> (BGH, Urteil vom 2.6.1980 – VIII ZR 64/79, NJW 1980, 2408, 2410; eigene Hervorhebung)

Zu dem Kriterium „alle[…] maßgeblichen Umstände“[1145] zählen nach dem Wortsinn ausnahmslos sämtliche maßgeblichen Umstände, mithin auch objektive, externe Faktoren, die die Kaufpreisverhandlung beeinflussten.

Dass die Kaufpreisverhandlungsfiktion in praktischer Hinsicht Schwierigkeiten bereiten dürfte, hat nicht nur den Bundesgerichtshof dazu angehalten, auf die

1143 *Elsing/Kramer*, in: FS Großfeld, S. 109, 115, 119.
1144 BGH, Urteil vom 2.6.1980 – VIII ZR 64/79, NJW 1980, 2408, 2410 (eigene Hervorhebung).
1145 BGH, Urteil vom 2.6.1980 – VIII ZR 64/79, NJW 1980, 2408, 2410.

Schätzungsmöglichkeit des § 287 ZPO hinzuweisen.[1146] Zu Recht ist im Schrifttum der Hinweis zu finden, dass es aufgrund der mit der Transaktion verfolgten subjektiven Zwecke nicht *den* korrekten Kaufpreis gebe, doch dass zumindest ein Sachverständiger mit einer anerkannten Bewertungsmethode jedenfalls eine gewisse Bandbreite eines „richtigen" Unternehmenswerts für die Schadensberechnung ermitteln könne.[1147]

d) Grenzen der Subjektivität

Die Ermittlung des Schadens unter Zugrundelegung des subjektiven Käufer-Unternehmenswerts hat allerdings zur Konsequenz, dass der Schaden umso höher ausfällt, je ambitionierter der Käufer sein Investment kalkulierte. Denn je höher sich der Unternehmenswert in mangelfreiem Zustand aus Sicht des Käufers darstellt, desto größer ist die Differenz zum tatsächlichen Unternehmenswert in mangelhaftem Zustand. Die Risikoaffinität und ambitionierte Unternehmensplanung des Käufers würden im Ergebnis zum Risiko des Verkäufers den zu ersetzenden Schaden erhöhen. Der Käufer kann beispielsweise vortragen, dass er infolge der Mangelhaftigkeit oder Garantieverletzung erwartete Synergien nicht realisieren konnte, etwa weil ein Unternehmen aus seinem bestehenden Unternehmensverbund unter Nutzung der angeblichen Patente des erworbenen Unternehmens hohe Gewinne erzielt hätte.[1148] Diese Risikoverteilung ist allerdings nicht Post-M&A-spezifisch, sondern dem Haftungsrecht immanent. Es ist stets das Risiko des Schädigers, ein besonders wertvolles Gut zu beschädigen oder einen gesundheitlich anfälligen Menschen zu verletzen.[1149] Es gilt: „Der Schädiger muss den Geschädigten so nehmen, wie er ist."[1150] Diese Härte wird vom Schrifttum akzeptiert. Sie sei Konsequenz von *pacta sunt servanda* und der Abhängigkeit des Schadens von subjektbezogenen Umständen bei dem jeweils Geschädigten; wer einem Konzertpianisten einen Finger breche, verursache ja auch höhere Schäden als bei einem Fußballspieler.[1151] Den Schadensersatz von vornherein einzuschränken, wäre ein Verstoß gegen die Ausgleichsfunktion des Schadensrechts.[1152]

Es stellt sich mithin die Frage, ob das Prinzip des vollen Individualschutzes etwaigen Schranken unterliegt, die das Haftungsrisiko des Unternehmensverkäu-

---

1146 Vgl. BGH, Urteil vom 2.6.1980 – VIII ZR 64/79, NJW 1980, 2408, 2410.

1147 Vgl. *Louven*, in: Mehrbrey, Handbuch Streitigkeiten beim Unternehmenskauf, § 14 Rn. 68, 72.

1148 So das anschauliche Beispiel in *Kästle/Oberbracht*, Unternehmenskauf, S. 208.

1149 *Ekkenga/Kuntz*, in: Soergel-BGB, vor § 249 Rn. 21.

1150 *Ekkenga/Kuntz*, in: Soergel-BGB, vor § 249 Rn. 21.

1151 Zum Ganzen: *Wächter*, NZG 2019, 801, 807.

1152 *Ekkenga/Kuntz*, in: Soergel-BGB, vor § 249 Rn. 21; zu den Ausnahmen beim Nutzungsausfallschaden in Bezug auf Luxusgüter s. S. 179 f.

fers eindämmen. Eine Schranke lässt sich der Vorschrift des § 254 BGB entnehmen, die dem Geschädigten die Obliegenheit auferlegt, den Schaden zu vermeiden oder gering zu halten, da sein Schadensersatzanspruch ansonsten gekürzt wird. § 254 BGB gewährleistet also eine stets situationsbezogene Korrektur des vollen Individualschutzes.[1153]

Eine zweite Grenze lässt sich der Rechtsprechung entnehmen. Zwar bezieht sich die folgende Entscheidung nicht auf ein Post M&A-Verfahren, doch enthält sie eine allgemeine Wertung in Bezug auf die Subjektbezogenheit des Schadens:

> „Der Schadensersatzanspruch dient dazu, den konkreten Nachteil des Geschädigten auszugleichen; der Schadensbegriff ist mithin im Ansatz subjektbezogen. Die Bejahung eines Vermögensschadens unter diesem Aspekt setzt allerdings voraus, dass die erlangte Leistung nicht nur aus rein subjektiver willkürlicher Sicht als Schaden angesehen wird, sondern dass auch die Verkehrsanschauung bei Berücksichtigung der obwaltenden Umstände den Vertragsschluss als unvernünftig, den konkreten Vermögensinteressen nicht angemessen und damit als nachteilig ansieht […].“[1154]
>
> (OLG Frankfurt a. M., Schlussurteil vom 13. 8. 2019 – 8 U 199/15, BeckRS 2019, 21978 Rn. 10)

Der subjektive Schaden darf mithin nicht willkürlich sein. Übertragen auf das Post M&A-Verfahren bedeutet dies, dass die Unternehmensplanung und -kalkulation des Käufers nicht so unrealistisch sein darf, dass sie die Grenze zur Willkür überschreitet. Maßstab hierfür ist nach der Rechtsprechung die Verkehrsanschauung bei Berücksichtigung der obwaltenden Umstände.

Auch im Schrifttum ist die Grenze der Willkür im Post M&A-Verfahren diskutiert worden. Die Subjektivität der Unternehmensbewertung sei zwar bei den Kapitalwertmethoden unvermeidbar, es sei aber gleichzeitig Aufgabe der (Schieds-)Gerichte, diese möglichst objektiv durchzuführen, indem es dem Käufer nicht erlaubt werde, seine Planungsannahmen willkürlich zu treffen.[1155] Den Schadensersatz subjektiv aus Sicht des Käufers zu berechnen und hierfür seine Vorstellungen und Pläne zu berücksichtigen, sei auch nicht missbrauchsanfällig, da das Gericht die vorgetragene Unternehmensplanung auf Missbrauchsabsichten überprüfen könne.[1156]

In der Praxis dürfte die Entscheidung, ob der Käufer mit seiner Unternehmensplanung die Grenze zur Willkür überschritten habe, freilich Probleme bereiten. Einen praktischen Anknüpfungspunkt als Entscheidungshilfe dürfte die Vorschrift des § 252 BGB und die hierzu entwickelte Rechtsprechung bieten. Macht ein

---

1153 Zum Ganzen: *Ekkenga/Kuntz*, in: Soergel-BGB, vor § 249 Rn. 22.
1154 OLG Frankfurt a. M., Schlussurteil vom 13. 8. 2019 – 8 U 199/15, BeckRS 2019, 21978 Rn. 10.
1155 *Wächter*, M&A Litigation, S. 558 Rn. 10.30.
1156 *Brösel/Wasmuth*, in: FS Großfeld, S. 51, 62.

Käufer entgangenen Gewinn geltend, so ist allgemein anerkannt, dass er zumindest greifbare Anhaltspunkte (Anknüpfungstatsachen) vortragen muss, aus denen sich die Prognose eines entgangenen Gewinns ableiten lässt.[1157] Überträgt man diesen praktischen Ansatz, so muss auch der Käufer im Post M&A-Verfahren vortragen, inwiefern sein subjektiver Unternehmenswert auf einer tragfähigen Tatsachengrundlage beruht. Dies bedeutet eine Offenlegung der Unternehmensbewertung mitsamt der Wahl des Unternehmensbewertungsverfahrens sowie der verwendeten Kennzahlen.

Der subjektive Käufer-Unternehmenswert sollte rational nachvollziehbar und methodisch korrekt ermittelt sein. Dass er möglichst keine Willkür, falsche Planungsannahmen oder methodische Fehler enthalten sollte, führt in der Literatur auch zu der Bezeichnung als „objektiver subjektiver Unternehmenswert".[1158] Diese ergänzende Bezeichnung ist nicht zwingend, da Einigkeit herrschen dürfte, dass der subjektive Käufer-Unternehmenswert weder willkürlich noch falsch sein darf. Dies wird auch rechtlich gewährleistet, indem der Käufer für die Höhe des subjektiven Käufer-Unternehmenswerts darlegungs- und beweisbelastet ist und das (Schieds-)Gericht von der Plausibilität seiner Unternehmenswertberechnung überzeugen muss. Dies ist ausgeschlossen, sobald er sich einer willkürlichen oder falschen Berechnung bedient. Die Korrektheit und Willkürfreiheit macht seinen subjektiven Unternehmenswert auch nicht „objektiv", sondern „richtig" bzw. „plausibel".

Das Oberlandesgericht Stuttgart hat speziell zum Ertragswertverfahren entschieden, dass das Gericht die vom Sachverständigen in der Unternehmensplanung angesetzten Erträge überprüfen dürfe, es hierbei aber zu beachten habe, dass es sich um Schätzungen und Prognosen handle, von denen es nicht nur eine Richtige gebe und die im seltensten Fall auch so wie vorhergesagt eintreffen. Planungen und Prognosen seien in erster Linie ein Ergebnis der jeweiligen unternehmerischen Entscheidung der Geschäftsführung. Diese Entscheidungen hätten auf zutreffenden Informationen und realistischen Annahmen zu beruhen und dürften nicht in sich widersprüchlich sein. Könne die Geschäftsführung auf dieser Grundlage vernünftigerweise annehmen, ihre Planung sei realistisch, so dürfe ihre Annahme nicht durch andere – letztlich ebenfalls nur vertretbare – Annahmen des Gerichts ersetzt werden.[1159]

Als Ergebnis ist festzuhalten, dass das Prinzip des vollen Individualschutzes der Schranke des § 254 BGB und der Schranke der Willkür unterliegt. Abschließend

1157 *Oetker*, in: MüKo-BGB, § 252 Rn. 37.
1158 Zum Ganzen: *Wächter*, M&A Litigation, S. 725 Rn. 12.280.
1159 Zum Ganzen: OLG Stuttgart, Beschluss vom 8.7.2011 – 20 W 14/08, BeckRS 2011, 18552 Rn. 133.

stellt sich die Frage, ob diese zwei Schranken ausreichen, um das aus der Subjektivität der Schadensberechnung erwachsende Risiko einer hohen Schadensersatzpflicht angemessen einzudämmen. Diese Frage ist angesichts der Abschlussfreiheit des Verkäufers zu bejahen. Die Abschlussfreiheit gestattet dem Verkäufer als Bestandteil seiner Vertragsfreiheit die Wahl, mit wem er kontrahieren möchte.[1160] Diese Wahl wird der Verkäufer im Zuge der M&A-Transaktion derart treffen, dass er das Unternehmen an den Käufer verkauft, der den höchsten Kaufpreis bietet. Dies wird in der Regel ein ambitionierter Käufer sein, der den Unternehmenswert hoch, wenn nicht sogar von allen Kaufinteressenten am höchsten einstuft. Wenn der Verkäufer diesen Käufer auswählt, um von dem höchstmöglichen Kaufpreis zu profitieren, so ist es billig, wenn er im Post M&A-Verfahren den subjektiven Schaden des spezifischen, eigens ausgewählten Käufers zu ersetzen hat. Schließlich hätte der Verkäufer auch mit einem vorsichtig kalkulierenden Kaufinteressenten kontrahieren können. Der hohe Kaufpreis korreliert also mit dem Risiko eines hohen Schadens. Kontrahiert der Verkäufer mit einem vorsichtig kalkulierenden Käufer, erhält er zwar einen niedrigeren Kaufpreis, er minimiert aber auch sein Risiko einer hohen Schadensersatzpflicht. Dieses Ergebnis ist interessengerecht und billig.

e) Vereinbarkeit mit der funktionalen Bewertungslehre

Die Subjektbezogenheit des Schadensbegriffs hat viele Parallelen zur funktionalen Bewertungslehre. Die funktionale Bewertungslehre besagt, dass das Bewertungsobjekt anhand der Planungen, Vorstellungen und Gegebenheiten des jeweiligen Bewertungssubjekts bewertet werden muss.[1161] Sie fordert, dass das (Schieds-)Gericht bei seiner Schadensbemessung die subjektive Zukunftsbetrachtung, -planung und den Verwendungszweck des Käufers zu Grunde legt.[1162] Die Subjektbezogenheit des Schadensrechts ist daher mit den Grundsätzen der funktionalen Unternehmensbewertung kompatibel. Beide enthalten ein stark prägendes subjektives Element, das eine Unternehmensbewertung aus Sicht des Käufers gebietet.

Die funktionale Bewertungstheorie ist im Post M&A-Verfahren auch sehr praxistauglich, da eine strenge subjektive Theorie, die ausschließlich auf die Vorstellung des Käufers abstellt, erfordern würde, dass das (Schieds-)Gericht die Willensbildung der Parteien erforscht, die dem Beweis nur schwer zugänglich sind.[1163] Dieses praktische Defizit wird durch die funktionale Unternehmensbewertung

---

1160 Vgl. *Musielak*, JuS 2017, 949 f.

1161 *Brösel/Wasmuth*, in: FS Großfeld, S. 51, 61; zu den Einzelheiten der funktionalen Bewertungslehre s. auch S. 77 f. sowie S. 121.

1162 *Wasmuth*, Funktionale Schadensbewertung, S. 244 f.

1163 *Wasmuth*, Funktionale Schadensbewertung, S. 68.

beseitigt.[1164] Zwar ist auch bei der funktionalen Unternehmensbewertung der Ausgangspunkt der subjektive Wert, doch betrachtet das (Schieds-)Gericht diesen nicht isoliert, sondern im Lichte des Bewertungszwecks.[1165] Der Bewertungszweck ist die ursprüngliche Situation, für die der Käufer die Unternehmensbewertung vorgenommen hat, also die Transaktion und deren Begleitumstände.[1166] Diese Tatsachen sind tauglicher Gegenstand einer Beweisaufnahme.

f) Auswirkung auf die Wahl des Bewertungsverfahrens

Die Schadensberechnung durch eine subjektive Unternehmensbewertung aus Käufersicht ist ein besonderes Merkmal des Post M&A-Verfahrens. Der Grund für die zwingend subjektive Unternehmensbewertung im Schadensfall ist wie gezeigt die Normadäquanz der Unternehmensbewertung. Dementsprechend liegt in der Subjektivität zugleich ein wesentlicher Unterschied zu Unternehmensbewertungen aus anderen gesetzlichen Anlässen.[1167] Bei anderen gesetzlichen Bewertungsanlässen wie *Squeeze-Out*, Verschmelzung, Spaltung, Beherrschungs- und Gewinnabführungsverträge, Zugewinnausgleich, Erbauseinandersetzungen und steuerliche Bewertungsanlässe[1168] ist auf einen objektivierten Unternehmenswert abzustellen.[1169] Nach einem aktienrechtlichen *Squeeze-Out* beispielsweise erfolgt zwar ebenfalls eine Unternehmensbewertung durch ein Gericht, um den Minderheitsgesellschaftern gemäß § 327a AktG eine angemessene Barabfindung zu gewähren.[1170] Allerdings ist der Bewertungsanlass in diesem Fall nicht subjektiv. Der gesellschaftsrechtliche Gleichbehandlungsgrundsatz aus § 53a AktG erfordert, dass nicht individuell auf einen Minderheitsaktionär und dessen Vorstellungen abgestellt wird, sondern auf die Perspektive eines typisierten Anteilseigners.[1171] Diese gesetzliche Vorgabe wirkt sich als Bewertungsanlass und Bewertungszweck also maßgeblich auf die Unternehmensbewertung aus. Dies gilt auch für das Schadensrecht im Post M&A-Verfahren, das die Vorgabe macht, den Schaden subjektiv und aus Käuferperspektive zu bemessen. Entsprechend heißt ein Ergebnis im Schrifttum: „Die Kompensation im Schadensrecht unterfällt nicht den rechtlichen

---

1164 *Wasmuth*, Funktionale Schadensbewertung, S. 69.
1165 *Wasmuth*, Funktionale Schadensbewertung, S. 69.
1166 *Wasmuth*, Funktionale Schadensbewertung, S. 69.
1167 *Wollny*, in: Bilanzgarantien, S. 105, 121.
1168 *Wollny*, in: Bilanzgarantien, S. 105, 112.
1169 *Wollny*, in: Bilanzgarantien, S. 105, 121.
1170 Vgl. OLG Frankfurt a. M., Beschluss vom 17.1.2017 – 21 W 37/11, BeckRS 2017, 102412.
1171 *Wollny*, DStR 2013, 2132, 2134; *Wollny*, in: Bilanzgarantien, S. 105, 110.

Restriktionen aktienrechtlicher Abfindungsbewertung. Vielmehr wird der subjektive Schaden betont."[1172]

Die beiden Kapitalwertmethoden, das Ertragswertverfahren und das DCF-Verfahren, sind von besonderer Subjektivität geprägt, denn die unsicheren Erwartungen bezüglich Ertrag und *Cashflow*, die risikoadäquat diskontiert werden, können nur subjektiv geschätzt werden, und zwar nur aus Sicht von Verkäufer und Käufer.[1173] Eine Objektivierung ist insoweit kaum möglich,[1174] aber im Grunde auch nicht nötig, wenn man sich die Subjektivität des Schadensbegriffs vor Augen führt. Diese Einschätzung hält auch einer Gegenfrage stand: Bei steuerrechtlichen Bewertungsanlässen, sei es dem Anfall von Erbschafts- oder Schenkungssteuer sowie bei der Abfindung eines Minderheitsaktionärs bei einem aktienrechtlichen *Squeeze-Out* wäre es undenkbar, wenn der fiskalische Anspruch auf subjektiven Erwartungen des Steuerzahlers und der Abfindungsanspruch auf subjektiven Erwartungen des abzufindenden Minderheitsaktionärs beruhen würde.[1175] Die Steuerlast und Abfindung würden bei jeder Person unterschiedlich ausfallen, je nachdem, welche Erwartungen sie hatte.[1176] Diese steuer- und gesellschaftsrechtlichen Bewertungszwecke erfordern daher eine Objektivierung der Unternehmensbewertung.[1177] Dieses Bedürfnis besteht im Post M&A-Verfahren jedoch nicht. Hier urteilt das (Schieds-)Gericht über einen subjektiven Schaden, der sich geradezu aufgrund der individuellen Erwartungen des Käufers einzelfallabhängig zusammensetzt (Subjektbezogenheit des Schadensbegriffs). Solange seine Erwartungen nicht willkürlich sind, bestimmen diese die Schadenshöhe.

In einem Fall – es ging um die Bewertung der Arztpraxis des Ehemanns zur Berechnung des Zugewinnausgleichs bei der Scheidung – hat der Bundesgerichtshof im Einzelfall das Für und Wider der Bewertungsmethoden abgewogen. Das, was in dem konkreten Fall gegen das Ertragswertverfahren sprach, könnte im Post M&A-Verfahren durchaus dafür sprechen. Der Bundesgerichtshof entschied wörtlich:

> „Was das von der Ehefrau bevorzugte Ertragswertverfahren betrifft, besteht in den mit der Unternehmensbewertung befaßten Fachkreisen und der Betriebswirtschaftslehre keineswegs Einigkeit darüber, daß es die allein richtige Methode sei [...]. Bei der Bewertung freiberuflicher Praxen spricht gegen sie, daß sich eine Ertragsprognose kaum von der Person des derzeitigen

1172 *Wollny*, DStR 2013, 2132, 2135.
1173 *Ballwieser*, in: FS Großfeld, S. 21 f.
1174 *Ballwieser*, in: FS Großfeld, S. 21, 22.
1175 *Ballwieser*, in: FS Großfeld, S. 21, 22.
1176 *Ballwieser*, in: FS Großfeld, S. 21, 22.
1177 *Ballwieser*, in: FS Großfeld, S. 21, 22; zum aktienrechtlichen *Squeeze-Out* OLG Düsseldorf, Beschluss vom 8.8.20136 – I-26 W 15/12, NZG 2013, 1393, 1394 („Auszugehen ist also von einem objektivierten Unternehmenswert; subjektive Wertvorstellungen haben außer Betracht zu bleiben.").

> Inhabers trennen läßt […], andererseits die Erwartung künftigen Einkommens, die der individuellen Arbeitskraft des Inhabers zuzurechnen ist, nicht maßgebend sein kann, weil es beim Zugewinnausgleich nur auf das am Stichtag vorhandene Vermögen ankommt […]. Bewertungsobjekt können daher nur solche Ertragsmerkmale sein, die auf einen potentiellen Erwerber übertragbar sind."[1178]
>
> (BGH, Urteil vom 24.10.1990 – XII ZR 101/89, NJW 1991, 1547, 1548)

Diese Abhängigkeit des Ertragswertverfahrens von der individuellen Leistung des Unternehmensinhabers kann im Post M&A-Verfahren tatsächlich von Vorteil sein. Denn der Käufer macht als Schadensersatz einen Wert geltend, den er entgegen seiner Erwartung mangelbedingt nicht erwirtschaften können wird. Überdies ist der Schadensbegriff subjektbezogen. Es geht nicht um einen objektiven Zugewinnausgleich zu einem Stichtag, sondern um die künftigen Einkünfte des individuellen Käufers.

Der Bundesgerichtshof deutet auch an, dass er den Schaden im Post M&A-Verfahren aus Sicht des Käufers beurteilen möchte. In einem Urteil, in dem er über die c.i.c. den zu viel gezahlten Teil des Kaufpreises als Schadensersatz zusprach, entschied er wörtlich:

> „Als Schadensersatz kommt vielmehr nur der Betrag in Betracht, um den die Kl. im Vertrauen auf die Richtigkeit der Bilanzangaben den Geschäftsanteil zu teuer gekauft hat. Dieser Betrag ist unter Berücksichtigung aller für den Anteilserwerb maßgeblichen Umstände – wie z. B. **des wirtschaftlichen Interesses der Kl.** an möglicherweise in der Zukunft zu erwartendem Gewinn – zu ermitteln und notfalls nach § 287 ZPO zu schätzen"[1179]
>
> (BGH, Urteil vom 2.6.1980 – VIII ZR 64/79, NJW 1980, 2408, 2410; eigene Hervorhebung)

Auch wenn es sich in dem vom Bundesgerichtshof entschiedenen Fall streng genommen nicht um einen Unternehmenskauf handelte, sondern um einen Anteilserwerb, da die Klägerin lediglich 60 % des Stammkapitals erwarb,[1180] so ist die Bedeutung der Subjektbezogenheit des Schadens für die Bemessung des Schadensersatzanspruchs unverkennbar.

Als Zwischenergebnis ist festzuhalten, dass die Wahl des Ertragswertverfahrens oder des DCF-Verfahrens der Subjektbezogenheit des Schadensbegriffs in besonderem Maße Rechnung trägt und mit der Linie der höchstrichterlichen Rechtsprechung vereinbar ist.

1178 BGH, Urteil vom 24.10.1990 – XII ZR 101/89, NJW 1991, 1547, 1548.
1179 BGH, Urteil vom 2.6.1980 – VIII ZR 64/79, NJW 1980, 2408, 2410 (eigene Hervorhebung).
1180 BGH, Urteil vom 2.6.1980 – VIII ZR 64/79, NJW 1980, 2408, 2409.

g) Diskussion zur Berechnung des positiven Interesses

Einige Meinungsvertreter sehen es kritisch[1181] oder lehnen es gänzlich ab,[1182] bei der Schadensberechnung für die Ermittlung des hypothetischen Unternehmenswerts in mangelfreiem Zustand eine Berechnung nach einem Unternehmensbewertungsmodell vorzunehmen und sind der Auffassung, der hypothetische Unternehmenswert in mangelfreiem Zustand entspreche dem vereinbarten Kaufpreis.

Diese Ansicht kann für sich beanspruchen, dass sich die Parteien bei der Vereinbarung des Kaufpreises das Unternehmen in mangelfreiem Zustand vorgestellt und dessen Wert festgelegt haben. Die Bewertung des Unternehmens in mangelfreiem Zustand ist also bereits erfolgt und dazu noch nach den Vorstellungen der Vertragsparteien, die sich anschließend im Post M&A-Verfahren über die Schadenshöhe streiten. Allerdings scheint dieser Lösungsansatz an seine Grenzen zu stoßen, wenn der Verkäufer positive Kenntnis oder auch nur die Vermutung eines Mangels hatte. Dies lässt sich anschaulich anhand folgender Grafik darstellen:

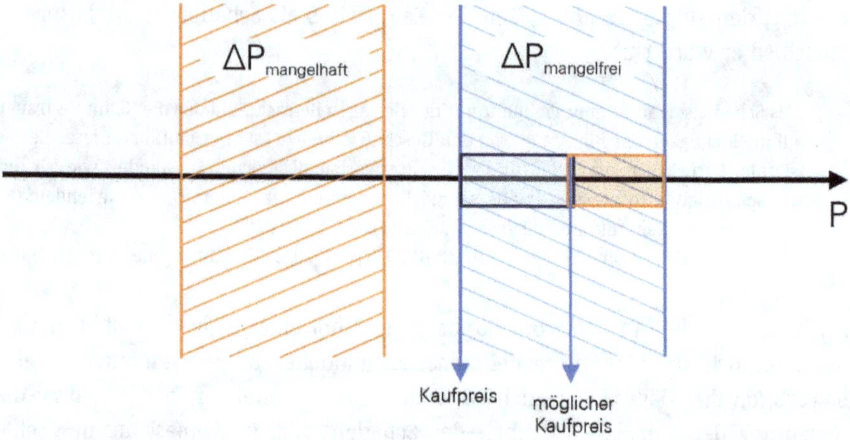

Abbildung 10: Preisfindung der Parteien bei arglistiger Täuschung durch den Verkäufer.

Auf der x-Achse wird der Preis dargestellt („P"). Ohne Kenntnis vom Mangel ermitteln Wirtschaftsprüfer oder Steuerberater eine Preisspanne, innerhalb derer

1181 Vgl. *Thiessen*, Unternehmenskauf und BGB, S. 244 f., mit dem Argument, dass es kaum eine andere Möglichkeit gebe, den Unternehmenswert zu messen, da das Unternehmen keinen Massenartikel darstelle, kein Vergleichsunternehmen bereitstehe und auch die Zahl der Kaufinteressenten begrenzt sei. Eine Berechnung des Unternehmensminderwerts mithilfe eines der anerkannten Unternehmensbewertungsverfahren schließt *Thiessen* allerdings nicht aus, sondern nennt dies als einen alternativen Lösungsweg, der ebenso gut zur Verfügung stehe.

1182 Vgl. *Kästle/Oberbracht*, Unternehmenskauf 2010, S. 182; *Wollny*, DStR 2013, 2132, 2138 f.

sich die Kaufpreisverhandlungen der Parteien bewegen werden (hier dargestellt als „ΔP mangelfrei"). Diese Preisspanne findet ihre Untergrenze in dem subjektiven Verkäufer-Unternehmenswert und ihre Obergrenze in dem subjektiven Käufer-Unternehmenswert.[1183] Der Käufer wird bereit sein, einen Kaufpreis zu bezahlen, der innerhalb dieser Preisspanne liegt und sich möglichst an ihrem unteren Ende bewegt (in der Grafik hellblau schattiert). Der Verkäufer ist bemüht, einen Kaufpreis zu erzielen, der möglichst hoch ist, also auf der rechten Seite dieser Preisspanne liegt (orange schattiert). Die Parteien werden sich mit einer hohen Wahrscheinlichkeit auf einen Kaufpreis einigen, der von beiden schattierten Bereichen abgedeckt ist (hier markiert als „möglicher Kaufpreis"). Denn bei der freiwilligen Aufgabe eines Unternehmens (sogenannte nicht beherrschte Konfliktsituation) kann davon ausgegangen werden, dass der Einigungswert bei gleich starken Verhandlungspartnern in der Mitte zwischen den Grenzpreisen von Verkäufer und Käufer liegen wird.[1184]

Wenn nun der Verkäufer Kenntnis vom Mangel und damit einen Informationsvorsprung hat, weiß er, dass sich die Kaufpreisverhandlungen der Parteien in einer niedrigeren Preisspanne bewegen müssten (hier dargestellt als „ΔP mangelhaft").[1185] Gibt der arglose Käufer ein aus seiner Sicht sehr günstiges Kaufpreisangebot ab, das sich am linken Rand von „ΔP mangelfrei" bewegt, so wird der Verkäufer mit hoher Wahrscheinlichkeit darauf eingehen, da dieser Kaufpreis oberhalb der Spanne „ΔP mangelhaft" liegt. In diesem Fall kommt ein Verkauf zu diesem Kaufpreis zustande (gekennzeichnet als „Kaufpreis"), der aber nicht dem Wert des Unternehmens in mangelfreiem Zustand entspricht. Dieser würde innerhalb der Spanne „ΔP mangelfrei" liegen.

An diesem Modell zeigt sich, dass der vereinbarte Kaufpreis nicht zwangsläufig mit dem hypothetischen Unternehmenswert in mangelfreiem Zustand identisch ist und eine Unternehmensbewertung für die Schadensberechnung nicht *per se* ersetzen kann.

h) Diskussion zur Berechnung des negativen Interesses

Die Wahl des Rechenwegs für die Bezifferung des zu viel gezahlten Teils des Kaufpreises beschäftigt die Diskussion im Schrifttum.

1183 Zu den Einzelheiten s. S. 78 ff. einschließlich *Abbildung 6.*

1184 *Großfeld*, JZ 1981, 641, 645.

1185 In diese Richtung argumentiert auch *Wächter*, der darauf abstellt, dass der Verkäufer genau wisse, inwiefern er den Käufer täuscht und daher „seinen" Unternehmenswert korrekt berechne, vgl. *Wächter*, M&A Litigation, S. 688 f. Rn. 12.166.

Ein Vorschlag lautet, eine zweistufige Berechnung durchzuführen. Auf der ersten Stufe sei der Unternehmenswert zu ermitteln, und zwar einmal unter der Prämisse, dass die falsche Darstellung des Verkäufers wahr gewesen wäre, und einmal der tatsächliche, niedrigere Unternehmenswert. Auf der zweiten Stufe sei der tatsächliche, niedrigere Unternehmenswert in einen niedrigeren Kaufpreis umzuwandeln.[1186] Der getäuschte Käufer habe aus dem (vermeintlichen) hohen Unternehmenswert den Kaufpreis abgeleitet, den er bereit war zu zahlen. Diese Ableitung sei nun vom (Schieds-)Gericht noch einmal durchzuführen, dieses Mal jedoch nicht ausgehend von dem hohen Unternehmenswert, sondern von dem tatsächlichen, niedrigeren Unternehmenswert.

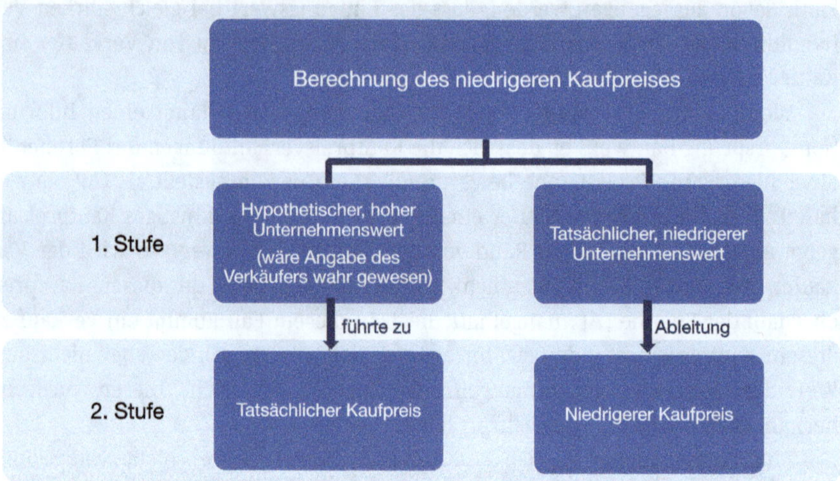

Abbildung 11: Zweistufige Berechnung des niedrigeren Kaufpreises; erstellt auf Grundlage des Textes von *Wächter/Wollny*, SchiedsVZ 2018, 80, 93.

Um auf der zweiten Stufe aus dem zuvor ermittelten, tatsächlichen Unternehmenswert den niedrigeren Kaufpreis abzuleiten, werden im Schrifttum zwei Rechenwege vorgeschlagen, von denen das (Schieds-)Gericht im Einzelfall den passenden auszuwählen habe. Entweder könne – so der erste Rechenweg – mithilfe des Dreisatzes der niedrigere Kaufpreis ermittelt werden, indem der tatsächliche Kaufpreis mit dem niedrigeren Unternehmenswert multipliziert und dieser Wert durch den hypothetischen, hohen Wert geteilt wird.[1187] Diese proportionale, ver-

1186 Zum Ganzen: *Wächter/Wollny*, SchiedsVZ 2018, 80, 93.
1187 *Wächter/Wollny*, SchiedsVZ 2018, 80, 97.

hältnismäßige Herabsetzung des Kaufpreises um den Minderwert des Kaufgegenstands mithilfe des Dreisatzes entspreche der Rechenformel der Minderung.[1188] Gemäß § 441 Abs. 3 Satz 1 BGB ist bei der Minderung der Kaufpreis in dem Verhältnis herabzusetzen, in dem zur Zeit des Vertragsschlusses der Wert der Kaufsache in mangelfreiem Zustand zu dem wirklichen Wert gestanden hätte (proportionale Herabsetzung des Kaufpreises).[1189] Es bestehe dabei jedoch kein Anlass für eine analoge Anwendung des § 441 Abs. 3 BGB, da auch § 249 Abs. 1 BGB eine Schadensersatzberechnung durch verhältnismäßige Kaufpreisreduzierung erlaube. Schließlich besage § 249 Abs. 1 BGB lediglich, dass der Zustand herzustellen sei, der ohne schädigendes Ereignis bestünde. Zu der Frage, wie der wirtschaftliche Zustand zu berechnen sei, mache § 249 BGB keine Vorgaben.[1190] Mithilfe des Dreisatzes werde berechnet, in welchem Verhältnis der tatsächliche Kaufpreis zum hypothetischen, hohen Unternehmenswert stand und dieses Verhältnis werde anschließend auf den tatsächlichen Wert und den neuen Kaufpreis übertragen.[1191] Der zweite Rechenweg bestehe darin, die Differenz zwischen den zwei Unternehmenswerten vom Kaufpreis abzuziehen.[1192]

Die Wahl zwischen diesen zwei Rechenwegen sei jedoch nicht abstrakt generell zu treffen. § 249 Abs. 1 BGB gewähre im Einzelfall eine Flexibilität, wie die Berechnung konkret zu erfolgen habe. Denn vorgegeben sei lediglich, dass der Zustand herzustellen ist, der ohne schädigendes Ereignis bestünde. Ob dies durch Abzug eines Festbetrags oder durch eine verhältnismäßige Herabsetzung geschieht, lasse § 249 BGB offen. Es gebe auch keinen Anlass, diese Flexibilität im Vorwege zu beschneiden. Je nach Einzelfall solle die geeignete Rechenmethode verwendet werden.[1193] Maßgeblich dürfe im Einzelfall die hypothetische Kaufpreisberechnungsmethode der Parteien sein, wenn sie den Mangel gekannt hätten.[1194] Beispielsweise könne die Anwendung des Dreisatzes ungerechtfertigt sein, wenn die Täuschung darin bestand, dass ein Grundstück oder Bargeld mit einem Wert in Höhe von beispielsweise TEUR 100 nicht im Eigentum des Unternehmens steht oder dass bestehende Schulden in dieser Höhe verheimlicht wurden. In diesem Fall hätte der Käufer vom Kaufpreis TEUR 100 abgezogen, hätte er gewusst, dass das Grundstück oder Bargeld in dieser Höhe fehlen oder Schulden in dieser Höhe bestehen. Ein

---

1188 *Wächter*, M&A Litigation, S. 693 Rn. 12.180 f., S. 703 f. Rn. 12.224; *Wächter/Wollny*, SchiedsVZ 2018, 80, 97, Fn. 100.

1189 *Beisel*, in: Beisel/Klumpp, Der Unternehmenskauf, § 16 Rn. 37.

1190 *Wächter*, M&A Litigation, S. 694 f. Rn. 12.183, 12.185.

1191 *Wächter/Wollny*, SchiedsVZ 2018, 80, 97.

1192 *Wächter/Wollny*, SchiedsVZ 2018, 80, 97.

1193 Zum Ganzen: *Wächter*, M&A Litigation, S. 694 Rn. 12.185 ff.

1194 *Wächter*, M&A Litigation, S. 695 Rn. 12.188.

Abzug des Kaufpreises um TEUR 100, d.h. eine Erstattung in Höhe von TEUR 100, würde eher dem negativen Interesse des Käufers entsprechen als eine verhältnismäßige Herabsetzung des Kaufpreises, denn vermutlich hätten die Parteien ohne Täuschung einen um TEUR 100 geringeren Kaufpreis vereinbart. Dies habe das Gericht im Einzelfall zu prüfen.[1195]

Dieser Zweischritt ist bislang ein theoretischer Vorschlag geblieben, denn die Rechtsprechung bewegt sich bei ihrer Entscheidungsfindung ausschließlich auf der Ebene der zweiten Stufe. Tatsächlich lassen sich der Rechtsprechung auf Ebene der zweiten Stufe beide der vorgeschlagenen Rechenwege entnehmen, was eindeutig für eine einzelfallabhängige Auswahl spricht. Der Bundesgerichtshof entschied sich in einem Fall für die Differenz:

> „Das Berufungsgericht hätte […] ermitteln müssen, welcher Kaufpreis […] angemessen wäre. […] **Die Differenz** zwischen dem so zu ermittelnden Betrag und dem vereinbarten Kaufpreis ist der erstattungsfähige Schaden."[1196]
>
> (BGH, Urteil vom 25.5.1977 – VIII ZR 186/75, BGHZ 69, 53, 58 f. = NJW 1977, 1536, 1538; eigene Hervorhebung)

Das Oberlandesgericht München wendete in einem anderen Post M&A-Verfahren den Dreisatz gemäß § 441 Abs. 3 BGB an:

> „Vielmehr ist der Betrag der Herabsetzung des Kaufpreises (Restvertrauensschaden) hier ohne weiteres dadurch zu berechnen, dass der vereinbarte Gesamtkaufpreis von DM 6,6 Mio. durch das von der Bekl. auf der Grundlage der klägerischen Zahlen angenommene EBT von DM 1,1 Mio. teilt und mit der festgestellten EBT-Minderung von insgesamt DM 450.000,00 multipliziert."[1197]
>
> (OLG München, Endurteil vom 26.7.2006 – 7 U 2128/06, BeckRS 2006, 9207 Rn. 101)

Die einhellige Ansicht, die Wahl zwischen den Rechenwegen habe sich nach dem Einzelfall zu richten, verdient Zustimmung. Die richtige Berechnungsmethode für den Schaden bestimmt sich nach dem materiellen Recht.[1198] Nach dem materiellen Recht ist der Käufer so zu stellen, wie er ohne die Täuschung stehen würde. Dies hängt ab vom Einzelfall und der Frage, wie sich die verschwiegene Information auf die Kaufpreiskalkulation des Käufers ausgewirkt hätte. Jede vorweggenommene, pauschale Festlegung muss aus diesem Grund bedenklich erscheinen. Das

---

1195 Zum Ganzen: *Wächter/Wollny*, SchiedsVZ 2018, 80, 97.

1196 BGH, Urteil vom 25.5.1977 – VIII ZR 186/75, BGHZ 69, 53, 58 f. = NJW 1977, 1536, 1538 (eigene Hervorhebung).

1197 OLG München, Endurteil vom 26.7.2006 – 7 U 2128/06, BeckRS 2006, 9207 Rn. 101; zustimmend *Wächter*, M&A Litigation, S. 701 Rn. 12.211.

1198 *Prütting*, in: MüKo-ZPO, § 287 Rn. 16.

(Schieds-)Gericht hat die Aufgabe, die hypothetische Kaufpreisverhandlung im Einzelfall zu fingieren.

Eine verhältnismäßige Herabsetzung des Kaufpreises nach dem Vorbild der Minderung erscheint zunächst vielversprechend, allerdings verfolgt die Minderung den Zweck, das Verhältnis zwischen dem Wert der Sache in mangelfreiem Zustand und dem tatsächlichen, niedrigeren Wert beizubehalten.[1199] Dieser Zweck der Minderung, die „im System der Käuferrechte“[1200] zu verorten ist, ist auf ihre Eigenschaft als kaufrechtliches Mängelgewährleistungsrecht gemünzt. Es stellt sich mithin die Frage, ob die Dreisatzrechnung optimiert werden kann, indem sie an den Zweck der c.i.c. im Post M&A-Verfahren angepasst wird. Dieser besteht wie gezeigt darin, die hypothetische, täuschungsfreie Kaufpreisverhandlung zu fingieren, d. h. zu simulieren, wie der Käufer den Kaufpreis bei voller Sachkenntnis ausgehandelt hätte. Anhand der dokumentierten Unternehmensbewertung des Käufers lässt sich sein subjektiver Käufer-Unternehmenswert ermitteln. Inwieweit er diesen im Rahmen der Kaufpreisverhandlung gegenüber dem Verkäufer hätte durchsetzen können, zeigt sich anhand des Verhältnisses zwischen seinem subjektiven Käufer-Unternehmenswert und dem gezahlten Kaufpreis. Liegt der gezahlte Kaufpreis beispielsweise nur knapp unterhalb des subjektiven Käufer-Unternehmenswerts, spricht dies für eine schwache Verhandlungsposition des Käufers. Wenn das (Schieds-)Gericht anschließend die Kaufpreisverhandlung unter Zugrundelegung der täuschungsfreien Tatsachen rekonstruiert, wäre es fehlerhaft anzunehmen, der Käufer hätte seine Preisvorstellungen kompromisslos durchgesetzt. Das (Schieds-)Gericht würde seine schwache Verhandlungsposition ausblenden und die Fiktion verfälschen. Anders als bei der Minderung könnte daher nicht das Verhältnis der Unternehmenswerte (mangelfrei und mangelhaft) ermittelt und auf den Kaufpreis übertragen werden, sondern das Verhältnis vom subjektiven Käufer-Unternehmenswert zum Kaufpreis ermittelt und dieses Verhältnis anschließend auf den täuschungsbereinigten subjektiven Käufer-Unternehmenswert übertragen werden, um den niedrigeren Kaufpreis zu ermitteln. Denn indem das Verhältnis zwischen dem täuschungsbedingten subjektiven Unternehmenswert und dem Kaufpreis beibehalten wird, wird auch die Verhandlungsstärke, bzw. -schwäche des Käufers beibehalten.

1199 *Stöber*, in: BeckOGK-BGB, § 441 Rn. 56.
1200 *Westermann*, in: MüKo-BGB, § 441 Rn. 1.

Abbildung 12: Eigener Vorschlag zur Berechnung des niedrigeren Kaufpreises.

13 Maßgeblicher Zeitpunkt für die Schadensberechnung

Für die Schadensberechnung ist ein Zeitpunkt zu wählen, da der Unternehmenswert stets nur auf einen Zeitpunkt ermittelt werden kann.[1201] Mit anderen Worten: Hat das Unternehmen jeden Tag einen anderen Wert, so gilt dies auch für die Höhe des Unternehmensminderwerts. Da sich die Schadenshöhe unter anderem nach den hypothetischen abgezinsten Erträgen bzw. *Cashflows* bemisst, hat das (Schieds-)Gericht zu entscheiden, auf welchen Zeitpunkt es den Schaden berechnet.

Maßgeblicher Zeitpunkt für die Schadensberechnung ist materiell-rechtlich der Zeitpunkt, zu dem der Schädiger seiner Schadensersatzpflicht tatsächlich nachkommt und Schadensersatz an den Geschädigten leistet. Dieser Zeitpunkt wird auch als Wiederherstellungszeitpunkt bezeichnet. Prozessual ist der Zeitpunkt der letzten mündlichen Verhandlung entscheidend, bis dahin kann das (Schieds-)Gericht also die Schadensentwicklung berücksichtigen.[1202] Der Bundesgerichtshof entschied wörtlich:

1201 *Hilgard*, ZIP 2005, 1813, 1819.

1202 Zum Ganzen: BGH, Urteil vom 23.1.1981, BGHZ 79, 249, 257 f. = BeckRS 1981, 30383205; *Brand*, Schadensersatzrecht, S. 59 f. Rn. 2, S. 77 Rn. 42; *Hilgard*, ZIP 2005, 1813, 1819; *Oetker* in: MüKo-BGB, § 249 Rn. 317; *Schack*, in: FS Stoll, S. 61.

> „Bei der konkreten Schadensberechnung sind grundsätzlich alle adäquaten Folgen des haftungsbegründenden Ereignisses bis zum Zeitpunkt der letzten mündlichen Verhandlung, dem aus prozessualen Gründen letztmöglichen Beurteilungszeitpunkt, in die Schadensberechnung einzubeziehen; nur wenn der Schuldner bereits vorher seine Ersatzpflicht erfüllt, schließt er die Zurechnung späterer Schadensfolgen aus […].“[1203]
>
> (BGH, Urteil vom 23.1.1981 – V ZR 198/79, BGHZ 79, 249, 257 f. = BeckRS 1981, 30383205)

Wird das positive Interesse ersetzt, ist in Übereinstimmung mit diesen Grundsätzen der Zeitpunkt der letzten mündlichen Verhandlung maßgeblich.[1204] Eine Begründung für die Wahl dieses späten Zeitpunkts lautet, dass bei der Schadensberechnung beim positiven Interesse auf die Sicht des Käufers abzustellen sei. Das Gericht müsse den spätestmöglichen Zeitpunkt wählen, um alle Informationen, die für die Wertschöpfung, Konzeptänderungen und Synergien des Käufers relevant sind, mit einbeziehen zu können. Ebenso sei zu verfahren, um die Informationen für den Diskontierungszinssatz zu ermitteln.[1205] Nur wenn der Bewertungsstichtag für die Ermittlung des Unternehmensminderwerts möglichst dicht an der letzten mündlichen Verhandlung liege, werde der Schaden korrekt berechnet.

Hierbei sind zwei Zeitpunkte zu unterscheiden. Zum einen ist der Zeitpunkt zu bestimmen, zu dem der Unternehmensminderwert zu ermitteln ist, zu dem also die Abzinsung erfolgt (Bewertungsstichtag[1206]). Das ist wie gezeigt der spätestmögliche Zeitpunkt. Zum anderen ist festzulegen, bis zu welchem Zeitpunkt die für die Unternehmensbewertung maßgeblichen Umstände berücksichtigt werden dürfen, d. h. auf welchen Zeitpunkt bezüglich des Wissens abzustellen ist (Informationsstichtag[1207]). Das Oberlandesgericht München spricht in Bezug auf den Informationsstichtag vom maßgeblichen Blickwinkel und entschied für die Unternehmensbewertung im Rahmen eines Beherrschungs- und Gewinnabführungsvertrags:

> „Für die Unternehmensbewertung zur Ermittlung der angemessenen Abfindung gilt das Stichtagsprinzip […]. Die Bewertung ist unter dem Blickwinkel der Verhältnisse des Stichtags des Beschlusses der Hauptversammlung über den Beherrschungs- und Gewinnabführungsvertrag vorzunehmen. Maßgeblich ist grundsätzlich, was man bei angemessener Sorgfalt zum Stichtag wissen konnte und was absehbar war […]. Zukünftig nachweisbare Erfolgschancen können bei der Bewertung der Ertragskraft nur berücksichtigt werden, wenn die Voraussetzung der Nutzung dieser Chancen bereits am Stichtag im Ansatz geschaffen sind […]. Als Ausgangspunkt für die Ermittlung des Ertragswerts des Unternehmens kommen nur Organi-

---

1203 BGH, Urteil vom 23.1.1981 – V ZR 198/79, BGHZ 79, 249, 257 f. = BeckRS 1981, 30383205.

1204 *Elsing/Kramer*, in: FS Großfeld, S. 109, 116; *Wächter*, in: Bilanzgarantien, S. 225, 250; *Wächter/Wollny*, SchiedsVZ 2018, 80, 98 f.

1205 *Wächter/Wollny*, SchiedsVZ 2018, 80, 98 f.

1206 *Wächter*, M&A Litigation, S. 729 Rn. 12.292, 12.294.

1207 *Wächter*, M&A Litigation, S. 729 Rn. 12.292, 12.294.

> sationsverhältnisse und Strukturen in Betracht, die am Stichtag vorhanden waren [...]. Jedoch müssen Entwicklungen, die erst später eintreten, aber schon in den am Stichtag bestehenden Verhältnissen angelegt sind, berücksichtigt werden [...].“[1208]
>
> (OLG München, Beschluss vom 17.7.2007–31 Wx 60/06, BeckRS 2007, 12209)

Dass die Organisationsverhältnisse und Strukturen angelegt, d.h. kausal verursacht gewesen sein müssen, gab der Stichtagsbezogenheit bei objektivierten Unternehmensbewertungen (*Squeeze-Out*, Verschmelzung, Spaltung, Beherrschungs- und Gewinnabführungsverträge, Zugewinnausgleich, Erbauseinandersetzungen, steuerliche Bewertungsanlässe[1209]) die Bezeichnung „Wurzeltheorie“.[1210] Bei objektivierten Unternehmensbewertungen sei die Wurzeltheorie gerechtfertigt, da ansonsten bei längerer Verfahrensdauer jeder festgestellte Jahresabschluss eine erneute Ertragswertberechnung erforderlich machen würde.[1211] Die Wurzeltheorie habe zur Folge, dass bei objektivierten Unternehmensbewertungen Synergieeffekte keine Berücksichtigung finden könnten.[1212] Das Stichtagsprinzip und die Wurzeltheorie seien auf das Post M&A-Verfahren aber nicht übertragbar,[1213] da für eine Übertragung kein Schutzbedürfnis bestehe.[1214] Während der M&A-Transaktion berücksichtigten die Parteien jede Information, unabhängig davon, ob bereits eine Wurzel angelegt sei oder nicht.[1215] Außerdem sei nach der Differenzhypothese ein Zustand herzustellen, der hypothetisch bestehen würde, weshalb spätere Entwicklungen zwingend zu berücksichtigen seien.[1216]

Die Wurzeltheorie verträgt sich auch nicht mit dem Schutzzweck der Haftungsnorm. Anders als bei objektivierten Unternehmensbewertungen liegt dieser nicht in einer Entschädigung für den Verlust von Aktien (Art. 14 GG) oder in der Wahrung des gesellschaftsrechtlichen Gleichbehandlungsgrundsatzes, sondern in dem Ausgleich der gestörten Vermögensverteilung (Ausgleichsfunktion) und in der vollständigen Wiederherstellung der Interessen des Geschädigten (Totalreparation). Diese Ziele können aber nur dann erreicht werden, wenn möglichst viele und genaue Informationen über die gestörte Vermögensverteilung und die verletzten Interessen des Geschädigten gesammelt und ausgewertet werden. Den Blickwinkel von vornherein künstlich zu beschränken, liefe den Zwecken des

---

1208 OLG München, Beschluss vom 17.7.2007–31 Wx 60/06, BeckRS 2007, 12209.

1209 *Wollny*, in: Bilanzgarantien, S. 105, 112.

1210 *Wollny*, in: Bilanzgarantien, S. 105, 113; *Wollny*, DStR 2017, 949, 951.

1211 *Wollny*, in: Bilanzgarantien, S. 105, 114.

1212 *Wollny*, in: Bilanzgarantien, S. 105, 114.

1213 *Wollny*, DStR 2017, 949, 952.

1214 *Wollny*, in: Bilanzgarantien, S. 105, 118.

1215 *Wollny*, in: Bilanzgarantien, S. 105, 118 f.

1216 *Wollny*, in: Bilanzgarantien, S. 105, 119 f.

Schadensrechts zuwider. Sämtliche Entwicklungen bis zum Zeitpunkt der letzten mündlichen Verhandlung sind für die Schadensberechnung zu berücksichtigen.

Zu demselben Ergebnis gelangen auch Meinungsvertreter aus dem Schrifttum. Der Grundsatz der Totalreparation sei Anlass dafür, dass – da sämtliche Schäden des Käufers zu ersetzen sind – der Zeitpunkt für die Schadensbemessung beim positiven Interesse möglichst spät liegen müsse, damit kein Schadensposten „abgeschnitten" werde. Der Stichtag für den Gesamtvermögensvergleich sei daher der Zeitpunkt der letzten mündlichen Verhandlung.[1217] Wenn sich also die Kosten für die Naturalrestitution während des Post M&A-Verfahrens erhöhen, weil etwa Rohstoffpreise steigen, so trage der Verkäufer dieses Risiko und müsse einen höheren Schadensersatz zahlen. Er trage dieses Risiko bis zu dem Zeitpunkt, an dem er den Schadensersatz leistet.[1218] Der Grundsatz der Totalreparation verlange darüber hinaus, dass der Verkäufer auch für alle künftigen Schäden einsteht, die nach dem Post M&A-Verfahren eintreten. Da diese meist (noch) nicht beziffert werden können, sei prozessual ein Feststellungsantrag zu stellen (§ 256 ZPO).[1219]

Beim positiven Interesse werden also der Informationsstichtag und Bewertungsstichtag auf den Zeitpunkt der letzten mündlichen Verhandlung angesetzt.[1220] Zu diesem Zeitpunkt wird der Unternehmensminderwert berechnet.[1221] Dass der Bewertungsstichtag auch auf diesen Tag angesetzt wird, spielt aber nicht so eine große Rolle, da die Unternehmensbewertung eine Prognose darstellt, also auch alle künftigen Zahlungsströme der nächsten Jahre berücksichtigt.[1222]

Im Rahmen der c.i.c. ist der Zeitpunkt des schädigenden Ereignisses die Vertragsunterzeichnung, das sogenannte *Signing*,[1223] weil es dem Käufer hier zuletzt möglich gewesen wäre, auf die Kaufpreisverhandlung Einfluss zu nehmen[1224] und weil der Verkäufer in dieser juristischen Sekunde seine vorvertraglichen Aufklärungspflichten (spätestens) verletzt hat. Zu diesem Zeitpunkt müsse folglich die Täuschung hinweggedacht werden, um den Schaden zu ermitteln.[1225] Sollte im Zeitraum zwischen dem *Signing* und dem Zeitpunkt der letzten mündlichen Verhandlung noch ein „werterhellender" Umstand von den Parteien entdeckt werden,

---

1217 *Wächter*, M&A Litigation, S. 728 f. Rn. 12.288 ff.
1218 *Wächter*, M&A Litigation, S. 728 f. Rn. 12.291.
1219 *Wächter*, M&A Litigation, S. 728 f. Rn. 12.289, 12.293.
1220 *Wächter*, M&A Litigation, S. 729 Rn. 12.292.
1221 *Wächter*, M&A Litigation, S. 729 Rn. 12.2293.
1222 *Wächter*, M&A Litigation, S. 729 Rn. 12.294.
1223 *Elsing/Kramer*, in: FS Großfeld, S. 109, 115; *Wächter/Wollny*, SchiedsVZ 2018, 80, 94.
1224 *Wächter*, M&A Litigation, S. 691 Rn. 12.173; *Wächter/Wollny*, SchiedsVZ 2018, 80, 94.
1225 *Wächter*, M&A Litigation, S. 691 Rn. 12.174.

der sich auf den Unternehmenswert auswirke, so dürften sich die Parteien in der mündlichen Verhandlung hierauf nicht berufen.[1226]

Dies bedeutet, dass das (Schieds-)Gericht im Rahmen der c.i.c. die hypothetische Kaufpreisverhandlung zum Zeitpunkt des *Signings* fingiert und in Abweichung zu den oben dargestellten Grundsätzen spätere Umstände, die sich auf die Kaufpreisverhandlung auswirken könnten, außer Betracht lässt. Das Abstellen auf den Zeitpunkt des *Signings* bei der c.i.c. wird den Vorgaben des Schadensrechts gerecht, da der Käufer so gestellt wird, wie er bei richtiger Aufklärung des Verkäufers stehen würde. Hätte er ohne Täuschung einen günstigeren Kaufpreis vereinbart, so wären ebenfalls nur die Umstände, die sich bis zum *Signing* ereignet hätten, in den günstigeren Kaufpreis eingeflossen. Dürfte sich der Käufer dagegen auch auf kaufpreissenkende Umstände zwischen dem *Signing* und dem Zeitpunkt der letzten mündlichen Verhandlung berufen, läge hierin ein Verstoß gegen das schadensrechtliche Bereicherungsverbot. Der Käufer würde aus der Aufklärungspflichtverletzung Kapital schlagen.

14 Verfahrensgrundsätze des Zivilprozessrechts

Elementare Grundprinzipien des zivilrechtlichen Erkenntnisverfahrens sind unter anderem der Dispositionsgrundsatz, der Beibringungsgrundsatz sowie der Beschleunigungsgrundsatz.[1227]

a) Dispositionsgrundsatz

Nach dem Dispositionsgrundsatz können die Parteien das Gericht inhaltlich in der Entscheidung binden, da sie frei über den Streitgegenstand verfügen können.[1228] Der Kläger bindet das Gericht auch insofern in seiner Entscheidungsfindung, als das Gericht gemäß § 308 Abs. 1 Satz 1 ZPO dem Kläger nicht mehr zusprechen darf als von diesem beantragt.[1229]

Der Dispositionsgrundsatz bedeutet für das Post M&A-Verfahren, dass das Gericht nur den vom Kläger beantragten Unternehmensminderwert zusprechen darf, selbst wenn es durch die Wahl einer anderen Bewertungsmethode, das Einsetzen anderer Zukunftswerte in die Berechnungsformel oder die Wahl eines anderes Diskontierungszinssatzes zu einem höheren Wert gelangen sollte.

1226 *Wächter*, M&A Litigation, S. 691 f. Rn. 12.175.

1227 *Brösel/Wasmuth*, in: FS Großfeld, S. 51, 54.

1228 *Brösel/Wasmuth*, in: FS Großfeld, S. 51, 54; *Wasmuth*, Funktionale Schadensbewertung, S. 20.

1229 *Wasmuth*, Funktionale Schadensbewertung, S. 20.

b) Beibringungsgrundsatz

Der Beibringungsgrundsatz (auch Verhandlungsgrundsatz[1230]) ist abzugrenzen vom Untersuchungs- oder Amtsermittlungsgrundsatz.[1231] Er besagt, dass die Parteien dem Gericht alle entscheidungserheblichen Tatsachen mitteilen müssen.[1232] Das Gericht ermittelt den Sachverhalt nicht selbst, sondern stützt seine Entscheidung auf den Vortrag der Parteien.[1233] Für die Parteien bedeutet dies die Befugnis, Tatsachen in den Prozess einzuführen.[1234] Für das Gericht bedeutet dies eine Einschränkung: Es darf seine Entscheidung ausschließlich auf die Tatsachen stützen, die von den Parteien vorgebracht worden sind.[1235]

Der Beibringungsgrundsatz wirkt sich auf die gerichtliche Unternehmensbewertung aus. Dies wird an einer Entscheidung des Oberlandesgerichts Düsseldorf[1236] deutlich, in der es über eine Unternehmensbewertung im Rahmen eines aktienrechtlichen *Squeeze-Out* entschied. Das Oberlandesgericht Düsseldorf betonte, dass im Spruchverfahren gerade nicht der Beibringungsgrundsatz, sondern der Amtsermittlungsgrundsatz in Bezug auf die „für die Unternehmensbewertung maßgeblichen Umstände" gelte.[1237] Daraus kann geschlussfolgert werden, dass es im Post M&A-Verfahren den Parteien und insbesondere dem bezüglich des Schadens darlegungs- und beweisbelasteten Kläger[1238] obliegt, zu den für die Unternehmensbewertung maßgeblichen Umständen ausreichend und substantiiert vorzutragen.

Welche Umstände genau der Käufer für die Berechnung des Unternehmensminderwerts vortragen muss, ist der Rechtsprechung nicht zu entnehmen, da zahlreiche Post M&A-Verfahren vor privaten Schiedsgerichten ausgetragen werden.[1239] Die Nichtöffentlichkeit,[1240] die bei Schiedsgerichten als Vorteil gilt,[1241] wird

1230 *Musielak*, in: Musielak/Voit-ZPO, Einleitung Rn. 37.

1231 *Landwehr*, in: Europäisches Unionsrecht, AEUV Art. 254 Rn. 74.

1232 *Brösel/Wasmuth*, in: FS Großfeld, S. 51, 55; *Wasmuth*, Funktionale Schadensbewertung, S. 20 f.

1233 *Landwehr*, in: Europäisches Unionsrecht, AEUV Art. 254 Rn. 74.

1234 *Musielak*, in: Musielak/Voit-ZPO, Einleitung Rn. 37.

1235 *Brösel/Wasmuth*, in: FS Großfeld, S. 51, 55; *Musielak*, in: Musielak/Voit-ZPO, Einleitung Rn. 37.

1236 OLG Düsseldorf, Beschluss vom 8.8.2013 – I-26 W 15/12, NZG 2013, 1393, 1394.

1237 OLG Düsseldorf, Beschluss vom 8.8.2013 – I-26 W 15/12, NZG 2013, 1393, 1394.

1238 Zu der Darlegungs- und Beweislast des Klägers s. *Brand*, Schadensersatzrecht, S. 168 Rn. 12, 14; *Dörfler*, in: Bilanzgarantien, S. 267, 269, 271.

1239 *Dörfler*, in: Bilanzgarantien, S. 267, 277; *Ehle*, in: The Comparative Law Yearbook of International Business, S. 287–290; *Elsing/Kramer*, in: FS Geimer, S. 67; *Elsing/Kramer*, in: FS Großfeld, S. 109; *Frey/Müller*, in: Bilanzgarantien, S. 281 f.; *Hilgard*, BB 2016, 1218; *Mellert*, BB 2011, 1667 einschl. Fn. 1; *Mohamed*, DNotZ 2019, 884; *Wächter/Wollny*, NZG 2019, 801, 802.

1240 S. die Regelung zur Vertraulichkeit in Art. 44 DIS-Schiedsgerichtsordnung.

hier zu einem Nachteil.[1242] Staatliche, öffentliche Urteile zur Substantiierung hinsichtlich des Unternehmenswerts beschränken sich meist auf Spruchverfahren nach einem aktienrechtlichen *Squeeze-Out.*[1243] Da beim Spruchverfahren jedoch anders als beim Post M&A-Verfahren der Amtsermittlungsgrundsatz gilt, können die Anforderungen an die Substantiierung nicht übertragen werden. Es kann höchstens ein Umkehrschluss erfolgen, bzw. die Schlussfolgerung, dass im Post M&A-Verfahren ein Mehr zu fordern ist. In einem Spruchverfahren vor dem Landgericht München I[1244] hieß es hinsichtlich der Substantiierungsanforderungen an das Bestreiten des Kapitalisierungszinssatzes:

> „Dabei muss es noch als ausreichend angesehen werden, wenn gerade auch beim Kapitalisierungszinssatz einzelne Parameter als unzutreffend festgesetzt gerügt werden. Im Spruchverfahren herrscht kein Anwaltszwang. Es kann daher nicht zwingend verlangt werden, dass ein Antragsteller detailliert begründen muss, warum bspw. die Marktrisikoprämie mit 5 % als zu hoch angesetzt wurde. Dies zu verlangen hieße die Substantiierungslast zu überspannen."[1245]
>
> (LG München I, Beschluss vom 10.12.2010 – 5 HK O 11403/09, BeckRS 2013, 18345 Rn. 19)

Aus diesem Maßstab für das Spruchverfahren kann für das Post M&A-Verfahren zwar nicht mit Rechtssicherheit geschlussfolgert werden, dass vom Verkäufer, der den Kapitalisierungszinssatz des Käufers bestreitet, zwingend eine detaillierte Begründung verlangt wird, inwiefern die Marktrisikoprämie zu hoch angesetzt wurde. Da im Post M&A-Verfahren gemäß § 78 Abs. 1 Satz 1 ZPO, §§ 23 Nr. 1, 71 Abs. 1 GVG Anwaltszwang herrscht, ist aber davon auszugehen, dass zumindest eine einfache Rüge nicht ausreicht. Grundsätzlich gilt, dass die Anforderungen an die Substantiierungspflicht von den Umständen des Einzelfalls abhängen und nicht zuletzt von dem Vorbringen der Gegenpartei.[1246] Denn Vortrag und Gegenvortrag stehen in

---

1241 *Bernstein/Wood,* Handbook of Arbitration Practice, S. 4; *Böckstiegel,* in: FS Elsing, S. 29–35; *Borris,* in: FS Elsing, S. 41; *Elsing/Kramer,* in: FS Geimer, S. 67, 77; *Elsing/Kramer,* in: FS Großfeld, S. 109; *Oehm/Riemenschneider,* SchiedsVZ 2017, 254; *Pfiffner,* SchiedsVZ 2017, 256, 257.

1242 *Demuth,* SchiedsVZ 2012, 271; *Elsing/Kramer,* in: FS Großfeld, S. 110; *Menz,* in: Post-M&A-Schiedsverfahren, S. 49, 52, mit dem weiteren Kritikpunkt, die Nichtöffentlichkeit könne die Rechtsfortbildung behindern; *Pfiffner,* SchiedsVZ 2017, 256, 257.

1243 Vgl. OLG Düsseldorf, Beschluss vom 8.8.2013 – 26 W 17/12, BeckRS 2013, 15476; LG München I, Beschluss vom 10.12.2010 – 5 HK O 11403/09, BeckRS 2013, 18345; LG München I, Beschluss vom 21.11.2011 – 5 HK O 14093/09, BeckRS 2013, 18343; LG München I, Beschluss vom 21.6.2013 – 5 HK O 19183/09, BeckRS 2013, 12292; LG München I, Beschluss vom 28.3.2019 – 5HK 3374/18, BeckRS 2019, 34992 Rn. 38.

1244 LG München I, Beschluss vom 10.12.2010 – 5 HK O 11403/09, BeckRS 2013, 18345.

1245 LG München I, Beschluss vom 10.12.2010 – 5 HK O 11403/09, BeckRS 2013, 18345 Rn. 19.

1246 *Schultz,* NJW 2017, 16.

einem „Wechselspiel“,[1247] sodass die Anforderungen an den Gegenvortrag steigen, je präziser der Vortrag erfolgt.

Hinsichtlich der Nichtöffentlichkeit der Schiedssprüche in Post M&A-Verfahren könnte es möglicherweise zukünftig einen Wandel geben. Denn das Landgericht Mannheim und das Landgericht Stuttgart haben jeweils eine Wirtschaftszivilkammer und eine Kammer für Handelssachen mit Zuständigkeit für Post M&A-Streitigkeiten neu eingerichtet, um der Wirtschaft eine mit Wirtschaftsrechts-, Fach- und Branchenkenntnissen ausgestattete und unternehmerisch erfahrene Kammer als Alternative zur privaten Schiedsgerichtsbarkeit anzubieten.[1248] Eine Zivilkammer und eine Kammer für Handelssachen des Landgerichts Stuttgart bilden zusammen mit einem Senat des Oberlandesgerichts Stuttgart den „Stuttgart Commercial Court“.[1249] Laut Geschäftsverteilungsplan sind die zwei in den „Stuttgart Commercial Court“ einbezogenen Kammern speziell für Streitigkeiten im Zusammenhang mit Unternehmenskaufverträgen zuständig.[1250] Ein Vorteil ist, dass den mit Erfahrung in der Transaktionspraxis ausgestatteten Handelsrichtern nicht nur das Ertragswertverfahren nach IDW S1-Standard, sondern auch andere Bewertungsmethoden wie das *Multiple*-Verfahren vertraut sind.[1251] Da sie mitunter Unzulänglichkeiten des *Multiple*-Verfahrens sofort erkennen, kann auf die Hinzuziehung eines Sachverständigen mitunter verzichtet und das Verfahren beschleunigt werden.[1252] Somit darf gehofft werden, dass in Zukunft eine Auseinandersetzung mit den Anforderungen an den Parteivortrag stattfindet. Da das (Schieds-)Gericht die Unternehmensbewertung aus der subjektiven Sicht des Käufers vorzunehmen hat, ist grundsätzlich davon auszugehen, dass der Käufer seine detaillierte Unternehmensplanung und -kalkulation mitsamt seiner erhofften Synergieeffekte vorzutragen hat.

c) Beschleunigungsgrundsatz

Auch der Beschleunigungsgrundsatz wirkt sich auf die Substantiierungsanforderungen aus. Denn er fordert nicht nur, dass die Parteien das Verfahren nicht hinauszögern, sondern auch, dass sie die dem Streitgegenstand zu Grunde liegenden Tatsachen substantiiert vortragen und auf den Vortrag der Gegenseite angemessen reagieren.[1253] Nach Ansicht des Bundesgerichtshofs[1254] bedeutet der Beschleuni-

1247 *Schultz*, NJW 2017, 16.
1248 *Schumann*, DB 2021, 662.
1249 *Schumann*, DB 2021, 662.
1250 *Schumann*, DB 2021, 662.
1251 *Schumann*, DB 2021, 662, 664.
1252 *Schumann*, DB 2021, 662, 664.
1253 *Brösel/Wasmuth*, in: FS Großfeld, S. 51, 55.

gungsgrundsatz vor allem eine Erleichterung für das Gericht im Rahmen der Unternehmenswertschätzung. Zugunsten der Verfahrensökonomie dürfe auf ein Höchstmaß an Genauigkeit verzichtet werden:

> „Insbesondere wenn ein Spruchverfahren zu dem Zeitpunkt, zu dem die neue Berechnungsweise bekannt und anerkannt wird, bereits länger andauert, ist der Gewinn an Genauigkeit gegen den weiteren verfahrensrechtlichen und zeitlichen Aufwand abzuwägen. Die Grundlagen der Schätzung müssen im Spruchverfahren zwar methodensauber, aber mit verfahrensökonomisch vertretbarem Aufwand geschaffen werden".[1255]
>
> (BGH, Beschluss vom 29.9.2015 – II ZB 23/14, BGHZ 207, 114, 131 Rn. 42 = AG 2016, 135, 141 Rn. 42 = NZG 2016, 139, 143 Rn. 42)

d) Schätzungsbefugnis nach § 287 ZPO

Auch § 287 ZPO, der die Schätzungsbefugnis des Gerichts normiert, spielt eine wesentliche Rolle für die Substantiierungsanforderungen. Aus § 287 ZPO wird eine eingeschränkte Substantiierungspflicht abgeleitet.[1256] Jedoch gilt eine Mindestanforderung hinsichtlich der tatsächlichen Anknüpfungspunkte (sogenannte Anknüpfungstatsachen[1257]), da die Schätzung nicht „völlig in der Luft schweben" dürfe.[1258] Hierfür benötige das Gericht ausreichend greifbare Anhaltspunkte.[1259] Aus diesen Gründen dürfe ein Unternehmen nicht völlig losgelöst von seiner Geschichte und seinen erkennbaren Entwicklungen beurteilt werden.[1260]

e) Erklärungspflicht und Wahrheitspflicht nach § 138 ZPO

Im Übrigen muss der gesamte Vortrag der Parteien wahr und vollständig sein.[1261] § 138 ZPO statuiert eine Erklärungspflicht und Wahrheitspflicht. Es handelt sich um eine prozessuale Verpflichtung, sich vollständig und wahrheitsgemäß zu erklären.[1262] Die Wahrheitspflicht bedeutet allerdings nicht, dass eine Partei nur Tat-

1254 BGH, Beschluss vom 29.9.2015 – II ZB 23/14, BGHZ 207, 114, 131 Rn. 42 = AG 2016, 135, 141 Rn. 42 = NZG 2016, 139, 144 Rn. 42.

1255 BGH, Beschluss vom 29.9.2015 – II ZB 23/14, BGHZ 207, 114, 131 Rn. 42 = AG 2016, 135, 141 Rn. 42 = NZG 2016, 139, 144 Rn. 42.

1256 *Prütting*, in: MüKo-ZPO, § 287 Rn. 28; *Schultz*, NJW 2017, 16, 19 f.

1257 *Lauber*, in: Fleischer/Hüttemann, Rechtshandbuch Unternehmensbewertung, § 34 V.2. Rn. 34.28.

1258 *Lauber*, in: Fleischer/Hüttemann, Rechtshandbuch Unternehmensbewertung, § 34 V.2. Rn. 34.29; *Prütting*, in: MüKo-ZPO, § 287 Rn. 28.

1259 *Schultz*, NJW 2017, 16, 19 f.

1260 *Lauber*, in: Fleischer/Hüttemann, Rechtshandbuch Unternehmensbewertung, § 34 V.2. Rn. 34.30.

1261 *Wasmuth*, Funktionale Schadensbewertung, S. 21.

1262 *Stadler*, in: Musielak/Voit-ZPO, § 138 Rn. 1 f.

sachen behaupten bzw. bestreiten darf, von deren Wahrheit bzw. Unwahrheit sie überzeugt ist. Insbesondere in Bezug auf innere Vorgänge anderer Personen, hypothetische und künftige Verläufe sowie Folgeschäden dürfen die Parteien, da sie auf Vermutungen angewiesen sind, Behauptungen aufstellen, ohne dass sie hierdurch gegen die Wahrheitspflicht verstoßen.[1263]

Das bedeutet für das Post M&A-Verfahren, dass der Käufer seine Unternehmensplanung nicht nachträglich optimieren und im Prozess behaupten darf, er hätte seit jeher mit dieser kalkuliert, um einen höheren Schaden zu errechnen. Für den Verkäufer bedeutet dies, dass er die subjektiven Erwartungen des Käufers (mit Nichtwissen) bestreiten darf, auch wenn er sie nicht mit Sicherheit kennt.

Im Post M&A-Verfahren soll es ausreichen, wenn der Käufer die Tatsachen mitteilt, die er seiner eigenen Unternehmensbewertung zu Grunde gelegt hat.[1264] Der Verkäufer habe daraufhin die Schadensberechnung substantiiert zu bestreiten, indem er erhebliche Tatsachen vorträgt.[1265] Umgekehrt habe der Käufer die Pflicht, die Tatsachen zu nennen, die er seiner Unternehmensbewertung zu Grunde gelegt hat, da der Verkäufer, der diese nicht kennt, sich andernfalls hierzu nicht einlassen könne.[1266]

f) Rechtssicherheit und Vertrauensschutz

Es drängt sich die Frage auf, ob (Schieds-)Gerichte aus Gründen der Rechtssicherheit und des Vertrauensschutzes gehalten sind, im Post M&A-Verfahren stets dieselbe Bewertungsmethode anzuwenden. Zur Beantwortung dieser Frage lohnt sich ein Blick auf die Spruchverfahrenspraxis bei der Abfindung von Minderheitsaktionären. Dort hat der Bundesgerichtshof entschieden, dass das Gericht nicht verpflichtet sei, dieselbe Bewertungsmethode anzuwenden, die der Hauptaktionär vorgerichtlich verwendet hat.[1267] Insbesondere stünde der eigenen richterlichen Auswahl der Bewertungsmethode weder Vertrauensschutz noch Rechtssicherheit entgegen.[1268] Es existiert demnach kein „Grundsatz der Methodentreue".[1269] Im Spruchverfahren ist die gerichtliche Überprüfung der Abfindung demnach stets das Ergebnis einer eigenen Schätzung gemäß § 287 Abs. 2 ZPO, die sich nicht nur darauf

---

1263 *Stadler*, in: Musielak/Voit-ZPO, § 138 Rn. 2.

1264 *Wasmuth*, Funktionale Schadensbewertung, S. 23.

1265 *Wasmuth*, Funktionale Schadensbewertung, S. 23.

1266 *Wasmuth*, Funktionale Schadensbewertung, S. 24.

1267 BGH, Beschluss vom 29.9.2015 – II ZB 23/14, BGHZ 207, 114, 126 f. Rn. 32 – 34 = AG 2016, 135, 139 f. Rn. 32 – 34 = NZG 2016, 139, 142 Rn. 32 – 34.

1268 BGH, Beschluss vom 29.9.2015 – II ZB 23/14, BGHZ 207, 114, 126 Rn. 32 = AG 2016, 135, 139 Rn. 32 = NZG 2016, 139, 142 Rn. 32.

1269 *Schnorbus/Rauch/Grimm*, AG 2021, 391, 397.

beschränkt, die vorgerichtliche Wertermittlung des Hauptaktionärs auf ihre Vertretbarkeit zu überprüfen, sondern darin erschöpft, die gewährte Abfindung selbstständig und vollumfänglich auf ihre Angemessenheit zu überprüfen.[1270] Vor diesem Hintergrund kann auch im Post M&A-Verfahren kein „Grundsatz der Methodentreue" gelten, da auch hier das Gericht nicht eine Bewertung des Verkäufers auf ihre Vertretbarkeit überprüft. Mehr noch als im Spruchverfahren hat das Gericht eine Entscheidungsgewalt, da es nicht etwa einen gewährten Schadensersatz auf seine Angemessenheit überprüft, sondern zum ersten Mal einen Schaden überhaupt feststellt und seine Höhe erstmalig ermittelt (abgesehen von dem Vortrag zum Schaden in der Klageschrift). Auch im Post M&A-Verfahren handelt es sich um eine Schätzung gemäß § 287 Abs. 2 ZPO, was genau wie im Spruchverfahren gegen einen „Grundsatz der Methodentreue" spricht. Darüber hinaus ist der Schaden subjektbezogen. Die Wahl der Bewertungsmethode richtet sich individuell nach dem Schadensfall. Möchte der Käufer das Risiko vermeiden, dass das Gericht über eine andere Unternehmensbewertung zu einem niedrigeren Schaden gelangt (Risiko der teilweisen Klageabweisung und Kostentragung, § 92 Abs. 1 Satz 1 ZPO), so kann er dieses Risiko minimieren, indem er in der Klageschrift nicht nur seine Schadensberechnung darlegt, sondern darüber hinaus seine Wahl der Bewertungsmethode plausibel vorträgt. Es ist nicht ausgeschlossen, dass sich das Gericht dem anschließt.

15 Zwischenergebnis

In Bezug auf die zwei herausgearbeiteten Fragen

(1) Wie lautet das Bewertungsziel im Post M&A-Verfahren?

(2) Welche Bewertungsmethode entspricht diesem Bewertungsziel?

lässt sich nach Analyse des Schadensrechts folgendes Zwischenergebnis festhalten:

Das Bewertungsziel lautet nach dem Schadensrecht, dass der Käufer vollständig entschädigt wird, sich an dem Schadensersatzanspruch jedoch nicht bereichern darf.

Als Bewertungsmethode zur Ermittlung des positiven Interesses eignet sich in den einfach gelagerten Fällen, in denen eine Addition der einzelnen Schadensposten einer Naturalrestitution und Totalreparation gerecht wird (sogenannte direkte Methode), das Substanzwertverfahren. In allen anderen Fällen, in denen sich der

1270 *Schnorbus/Rauch/Grimm*, AG 2021, 391, 397.

Mangel auf die Ertragskraft des Unternehmens negativ auswirkt, eignen sich besonders das Ertragswertverfahren und das DCF-Verfahren.

Nach der Wertung des Gesetzgebers hat die Naturalrestitution einen hohen Rang und der Anspruch auf Herstellung wandelt sich nur unter zusätzlichen Voraussetzungen in einen Anspruch auf Geldzahlung um. Dem Integritätsinteresse des Käufers wird folglich ein hoher Rang beigemessen. Auch im Falle einer Garantieverletzung gilt der Vorrang der Naturalrestitution. Die Gerichte sind großzügig, wenn es um die Beurteilung geht, ob die Naturalrestitution gleichwertig und gleichartig zum garantierten Zustand ist. Hieraus folgt, dass zuerst zu prüfen ist, ob der Verkäufer den Schaden durch Nachbesserung, also Reparatur oder Nachlieferung der fehlenden Gegenstände, Grundstücke, Patente etc. beseitigen kann. Erst wenn dies nicht möglich oder unzureichend ist, ist eine Zahlung in Geld angezeigt. Zu beachten ist, dass die Naturalrestitution wegen der Zukunftsbezogenheit des Unternehmenswerts nur selten zu einer Totalreparation führen dürfte und außerdem einen wirtschaftlich gleichwertigen, wenn nicht sogar exakt den garantierten Zustand herbeiführen muss. In den meisten Post M&A-Fällen dürfte die Naturalrestitution daher ungenügend, wenn nicht sogar unmöglich sein.

Die Unternehmensbewertung erfolgt dabei aus Sicht des Käufers.

Für die Berechnung des negativen Interesses ist ebenfalls die Sicht des Käufers maßgeblich, sodass auf die Unternehmensbewertung und Kaufpreiskalkulation des Käufers abzustellen ist. Soll bei der Fiktion der hypothetischen Kaufpreisverhandlung die Verhandlungsposition des Käufers nachgebildet werden, empfiehlt sich eine zweischrittige Prüfung mit einer Verhältnisrechnung nach Maßgabe von subjektivem Käufer-Unternehmenswert und Kaufpreis.

D Rechtsvergleichung: Rechtslage in den USA

I Einführung

Die vielfältigen und bedeutenden Funktionen der Rechtsvergleichung als wissenschaftliche Methode der Jurisprudenz sind unbestritten.[1] Die Rechtswissenschaft umfasst nicht nur nationale Gesetze und Rechtsprinzipien, sondern auch die Erforschung von Modellen zur Verhinderung und Lösung sozialer Konflikte.[2] Im Hinblick auf die Erforschung dieser Modelle bietet die Methodik der Rechtsvergleichung ein großes Potenzial, welches über das eines einzelnen nationalen Rechtssystems hinausgeht.[3] Dies trifft auch auf die Schadensberechnung im Post M&A-Verfahren zu. Mit diesem Konflikt zwischen Käufer und Verkäufer ist nicht allein die deutsche Rechtsordnung konfrontiert. Durch einen Vergleich mit einem fremden Lösungsmodell kann die deutsche Post M&A-Praxis möglicherweise um eine neue Idee erweitert werden.

M&A-Transaktionen haben ihren Ursprung in den USA. Im Jahr 2016 machten US-amerikanische Unternehmenskäufe gemessen am Transaktionswert 47,5 % aller weltweit getätigten M&A-Transaktionen aus,[4] womit sie in etwa die Hälfte des weltweiten M&A-Markts abbilden. Entsprechend hoch dürfte der Anteil an Post M&A-Verfahren mit US-Bezug sein. Aus diesen Gründen verspricht ein Vergleich mit dem anglo-amerikanischen Recht einen Erkenntnisgewinn für die Schadensberechnung im Post M&A-Verfahren. Der Begriff des anglo-amerikanischen Rechts ist von der Rechtsvergleichung geprägt worden und stellt nach klassischer Lehre der Rechtsvergleichung einen eigenen Rechtskreis auf dem Gebiet des Privatrechts dar.[5]

Im Rahmen der Rechtsvergleichung werden Rechtsordnungen in Bezug auf eine Fragestellung, auch „*tertium comparationis*" genannt, untersucht und verglichen.[6] Die gestellte Sachfrage muss von der nationalen Dogmatik, Begrifflichkeiten und

1 *Massumi*, Unternehmenskaufverträge, S. 142; *Zweigert/Kötz*, Rechtsvergleichung, S. 13; zu den einzelnen Funktionen der Rechtsvergleichung s. *Haase*, JA 2005, 232, 233.

2 *Massumi*, Unternehmenskaufverträge, S. 142.

3 *Massumi*, Unternehmenskaufverträge, S. 142.

4 *Drude*, SchiedsVZ 2017, 224.

5 *Massumi*, Unternehmenskaufverträge, S. 79; *Triebel*, RIW 1998, 1 einschl. Fn. 2; Die USA gehören zu diesem Rechtskreis mit Ausnahme des Staates *Louisiana*, dessen Rechtsordnung französischen Ursprungs ist, vgl. *Triebel*, RIW 1998, 1, 2 einschl. Fn. 9.

6 *Haase*, JA 2005, 232, 237; *Kischel*, Rechtsvergleichung, S. 4.

https://doi.org/10.1515/9783111334424-005

Wertungen losgelöst sein, damit die verschiedenen Lösungsmodelle vergleichbar gegenübergestellt werden können.[7]

Die Fragestellung, wie der Schaden des Unternehmenskäufers zu berechnen ist, ist zu modifizieren, denn sie unterstellt das deutsche Rechtsprinzip der Totalreparation, dem zufolge der Schaden grundsätzlich mit der Höhe des Schadensersatzanspruchs identisch ist. Die hier zu untersuchende, von dieser Wertung losgelöste Fragestellung lautet deshalb, wie die Höhe des Schadensersatzanspruchs des Unternehmenskäufers gegen den Unternehmensverkäufer im Post M&A-Verfahren ermittelt wird.

Es handelt sich um eine rechtsvergleichende Einzeluntersuchung, eine sogenannte Mikrorechtsvergleichung[8], da nur eine einzelne, spezifische Frage rechtsvergleichend untersucht wird. Weder wird das gesamte Schadensersatzrecht in den USA noch die allgemeine Schadensberechnung in den USA dargestellt.

Um eine klassische Herausarbeitung der Gemeinsamkeiten und Unterschiede, wie sie in der Rechtsvergleichung üblich und avisiert ist,[9] zu ermöglichen, ist zu untersuchen, wie im anglo-amerikanischen Recht die Schadensersatzhöhe im Post M&A-Verfahren ermittelt wird. Zu beachten ist allerdings, dass die bloße Gegenüberstellung von Rechtsnormen aus unterschiedlichen nationalen Rechtsordnungen noch keinen großen Aufschluss gibt.[10] Es würde außer Betracht bleiben, ob die Rechtslage in dem jeweiligen Land eventuell durch Rechtsprechung, Rechtsinstitute oder reale Umstände beeinflusst wird, wie es die bloße Lektüre des fremden Gesetzestextes allein noch nicht vermuten ließe. Auch würden systematische und wertungsmäßige Aspekte ausgeblendet, was die Bewertung der Rechtsordnung verfälschen und einen Vergleich der Rechtsordnungen beeinträchtigen würde.[11] Nicht das geschriebene Recht, sondern die Rechtswirklichkeit ist dem Vergleich zu Grunde zu legen.[12] Auch der bloße Vergleich von Rechtsbegriffen verspricht keinen großen Erkenntnisgewinn, denn nur selten wird unter demselben Rechtsbegriff auch dasselbe verstanden,[13] selbst wenn es die Übersetzung der Rechtsbegriffe zunächst vermuten ließe. Deshalb hat die Rechtsvergleichung möglichst losgelöst von Rechtsbegriffen zu erfolgen.[14] Anstatt die Rechtsvorschriften und Rechtsbe-

---

7 *Kischel*, Rechtsvergleichung, S. 94.

8 Zum Begriff der Mikrorechtsvergleichung: *Haase*, JA 2005, 232, 236; *Kischel*, Rechtsvergleichung, S. 16; *Zweigert/Kötz*, Rechtsvergleichung, S. 4 f.

9 *Kischel*, Rechtsvergleichung, S. 4.

10 *Haase*, JA 2005, 232, 235.

11 *Kischel*, Rechtsvergleichung, S. 1, 6.

12 *Haase*, JA 2005, 232, 235.

13 *Haase*, JA 2005, 232, 235.

14 *Haase*, JA 2005, 232, 235.

griffe zu vergleichen, ist danach zu fragen, welche Lösungen die verschiedenen Rechtsordnungen für ein und dasselbe Rechtsproblem bieten.[15] Im Mittelpunkt der Untersuchung stehen also die Aufgaben und Funktionen der Rechtsnormen und Rechtsgrundsätze.[16] Aus diesen Gründen bietet sich die funktionale Rechtsvergleichung[17] an. Ihre Methodik basiert auf der Prämisse, dass sich juristische Regeln erst dann sinnvoll miteinander vergleichen lassen, wenn sie zuvor auf ihre Funktionalität komprimiert wurden.[18] In diesem Zusammenhang ist das funktionale Äquivalent ein zentraler Begriff der Rechtsvergleichung: Die funktionale Methode soll die Vergleichbarkeit gewährleisten, denn wenn etwas verglichen werden soll, ist erforderlich, dass die Vergleichsobjekte vergleichbar sind,[19] und im Recht ist nur vergleichbar, was dieselbe Funktion erfüllt.[20] Es geht bei der Frage, ob Regelungen funktional äquivalent sind, mithin um die Gleichwertigkeit rechtlicher Lösungen in verschiedenen Rechtsordnungen.[21] Im Anschluss ist die Frage zu beantworten, ob diese Funktion von der ausländischen Rechtsordnung ebenso oder sogar besser erfüllt wird und ob sie eine Hilfe für die nationale Rechtsordnung darstellt.[22] Der funktionale Kern der hier zu vergleichenden Regelungskomplexe besteht darin, in einem Post M&A-Verfahren die Höhe des Schadensersatzes zu bestimmen.

II Grundsätze des *Common Law*

Das Fundament und zugleich die wichtigste Rechtsquelle im anglo-amerikanischen Recht ist das englische *Common Law*,[23] dessen Normen traditionell auf Richterentscheidungen und nicht auf parlamentarischer Normsetzung beruhen (*Case-*

15 *Haase*, JA 2005, 232, 235.
16 *Haase*, JA 2005, 232, 235.
17 Zum Begriff der funktionalen Rechtsvergleichung: *Kischel*, Rechtsvergleichung, S. 6, 93 ff.
18 *Massumi*, Unternehmenskaufverträge, S. 143 f.; *Zweigert/Kötz*, Rechtsvergleichung, S. 33; Zur Kritik an der funktionalen Vergleichsmethode, das Recht habe nicht nur eine Funktion, sondern mehrere Funktionen, die jedoch kaum bestimmbar seien, und ein funktionaler Vergleich beziehe den kulturellen Kontext des jeweiligen nationalen Rechts nicht hinreichend ein, sodass die Normen „entwurzelt" würden, sowie zu weiteren Kritikpunkten s. *Kischel*, Rechtsvergleichung, S. 95 ff.
19 *Scheiwe*, KritV 2000, 30.
20 *Zweigert/Kötz*, Rechtsvergleichung, S. 33.
21 *Scheiwe*, KritV 2000, 30, 32, 36.
22 *Haase*, JA 2005, 232, 235, 237.
23 *Hall/Wiecek/Finkelmann*, American Legal History, S. 4; *Hay*, Law of the United States, S. 1; *Hay*, US-Amerikanisches Recht, S. 1 Rn. 1; *Massumi*, Unternehmenskaufverträge, S. 79, 93; *Slapper/Kelly*, The English Legal System, S. 4.

law).[24] Das *Common Law* fußt auf der Bindung des Richters an früher ergangene richterliche Einzelfallentscheidungen (*doctrine of judicial precedent*), sodass die große Anzahl an Einzelfallentscheidungen eine „flächendeckende Rechtsanwendung durch Analogieschlüsse" in der Zukunft nach sich zieht.[25] Neben dem umfassenden Richterrecht besteht kodifiziertes Recht, das durch die Rechtsprechung ausgestaltet wird.[26]

III Haftung des Unternehmensverkäufers nach anglo-amerikanischem Recht

1 Haftung des Verkäufers wegen unzutreffender vorvertraglicher Erklärungen

Im Post M&A-Verfahren haftet der Verkäufer nach anglo-amerikanischem Recht in der Regel wegen unzutreffender vorvertraglicher Erklärungen (*representations; action of deceit for misrepresentation*), die eine deliktische Haftung auslösen, und wegen unzutreffender Erklärungen und Zusicherungen im Kaufvertrag (*warranties; breach of contract*), die eine Pflichtverletzung (*strict liability*) darstellen.[27] Auch im anglo-amerikanischen Recht haftet also der Verkäufer nach einer M&A-Transaktion auf Schadensersatz, wenn sich die Informationen, die er dem Käufer über das Unternehmen zukommen ließ, nach dem *Closing* als falsch herausstellen.[28] Etwas anderes gilt für die Haftung wegen Unternehmensmängeln. Eine Gewährleistungshaftung für Mängel der Kaufsache existiert im anglo-amerikanischen Recht im Grundsatz nicht.[29] Der Verkäufer haftet im Post M&A-Verfahren also allein wegen unrichtiger Angaben, sei es auf deliktischer oder auf vertraglicher Grundlage. Sowohl beim Deliktsrecht (*tort*) als auch beim Vertragsrecht (*contracts*) handelt es sich um einzelstaatliches Recht, nicht um einheitliches Bundesrecht.[30] Einzelne Abweichungen von den folgenden Ausführungen können daher nicht ausgeschlossen werden.

---

24 *Burnham*, Law and Legal System, S. 39; *Hay*, Law of the United States, S. 6 f., 9; *Hay*, US-Amerikanisches Recht, S. 7 f. Rn. 19–21; *Krecek*, Die Gewährleistungshaftung, S. 204; *Massumi*, Unternehmenskaufverträge, S. 93; *von Mehren/Murray*, Das Recht in den Vereinigten Staaten, S. 9.

25 *Massumi*, Unternehmenskaufverträge, S. 93; *Ward/Wragg*, Walker & Walker's, English Legal System, S. 81.

26 *Heppe/Glatz*, ZDAR 2014, 155.

27 *Massumi*, Unternehmenskaufverträge, S. 90; *Peel*, The Law of Contract, S. 448 Rn. 9-073.

28 *Griffith*, Deal Insurance, S. 1839, 1856.

29 *Merkt*, RIW 2019, 1, 2.

30 *Merkt*, RIW 2019, 1, 2.

Wie gezeigt, haftet der Unternehmensverkäufer auch nach anglo-amerikanischem Recht für vorvertragliche Falschangaben. Allerdings handelt es sich hierbei nicht um eine vorvertragliche Aufklärungspflichtverletzung, da ein Verkäufer keiner Aufklärungspflicht unterliegt.[31] Für eine solche bestehe kein Bedürfnis, da die Vertragsparteien eines Unternehmenskaufvertrags ebenbürtige Parteien seien und eine *„transaction [...] at arm's length"* vornähmen,[32] also eine Transaktion auf Augenhöhe. Der Verkäufer haftet gleichwohl für vorvertragliche irreführende und falsche Tatsachenerklärungen (*liability for pre-contractual misrepresentation*) aus Delikt.[33] Diese Haftung basiert auf drei Säulen, dem *Common Law*, dem *equity*[34] und der gesetzlichen Regelung des *Misrepresentation Act 1967*.[35] Der *Misrepresentation Act 1967* ist ein Spezialgesetz bestehend aus drei Paragrafen. Er basiert auf dem *Common Law* und stellt eine Ergänzung zu diesem dar.[36] Vorvertragliche Falschangaben eröffnen dem Unternehmenskäufer drei verschiedene Anspruchsgrundlagen für Schadensersatz: Ein deliktischer Schadensersatzanspruch (*damages for deceit*) bei arglistigen Falschangaben[37] und ein Schadensersatzanspruch bei sorgfaltswidrig falschen Angaben (*damages for negligence*).[38] Bei diesen beiden Schadensersatzansprüchen besteht die Rechtsfolge darin, dass der Unternehmenskäufer so zu stellen ist, wie er ohne die schädigende Handlung, also ohne die falsche Tatsachenerklärung, stünde (*„The correct measure of damages in the tort of deceit was an award which put the plaintiff in the position he would have been if the deceit had not been perpetrated."*[39]).[40] Hätte der Unternehmenskäufer bei korrekten Angaben vom Vertragsschluss Abstand genommen, kann er die Differenz zwischen dem Kaufpreis und dem Marktwert des Unternehmens zum Zeitpunkt des Vertragsschlusses als Schadensersatz verlangen.[41] Geschah die Falschangabe arglistig, hat

31 *Massumi*, Unternehmenskaufverträge, S. 95; *Merkt*, RIW 2019, 1, 2.

32 *Massumi*, Unternehmenskaufverträge, S. 95 f.

33 *Massumi*, Unternehmenskaufverträge, S. 90, 94 f.

34 Während das *Common Law* ursprünglich der Rechtsprechung des *King's Courts* entstammt, basiert das *equity* auf dem Fallrecht des *Court of Chancery*. Diese zwei unterschiedlichen englischen Gerichtsbarkeiten bilden die Basis des materiellen anglo-amerikanischen Rechts, vgl. *Kiralfy*, The English Legal System, S. 1; *Massumi*, Unternehmenskaufverträge, S. 82 f. Zu der Entstehungsgeschichte der anglo-amerikanischen Gerichtsbarkeit s. *Burnham*, Law and Legal System, S. 40–42 sowie *von Mehren/Murray*, Das Recht in den Vereinigten Staaten, S. 42–51; zu der Entstehungsgeschichte des *equity* s. *Hay*, Law of the United States, S. 2–6.

35 *Massumi*, Unternehmenskaufverträge, S. 98.

36 *Krecek*, Die Gewährleistungshaftung, S. 91.

37 *Massumi*, Unternehmenskaufverträge, S. 98.

38 *Massumi*, Unternehmenskaufverträge, S. 98.

39 *Massumi*, Unternehmenskaufverträge, S. 98.

40 *Massumi*, Unternehmenskaufverträge, S. 98.

41 *Krecek*, Die Gewährleistungshaftung, S. 91, 94; *Massumi*, Unternehmenskaufverträge, S. 98.

der Unternehmenskäufer einen Anspruch auf Rückabwicklung des Vertrags,[42] geschah die Falschangabe dagegen sorgfaltswidrig oder schuldlos, liegt die Rechtsfolge „Rückabwicklung“ im Ermessen des Gerichts.[43] Ein dritter Schadensersatzanspruch kommt in Betracht, wenn der Unternehmenskäufer einen Anspruch auf Vertragsauflösung hat, das Gericht aber zu dem Schluss kommt, dass eine Rückabwicklung inadäquat sei; in diesem Fall kann der Unternehmenskäufer an Stelle der Rückabwicklung Schadensersatz verlangen (*damages in lieu of rescission*).[44] Im Rahmen der Rückabwicklung kann der Käufer über zwei weitere Alternativen eine Entschädigung in Geld verlangen: Hat der Käufer die Möglichkeit zur Vertragsrückabwicklung, so hat er alternativ einen Anspruch auf Entschädigung für Vermögensminderungen, die aufgrund des Vertrags eingetreten sind.[45] Entscheidet sich der Käufer dagegen für die Rückabwicklung und erleidet er aufgrund der Vertragsauflösung Vermögenseinbußen, die zur Wiederherstellung des *status quo ante* unvermeidbar sind, so kann er deren Erstattung verlangen.[46]

Die Komplexität und Unübersichtlichkeit der vorvertraglichen Aufklärungshaftung ist Anlass, bereits an dieser Stelle auf das an späterer Stelle[47] gefundene Ergebnis vorzugreifen: In den USA bedingen die Parteien im Unternehmenskaufvertrag das gesetzliche Haftungsrecht vollständig ab und vereinbaren ein eigenes Haftungsregime.

Neben der Komplexität fällt auf, dass die Entscheidung über eine Rückabwicklung im Ermessen des Gerichts liegt. Dieser beträchtliche Bewertungsspielraum ist Folge des sogenannten offenen Tatbestands.[48] Das anglo-amerikanische Verhältnis zwischen Tatbestand und Rechtsfolge unterscheidet sich grundlegend von dem des deutschen Rechts.[49] Es gibt nicht den in eine Richtung laufenden Denkprozess „Erfüllt der Sachverhalt S den Tatbestand T, dann gilt Rechtsfolge R“, sondern der Tatbestand hängt vielmehr von der Rechtsfolge ab: „Wenn Rechtsfolge R für Sachverhalt S angemessen erscheint, dann erfüllt Sachverhalt S Tatbestand T.“[50] Diese anglo-amerikanische Besonderheit wird als „offener Tatbestand“ bezeichnet, da die gewünschte Rechtsfolge das Motiv für die Tatbestandsvorausset-

42 *Massumi*, Unternehmenskaufverträge, S. 99; *Peel*, The Law of Contract, S. 460 f. Rn. 9-094 f., S. 463 Rn. 9-101, S. 465 Rn. 9-105.

43 *Massumi*, Unternehmenskaufverträge, S. 99.

44 *Krecek*, Die Gewährleistungshaftung, S. 96; *Massumi*, Unternehmenskaufverträge, S. 98.

45 *Massumi*, Unternehmenskaufverträge, S. 99.

46 *Krecek*, Die Gewährleistungshaftung, S. 108; *Massumi*, Unternehmenskaufverträge, S. 99 f.

47 S. unten S. 233 ff.

48 *Krecek*, Die Gewährleistungshaftung, S. 170.

49 *Krecek*, Die Gewährleistungshaftung, S. 86, 251; *Massumi*, Unternehmenskaufverträge, S. 92.

50 *Krecek*, Die Gewährleistungshaftung, S. 156 f.; *Massumi*, Unternehmenskaufverträge, S. 92.

zungen ist.[51] Der Gewinn an Flexibilität für die Gerichte geht aber gleichsam mit einer Rechtsunsicherheit für die Parteien im Post M&A-Verfahren einher.

2 Haftung des Verkäufers wegen unzutreffender Garantieerklärungen

Gelangen die vorvertraglichen Falschaussagen in Form von Garantieerklärungen in den Unternehmenskaufvertrag, so kommt auch im anglo-amerikanischen Recht eine vertragliche Haftung wegen Garantieverletzung (*breach of contract*) in Betracht.[52] Die vertragliche Haftung ist eine Garantiehaftung, auf ein etwaiges Verschulden des Verkäufers kommt es nicht an.[53] Der Vertrag wird als ein auf Herbeiführung eines bestimmten Erfolges gerichtetes Garantieversprechen betrachtet (*promise*).[54] Jede Angabe des Verkäufers im Kaufvertrag ist somit automatisch die Abgabe einer Garantieerklärung.[55] *„A contract is a promise"*[56] heißt es in der anglo-amerikanischen Rechtsgeschäftslehre.[57] Das Konkurrenzverhältnis zur vorvertraglichen Haftung für *misrepresentations* ist allerdings anders als im deutschen Recht, denn es gilt die *doctrine of free pleading* und damit eine freie Anspruchskonkurrenz.[58] Die vorvertragliche Haftung wird deshalb nicht durch die vertragliche Haftung verdrängt,[59] sondern der Käufer darf zwischen ihnen frei wählen.[60]

a) Rechtsfolge einer Garantieverletzung: Kleiner oder großer Schadensersatz

Die Rechtsfolge eines *breach of contract* hängt davon ab, ob es sich um einen *minor breach* oder um einen *material breach* handelt.[61] Im Falle eines *minor breach*, d. h. der Verkäufer hat den Vertrag im Wesentlichen erfüllt, steht dem Käufer lediglich ein Schadensersatzanspruch (*damages*) zu.[62] Im Falle eines *material breach*, d. h. die Durchführung des Vertrags als Ganzes steht infrage, kann der Käufer zwischen dem

51 *Massumi*, Unternehmenskaufverträge, S. 92.
52 *Krecek*, Die Gewährleistungshaftung, S. 126; *Massumi*, Unternehmenskaufverträge, S. 102.
53 *Merkt*, RIW 2019, 1 f.
54 *Massumi*, Unternehmenskaufverträge, S. 93.
55 *Krecek*, Die Gewährleistungshaftung, S. 132.
56 *Burnham*, Law and Legal System, S. 377; vgl. auch *Bernstein*, in: Clark/Ansay, The Law of the United States, S. 153 f.
57 *Burnham*, Law and Legal System, S. 377.
58 *Massumi*, Unternehmenskaufverträge, S. 102.
59 *Massumi*, Unternehmenskaufverträge, S. 102.
60 *Whincup*, Contract Law and Practice, S. 317 f.
61 *Merkt*, RIW 2019, 1, 2.
62 *Merkt*, RIW 2019, 1, 2.

kleinen und dem großen Schadensersatz wählen.[63] Er kann am Vertrag festhalten und die Schlechtleistung als Schadensersatz geltend machen oder den Vertrag aufheben und den entstandenen Schaden ersetzt verlangen.[64] Ob ein *material breach* vorliegt, ist eine Frage des Einzelfalls und hängt damit vom Gericht ab.[65] Dies erzeugt in der Praxis erhebliche Rechtsunsicherheiten, da vor der Klageerhebung nicht abgeschätzt werden kann, ob das Gericht einen *material breach* bejahen wird.[66] Mit Sicherheit liegt ein *material breach* nur dann vor, wenn die unzutreffende Verkäufererklärung eine Vertragsbedingung darstellt und der Käufer den Vertrag ohne diese Bedingung nicht geschlossen hätte. Will sich der Käufer die Wahl zwischen kleinem und großem Schadensersatz sichern, so muss er in der Vertragsverhandlung durchsetzen, dass die jeweilige Garantieerklärung als *condition of the contract* vereinbart und bezeichnet wird.[67]

b) Ersatz des positiven Interesses

Beim *breach of contract* haftet der Verkäufer im anglo-amerikanischen Recht auf das positive Interesse (*expectation interest*).[68] Der Käufer ist so zu stellen, wie er stehen würde, wenn der Verkäufer ordnungsgemäß geleistet hätte (*to be placed in the same situation as if the contract has been performed*),[69] bzw. die im Vertrag abgegebene Erklärung richtig gewesen wäre.[70] *„The purpose of damages is to put the injured party [...] in as good a position as it would have been if the breach of warranty had not occurred. It is to give the injured party the benefit of its bargain.“*[71]

c) Vorrang der Entschädigung in Geld vor der Naturalrestitution

Eine große Besonderheit des *Common Law*, die sich an dieser Stelle im Post M&A-Verfahren auswirkt, besteht darin, dass nicht die Durchsetzung von primären Erfüllungsansprüchen (*specific performance*) vorrangig ist, sondern grundsätzlich die Zahlung von Schadensersatz (*damages*) wegen Nicht- oder Schlechterfüllung Vor-

---

63 *Merkt*, RIW 2019, 1, 3.
64 *Merkt*, RIW 2019, 1, 3.
65 *Merkt*, RIW 2019, 1, 3; *Reimann*, US-amerikanisches Privatrecht, S. 52 f.
66 *Reimann*, US-amerikanisches Privatrecht, S. 53.
67 Zum Ganzen: *Merkt*, RIW 2019, 1, 3.
68 *Massumi*, Unternehmenskaufverträge, S. 122.
69 *Massumi*, Unternehmenskaufverträge, S. 122.
70 *Krecek*, Die Gewährleistungshaftung, S. 133.
71 *Massumi*, Unternehmenskaufverträge, S. 122.

rang genießt,[72] weshalb der Anspruch bei Vertragsverletzung in der Regel auf Entschädigung in Geld gerichtet ist.[73] Diese Besonderheit des *Common Law* führt dazu, dass dem Käufer bei einem *breach of contract* grundsätzlich kein Nacherfüllungsanspruch zusteht, sondern er lediglich Schadensersatz in Geld verlangen kann.[74] Ein Grund hierfür ist historischer Natur[75]: Die Kompetenz der *Common Law Courts* beschränkte sich auf das Zusprechen von Ansprüchen, die auf die Zahlung von Geld gerichtet waren; nur die *Courts of Equity* konnten ursprünglich zu Leistungshandlungen verurteilen.[76] Ein zweiter Grund liegt darin, dass das angloamerikanische Vertragsrecht auf einen wirtschaftlichen Ausgleich ausgerichtet ist, weshalb der Fokus nicht auf der Durchsetzung von Verträgen, sondern auf der Entschädigung für nicht eingehaltene Versprechen liegt.[77] Denn das Äquivalenzinteresse des Käufers wird nicht repressiv durch ein gesetzliches Gewährleistungsrecht, sondern präventiv bei der Preisfindung geschützt: Der Käufer prüft vor Vertragsschluss den Kaufgegenstand sorgfältig und etwaige Mängel führen zu einer Herabsetzung des Kaufpreises bzw. zu einer Garantieerklärung des Verkäufers mit entsprechend geregeltem Haftungsumfang.[78]

d) Ermittlung der Schadenshöhe

Der Schadensersatzanspruch umfasst den Schaden, den der Käufer aufgrund des *breach of contract* erlitten hat.[79] Für die Ermittlung der Schadensersatzhöhe ist die

---

72 *Bernstein*, in: Clark/Ansay, The Law of the United States, S. 175, 178; *Burnham*, Law and Legal System, S. 394, 396; *Massumi*, Unternehmenskaufverträge, S. 83, 111 f.; *Reimann*, US-amerikanisches Privatrecht, S. 54.

73 *Hay*, Law of the United States, S. 169; *Massumi*, Unternehmenskaufverträge, S. 82.

74 *Bernstein*, in: Clark/Ansay, The Law of the United States, S. 175, 178; *Burnham*, Law and Legal System, S. 394, 396; *Hay*, Law of the United States, S. 169; *Hay*, US-Amerikanisches Recht, S. 142 f. Rn. 339 f.; *Massumi*, Unternehmenskaufverträge, S. 82 f., 111 f.; *Merkt*, RIW 2019, 1, 2; *Reimann*, US-amerikanisches Privatrecht, S. 54.

75 *Bernstein*, in: Clark/Ansay, The Law of the United States, S. 178; *Reimann*, US-amerikanisches Privatrecht, S. 54.

76 *Hay*, Law of the United States, S. 3, 169; *Massumi*, Unternehmenskaufverträge, S. 112; *Reimann*, US-amerikanisches Privatrecht, S. 54; ob auch rechtsökonomische Gründe eine Ursache darstellen, ist str. Dafür: *Hay*, Law of the United States, S. 169 f., mit dem Argument, die Geldzahlung sei effizient, da ansonsten die wirtschaftlich vernünftige Partei, die den Vertrag bricht, unangemessen bestraft würde, sowie *Reimann*, US-amerikanisches Privatrecht, S. 54 f., mit der Begründung, der *efficient breach* sei wirtschaftspolitisch gebilligt; dagegen: *Bernstein*, in: Clark/Ansay, The Law of the United States, S. 178, mit dem Einwand, die These, der *breach of contract* führe zu Effizienz, sei wirtschaftstheoretisch bereits widerlegt worden.

77 *Hay*, Law of the United States, S. 143.

78 *Merkt*, RIW 2019, 1, 2.

79 *Merkt*, RIW 2019, 1, 3.

Differenz zwischen dem tatsächlichen (Ist-)Wert und dem vertraglichen (Soll-)Wert zu berechnen, den das Unternehmen hätte, wenn die Garantie richtig gewesen wäre (*difference in value*).[80] Alternativ hat der Verkäufer die Summe zu zahlen, die für die Herstellung des garantierten Zustands erforderlich ist (*cost of cure*), vorausgesetzt, die Herstellung ist mit angemessenem Aufwand möglich.[81] Ist der Schadensumfang schwierig zu bestimmen, etwa weil es für die vertragliche Pflicht keinen Marktwert gibt, dann steht es im Ermessen des Gerichts (*discretionary remedy*), den Verkäufer ausnahmsweise nicht zur Zahlung von Schadensersatz, sondern zur Erfüllung der Primärleistung (*specific performance*) zu verurteilen.[82] Ist z.B. die mitverkaufte Software des Unternehmens veraltet und damit wertlos, kann der Verkäufer verpflichtet werden, die Software in den geschuldeten Zustand zu versetzen.[83] Dieser Ansatz erscheint einerseits pragmatisch, da eine Nacherfüllung ohne aufwendige Schadensberechnung möglich ist. Andererseits geht der Pragmatismus größtenteils dadurch verloren, dass die Nacherfüllung keinen Vorrang vor der Entschädigung in Geld genießt, sondern subsidiär ist.

Im *Common Law* wird nicht danach gefragt, aus welchem Grund der Verkäufer seine Vertragspflicht nicht erfüllt hat[84] und ob die Nacherfüllung möglich ist oder nicht. Haftungsgrund ist allein der *breach of contract*.

Hat der Verkäufer den Käufer durch den *breach of contract* getäuscht (*deception*), bemessen die Gerichte den Schaden unterschiedlich. Die Mehrzahl der US-amerikanischen Gerichte stellt auf die sogenannte *benefit-of-the-bargain rule* (auch *warranty rule* oder *loss-of-the-bargain rule*) ab. Sie ist in § 2–714 (2) UCC (*Uniform Commercial Code*)[85] geregelt. Ihr zufolge beträgt der Schadensersatzanspruch die Differenz zwischen dem Wert des Kaufgegenstands in mangelhaftem Zustand und dem objektiven Wert der Sache in mangelfreiem Zustand zum Zeitpunkt des Vertragsschlusses. Diese Regel beachtet den Verhandlungserfolg des Käufers. Hat er ein gutes Geschäft gemacht, also einen geringen Kaufpreis bezahlt, erhält er den Wert in mangelfreiem Zustand. Doch hat er ein schlechtes Geschäft gemacht, so erhält er dennoch nur den objektiven Wert.[86] Das Äquivalenzverhältnis der Parteien wird also gewahrt. Andere Gerichte stellen dagegen auf die *out-of-pocket rule* ab. Sie

---

80 *Krecek*, Die Gewährleistungshaftung, S. 133; *Massumi*, Unternehmenskaufverträge, S. 122.

81 *Krecek*, Die Gewährleistungshaftung, S. 133.

82 *Burnham*, Law and Legal System, S. 396; *Hay*, Law of the United States, S. 170; *Massumi*, Unternehmenskaufverträge, S. 112.

83 *Massumi*, Unternehmenskaufverträge, S. 112.

84 *Zweigert/Kötz*, Rechtsvergleichung, S. 507.

85 Zu der Entstehung und Entwicklung des UCC s. *Burnham*, Law and Legal System, S. 397–400.

86 Zum Ganzen: *Merkt*, RIW 2019, 1, 6.

besagt, dass der Schadensersatzanspruch die Differenz zwischen dem Wert der Kaufsache in mangelhaftem Zustand und dem Kaufpreis umfasst.[87]

Teilweise wird die *out-of-pocket rule* so verstanden, dass der Käufer den Kaufpreis erhalte und in jedem Fall so stehe wie zuvor.[88] Dieses Verständnis dürfte aber nur in den Fällen richtig sein, in denen der Kaufpreis dem subjektiven Käufer-Unternehmenswert entspricht.

Die Gerichte, die die *loss-of-the-bargain rule* anwenden, müssen dann zur *out-of-pocket rule* übergehen, wenn der objektive Wert in mangelfreiem Zustand nicht feststellbar ist, etwa wenn für die Kaufsache kein Markt existiert.[89]

In einem Post M&A-Verfahren vor dem *Delaware*[90] *Court of Chancery*[91] argumentierte der Käufer, das Unternehmen aufgrund des *breach of contract* und der damit zusammenhängenden Täuschung zu teuer erworben zu haben. Da er den Kaufpreis mit dem *Multiple*-Verfahren kalkuliert hatte, berechnete er auch den zu viel gezahlten Teil des Kaufpreises mit der *Multiple*-Methode. Das Gericht erkannte diese Schadensberechnung an, allerdings ohne zuvor Grundprinzipien der Schadensberechnung im Post M&A-Verfahren zu benennen oder anzuwenden. Da das Gericht diesen Berechnungsweg mit der Differenzhypothese für vereinbar hielt, äußerte es keine Einwände. Die Entscheidung verdeutlicht: Die Schadensberechnung ist eine Frage des Einzelfalls und der Überzeugung der Richter. Denn weder wurde die *benefit-of-the-bargain rule* noch die *out-of-pocket rule* angewandt.

Die Höhe der Kompensation im Post M&A-Verfahren hängt von den konkreten Umständen des Einzelfalls, vom *Caselaw* des jeweiligen gliedstaatlichen Rechts, von der Überzeugung des Richters sowie der Geschworenen ab und ist daher kaum zu antizipieren.[92] Im Grunde ist unklar, welche Schadenspositionen ein Gericht bei einem *breach of contract* als ersatzfähigen Schaden qualifizieren wird.[93] Kosten der Rechtsdurchsetzung wie Anwaltskosten werden in der Regel nicht als Schaden qualifiziert und werden vom Gegner nicht ersetzt.[94] In den USA trägt jede Partei ihre Anwaltskosten selbst.[95] Dies wird als ein Grund angeführt, weshalb die Scha-

---

87 *Merkt*, RIW 2019, 1, 6.

88 *Merkt*, RIW 2019, 1, 6.

89 *Merkt*, RIW 2019, 1, 6.

90 Das Gesellschaftsrecht von Delaware gilt als eines der liberalsten in den USA, sodass mehr als 1 Mio. Unternehmen in Delaware inkorporiert sind. Das umfassende *Caselaw* von Delaware bietet erhebliche Rechtssicherheit, vgl. *Heppe/Glatz*, ZDAR 2014, 155.

91 Delaware Court of Chancery, *Swipe Acquisition Corporation v. Peter M. Kraus et al.*, Memorandum Opinion, 25.8.2020, S. 18–33.

92 *Merkt*, RIW 2019, 1, 3.

93 *Merkt*, RIW 2019, 1, 3.

94 *Hay*, US-Amerikanisches Recht, S. 71 Rn. 154; *Merkt*, RIW 2019, 1, 3 einschl. Fn. 27.

95 *Hay*, Law of the United States, S. 80 f.

densersatzzahlungen in den USA so extrem hoch ausfallen, nämlich damit im Ergebnis der geschädigte Kläger vom Gegner eine Erstattung für seine Anwaltskosten erhält.[96] Ein anglo-amerikanischer Prozess gilt als besonders zeit- und kostenintensiv.[97]

Neben dem Unternehmensminderwert hat der Verkäufer auch sonstige Schäden zu ersetzen, die durch den *breach of contract* selbst verursacht wurden (*incidental damages*) oder als Folgeschäden das Vermögen des Käufers gemindert haben (*consequential damages*).[98] Zusätzlich zum Schadensersatz kann der Käufer die Erstattung seiner vergeblichen Aufwendungen verlangen, die er im Vertrauen auf den Vertrag gemacht hat (*reliance loss*).[99] Hierzu zählen etwa Rechtsanwaltskosten oder der Kaufpreis. Die Grenze des Nebeneinanders von Ersatz des positiven Interesses und Aufwendungsersatz ist erst dort erreicht, wo derselbe Schaden mehrfach ersetzt würde.[100] Hier sind große Unterschiede zum deutschen Recht erkennbar: Zum einen stehen der Schadensersatz statt der Leistung und der Aufwendungsersatz nach deutschem Recht gemäß § 284 BGB in einem Exklusivitätsverhältnis.[101] Zum anderen ist der Kaufpreis nach deutschem Recht die Gegenleistung und keine Aufwendung und wird daher nicht gemäß § 284 BGB ersetzt, sondern nur im Falle des Rücktritts erstattet.[102]

e) Schadenskürzung bei Mitverschulden oder Vorhersehbarkeit

Auch im anglo-amerikanischen Recht wird der Schadensersatzanspruch unter Mitverschuldensgesichtspunkten gekürzt, soweit der Unternehmenskäufer den Schaden hätte verhindern können oder ihn schuldhaft mitverursacht hat (*duty to mitigate*).[103]

Im *Common Law* gilt darüber hinaus aber noch eine weitere Beschränkung des Schadensersatzanspruchs, namentlich die „*foreseeability doctrine*", der zufolge im Vertragsrecht der Schädiger ausschließlich für die Schäden einzustehen hat, die

---

96 *Hay*, Law of the United States, S. 80.

97 *Triebel*, RIW 1998, 1, 5.

98 *Hay*, Law of the United States, S. 167 f.; *Massumi*, Unternehmenskaufverträge, S. 123.

99 *Bernstein*, in: Clark/Ansay, The Law of the United States, S. 176; *Massumi*, Unternehmenskaufverträge, S. 122.

100 *Massumi*, Unternehmenskaufverträge, S. 122 f.

101 *Ernst*, in: MüKo-BGB, § 284 Rn. 34; *Stadler*, in: Jauernig-BGB, § 284 Rn. 3.

102 *Ernst*, in: MüKo-BGB, § 284 Rn. 19; *Grüneberg*, in: Grüneberg, § 284 Rn. 5; *Lorenz*, in: BeckOK-BGB, § 284 Rn. 22.

103 *Hay*, Law of the United States, S. 168; *Massumi*, Unternehmenskaufverträge, S. 98.

vorhersehbar waren.[104] Dies motiviert den Käufer, den Verkäufer auf ein besonderes Schadensrisiko hinzuweisen.[105] Die Vorhersehbarkeit wird an folgendem Maßstab gemessen: Es wird auf die wahrscheinlichen Folgen einer Verletzung abgestellt, die sich entweder aus dem gewöhnlichen Lauf der Dinge oder aus besonderen Umständen ergeben, die der verletzenden Partei von der anderen Partei mitgeteilt wurden oder von denen sie in jedem Fall wissen musste.[106] Eine solche Regel ist dem deutschen Recht fremd, allerdings ist eine Anrechnung in Form des Mitverschuldens möglich (§ 254 Abs. 2 Satz 1 BGB), wenn es der Käufer schuldhaft unterließ, dem Verkäufer das ungewöhnlich hohe Schadensrisiko mitzuteilen.[107]

Trotz der unterschiedlichen dogmatischen Umsetzung wird über die zwei verschiedenen Wege doch dasselbe Ziel erreicht: Der Käufer muss sich überlegen, welche Informationen der Verkäufer benötigt. Und falls der Käufer schuldhaft hiergegen verstößt, wird ihm der Anspruch nicht oder zumindest nicht in voller Höhe zugesprochen. Beide Regeln haben den Sinn und Zweck, den Käufer zur Offenlegung zu motivieren.

Auch unter rechtsökonomischen Gesichtspunkten ist diese Regelung gerechtfertigt. Denn selbst wenn der informierte Verkäufer aufgrund der Risikoinformation den Kaufpreis erhöht, ist dies für den Käufer immer noch günstiger, als wenn er das Risiko trägt, den ungewöhnlich hohen Schaden nicht ersetzt zu bekommen. Außerdem kann der Verkäufer häufig das Risiko minimieren oder günstig versichern. Ist der Verkäufer nicht informiert, ist das Rechtsgeschäft auch ineffizient, weil sein Schadensvermeidungsaufwand mangels Kenntnis zu gering ausfällt.[108]

Zu unterschiedlichen Ergebnissen gelangen die zwei Rechtsordnungen allerdings dann, wenn der Schaden für den Käufer unvorhersehbar war und sich auch nicht aus dem gewöhnlichen Lauf der Dinge abzeichnete. In diesem Fall kann dem Käufer kein Mitverschuldensvorwurf gemacht werden und nach deutschem Recht findet keine Anspruchskürzung statt. Nach anglo-amerikanischem Recht hingegen kann sich der Verkäufer auf die *foreseeability doctrine* berufen und eine Schadensersatzzahlung verweigern. Im Ergebnis werden dem Käufer unvorhersehbare und ungewöhnliche (Folge-)Schäden demnach nur nach deutschem Recht ersetzt.

---

104 *Bernstein*, in: Clark/Ansay, The Law of the United States, S. 176; *Brand*, Schadensersatzrecht, S. 21 Rn. 34; *Burnham*, Law and Legal System, S. 395; *Hay*, Law of the United States, S. 167 f.; zu der Entwicklung der Doktrin s. *Schäfer/Ott*, Ökonomische Analyse des Zivilrechts, S. 567.

105 *Schäfer/Ott*, Ökonomische Analyse des Zivilrechts, S. 567.

106 *Bernstein*, in: Clark/Ansay, The Law of the United States, S. 176.

107 *Schäfer/Ott*, Ökonomische Analyse des Zivilrechts, S. 568.

108 Zum Ganzen: *Schäfer/Ott*, Ökonomische Analyse des Zivilrechts, S. 569.

3 Haftung des Verkäufers für Mängel

Liegt ein *Asset Deal* vor, kommt eine Haftung nach dem *Uniform Commercial Code* (UCC) in Betracht, demzufolge der Verkäufer für Mängel haftet, wenn die Ware (d. h. alle beweglichen Sachen außer Geld, Aktien und Forderungen, § 2 – 106 (1) UCC) nicht verkehrsgängig ist. Denn § 2 – 314 UCC bestimmt, dass ein Warenkaufvertrag die implizite Zusicherung der Verkehrsgängigkeit enthält (*breach of implied warranty*).[109] Allerdings bedingen die Parteien diese dispositive Gewährleistungshaftung in den meisten Fällen ab.[110]

4 Haftung des Verkäufers aus Delikt

Handelt der Verkäufer vorsätzlich bei der Abgabe unzutreffender *representations* im Unternehmenskaufvertrag oder beim Verschweigen wesentlicher Umstände, kommt ein deliktischer Anspruch wegen Betrugs (*fraud*) in Betracht.[111] Anders als beim *breach of contract* kann die Rechtsfolge beim *fraud* sogenannte *punitive damages* umfassen.[112] Bei diesem Strafschadensersatz handelt es sich um eine Bestrafung des Verkäufers, der zur Zahlung eines Schadensersatzes verurteilt wird, der die Höhe des Schadens bei Weitem übersteigt.[113] Neben der Kompensationsfunktion hat das anglo-amerikanische Schadensersatzrecht nämlich noch die Funktion der Bestrafung und Abschreckung.[114] Der Geschädigte soll den Anreiz erhalten, den Rechtsweg zu beschreiten, und als eine Art privater Staatsanwalt dafür sorgen, dass der besonders verwerflich Handelnde der Justiz vorgeführt wird.[115] Die Funktion der *punitive damages* ist neben der Abschreckung auch die Sühne und Vergeltung.[116] Die Voraussetzungen für *punitive damages* richten sich nach dem Recht des jeweiligen US-Staates und sind daher uneinheitlich.[117] Die Relevanz der *punitive damages* in der anglo-amerikanischen Post M&A-Praxis dürfte allerdings gering sein. Die meisten anglo-amerikanischen Unternehmens-

109 Zum Ganzen: *Hay*, US-Amerikanisches Recht, S. 136 Rn. 317–320; *Merkt*, RIW 2019, 1, 3; *Reimann*, US-amerikanisches Privatrecht, S. 62 – 64.
110 *Merkt*, RIW 2019, 1, 3.
111 *Merkt*, RIW 2019, 1, 3 f.
112 *Merkt*, RIW 2019, 1, 4.
113 *Merkt*, RIW 2019, 1, 4.
114 *Böhmer*, NJW 1990, 3049.
115 *Hay*, US-Amerikanisches Recht, S. 169 f. Rn. 421.
116 *Wagner*, Schadensersatz, S. 5, 25 f.
117 *Merkt*, RIW 2019, 1, 4.

kaufverträge enthalten einen ausdrücklichen Ausschluss eines Strafschadensersatzes.[118]

Es gibt mehrere Gründe, die gegen eine Übertragung der *punitive damages* auf die deutsche Rechtsordnung sprechen: Zum einen hat das deutsche Zivilrecht keine Bestrafungsfunktion, sodass der Strafschadensersatz nicht vom Schutzzweck der Norm umfasst ist. Bei der Schadensbemessung kommt es überdies nach deutschem Recht nicht auf das Verhalten des Schädigers an, nicht einmal darauf, ob er vorsätzlich oder fahrlässig handelte. Dies liegt in dem Prinzip der Totalreparation begründet. Dieses Prinzip sowie das schadensrechtliche Bereicherungsverbot haben zur Folge, dass der Verkäufer nur für die Schäden haftet, die dem Käufer auch tatsächlich entstanden sind. Ein anderer Aspekt der *punitive damages* ist dem deutschen Recht nicht nur fremd, es gilt sogar das Gegenteil: Das Strafverfolgungsmonopol liegt beim Staat. Bürger übernehmen nicht die Rolle der Staatsanwaltschaft. Sie können zwar Strafanzeige erstatten und Strafantrag stellen und in sehr engen Grenzen gemäß §§ 374 ff. StPO den Privatklageweg beschreiten, weitere Befugnisse zur Einleitung eines Strafverfahrens sind ihnen jedoch verwehrt. Auch nach der Rechtsprechung ist ein Strafschadensersatz in der deutschen Rechtsordnung undenkbar.[119] Nach der Argumentation des Bundesgerichtshofs verstießen *punitive damages* gegen das schadensrechtliche Bereicherungsverbot.[120] Der Bundesgerichtshof hat den *punitive damages* bereits im Jahr 1992 eine Abfuhr erteilt: Sie verstießen gegen den *Ordre-public*-Vorbehalt des § 328 Abs. 1 Nr. 4 ZPO, weil das deutsche Schadensersatzrecht gemäß dem Grundsatz der Totalreparation und dem schadensrechtlichen Bereicherungsverbot (nur) den Ausgleich des Schadens erlaube, dabei eine Besserstellung des Geschädigten aber verbiete. Abschreckung und Bestrafung seien allein Aufgabe des Strafrechts und die Geldstrafeansprüche stünden stets dem Staat zu, nicht dem Geschädigten.[121] *Punitive damages*, die in den USA verhängt worden sind, werden daher nur in engen Grenzen anerkannt, nämlich wenn mit ihnen nicht abgegoltene oder schlecht nachweisbare wirtschaftliche

118 *Kyte/Djerrahjian*, Canadian M&A Law, S. 2.

119 BGH, Urteil vom 4.6.1992 – IX ZR 149/91, BGHZ 118, 312, 338 = NJW 1992, 3096, 3103 („Die […] Zivilrechtsordnung sieht als Rechtsfolge einer unerlaubten Handlung nur den Schadensausgleich (§§ 249 ff. BGB), nicht aber eine Bereicherung des Geschädigten vor […]. Die Bestrafung und […] Abschreckung sind mögliche Ziele der Kriminalstrafe […], nicht des Zivilrechts."); *Behr*, ZJS 2010, 292.

120 BGH, Urteil vom 4.6.1992 – IX ZR 149/91, BGHZ 118, 312, 338 = NJW 1992, 3096, 3103.

121 Zum Ganzen: BGH, Urteil vom 4.6.1992 – IX ZR 149/91, BGHZ 118, 312, 334, 338 = VersR 1992, 1281, 1287 f.; *Wagner*, Schadensersatz, S. 5, 16.

Nachteile ausgeglichen werden oder wenn Gewinne des Schädigers abgeschöpft werden sollen.[122]

Das Konkurrenzverhältnis von *breach of contract* und *fraud* gilt als schwierig; nach der Rechtsprechung ist ein Anspruch wegen *fraud* in der Regel subsidiär, wenn der Käufer beide Ansprüche auf denselben Sachverhalt stützt.[123] Um beide Ansprüche nebeneinander geltend zu machen, kann der Käufer den *fraud* auf den Vorwurf stützen, dass er durch den Betrug zum Vertragsschluss veranlasst worden sei, während der *breach of contract* erst aus den unzutreffenden *representations* im Vertrag resultiere.[124]

5 Hauptanwendungsfall: Vertragsregeln zur Schadensberechnung

Die Bedeutung des anglo-amerikanischen richterlichen und kodifizierten Rechts ist in der Post M&A-Rechtspraxis allerdings nicht zu überschätzen. Die wichtigere Rechtsquelle für die Gerichte ist der umfangreiche Unternehmenskaufvertrag. Die ohnehin bereits große Bedeutung des Vertrags als Rechtsquelle im anglo-amerikanischen Recht nimmt im M&A-Recht noch einmal zu, da die richterrechtlichen Regelungen des *Common Law* zum allgemeinen Vertragsrecht nicht den spezifischen Bedürfnissen der M&A-Praxis gerecht werden und für den Unternehmenskauf als inhaltlich unpassend empfunden werden. Deshalb gilt es in der anglo-amerikanischen M&A-Praxis als Aufgabe der Parteien, ihre passgenauen Haftungstatbestände und Rechtsfolgen sowie die Durchsetzung von Sekundäransprüchen im Vertrag selbst zu regeln.[125] Auch die Unsicherheiten in Bezug auf die Frage, welche Schadenspositionen ein Gericht in einem Post M&A-Verfahren als Schaden qualifizieren wird, sind ein Grund für das Ausweichen auf ein eigenes, vertragliches Haftungsregime.[126] Die meisten Parteien bedingen das schadensrechtliche Richterrecht („*common law damages remedies*") auch deshalb ab, da es als schwer zugänglich und kompliziert gilt.[127] Das bedeutet, dass auch im US-amerikanischen Recht die Schadensberechnung individualvertraglich geregelt ist. Durch diese „Isolierung des M&A-Geschäfts vom positiven Recht" ist die Rechtsprechung der anglo-amerikanischen Gerichte für die M&A-Praxis von geringer Bedeutung. Sie ist

122 Zum Ganzen: BGH, Urteil vom 4.6.1992 – IX ZR 149/91, BGHZ 118, 312, 340 = VersR 1992, 1281, 1289; *Wagner*, Schadensersatz, S. 5, 16.

123 *Merkt*, RIW 2019, 1, 4.

124 *Merkt*, RIW 2019, 1, 4.

125 Zum Ganzen: *Merkt*, RIW 2019, 1.

126 *Merkt*, RIW 2019, 1, 3.

127 *Griffith*, Deal Insurance, S. 1839, 1856; *Kötz*, JuS 2013, 289.

auch von geringem Umfang, da die meisten Post M&A-Verfahren außergerichtlich beendet oder vor Schiedsgerichten ausgetragen werden.[128]

In der anglo-amerikanischen M&A-Praxis formulieren die Parteien Tatbestände und Rechtsfolgen der Sekundärhaftung bis in alle Einzelheiten aus. Denn anders als im deutschen Recht kann im anglo-amerikanischen Vertragsrecht nicht auf ein allgemeines, kodifiziertes Kauf- und Gewährleistungsrecht zurückgegriffen werden.[129] Weder können die Parteien im Unternehmenskaufvertrag ausdrücklich auf ein dispositives Gesetzesrecht verweisen noch kann ein solches auf Vertragslücken angewendet werden.[130] Das anglo-amerikanische Recht kennt auch keine Regeln über typische Schuldverhältnisse, die mangels vertraglicher Regelung zur Anwendung kommen.[131] Es existiert kein besonderes Kaufrecht, sondern nur das Vertragsrecht im Allgemeinen (*law of contract*),[132] weshalb die Haftung des Verkäufers im *Common Law* anhand der Rechtsprechung zum allgemeinen Vertragsrecht entwickelt worden ist.[133] Im *Common Law* gibt es auch keine gesetzliche Regelung über die Ersatzfähigkeit verschiedener Schadenspositionen.[134] Vielmehr wird jeder Vertrag für sich betrachtet und ausgelegt.[135] Enthält er eine Lücke, wird diese durch eine Interpretation geschlossen (sogenannte *doctrine of implied terms*).[136] Dabei sind die Gerichte auffallend zurückhaltend, wenn es um *implied terms* in Bezug auf nicht vereinbarte Pflichten geht, aber großzügig, wenn es um *implied terms* hinsichtlich der Beschränkung von Rechten geht.[137] Wie streng die Gerichte hierbei sind, zeigte der *Delaware Court of Chancery*[138] in einer Entscheidung aus dem Jahr 2016, in der er nach einer arglistigen Täuschung des Unternehmensverkäufers einen Schadensersatzanspruch des Käufers verneinte, weil die täuschungsrelevante Information nicht in den explizit abschließend vereinbarten Garantiekatalog aufgenommen worden war. Diese Härte lässt sich mit dem anglo-amerikanischen Vertragsrecht erklären, wonach der Käufer im Vertrag Vorsorge hinsichtlich seiner Rechte zu treffen hat.[139] Die Vertragsauslegung geschieht nicht nach dem subjektiven Willen der Parteien, sondern anhand einer objektiven Beurteilung aus Sicht

128 Zum Ganzen: *Merkt*, RIW 2019, 1, 2.
129 *Kötz*, JuS 2013, 289 f.; *Triebel*, RIW 1998, 1, 4; *Massumi*, Unternehmenskaufverträge, S. 80, 105.
130 *Kötz*, JuS 2013, 289; *Triebel*, RIW 1998, 1, 4 f.; *Massumi*, Unternehmenskaufverträge, S. 80, 105.
131 *Massumi*, Unternehmenskaufverträge, S. 80.
132 *Massumi*, Unternehmenskaufverträge, S. 93.
133 *Krecek*, Die Gewährleistungshaftung, S. 125.
134 *Krecek*, Die Gewährleistungshaftung, S. 99.
135 *Krecek*, Die Gewährleistungshaftung, S. 123.
136 *Krecek*, Die Gewährleistungshaftung, S. 123; *Triebel*, RIW 1998, 1.
137 *Krecek*, Die Gewährleistungshaftung, S. 124.
138 Delaware Court of Chancery, *IAC Search LLC v. Conversant LLC*, CA #11774-CD, S. 1, 11 f., 19 f.
139 *Krecek*, Die Gewährleistungshaftung, S. 124.

einer vernünftigen Person, die sie aus den Worten und Taten einer der Vertragsparteien ableiten würde,[140] sogenannte *objective theory of contracts.*[141] Der subjektive Wille der Parteien ist im anglo-amerikanischen Recht bei der Vertragsauslegung irrelevant.[142]

Das vertragliche Haftungsregime wird im Unternehmenskaufvertrag in der Art ausgestaltet, dass der Verkäufer einen umfangreichen Garantiekatalog abgibt (*representations and warranties*), gefolgt von Regelungen über die Voraussetzungen der Haftung und den Haftungsumfang im Falle einer Garantieverletzung (*indemnities*).[143] Die *indemnities* gewähren einen umfassenden Käuferschutz,[144] worauf sogleich noch näher eingegangen wird.[145] Die anglo-amerikanischen Unternehmenskaufverträge sind bis ins kleinste Detail geregelt und die Garantien sowie die Rechtsfolgen im Falle einer Garantieverletzung machen oft mehr als die Hälfte des Vertragsumfangs aus.[146] Die detaillierte Vertragsregelung enthält insbesondere in allen Einzelheiten die Positionen, die als Schadensersatz zu ersetzen sind.[147] Namentlich regeln die Parteien, ob auch Rechtsdurchsetzungskosten wie Anwaltskosten oder mittelbare Schäden wie Steuerbelastungen zu erstatten sind.[148] Der Haftungsumfang für unzutreffende *representations and warranties* wird anschließend durch sogenannte *baskets*, also summenmäßige Haftungsuntergrenzen, sowie durch sogenannte *caps*, also Obergrenzen, eingeschränkt.[149] Die Haftungsuntergrenze beträgt üblicherweise 1–3 % der Kaufpreissumme und wird entweder als Selbstbehalt (*deductible*) oder derart vereinbart, dass der Verkäufer den gesamten Schaden zu ersetzen hat, wenn der Schaden die Untergrenze überschreitet.[150] Oft vereinbaren die Parteien, dass die Haftungsuntergrenze für bestimmte Ansprüche nicht gelten soll wie etwa für Ansprüche aus vorsätzlichem *breach of contract.*[151]

140 *Burnham*, Law and Legal System, S. 377.

141 Delaware Court of Chancery, *Swipe Acquisition Corporation v. Peter M. Krauss et al.*, C.A. No. 2019–0509-PAF, S. 13 („Delaware adheres to the objective theory of contracts, i.e., a contract's construction should be that which would be understood by an objective, reasonable third party.").

142 *Burnham*, Law and Legal System, S. 377.

143 *Merkt*, RIW 2019, 1, 3.

144 *Merkt*, RIW 2019, 1.

145 S. unten S. 240.

146 *Krecel*, Die Gewährleistungshaftung, S. 125.

147 *Merkt*, RIW 2019, 1, 3.

148 *Merkt*, RIW 2019, 1, 3.

149 *Merkt*, RIW 2019, 1, 3.

150 *Merkt*, RIW 2019, 1, 3.

151 *Merkt*, RIW 2019, 1, 3.

Die Haftungsobergrenze (*indemnification cap*) gilt zwar nicht für Schadensersatzansprüche des Unternehmenskäufers wegen arglistiger Täuschung (*fraud*),[152] dies bedeutet aber nicht, dass alle Haftungsbeschränkungen bei Vorsatz des Verkäufers unwirksam sind, denn in einem Urteil des *Delaware Court of Chancery* war der Anspruch wegen *fraud* trotz des Vorsatzes des Verkäufers ausgeschlossen, da die täuschungsrelevante Information nicht im vertraglichen Garantiekatalog aufgenommen worden war.[153]

Die vertraglichen Haftungsbegrenzungen sind identisch mit denen in der deutschen M&A-Praxis (*baskets, caps, deductible, retention amount* etc.).[154] Dies verwundert nicht, schließlich wurde in der deutschen M&A-Praxis viel aus der amerikanischen Vertragspraxis übernommen.

IV Anglo-amerikanische Rechtstheorie: Schadensberechnung durch *Multiple*-Verfahren?

Im anglo-amerikanischen Recht wird die Schadensberechnung durch Anwendung des *Multiple* auf die Schadenssumme als „*diminution-in-value*" (DIV) oder „*multiplied damages*" bezeichnet.[155] Der US-amerikanische Rechtswissenschaftsprofessor *Griffith* versteht die Rechtsfolge in dem Sinne, dass die Höhe des Schadensersatzes nicht mit dem tatsächlichen Schaden übereinstimmt, sondern mit der Auswirkung, die der Schaden auf den Wert hat, der dem Unternehmen zugeschrieben wurde.[156] Zur Veranschaulichung wählt er folgendes Beispiel: Ein Käufer hat für das Unternehmen einen Kaufpreis bezahlt, der sich zusammensetzt aus dem Faktor 12 multipliziert mit dem EBITDA. Anschließend stellt sich heraus, dass für das Unternehmen eine Verbindlichkeit in Höhe von EUR 10 Mio. besteht, die der Verkäufer gegenüber dem Käufer nicht offengelegt hat. Diese Verbindlichkeit hätte das EBITDA eigentlich um EUR 10 Mio. reduziert. Der Schaden betrage in diesem Beispielsfall nicht EUR 10 Mio., sondern das Zwölffache davon, also EUR 120 Mio.[157] Nach *Griffith* können die DIV oder *multiplied damages* rechtsdogmatisch daher auch als eine Art Folgeschaden angesehen werden.[158] Die Folge der Pflichtverletzung sei

---

152 Delaware Court of Chancery, *IAC Search LLC v. Conversant LLC*, CA #11774-CD, S. 1.
153 Delaware Court of Chancery, *IAC Search LLC v. Conversant LLC*, CA #11774-CD, S. 19.
154 *Griffith*, Deal Insurance, S. 1839, 1861.
155 S. *Griffith*, Deal Insurance, S. 1839, 1868.
156 *Griffith*, Deal Insurance, S. 1839, 1868 f.
157 *Griffith*, Deal Insurance, S. 1839, 1869.
158 *Griffith*, Deal Insurance, S. 1839, 1869 („a type of consequential damages").

eine falsche Preisfestsetzung.[159] Deshalb seien DIV oder *multiplied damages* inhaltlich *„mispricing damages"*.[160]

Griffith zeigt damit einen beachtenswerten Kausalitätszusammenhang auf. Denn es ist nicht von der Hand zu weisen, dass sich die Pflichtverletzung des Verkäufers (das Nichtaufdecken von Verbindlichkeiten des Unternehmens) kausal auf die Kaufpreisermittlung des Käufers ausgewirkt hat.

Der Vorwurf des Verfälschens oder Manipulierens der käuferseitigen Kaufpreisermittlung ist der deutschen Verkäuferhaftung jedoch fremd. Wie aufgezeigt, ist die Pflichtverletzung des Verkäufers beim Verschweigen wesentlicher Informationen der c.i.c. zuzuordnen bzw. sie stellt eine Garantieverletzung dar. In diesen Fällen lautet die Vorwerfbarkeit aber nicht, dass die Kaufpreisberechnung des Käufers manipuliert wurde, sondern dass der Verkäufer seiner vorvertraglichen Aufklärungspflicht nicht nachgekommen ist. Eine solche existiert wiederum nicht nach anglo-amerikanischem Recht.

Aufgrund der Unvereinbarkeit mit der Systematik und dem Grundgedanken des Schadensersatzrechts ist dieser Lösungsvorschlag abzulehnen.

V Schadensberechnung im Post M&A-Verfahren in den USA

Die Haftung für Unternehmensmängel unterscheidet sich grundlegend vom deutschen Recht, da der Unternehmensverkäufer im anglo-amerikanischen Recht grundsätzlich nicht für Mängel am Unternehmen haftet.[161] Dies hat seine Ursache in dem grundlegend anderen Verständnis vom Gewährleistungsrecht, wonach es gemäß dem Grundsatz *„caveat emptor"*[162] Sache des Käufers ist, das Unternehmen vor dem Kauf auf etwaige Mängel zu untersuchen. Jede spätere Gewährleistung liegt in seiner Verantwortung und hängt von seiner Initiative ab, da er sie formulieren und in der Vertragsverhandlung durchsetzen muss.[163] Um sich zu schützen und sich Gewährleistungsrechte einräumen zu lassen, verlangt der Käufer vom Unternehmensverkäufer, dass er einen umfassenden Katalog von Garantieerklärungen abgibt.[164] Ohne dieses vertragliche Gewährleistungsregime, das auf der *Due Diligence-*

---

159 *Griffith*, Deal Insurance, S. 1839, 1869.

160 *Griffith*, Deal Insurance, S. 1839, 1869.

161 *Massumi*, Unternehmenskaufverträge, S. 104.

162 Lat. „der Käufer gebe Acht", vgl. *Elfring*, JuS-Beil. 2007, 3.

163 Zum Ganzen: *Massumi*, Unternehmenskaufverträge, S. 104 f.; *Merkt*, RIW 2019, 1; *Müller*, NJW 2004, 2196.

164 *Massumi*, Unternehmenskaufverträge, S. 105.

Prüfung beruht, hätte der Käufer keine Gewährleistungsansprüche.[165] Dies führt zu dem Schluss: „Anglo-amerikanische Vertragshaftung ist damit Garantiehaftung."[166] und passt in die Dogmatik des *Common Law*, der zufolge Erklärungen in Verträgen Garantieversprechen sind.[167] In der anglo-amerikanischen Post M&A-Praxis werden die Schadensersatzansprüche fast ausschließlich auf fehlerhafte Verkäufergarantien gestützt (*representations and warranties*).[168] Auch im anglo-amerikanischen Recht ist die Haftung für Garantieverletzungen verschuldensunabhängig.[169] Dies liegt aber daran, dass jede Form der Vertragsverletzung eine Garantieverletzung ist,[170] und nicht etwa wie im deutschen Recht daran, dass die Parteien neben dem Kaufvertrag einen selbstständigen Garantievertrag abgeschlossen haben.

1 Anforderungen an die richterliche Gewissheit hinsichtlich der Schadenshöhe

Die Anforderungen an die richterliche Gewissheit hinsichtlich der Schadenshöhe unterscheiden sich grundlegend von der deutschen Regelung des § 287 ZPO. Grundsätzlich gilt ein Bestimmtheitsgrundsatz, demzufolge keine spekulativen Schäden ersetzt werden, für die es keine ausreichende Grundlage gibt.[171] Es werden nur die Schäden ersetzt, die mit angemessener Sicherheit festgestellt werden können.[172] Auch die Höhe der entgangenen Gewinne muss vom Geschädigten nachgewiesen werden.[173] Allerdings kann das Gericht einen geringeren Grad an Gewissheit ausreichen lassen, wenn der Schädiger vorsätzlich gehandelt hat.[174] In der Vergangenheit führte der Bestimmtheitsgrundsatz zu dem Problem, dass Gewinnausfälle von jungen Unternehmen nicht erstattungsfähig waren, da keine Gewinnhistorie als Grundlage für den entgangenen Gewinn existierte.[175] Nach und nach gewann allerdings die Auffassung an Zustimmung, dass keine feste Regel

165 *Massumi*, Unternehmenskaufverträge, S. 105.
166 *Massumi*, Unternehmenskaufverträge, S. 115.
167 *Zweigert/Kötz*, Rechtsvergleichung, S. 501.
168 *Massumi*, Unternehmenskaufverträge, S. 90.
169 *Griffith*, Deal Insurance, S. 1839, 1856 Fn. 80.
170 *Zweigert/Kötz*, Rechtsvergleichung, S. 501 f.
171 *Bernstein*, in: Clark/Ansay, The Law of the United States, S. 176.
172 *Burnham*, Law and Legal System, S. 395.
173 *Burnham*, Law and Legal System, S. 395.
174 *Bernstein*, in: Clark/Ansay, The Law of the United States, S. 176.
175 *Bernstein*, in: Clark/Ansay, The Law of the United States, S. 176; *Burnham*, Law and Legal System, S. 395.

existiere, die in Bezug auf junge Unternehmen verhindere, erwarteten entgangenen Gewinn wegen *breach of contract* geltend zu machen.[176]

2 Pauschalisierter Schadensersatz (*liquidated damages*)

Gerade wegen der richterrechtlichen Haftungsbegrenzung auf Schäden, die mit angemessener Sicherheit festgestellt werden können, vereinbaren die Parteien üblicherweise vertraglich sogenannte *liquidated damages*, damit auch für unsichere und unmessbare (*uncertain or unmeasurable*) Schäden gehaftet wird.[177] Mit diesem pauschalisierten Schadensersatz für den Fall eines *breach of contract* legen die Parteien bereits im Vertrag die Schadensersatzhöhe fest, um den Schwierigkeiten der Schadensberechnung im Vorhinein zu begegnen.[178] Im Rahmen der *liquidated damages* gibt es eine inhaltliche Wirksamkeitsvoraussetzung und damit zugleich ein Abgrenzungserfordernis: Zwar dürfen die Parteien im Vertrag die Schadensersatzhöhe abschätzen und verbindlich festlegen, diese darf allerdings nur zu einer Entschädigung des Käufers, nicht zu einer Bestrafung des Verkäufers führen.[179] Denn eine Bestrafungsfunktion ist keine Funktion des Vertragsrechts und die Vereinbarung einer Vertragsstrafe (*penalty*) ist unwirksam.[180] Die inhaltliche Abgrenzung zwischen zulässiger Entschädigung und unzulässiger Bestrafung ist naturgemäß schwierig.[181] Abgrenzungskriterium ist dabei nicht der Wortlaut, sondern die inhaltliche Bewertung, ob die Parteien den Schaden ernsthaft schätzen wollten oder ob die Klausel der Abschreckung diente.[182] Das Gericht ist davon zu überzeugen, dass die tatsächliche Schadenshöhe schwer vorherzusehen war und dass die Höhe der *liquidated damages* zum Zeitpunkt des Vertragsschlusses für die damals geschätzte Schadenshöhe angemessen war und nicht offensichtlich und wesentlich darüber hinausging.[183] Nur wenn das Gericht in seiner Prüfung zu dem Ergebnis gelangt, dass die Höhe der *liquidated damages* vernünftig prognostiziert

176 *Bernstein*, in: Clark/Ansay, The Law of the United States, S. 176.
177 *Burnham*, Law and Legal System, S. 395.
178 *Burnham*, Law and Legal System, S. 395; *Hay*, Law of the United States, S. 169; *Krecek*, Die Gewährleistungshaftung, S. 134; *Massumi*, Unternehmenskaufverträge, S. 123.
179 *Bernstein*, in: Clark/Ansay, The Law of the United States, S. 178; *Burnham*, Law and Legal System, S. 395; *Hay*, Law of the United States, S. 169; *Massumi*, Unternehmenskaufverträge, S. 123.
180 *Bernstein*, in: Clark/Ansay, The Law of the United States, S. 178; *Burnham*, Law and Legal System, S. 395; *Massumi*, Unternehmenskaufverträge, S. 123. Diese inhaltliche Wirksamkeitsschranke ist auch kodifiziert worden in § 2–718 (1) UCC (*Uniform Commercial Code*).
181 *Hay*, Law of the United States, S. 169 („There is no ‚bright line'").
182 *Massumi*, Unternehmenskaufverträge, S. 123.
183 *Hay*, Law of the United States, S. 169; *Krecek*, Die Gewährleistungshaftung, S. 134.

war oder angemessen im Verhältnis zu dem tatsächlich eingetretenen Schaden, wird es den pauschalisierten Schadensersatz zusprechen.[184] Der Vorteil der *liquidated damages* besteht darin, dass der Käufer den entgangenen Gewinn nicht substantiieren muss und dass die Verfahrenskosten sinken, wenn der entgangene Gewinn nicht durch einen Gutachter ermittelt werden muss.[185]

3 Entschädigungsvereinbarung (*indemnities*)

Eine andere Möglichkeit zur Vermeidung der Schwierigkeiten auf der Rechtsfolgenseite ist die Vereinbarung von *indemnities* (Entschädigungsvereinbarung). Mit ihr legen die Parteien genau fest, welche Schadenssumme der Verkäufer im Falle eines *breach of contract* zu zahlen hat. Bei diesen haftet der Verkäufer für sämtliche kausale Schäden, da die oben beschriebenen Kausalitätsregeln nicht für *indemnities* gelten. Außerdem trifft den Käufer bei *indemnities* keine Schadensminderungspflicht. Eine Schadensberechnung ist entbehrlich, ebenso wie ein Nachweis, dass das Unternehmen ohne *breach of contract* einen höheren Wert hätte. In den *indemnities* können die Parteien auch vereinbaren, dass der Verkäufer die Vertragsverletzung beseitigen soll, wozu er nach dem *Common Law* eigentlich nicht verpflichtet wäre.[186]

4 Schadensbemessung durch Unternehmensbewertung

Kam es in anglo-amerikanischen Post M&A-Verfahren zu einer Schadensberechnung durch eine Unternehmensbewertung, so haben die Gerichte in Delaware die sogenannte *Delaware Block Method* (auch gewogene Durchschnittsmethode genannt) angewendet. Sie ist eine Kombination von drei Bewertungsansätzen: Dem Marktwert (*market value*), dem Wert aller Unternehmensvermögensgegenstände (*net asset value*) und den zu erwartenden Gewinnen (*earnings value*). Inwiefern das Gericht diese drei Bewertungsansätze gewichtet, stand in seinem freien Ermessen.[187] Nach einer Gesetzesänderung im Jahr 1981 gab das *Delaware Supreme Court*[188] dieses Bewertungsverfahren auf und akzeptiert seitdem alle anerkannten

184 *Burnham*, Law and Legal System, S. 395; *Krecek*, Die Gewährleistungshaftung, S. 134.

185 *Schäfer/Ott*, Lehrbuch der ökonomischen Analyse des Zivilrechts, S. 570.

186 Zum Ganzen: *Krecek*, Die Gewährleistungshaftung, S. 175 f.

187 Zum Ganzen: *Fleischer*, AG 2014, 97, 102.

188 Delaware Court of Chancery, *Weinberger v. UOP, Inc.*, 457 A.2d S. 701, 713 („This means that the so-called „Delaware block" or weighted average method was employed wherein the elements of value,

Bewertungsmethoden.[189] Die Gerichtspraxis wird dominiert vom DCF-Verfahren, wobei gelegentlich auch ein vergleichsorientiertes Verfahren[190] zum Einsatz kommt.[191]

In den USA obliegt es den Parteien, das Gericht von ihrer Einschätzung des Unternehmenswerts zu überzeugen. Hierzu greifen sie meist auf Parteigutachter zurück.[192] In den USA bringen in den Schiedsverfahren beide Parteien einen Gutachter mit, der jeweils den Unternehmenswert und Schaden beziffert. Der Gutachter auf der Klägerseite beziffert ihn möglichst hoch, der Gutachter auf der Gegenseite möglichst tief. So werden die US-amerikanischen Schiedsgerichte mit zwei weit auseinanderklaffenden Werten konfrontiert.[193] Das Gericht nimmt sodann in diesem „*battle of experts*" eine Mittlerrolle ein und modifiziert und ergänzt die Parteigutachten oder bestimmt selbst auf Grundlage eigener Erwägungen den Unternehmenswert.[194] Anders als beim deutschen IDW-Standard steht den Sachverständigen in den USA eine sehr weite Freiheit bei der Methodenwahl zu, da die Regelwerke von zahlreichen Vereinigungen, die sich in der *Appraisal Foundation* zusammengeschlossen haben, eine große Methodenfreiheit gewähren.[195] In einer jüngeren US-amerikanischen Leitentscheidung aus dem Jahr 2011 wurde im Rahmen der Ermittlung einer angemessenen Abfindung für ausscheidende Aktionäre entschieden, dass die Unternehmensbewertung nicht nur eine Tat-, sondern auch und vor allem eine Rechtsfrage sei.[196] Wörtlich hieß es: „*Thus, the task before us is one of statutory construction – determining what our legislative meant by the "fair value" of a dissenter's share's. This is an issue of law […].*"[197]

Die Anforderungen, dass ein vom Käufer vorgeschlagenes Unternehmensbewertungsverfahren vom Gericht für die Schadensberechnung akzeptiert wird, sind

i. e., assets, market price, earnings, etc., were assigned a particular weight and the resulting amounts added to determine the value per share. This procedure has been in use for decades. […] However, to the extent it excludes other generally accepted techniques used in the financial community and the courts, it is now clearly outmoded. It is time we recognize this in appraisal and other stock valuation proceedings and bring our law current on the subject.").

189 Zum Ganzen: *Fleischer*, AG 2014, 97, 102 f.

190 Eine andere Bezeichnung lautet marktorientiertes Verfahren, da der Wert aus Marktpreisen für identische oder vergleichbare Wirtschaftsgüter abgeleitet wird, vgl. *Jacobs/Endres/Spengel*, in: Jacobs/Endres/Spengel, Unternehmensbesteuerung; zu den Einzelheiten des marktorientierten *Multiple*-Verfahrens s. S. 110 ff.

191 Zum Ganzen: *Fleischer*, AG 2014, 97, 103.

192 *Fleischer*, AG 2014, 97, 103.

193 *Kantor*, Valuation for Arbitration, S. 1.

194 *Fleischer*, AG 2014, 97, 104.

195 Zum Ganzen: *Fleischer*, AG 2014, 97, 104.

196 *Fleischer*, AG 2016, 185, 191.

197 Supreme Court of Kentucky, *Shawnee Telecom Resources, Inc. v. Kathy Brown*, 354 S.W.3d 542, 55.

nicht hoch. In einem Post M&A-Verfahren im Jahr 2020 vor dem *Delaware Court of Chancery*[198] klagte ein Käufer wegen *breach of contract*, da die Verkäufer im Unternehmenskaufvertag garantiert hatten (*representations and warranties*), dass *Amazon* der größte Bestandskunde des Unternehmens sei. Noch vor Vertragsschluss haben die Verkäufer erfahren (genauer: die Manager der Verkäufergesellschaft), dass *Amazon* zu einem Konkurrenten gewechselt ist. Dies haben sie dem Käufer vorsätzlich verschwiegen und gleichzeitig eine entsprechende Garantie verletzt. Der Käufer argumentierte, er habe einen um USD 47 Mio. überhöhten Kaufpreis bezahlt und argumentierte, den Kaufpreis mit dem *Multiple*-Verfahren ermittelt zu haben, indem er das EBITDA mit einer Kennzahl multipliziert habe. Auf diese Weise könne er nun seinen Schaden berechnen. Die Verkäufer hielten dagegen. Der Kläger hätte nicht genügend Tatsachen vorgetragen, die belegten, dass der Schaden mit dem *Multiple*-Verfahren ermittelt werden könne. Das Gericht hielt die Darlegungen in der Klageschrift für die Annahme eines Schadens für ausreichend. Der EBITDA-Multiplikator ermögliche eine Schadensberechnung, da der Kläger vorgetragen hatte, dass die Parteien die Verwendung eines EBITDA-Multiplikators bei der Verhandlung über die Kaufpreisfestsetzung erörtert hatten und dass der Käufer diesen für seine Kaufpreisermittlung auch tatsächlich angewandt hatte und ohne die Täuschung einen geringeren Kaufpreis gezahlt hätte. Gerade die letzte Behauptung sei erforderlich, aber auch ausreichend, damit der EBITDA-Multiplikator als Berechnungsmethode in Betracht komme. Die Angemessenheit der Verwendung eines EBITDA-Multiplikators zur Berechnung der Schadensersatzhöhe sei eine Rechts- und Tatsachenfrage, die im Rahmen der Beweisaufnahme zu klären sei.

Dass geringe Anforderungen gelten, damit ein Gericht das vom Käufer vorgeschlagene Unternehmensbewertungsverfahren akzeptiert, konvergiert mit der soeben erläuterten Freiheit bei der Methodenwahl.

An dieser Stelle drängt sich die Frage auf, ob es sinnvoll ist, auch in der deutschen Rechtsordnung den Schaden in Form des zu viel gezahlten Kaufpreises wie der *Delaware Court of Chancery* mithilfe des *Mutliple*-Verfahrens zu berechnen, wenn der Käufer vorträgt, dass er mit dieser Unternehmensbewertungsmethode den Kaufpreis bzw. seinen Grenzpreis für die Kaufpreisverhandlung kalkuliert hat und die Parteien auch über dieses Bewertungsverfahren sprachen. Eine Übertragung dieser Lösung kommt grundsätzlich in Betracht, da auch im deutschen Recht der Schaden in dem zu viel gezahlten Teil des Kaufpreises liegen kann, nämlich wenn der Käufer einen Anspruch aus c.i.c. geltend macht. In diesem Fall ist es Aufgabe des (Schieds-)Gerichts, die täuschungsfreie Verhandlungssituation zu fin-

---

198 Delaware Court of Chancery, *Swipe Acquisition Corporation v. Peter M. Kraus et al.*, Memorandum Opinion, 25.8.2020.

gieren und den hypothetischen niedrigeren Kaufpreis zu kalkulieren. Die Verwendung des vom Käufer angewandten *Multiple*-Verfahrens hat den Vorteil, dass das Gericht eine Wiederholung der tatsächlich stattgefundenen Kaufpreisberechnung erreicht. Tauscht es die verwendeten, multiplizierten Kennzahlen durch die täuschungsfreien Kennzahlen aus, erreicht es eine relativ genaue Fiktion der Kaufpreisverhandlung. Dieser Lösungsansatz wird auch dem Kriterium der Subjektivität des Schadensbegriffs gerecht, da es den hypothetischen Kaufpreis aus Sicht des Käufers berechnet, der sich für das *Multiple*-Verfahren entschieden hat. Auch wenn bei der Berechnung des Unternehmensminderwerts das *Multiple*-Verfahren als ungenau ausgeschieden ist, so eignet es sich dennoch für die Schadensberechnung bei der c.i.c. Denn bei der Berechnung des zu viel gezahlten Kaufpreises liegt das Ziel nicht darin, den Unternehmenswert möglichst genau abzubilden, sondern die Kaufpreisverhandlung möglichst exakt nachzubilden. Hat der Käufer damals das *Multiple*-Verfahren verwendet, so kann – genauer: muss – es auch ein zweites Mal angewendet werden.

Ob sich das *Multiple*-Verfahren für die Schadensberechnung im Post M&A-Verfahren eignet, ist auch Gegenstand der deutschen Rechtsdiskussion. Der Vorschlag, das positive Interesse könnte durch die Multiplikation des Minderwerts des Ertrags (EBIT, EBITDA) mit dem vom Käufer für die Unternehmensbewertung verwendeten Multiplikator berechnet werden, erfährt dabei scharfe Kritik. Der Verkäufer würde bei diesem Lösungsvorschlag für ein vom Käufer gezahltes Premium ersatzpflichtig. Außerdem sei das *Multiple*-Verfahren für die komplexe Schadensberechnung zu undifferenziert.[199] Seine unangemessene Vereinfachung der Berechnung und seine Intransparenz qualifizierten es als ungeeignet für die Schadensberechnung.[200] Zur Begründung wird hierbei folgendes Beispiel ins Feld geführt: Wenn der Buchwert eines Unternehmens 50 betrage und der Käufer aufgrund vergleichbarer Unternehmen den Faktor 2 anwendet, bezahlt er für das Unternehmen 100. Stellt sich anschließend heraus, dass der Buchwert nur 40 betragen habe, könne der Käufer selbstverständlich 10 als Schadensersatz verlangen. Er könne aber nicht 20 verlangen, indem er den Unternehmensminderwert mit dem Faktor 2 multipliziert.[201]

199 *Meyer-Sparenberg*, in: Beck'sches M&A-Handbuch, § 48 Rn. 29.
200 *Wächter/Wollny*, SchiedsVZ 2018, 80, 93; *Paefgen*, DZWIR 1997, 177, 181.
201 *Paefgen*, DZWIR 1997, 177, 181.

5 Bußgelderlass anstelle eines Regresses beim Verkäufer

In den USA trägt der Käufer eines Unternehmens das Risiko, dass das Unternehmen in der Vergangenheit gegen das Antikorruptionsgesetz (ein Bundesgesetz mit dem Namen *Foreign Corrupt Practices Act*, kurz: FCPA) verstoßen hat und das Unternehmen deshalb ein sehr hohes Bußgeldrisiko birgt.[202] Die USA verhängen die höchsten Korruptionssanktionen für internationale Unternehmen und das U.S.-amerikanische Justizministerium *U.S. Department of Justice* hat die *FCPA Corporate Enforcement Policy* seit 2017 kontinuierlich modernisiert, um die Effizienz der Strafverfolgung zu steigern.[203] Dabei trat im Jahr 2019 auch das Problem zutage, dass sich der Käufer durch das hohe Haftungsrisiko gegen den Unternehmenskauf entscheiden könnte.[204] Die USA lösen dieses Problem nicht etwa damit, dass der Käufer nach der Sanktionszahlung beim Verkäufer Regress nehmen und sich durch einen Schadensersatzanspruch schadlos halten kann, sondern der Käufer kann einen Sanktionsnachlass, mitunter sogar einen Sanktionserlass erlangen.[205] Hierfür muss er die Korruptionssachverhalte nach Kenntniserlangung melden.[206] Sinn und Zweck dieser eigens für M&A-Transaktionen eingefügten Vorschrift liegt darin, rechtstreue Unternehmenskäufer zu schützen und die Compliancedisziplin sowie die Wirtschaft zu stärken.[207]

Der Käufer erhält also einen finanziellen Anreiz, dieser geht aber nicht zulasten des Verkäufers.

VI Übertragung der Lösungsansätze auf die deutsche Rechtsordnung?

Im Folgenden wird untersucht, ob die herausgearbeiteten Lösungsansätze im anglo-amerikanischen Recht auf die deutsche Rechtsordnung übertragen werden sollten.

202 *Rieder/Güngör*, CCZ 2019, 139 f., 142.
203 *Rieder/Güngör*, CCZ 2019, 139 f., 142.
204 *Rieder/Güngör*, CCZ 2019, 139 f., 142.
205 *Rieder/Güngör*, CCZ 2019, 139 f., 142.
206 *Rieder/Güngör*, CCZ 2019, 139 f., 142.
207 *Rieder/Güngör*, CCZ 2019, 139 f., 142.

1 Vorrang der Entschädigung in Geld vor der Naturalrestitution

Ein Vergleich zwischen der deutschen und der anglo-amerikanischen Rechtslage zeigt, dass bei einer Garantieverletzung in den USA die Zahlung des Unternehmensminderwerts als Schadensersatz Vorrang genießt vor der Herstellung des garantierten Zustands und Letztere nur in Betracht kommt, wenn der Unternehmensminderwert schwierig zu bestimmen ist. Im deutschen Recht genießt dagegen die Naturalrestitution Vorrang und eine Zahlung des Unternehmensminderwerts kommt erst in Betracht, wenn die Naturalrestitution unzureichend oder unmöglich ist. Wie bereits erörtert, verliert die anglo-amerikanische Lösung viel von ihrem augenscheinlichen Pragmatismus, indem sie die durch einfache Handhabbarkeit bestechende Naturalrestitution erst dann anwendet, wenn die Bestimmung des Unternehmensminderwerts Schwierigkeiten bereitet hat. In dieser Hinsicht erscheint die Lösung im deutschen Recht praktikabler, da in jedem Fall die Naturalrestitution geprüft wird. Erst wenn diese den Käufer nicht ausreichend kompensiert, kommt es auf eine anspruchsvolle Unternehmensbewertung an. Wegen dieser Praktikabilität überzeugt der Vorrang der Naturalrestitution in der deutschen Rechtsordnung gegenüber der anglo-amerikanischen Lösung, dem Ersatz des Unternehmensminderwerts Vorrang vor der Naturalrestitution einzuräumen. Die deutsche Lösung überzeugt auch inhaltlich. Sie verweist den Käufer nicht auf die womöglich unterkompensierende Naturalrestitution, weil sie den Aufwand einer Unternehmensbewertung scheut. Die mit der Unternehmensbewertung verbundene Schmälerung der Prozessökonomie (längere Verfahrensdauer und höhere Prozesskosten) mutet sie den Parteien zwar zu, jedoch nur dann, wenn die Kompensation des Käufers dies im Einzelfall gebietet. Diese Abstufung ist interessengerecht.

2 Vertragliche Schadensregelung in allen Einzelheiten

Es stellt sich die Frage, ob in der deutschen Kautelarpraxis nach dem Vorbild der anglo-amerikanischen Vertragspraxis der Unternehmenskaufvertrag in allen Einzelheiten die Positionen enthalten sollte, die als Schadensersatz zu ersetzen sind, namentlich eine ausdrückliche Vereinbarung darüber, ob auch Rechtsdurchsetzungskosten wie Anwaltskosten oder mittelbare Schäden wie Steuerbelastungen zu erstatten sind. Für diese Lösung spricht der präsumtive Gewinn an Rechtssicherheit und Rechtsklarheit für die Parteien. Doch sollten die Parteien in der deutschen Rechtsordnung eine Ersatzpflicht des Verkäufers für Prozesskosten und mittelbare Schäden wünschen, so ist dies bereits gesetzlich geregelt. Der Grundsatz der Totalreparation stellt sicher, dass der Käufer etwaige Folgeschäden ersetzt verlangen kann. Die Kostentragungsregeln der ZPO stellen sicher, dass dem Käufer seine außergerichtlichen und gerichtlichen Kosten (bis zur gesetzlich festgelegten Höhe) erstattet werden. Die Rechtssicherheit ist daher nicht beeinträchtigt und ein Gewinn an Rechtssicherheit durch Übertragung der anglo-amerikanischen Vertragspraxis nicht zu erwarten.

Eine explizite Aufschlüsselung zu ersetzender Schadenspositionen ist erst erforderlich, wenn der Verkäufer über den nach dem Gesetz ersatzfähigen Schadensumfang hinaus noch weitere Aufwendungen des Käufers ersetzen soll, etwa Rechtsanwaltskosten, die die RVG-Vergütung übersteigen. Der Mehrwert einer Aufschlüsselung zu ersetzender Positionen liegt dann aber nicht in einem Gewinn an Rechtssicherheit, sondern schlichtweg darin, dass die Parteien den Inhalt der Verkäuferhaftung abweichend vom gesetzlichen Schadensrecht individualvertraglich regeln. Einer Übertragung der anglo-amerikanischen Lösung bedarf es hierfür nicht.

Unter rechtsökonomischen Gesichtspunkten macht es einen erheblichen Unterschied, ob die Parteien die zu ersetzenden Schadenspositionen im Vertrag umfassend und abschließend auflisten. Der Grundsatz der Totalreparation, demzufolge mittelbare Schäden grundsätzlich zu ersetzen sind, reduziert den vertraglichen Regelungsbedarf. Selbst wenn die Parteien zusätzliche Positionen, die nach dem Gesetz nicht ersatzfähig wären, individualvertraglich als vom Verkäufer zu ersetzen vereinbaren, so bleibt der Regelungsaufwand überschaubar. Die Parteien können etwa Rechtsanwaltskosten, die die RVG-Vergütung übersteigen, als ersatzfähig bestimmen und im Übrigen auf die gesetzlichen Vorschriften zum Schadensrecht verweisen. Die Parteien erreichen folglich auch dann ihr gewünschtes Ziel, wenn die Auflistung im Vertrag nicht abschließend ist. Diese Flexibilität in der Vertragsgestaltung fußt darauf, dass die Disponibilität der §§ 249 ff. BGB auch eine partielle Abweichung vom gesetzlichen Schadensrecht erlaubt. Die deutsche Rechtsordnung zwingt den Parteien im Verhältnis zwischen Gesetzeslage und Vertragsregelung keine „Entweder-Oder-Lösung“ auf, mit dem begrüßenswerten Ergebnis, dass Unternehmenskaufverträge nach deutschem Recht nicht denselben Umfang benötigen wie in der anglo-amerikanischen Rechtsordnung. Dies bietet den Vorteil, dass die Kosten und die Dauer der Vertragsverhandlung und -ausgestaltung sinken. Diese dürfen nicht unterschätzt werden, wenn jede einzelne Schadensposition bedacht und einzeln aufgelistet werden muss. Die Transaktionskosten dürften daher im anglo-amerikanischen Recht höher ausfallen. Unter rechtsökonomischen Gesichtspunkten ist eine Übertragung der anglo-amerikanischen Vertragspraxis auf die deutsche Kautelarpraxis deshalb abzulehnen.

Die Übertragung der vertraglichen Haftungsbeschränkungen wie etwa *baskets, caps* oder *de-minimis*-Beschränkungen auf die deutsche Vertragspraxis ist dagegen gerechtfertigt und interessengerecht. Denn ebenso wie im anglo-amerikanischen

Recht hat der Verkäufer auch im deutschen Recht ein Interesse daran, seine Einstandspflicht der Höhe nach zu begrenzen, schließlich ist er nach dem Grundsatz der Totalreparation nicht davor gefeit, u.U. einen Schadensersatz leisten zu müssen, der die Kaufpreishöhe übersteigt.

3 Maßstab für die Gewissheit hinsichtlich der Schadenshöhe

Ein Vergleich zwischen der deutschen und der anglo-amerikanischen Rechtslage zeigt, dass ein wesentlicher Unterschied darin besteht, dass die Anforderungen an die Gewissheit hinsichtlich der Schadenshöhe in den USA vom Verschuldensgrad des Verkäufers abhängen. Darauf stellt § 287 ZPO nicht ab. Selbst bei Fahrlässigkeit des Verkäufers kann das Gericht auf einen substantiierten Klägervortrag verzichten und den Schaden schätzen, was als käuferfreundlich zu bewerten ist. Da die Verkäuferhaftung im Post M&A-Verfahren sowohl in den USA als auch in Deutschland in den meisten Fällen aufgrund der Garantieerklärungen verschuldensunabhängig ist, wird die Schwierigkeit der Schadensbezifferung im deutschen Recht über § 287 ZPO sogar umfassender beseitigt, weil diese Vorschrift gerade nicht nur auf Vorsatzfälle anwendbar ist. Eine Übertragung der anglo-amerikanischen Handhabung auf das deutsche Prinzip der Schadensschätzung ist daher nicht angezeigt. Dies gilt umso mehr, als der Käufer eines jungen Unternehmens nach anglo-amerikanischem Recht größeren Beweisnöten unterliegt, da ihm keine Gewinnhistorie für seinen substantiierten Klagevortrag zur Verfügung steht. Diese Schlechterstellung des Käufers überzeugt nicht, zumal der Erwerber eines *Start Ups* mitunter ein höheres wirtschaftliches Risiko eingeht als der Erwerber eines etablierten Unternehmens. Die Lösung des deutschen Rechts, dem Käufer in jedem Fall die Erleichterung des § 287 ZPO zugute kommen zu lassen, erscheint daher auch als die adäquatere Lösung.

4 Pauschalisierter Schadensersatz (*liquidated damages*)

Eine andere Frage lautet, ob die Idee eines pauschalisierten Schadensersatzes (*liquidated damages*) auf das deutsche Vertragsrecht übertragen werden sollte. Für die anglo-amerikanische Lösung spricht die Effizienz, da die Parteien hohe Prozesskosten einsparen, die durch eine anspruchsvolle Schadensberechnung anfallen würden. Die Vereinbarung eines pauschalisierten Schadensersatzes wäre nach deutschem Recht auch wirksam, da die §§ 249 ff. BGB vollständig disponibel sind. Auch würden die Parteien die Dauer und Kosten eines Rechtsstreits erheblich minimieren. Der Käufer könnte überdies rechtssicher davon ausgehen, zumindest die vereinbarte Pauschalsumme zu erhalten, sollte er die übrigen Anspruchsvoraussetzungen darlegen und beweisen können. Der Beweis eines kausalen Schadens bliebe ihm erspart. Die *liquidated damages* wären jedoch mit dem Nachteil behaftet, dass der Käufer Gefahr liefe, nicht vollständig kompensiert zu werden. Im deutschen Schadensrecht gilt der Grundsatz der Totalreparation. Der Käufer hat einen Anspruch auf vollständige Kompensation. Würde der Käufer einen pauschalisierten Schadensersatz vereinbaren, so würde er seinen Anspruch auf Schäden, die zum Zeitpunkt des Vertragsschlusses noch gar nicht erkennbar waren, von vornherein „abschneiden". In den USA erleidet der Käufer einen solchen Nachteil nicht, denn ihm werden ohnehin nur die Schäden ersetzt, die vorhersehbar waren. Die Vereinbarung eines pauschalisierten Schadensersatzes nach anglo-amerikanischem Vorbild ist daher wirksam und führt zu einem Gewinn an Rechtssicherheit und Prozessökonomie. Sie geht aber mit einem Verzicht des Käufers auf vollständige Kompensation einher.

5 Mittlerrolle des Gerichts

Eine Gemeinsamkeit besteht darin, dass in beiden Rechtsordnungen die Gerichte eine Auswahl innerhalb der anerkannten Unternehmensbewertungsmethoden treffen, die Unternehmensbewertung als eine Rechtsfrage und eigene Aufgabe verstehen und die Anknüpfungstatsachen verbindlich vorgeben. Ein Unterschied ist dagegen darin auszumachen, dass das Gericht in den USA eine Mittlerrolle einnimmt und die zwei Parteigutachten modifiziert und ergänzt, um den Unternehmenswert festzustellen. Auf den ersten Blick erscheint diese Vorgehensweise attraktiv, da sie möglicherweise zu Rechtsfrieden führt, indem das Gericht eine Art Kompromiss herstellt und da es Ressourcen wie Prozesskosten und Verfahrensdauer einsparen könnte. Allerdings dürfte eine Unternehmensbewertung in jedem Fall aufwendig sein, unabhängig davon, ob sie sich nun aus zwei Gutachten zusammensetzt oder aufgrund eines isolierten, neuen Gutachtens besteht. Das Einsparen an Ressourcen dürfte daher vernachlässigbar sein. Es ist auch fraglich, ob die Parteien, die jeweils obsiegen wollen, mit einem Kompromiss stets einen höheren Rechtsfrieden erlangen. Im Übrigen ist nicht auszuschließen, dass die gerichtliche Unternehmensbewertung nach deutschem Recht unter Hinzuziehung eines Sachverständigen nicht auch zu einem Unternehmenswert gelangt, der zwischen dem des Käufers und Verkäufers liegt, schließlich werden die Parteien in der Regel den Schaden möglichst hoch bzw. möglichst niedrig beziffern.

6 Bußgelderlass zugunsten des Unternehmenskäufers

Das anglo-amerikanische Antikorruptionsgesetz wirft die Frage auf, ob auch im deutschen Recht dem Unternehmenskäufer Geldbußen erlassen werden sollten, wenn er zur Aufklärung der Vorwürfe beiträgt. Im deutschen Recht ist es üblich, dass der Käufer, wenn das Unternehmen nach dem *Closing* einen behördlichen Bußgeldbescheid erhält, beim Verkäufer Regress verlangt. Gegen eine Übertragung spricht, dass der Zweck des Antikorruptionsgesetzes darin besteht, dass der Käufer nicht wegen des Haftungsrisikos vor dem Unternehmenskauf zurückschreckt. In Deutschland war eine solche Tendenz auf Käuferseite nicht zu beobachten, was auch daran liegen dürfte, dass in Deutschland geringere Bußgelder verhängt werden. Dann besteht allerdings auch kein Bedürfnis, diese Lösung auf die deutsche Rechtsordnung zu übertragen.

VII Zusammenfassendes Ergebnis

Die Schadensberechnung im Post M&A-Verfahren im anglo-amerikanischen Recht bietet mehrere Lösungsansätze, deren Übertragbarkeit auf die deutsche Rechtsordnung untersucht wurde. Im Ergebnis sprechen die besseren Gründe gegen eine Übertragung der Lösungsansätze. Im Vergleich zum anglo-amerikanischen Recht überzeugt die deutsche Rechtslage in Hinsicht auf Praktikabilität und Interessengerechtigkeit. Das Spannungsverhältnis zwischen prozessökonomischem Aufwand bei der Schadensberechnung und vollständiger Kompensation des Käufers ist austariert. Auch rechtsökonomische Gesichtspunkte stützen dieses Ergebnis. Eine individuelle Vereinbarung des Inhalts und Umfangs der Verkäuferhaftung ist nach deutschem Recht möglich und mit geringem Aufwand umsetzbar, denn durch die gesetzliche Ausgangslage und die Möglichkeit der partiellen Abweichung von den §§ 249 ff. BGB reduziert sich der vertragliche Regelungsbedarf auf ein Minimum. Sinkende Transaktionskosten sind die Folge. Es hat sich gezeigt, dass der Grundsatz der Totalreparation in nicht unerheblichem Umfang hierzu beiträgt. Gleichwohl existiert ein vertraglicher Regelungsbedarf, der auch im anglo-amerikanischen Recht ausfindig gemacht worden ist. In beiden Rechtsordnungen droht dem Unternehmensverkäufer eine Schadensersatzpflicht, die den Kaufpreis übersteigt. Die hierzu in der anglo-amerikanischen Rechtsordnung entwickelte Lösung vertraglicher Haftungsbeschränkungen wie *baskets*, *caps* oder *de-minimis*-Beschränkungen wird in der deutschen Vertragspraxis berechtigterweise und mit überzeugendem Ergebnis umgesetzt.

E Ökonomische Analyse des Rechts

I Einführung

Die Rechtsökonomie (*Law and Economics*) bekommt seit Jahren in der Forschung und auch in der Lehre einen immer höheren Stellenwert und die ökonomische Analyse und Bewertung von Rechtsproblemen beeinflusst zusehends die Rechtswissenschaft und Rechtsprechung.[1] Die Rechtsökonomie ist nicht unumstritten, gibt der Rechtswissenschaft jedoch ein weiteres Werkzeug an die Hand und ist somit als ein Gewinn für den Methodenpluralismus zu bewerten.[2]

Die Rechtsökonomie verfolgt zwei Ansätze. Zum einen erforscht sie, ob die Rechtsnormen gemessen an ökonomischen Kriterien überzeugen (hierzu sogleich unter 1), zum anderen geht sie der Frage nach, wie sich Rechtsnormen auf das künftige Verhalten von Rechtssubjekten auswirken (hierzu unter 2).[3] Es existieren bereits Untersuchungen zu der Frage, ob M&A-Transaktionen effizient sind und ob sie zu einer Wertsteigerung führen.[4] Die in diesem Kapitel zu untersuchende Frage lautet, ob die Schadensberechnung im Post M&A-Verfahren rechtsökonomisch sinnvoll ist.

1 Allokationseffizienz als ökonomisches Kriterium

Die ökonomische Analyse des Rechts beruht auf der Theorie der Wohlfahrtsökonomie.[5] Die Wohlfahrtsökonomie liefert Kriterien, um rational beurteilen zu können, welche von mehreren möglichen Entscheidungen hinsichtlich ihrer sozialen Auswirkungen gesamtgesellschaftlich vorzugswürdig ist.[6] Die Beurteilung erfolgt mithilfe von Kriterien, deren Maßstab die Allokationseffizienz ist.[7] In der Ökonomie als Wissenschaft ist es das Ziel, knappe Güter bestmöglich zu verteilen,[8] was als

1 *Schäfer/Ott*, Ökonomische Analyse des Zivilrechts, S. VII, IX.

2 S. hierzu ausführlich *Lieder*, Die rechtsgeschäftliche Sukzession, S. 53 ff.

3 *Lieder*, Die rechtsgeschäftliche Sukzession, S. 50 f.

4 S. exemplarisch die Untersuchung von *Cummins/Xie*, Mergers & Acquisitions in the U.S. Property-Liability Industry: Productivity and Efficiency Effects, abrufbar unter *https://papers.ssrn.com/sol3/papers.cfm?abstract_id=997939* (zuletzt abgerufen am 15.11.2022).

5 *Ott/Schäfer*, ZIP 1986, 613, 618.

6 *Ott/Schäfer*, ZIP 1986, 613, 618.

7 *Ott/Schäfer*, ZIP 1986, 613, 618.

8 *Wagner*, Schadensersatz, S. 5, 26 f.

https://doi.org/10.1515/9783111334424-006

Effizienz[9] oder Allokationseffizienz[10] bezeichnet wird. Allokationseffizienz ist dann erreicht, wenn die volkswirtschaftlich knappen Ressourcen so eingesetzt werden, dass sie den größten erzielbaren gesellschaftlichen Nutzen stiften.[11] Das tun sie immer dann, wenn sie dort zum Einsatz kommen, wo sie sozial am nützlichsten sind, sie also nicht verschwendet werden.[12] Nach der wohlfahrtsökonomischen Analyse des Rechts ist es eine entscheidende Aufgabe der Rechtsordnung, rechtliche Regelungen und Institutionen zu entwickeln, die die gesamtgesellschaftliche Allokationseffizienz erhöhen, indem sie dazu beitragen, dass keine Ressourcen verschwendet werden.[13]

Eine effiziente Verwendung der Ressourcen ist nicht gleichbedeutend mit einer gerechten Verteilung von Ressourcen.[14] Dies verdeutlichen die wirtschaftswissenschaftlichen Definitionen der Effizienz: Effizienz nach dem *Kaldor/Hicks*-Kriterium bedeutet, dass Zustand 1 dem Zustand 2 vorzuziehen ist, wenn die Vorteile für die Gewinner in Zustand 1 größer sind als die Nachteile für den Verlierer, d. h., wenn die Gewinner durch eine Änderung des sozialen Zustands die Verlierer hypothetisch entschädigen könnten.[15] Effizienz nach dem *Pareto*-Kriterium liegt vor, wenn eine Person nicht bessergestellt werden kann, ohne eine andere gleichzeitig schlechter zu stellen.[16] An diesen Definitionen zeigt sich deutlich, dass es also nicht das Ziel ist, zwischen Schädiger und Geschädigtem eine gleiche Verteilung herzustellen oder eine Besserstellung der einen Partei zu beenden. Stattdessen lautet das Ziel, die Ressourcen dort Verwendung finden zu lassen, wo sie gesamtgesellschaftlich ihren größten Nutzen entfalten. Das Streben nach Effizienz im Sinne des *Kaldor/Hicks*-Kriteriums und des *Pareto*-Kriteriums ist ein zentrales Element der ökonomischen Analyse des Rechts.[17]

Ein Leitgedanke der ökonomischen Analyse des Rechts lautet, Transaktionskosten zu minimieren, denn die Allokationseffizienz wird umso eher erreicht, je niedriger die Transaktionskosten sind.[18] Dieser These liegt das *Coase*-Theorem[19] zu

---

9 *Wagner*, Schadensersatz, S. 5, 26 f.

10 *Lieder*, Die rechtsgeschäftliche Sukzession, S. 53.

11 *Ott/Schäfer*, ZIP 1986, 613, 618.

12 *Ott/Schäfer*, ZIP 1986, 613, 618.

13 *Ott/Schäfer*, ZIP 1986, 613, 618.

14 *Ott/Schäfer*, ZIP 1986, 613, 618.

15 *Kischel*, Rechtsvergleichung, S. 124; *Lieder*, Die rechtsgeschäftliche Sukzession, S. 64.

16 *Kischel*, Rechtsvergleichung, S. 123; *Lieder*, Die rechtsgeschäftliche Sukzession, S. 64; *Roncaglia*, A Brief History of Economic Thought, S. 177.

17 *Kischel*, Rechtsvergleichung, S. 123 Rn. 60.

18 *Lieder*, Die rechtsgeschäftliche Sukzession, S. 53, 68.

19 Benannt nach *Ronald Coase*, einem der Gründungsväter der ökonomischen Analyse des Rechts, vgl. *Fleischer*, ZGR 2001, 1, 14 f.

Grunde, welches besagt, dass in einem Markt mit vollkommenem Wettbewerb, in dem es keine Beschränkungen für die Übertragung von Rechtsansprüchen gibt und die Transaktionskosten gleich null sind, eine effiziente Verteilung der Ansprüche erfolgt, unabhängig von ihrer ursprünglichen Zuweisung durch das Gesetz. Auch wenn kaum Märkte existieren, in denen die Transaktionskosten tatsächlich gleich null sind, ist das *Coase*-Theorem nützlich, denn es unterstreicht den Stellenwert der Untersuchung, wann und in welcher Höhe Transaktionskosten entstehen und wie soziale Ergebnisse durch steigende oder sinkende Transaktionskosten beeinflusst werden.[20] Zu den Transaktionskosten zählen auch die Durchsetzungskosten,[21] also die Kosten der Schadensabwicklung. Die Kosten der Schadensabwicklung umfassen Aufwendungen zur Feststellung, Ermittlung und Verteilung des eingetretenen Schadens, Kosten für Rechtsanwälte und den Rechtsstreit.[22] Schadensabwicklungskosten sind auch deshalb zu minimieren, da ansonsten Ressourcen verschwendet werden, indem sie nicht für alternative Zwecke, die sozial nützlicher wären, eingesetzt werden können.[23]

2 Verhaltenssteuerung durch das Schadensrecht

Die ökonomische Analyse des Rechts geht davon aus, dass das Recht ein Steuerungsinstrument darstellt, durch das Menschen erwünschtes Verhalten an den Tag legen und unerwünschtes Verhalten unterlassen. Dabei versteht sich die ökonomische Analyse des Rechts aber nicht allein als Instrument für den Gesetzgeber, sondern auch für Richter bei der Gesetzesauslegung und Rechtsfindung. Dies lässt sich mit dem Ursprung der ökonomischen Analyse des Rechts erklären. Sie wurde in den 1960er Jahren in den USA entwickelt und muss daher vor dem Hintergrund des anglo-amerikanischen *Common Law* verstanden werden, in dem Richter an der Normschöpfung mitwirken.[24]

Nach der wohlfahrtsökonomischen Analyse des Rechts hat speziell das Schadensersatzrecht eine Steuerungsfunktion.[25] Die Steuerungsfunktion besteht in zwei Hinsichten: Zum einen soll es das Schadensrisiko durch Haftungsregeln dem auferlegen, der es mit dem geringsten Aufwand beherrschen kann (*cheapest cost*

20 Zum Ganzen: *Zamir/Teichmann*, Behavioral Law and Economics, S. 8 ff.
21 *Lieder*, Die rechtsgeschäftliche Sukzession, S. 66 f.
22 *Ott/Schäfer*, ZIP 1986, 613, 620.
23 *Ott/Schäfer*, ZIP 1986, 613, 620.
24 Zum Ganzen: *Kischel*, Rechtsvergleichung, S. 121 Rn. 56, S. 123 Rn. 59.
25 *Ott/Schäfer*, ZIP 1986, 613, 618; *Wagner*, Schadensersatz, S. 5, 26 f.

avoider).[26] Derjenige, der das Schadensereignis günstiger verhindern oder sich günstiger gegen den Schadenseintritt versichern kann, solle haften.[27] Zum anderen soll der Schadensvermeidungsaufwand auf eine gesamtgesellschaftlich optimale Höhe gesteuert werden.[28] Damit der optimale Schadensvermeidungsaufwand auch tatsächlich betrieben wird, werden durch Haftungsregeln entsprechende Anreize gesetzt.[29]

Die Funktion des Schadensrechts besteht darin, die vom Schadensersatzrecht, d. h. von der Anspruchsgrundlage, angeordnete Rechtsfolge zu konkretisieren.[30] Es hat keinen davon losgelösten (Selbst-)Zweck.[31] Deshalb muss das Schadensrecht zwangsläufig demselben Zweck dienen wie das Schadensersatzrecht.[32] Auch das Schadensrecht hat sich mithin daran messen zu lassen, ob es die zwei Aspekte der ökonomischen Steuerungsfunktion erfüllt.

Das Schadensrecht muss also durch entsprechende Regeln den Anreiz schaffen, dass der optimale Schadensvermeidungsaufwand betrieben wird.[33] Eine effiziente Schadensvermeidung findet statt, wenn die Kosten der Sorgfaltsmaßnahmen des Schädigers in einem bestmöglichen Verhältnis zu den Schadenskosten stehen, die er durch die Sorgfaltsmaßnahmen vermeidet. Effizienz ist dann erreicht, wenn eine weitere Sorgfaltsmaßnahme zusätzliche Kosten verursachen würde, aufgrund derer die Schadensvermeidungskosten die drohenden Schadenskosten übersteigen.[34] Liegen die Kosten für den Schadensvermeidungsaufwand unterhalb der Schadenskosten, dann ist es ökonomisch geboten, dass der Schädiger diesen Aufwand betreibt, da ansonsten Ressourcen verschwendet würden.[35] Wenn der Haftungsumfang so hoch ist wie der drohende Schaden, ist es für den Schädiger vorteilhaft, den Schaden zu vermeiden.[36]

Diese Steuerungsfunktion kann nur dann erfüllt werden, wenn sämtliche Schadenskosten erfasst werden.[37] Würden nicht alle Schadenskosten berücksichtigt, dann würde der Schadensvermeidungsaufwand, der sich an den Schadens-

---

26 *Kischel*, Rechtsvergleichung, S. 121–123 Rn. 56–59; *Oetker*, in: MüKo-BGB, § 249 Rn. 13; *Ott/Schäfer*, ZIP 1986, 613, 618.
27 *Kischel*, Rechtsvergleichung, S. 121 Rn. 57.
28 *Ott/Schäfer*, ZIP 1986, 613, 618.
29 *Ott/Schäfer*, ZIP 1986, 613, 618.
30 *Wagner*, Schadensersatz, S. 5, 26 f.
31 *Wagner*, Schadensersatz, S. 5, 26 f.
32 Zum Ganzen: *Wagner*, Schadensersatz, S. 5, 19 f.
33 *Ott/Schäfer*, ZIP 1986, 613, 619.
34 *Ott/Schäfer*, ZIP 1986, 613, 618; *Wagner*, Schadensersatz, S. 5, 27.
35 *Ott/Schäfer*, ZIP 1986, 613, 619.
36 *Ott/Schäfer*, ZIP 1986, 613, 619.
37 *Ott/Schäfer*, ZIP 1986, 613, 618 f.

kosten orientiert, zu gering angesetzt; werden die Schadenskosten zu hoch angesetzt, dann würde auch ein überhöhter Schadensvermeidungsaufwand betrieben werden.[38] In beiden Fällen würden Ressourcen verschwendet und die Allokationseffizienz dadurch verfehlt werden.[39] Die Schadenskosten im ökonomischen Sinn umfassen sämtliche Schäden einschließlich der entgangenen Nutzungsmöglichkeit sowie der Kosten der Schadensabwicklung, also Aufwendungen zur Feststellung, Ermittlung und Verteilung des Schadens, Rechtsanwaltskosten sowie Kosten des Rechtsstreits.[40]

Zu beachten ist, dass die ökonomische Analyse des Rechts die Ausgleichsfunktion des Schadensrechts ausblendet und stattdessen den Fokus auf die Präventionswirkung legt.[41] Gleichwohl geht es ihr aber nicht darum, Schäden um jeden Preis zu verhindern, sondern das optimale Verhältnis zwischen Schadensvermeidungsaufwand und Schadenskosten zu erreichen.[42] Eine maximale Schadensprävention wäre nicht effizient,[43] weil das knappe Gut „Sorgfaltsmaßnahme zur Vermeidung eines Schadens" nicht bestmöglich eingesetzt würde, sondern „um jeden Preis". Der potenzielle Schädiger würde seine knappen Ressourcen verschwenden, also nicht bestmöglich einsetzen, wenn seine Schadensvermeidungskosten die drohenden Schadenskosten übersteigen.[44] Das kann auch bedeuten, dass gewisse Schäden hinzunehmen sind, wenn der Schadensvermeidungsaufwand so hoch ausfiele, dass er nicht mehr sozial nützlich wäre.[45]

Rechtssubjekte halten normative Verhaltensstandards nur dann ein, wenn sie bei Verletzung eine Sanktion befürchten, die sie so sehr beeinträchtigt, dass es sinnvoller ist, den Sanktionsvermeidungsaufwand zu betreiben.[46] Das bedeutet auch, dass sich der rationale Schädiger für die Bemessung seines noch lohnenden Schadensvermeidungsaufwands nicht an der Höhe des Schadens, sondern an der Höhe des drohenden Schadensersatzes orientiert.[47] Deshalb ist die Höhe des

---

38 *Ott/Schäfer*, ZIP 1986, 613, 619.
39 *Ott/Schäfer*, ZIP 1986, 613, 619.
40 *Ott/Schäfer*, ZIP 1986, 613, 619 f.; *Schäfer/Ott*, Lehrbuch der ökonomischen Analyse des Zivilrechts, S. 456.
41 *Kischel*, Rechtsvergleichung, S. 122 f. Rn. 59.
42 *Ott/Schäfer*, ZIP 1986, 613, 618; *Wagner*, Schadensersatz, S. 5, 26 f.
43 *Wagner*, Schadensersatz, S. 5, 26 f.
44 *Ott/Schäfer*, ZIP 1986, 613, 618; *Wagner*, Schadensersatz, S. 5, 27.
45 *Ott/Schäfer*, ZIP 1986, 613, 618.
46 *Ott/Schäfer*, ZIP 1986, 613, 619.
47 *Ott/Schäfer*, ZIP 1986, 613, 619; *Schäfer/Ott*, Lehrbuch der ökonomischen Analyse des Zivilrechts, S. 391.

Schadensersatzanspruchs so weit wie möglich an den entstandenen Schaden anzunähern.[48]

Der ökonomischen Analyse des Rechts liegt die Theorie des menschlichen Verhaltens, die *Rational-Choice*-Theorie, zu Grunde. Ihr zufolge streben Menschen immer danach, ihr eigenes Wohlbefinden zu steigern, indem sie sich für diejenige von mehreren Optionen entscheiden, die ihren erwarteten Nutzen maximiert.[49] In der ökonomischen Analyse des Rechts wird unterstellt, dass sich der Schädiger rational verhalten wird, also bewusst aufgrund einer Kosten-Nutzen-Analyse handelt.[50] Die These, dass Individuen stets rational und egoistisch handeln, ist in der Wirtschaftswissenschaft jedoch nicht unumstritten.[51] Der Annahme wird entgegengehalten, sie sei völlig unrealistisch.[52] Die Lehre der *Behavioral Economics* (Verhaltensökonomik) besagt, dass empirischen psychologischen Untersuchungen zufolge Individuen weder durchweg rational noch egoistisch handelten.[53] Stets rationale Entscheidungen seien bereits aufgrund der menschlichen Informationsverarbeitung ausgeschlossen.[54] Allerdings findet sie ihre Berechtigung darin, dass die Rechtsordnung auf die Annahme rationalen Verhaltens angewiesen ist, da sie voraussetzt, menschliches Verhalten ließe sich durch Rechtsnormen beeinflussen.[55] Die Unterstellung, Individuen würden sich rational verhalten, ist der Rechtsordnung also nicht fremd. Auch die Steuerungsfunktion ist angezweifelt worden, da das Schadensausgleichssystem durch Versicherungsabschlüsse stark geprägt sei.[56] Dies trifft – wie gezeigt[57] – auch auf Post M&A-Verfahren zu. Allerdings wird der Kritik entgegengehalten, dass der potenzielle Schädiger nach wie vor ein Interesse daran habe, seine Versicherungsprämie und damit seine Schadensfälle gering zu halten.[58] Aus diesem Grund kann dem Schadensersatzrecht eine Steuerungsfunktion nicht durch Berufung auf die Existenz des Versicherungsschutzes abgesprochen werden.[59]

---

48 *Schäfer/Ott*, Lehrbuch der ökonomischen Analyse des Zivilrechts, S. 391.
49 Zum Ganzen: *Zamir/Teichmann*, Behavioral Law and Economics, S. 1.
50 *Ott/Schäfer*, ZIP 1986, 613, 619.
51 *Schäfer/Ott*, Lehrbuch der ökonomischen Analyse des Zivilrechts, S. XIV.
52 *Ott/Schäfer*, ZIP 1986, 613, 619.
53 *Schäfer/Ott*, Lehrbuch der ökonomischen Analyse des Zivilrechts, S. XIV.
54 *Schäfer/Ott*, Lehrbuch der ökonomischen Analyse des Zivilrechts, S. XIV.
55 *Ott/Schäfer*, ZIP 1986, 613, 619.
56 *Ott/Schäfer*, ZIP 1986, 613, 620.
57 S. den Abschnitt zu W&I-Versicherungen auf S. 5 ff.
58 *Ott/Schäfer*, ZIP 1986, 613, 620.
59 *Ott/Schäfer*, ZIP 1986, 613, 620.

Gleichwohl sind nicht alle Ansätze der ökonomischen Analyse gleich geeignet für die Analyse sämtlicher Rechtsgebiete. So eignet sich das Modell des *homo oeconomicus*[60] nur dort, wo die Persönlichkeit des Individuums für die Rechtsfrage entscheidend ist.[61] Dies ist im Post M&A-Verfahren der Fall. Der Schadensvermeidungsaufwand und die (vor-)vertragliche Pflichtverletzung des Verkäufers hängen von seiner persönlichen Entscheidung ab. Daher eignet sich die ökonomische Analyse für die Schadensberechnung im Post M&A-Verfahren.

II Prüfung der Schadensberechnung im Post M&A-Verfahren am Maßstab der Allokationseffizienz

1 Allokationseffizienz durch Abstellen auf Käufer-Unternehmenswert?

Wie gezeigt, ist bei der Schadensberechnung aufgrund der Subjektbezogenheit des Schadensbegriffs der Käufer-Unternehmenswert maßgeblich. Dieses Ergebnis ist darauf zu untersuchen, ob es auch gemessen an ökonomischen Kriterien, insbesondere der Wohlfahrtsökonomie überzeugt. Dies ist der Fall, wenn die Schadensberechnung anhand des Käufer-Unternehmenswerts effizienter ist als die Schadensberechnung anhand des Verkäufer-Unternehmenswerts. Effizienz erfordert, dass die knappen Ressourcen so eingesetzt werden, dass sie den größtmöglichen gesellschaftlichen Nutzen stiften. Das ist der Fall, wenn keine Ressourcenverschwendung erfolgt.

Stellt ein (Schieds-)Gericht bei der Schadensberechnung auf den Käufer-Unternehmenswert ab, bedeutet dies, dass der zu ersetzende Schaden grundsätzlich höher ausfällt, als würde das (Schieds-)Gericht auf den Verkäufer-Unternehmenswert abstellen. Denn wie gezeigt liegt der Grenzpreis des Käufers oberhalb des Grenzpreises des Verkäufers,[62] sodass der Unternehmenswert in mangelfreiem Zustand aus Sicht des Käufers höher ist als aus Sicht des Verkäufers. Der Unternehmenswert in mangelhaftem Zustand fällt aus Sicht des Käufers dagegen nicht zwangsläufig höher aus als aus Sicht des Verkäufers. Denn der Käufer wird u.U. aufgrund des Mangels nicht die Synergiepotenziale entfalten können, die einen erhöhten Käufer-Unternehmenswert im Vergleich zum Verkäufer-Unternehmenswert gerechtfertigt hätten. Dies hat zur Folge, dass die Differenz zwischen dem

60 Der *homo oeconomicus* steht in der Wirtschaftswissenschaft für die Vorstellung eines perfekt rationalen und perfekt egoistischen Wirtschaftssubjekts, vgl. *Roncaglia*, A Brief History of Economic Thought, S. 167.

61 *Lieder*, Die rechtsgeschäftliche Sukzession, S. 59.

62 S. die *Abbildung 6* auf S. 80.

Unternehmenswert „mangelhaft" und dem Unternehmenswert „mangelfrei" größer ausfällt und der Schaden steigt, wenn man ihn aus Sicht des Käufers berechnet.

Es stellt sich die Frage, ob die Wahl dieser grundsätzlich höheren Schadensberechnung effizient ist, indem sie Ressourcenverschwendung vermeidet oder mindert. Ein erhöhtes Haftungsrisiko kann den Verkäufer zur pflichtgemäßen Aufklärung und zur Abgabe zutreffender Garantieerklärungen veranlassen, was ein Post M&A-Verfahren sowie nicht unerhebliche Prozesskosten verhindern kann. Da jedoch ohnehin eine *Due Diligence*-Prüfung erfolgt, in deren Rahmen der Verkäufer dem Käufer umfassende Aufklärung leistet, ist nicht davon auszugehen, dass der (finanzielle) Aufwand des Verkäufers wesentlich steigt, indem die Aufklärung pflichtgemäß und die Garantieabgabe zutreffend erfolgt. Dies bedeutet, dass das Abstellen auf den Käufer-Unternehmenswert Ressourcen einsparen und die Allokationseffizienz steigern kann.

Ein erhöhtes Haftungsrisiko kann den Verkäufer auch zum Abschluss einer (höheren) W&I-Versicherung veranlassen. Die (erhöhten) Versicherungsbeiträge dürften allerdings verhältnismäßig ausfallen. Denn die vermehrten W&I-Versicherungsabschlüsse haben dazu geführt, dass die Versicherungen kostengünstiger und flexibler geworden sind.[63]

Würde das (Schieds-)Gericht dagegen die grundsätzlich niedrigere Schadensberechnung aus Sicht des Verkäufers wählen, so trüge der Käufer, der seinen subjektiven Unternehmenswert ambitioniert kalkuliert hat, das Risiko, nicht ausreichend kompensiert zu werden und müsste zum Erreichen einer Totalreparation zwingend eine W&I-Versicherung abschließen. Da aus Sicht des Käufers das Risiko einer Aufklärungspflichtverletzung allerdings nicht hinreichend abgeschätzt werden kann, würde er u.U. eine zu hohe Versicherungssumme wählen und entsprechend hohe Versicherungsbeiträge zahlen, die außer Verhältnis zum tatsächlichen Schadensrisiko stehen. Dies wäre eine Verschwendung von Ressourcen.

Die Schadensberechnung aus Sicht des Käufers ist aus diesen Gründen effizient.

Auch am *Pareto*-Kriterium kann dieses Ergebnis gemessen werden. Danach liegt Effizienz vor, wenn eine Person nicht bessergestellt werden kann, ohne eine andere gleichzeitig schlechter zu stellen. Da es sich beim Unternehmenswert um einen subjektiven Wert handelt, ist die einzige Alternative zur Unternehmensbewertung aus Käufersicht eine Unternehmensbewertung aus Verkäufersicht. Eine

63 Latham & Watkins Knowledge Library, Corporate M&A 2015, S. 26, abrufbar unter: *https://www.lw.com/thoughtLeadership/warranty-and-indemnity-versicherungen-attraktiver-deal-beschleuniger* (zuletzt abgerufen am 15.11.2022); „Anwaltsteams sichern große Deals immer häufiger mit Versicherungen ab", Handelsblatt, 28.5.2018, abrufbar unter *https://www.handelsblatt.com/finanzen/vorsorge/versicherung/unternehmenstransaktionen-anwaltsteams-sichern-grosse-deals-immer-haeufiger-mit-versicherungen-ab/22612722.html* (zuletzt abgerufen am 15.11.2022).

dritte Alternative, etwa eine Unternehmensbewertung aus Sicht eines objektiven Dritten kommt nicht in Frage, da das Unternehmen wie gezeigt stets subjektiv aus Sicht des (potenziellen) Unternehmensinhabers bewertet wird. Die damit einzig verbleibende Alternative, auf den Verkäufer-Unternehmenswert abzustellen, würde den Verkäufer zwar besserstellen, aber gleichzeitig den Käufer schlechterstellen, weil der Schaden geringer ausfiele. Daher erfüllt das Ergebnis, auf den Käufer-Unternehmenswert abzustellen, das *Pareto*-Kriterium.

2 Allokationseffizienz durch das Kriterium „Willkür" als Begrenzung des Käufer-Unternehmenswerts?

Aus wohlfahrtsökonomischer Sicht ist eine Überbewertung von Schäden ineffizient, da sie einen überflüssigen Schadensvermeidungsaufwand verursachen würde.[64] Sobald der Schadensersatzanspruch den eingetretenen Schaden übersteigt, wäre der Geschädigte verleitet, seinen Schaden gerichtlich geltend zu machen. Dies würde zu hohen Kosten der Schadensabwicklung führen,[65] die vermeidbar gewesen wären. Das wäre ineffizient. Deshalb sollte der Schadensersatzanspruch den Schaden nicht übersteigen.

Diese wohlfahrtsökonomische Vorgabe wird durch das Ausgleichsprinzip und insbesondere durch das schadensrechtliche Bereicherungsverbot erfüllt. Letzteres verbietet, dass der Käufer mehr verlangen kann, als er tatsächlich an Schaden erlitten hat. Das Abstellen auf den subjektiven Schaden des Käufers birgt zwar das Risiko, dass ein ambitionierter Käufer einen besonders hohen Schadensersatz geltend machen kann, allerdings kann er einen willkürlich hohen Schaden ohne tragende Tatsachengrundlage nicht ersetzt verlangen.[66] Das Risiko einer Überbewertung wird dadurch minimiert, dass das (Schieds-)Gericht eine objektive Tatsachengrundlage für die Unternehmensbewertung und Kaufpreiskalkulation des Käufers verlangen kann. Damit ist die These, dass die Willkür eine Grenze des subjektiven Käuferschadens darstellt, aus wohlfahrtsökonomischer Sicht effizient.

Das Risiko des Verkäufers resultierend aus einer ambitionierten Unternehmensplanung und -kalkulation des Käufers wird wie gezeigt (lediglich) durch die Elemente des Mitverschuldens und der Willkür begrenzt. Diese Risikoverteilung zwischen Käufer und Verkäufer bietet sich an für eine rechtsökonomische Untersuchung. Grundsätzlich trägt der Verkäufer das Risiko, dass der Käufer eine am-

64 *Ott/Schäfer*, ZIP 1986, 613, 620.
65 *Ott/Schäfer*, ZIP 1986, 613, 620.
66 Zu den Einzelheiten s. S. 193 ff.

bitionierte Unternehmensplanung und damit eine hohe Unternehmensbewertung vornimmt. Das Schadensrecht mutet dem Käufer nicht zu, auf eine ambitionierte Unternehmensplanung und -kalkulation zu verzichten, da es den Schadensersatz nicht von vornherein einschränkt. Der Verkäufer trägt im Ausgangspunkt das volle Risiko. Die Grenze des Mitverschuldens (§ 254 BGB) erscheint im Post M&A-Verfahren auf den ersten Blick weit entfernt, da nicht ersichtlich ist, inwiefern der Käufer den Schaden vermeiden könnte. Der Schaden hat seine Ursache in einer Aufklärungspflichtverletzung oder mangelhaften Leistung des Verkäufers bzw. in einer unrichtig abgegebenen Verkäufergarantie. Inwiefern der Käufer diese Vorfälle, die aus der Sphäre des Verkäufers stammen, unterbinden könnte, erschließt sich nicht. Bei der Schadensbegrenzung dagegen kann der Käufer gehalten sein, etwaige Reparaturen an Maschinen zügig vornehmen zu lassen, um den Schaden gering zu halten. Die Schadensminderung dürfte auch wertmäßig erheblich sein, wenn man berücksichtigt, dass der Unternehmenswert der Barwert der künftigen Erträge bzw. *Cashflows* ist. Diese Grenze des § 254 BGB wirkt sich mithin nicht auf die vorvertragliche Unternehmensplanung und -kalkulation des Käufers aus, sondern auf sein unternehmerisches Tätigwerden nach dem Gefahrübergang. § 254 BGB hindert den Käufer nicht, vor dem Unternehmenskauf optimistisch zu kalkulieren. Gleichwohl ist der Verkäufer geschützt. Sorgt der Käufer aufgrund seiner Obliegenheit gemäß § 254 BGB dafür, dass die mangelbedingten Ertragseinbußen gering bleiben, indem er zügig eine Reparatur der Maschine vornehmen lässt, so ist der Schaden, der sich anhand seiner subjektiven Unternehmensplanung errechnet, geringer, als wenn sich der Schaden voll realisiert hätte. Auch der Käufer ist geschützt. Ist ihm gemäß § 254 BGB die Schadensbegrenzung nicht zumutbar, wird ihm der Schaden in voller Höhe erstattet, und zwar nach seiner subjektiven (hohen) Kalkulation.

Die zweite Grenze, die Willkür, veranlasst den Käufer dagegen bereits vor dem Vertragsschluss, realistisch und auf einer tragfähigen Tatsachengrundlage zu kalkulieren. Damit wirkt sich diese Grenze auf die unternehmerische Entscheidung aus und beeinflusst auch die Kaufpreisfindung. Entsprechend ist es wichtig, dass die Grenze nicht vorschnell bejaht werden kann und den Käufer nicht verleitet, eine Unterbewertung vorzunehmen. Wäre jeder Kaufinteressent stets gehalten, konservativ zu kalkulieren, weil die Schwelle zur Willkür schnell erreicht wäre, würden zu geringe Kaufpreise geboten werden. Dadurch würde die Zahl der M&A-Transaktionen zurückgehen und der M&A-Markt wäre nicht mehr effizient. Der Maßstab zur Bemessung der Willkür, nämlich die Verkehrsanschauung unter Berücksichtigung der obwaltenden Umstände, erscheint geeignet, dem vorzubeugen. Denn nach der Verkehrsanschauung unter Berücksichtigung der obwaltenden Umstände kann es durchaus wirtschaftlich gerechtfertigt sein, ambitioniert zu kalkulieren, etwa wenn erhebliche Synergieeffekte zu erwarten sind.

3 Allokationseffizienz durch opportunistisches Verhalten?

Es stellt sich die Frage, ob Ressourcen verschwendet werden, wenn der Verkäufer den Käufer richtig und vollständig aufklärt und ausschließlich zutreffende Garantien abgibt, der Käufer dann aber einen niedrigeren Kaufpreis bezahlt bzw. vor der M&A-Transaktion zurückschreckt und das Unternehmen nicht erwirbt. Möglicherweise werden die knappen Ressourcen zu einem größtmöglichen gesellschaftlichen Nutzen eingesetzt, wenn der Verkäufer zwar Garantieerklärungen verletzt und den Käufer täuscht, aber das Unternehmen auf den Käufer übergeht und dieser anschließend Schadensersatz vom Verkäufer erhält und Synergieeffekte realisieren kann, die der Verkäufer u.U. nie hatte.

Dieser Fall, dass der Verkäufer dem Käufer wesentliche Informationen vorenthält und der Käufer daraufhin einen zu hohen Kaufpreis bezahlt, wird als opportunistisches Verhalten bezeichnet.[67] Bei einem opportunistischen Verhalten nutzt ein Marktteilnehmer arglistig eine asymmetrische Informationsverteilung zu seinen Gunsten aus. Geschieht dies im vorvertraglichen Zeitraum, spricht man von „*ex ante* Opportunismus".[68] Ein Zweck des Vertragsrechts ist es, *ex ante* Opportunismus zu minimieren, indem es Informationsvorschriften statuiert und Haftungsregeln enthält.[69] Eine vollständige Verhinderung von c.i.c.-Fällen ist dem Vertragsrecht aber nicht möglich. Dies hängt davon ab, ob opportunistisches Verhalten für den Verkäufer unprofitabel ist und dies hängt wiederum davon ab, ob die Parteien dem Gericht glaubhaft die internen Informationsstrukturen mitteilen können und ob das Gericht opportunistisches Verhalten erkennt und korrigiert.[70]

Die Wahl der Schadensbemessung wirkt sich sowohl auf die Anreize zur Nichterfüllung durch den Verkäufer als auch auf die Anreize zur Inanspruchnahme durch den Käufer aus und macht einen Vergleich der Effizienz verschiedener Schadensbemessungen jeweils unter Berücksichtigung dieser beiden Anreize erforderlich.[71] Die Schadensberechnung könnte also darüber entscheiden, ob der Verkäufer eine Pflichtverletzung begeht.

Die Schadensberechnung anhand des subjektiven Käufer-Unternehmenswerts sowie der Grundsatz der Totalreparation legen die Vermutung nahe, dass der Käufer wirtschaftlich nach einer Täuschung und Inanspruchnahme des Verkäufers genau so dasteht, wie er stünde, hätte er aufgrund richtiger Aufklärung von der M&A-Transaktion Abstand genommen und die Potenziale der Synergien nie genutzt

---

67 *Schäfer/Ott*, Lehrbuch der ökonomischen Analyse des Zivilrechts, S. 475 f.
68 *Schäfer/Ott*, Lehrbuch der ökonomischen Analyse des Zivilrechts, S. 476.
69 *Schäfer/Ott*, Lehrbuch der ökonomischen Analyse des Zivilrechts, S. 477.
70 *Schäfer/Ott*, Lehrbuch der ökonomischen Analyse des Zivilrechts, S. 477.
71 *Rogerson*, The Rand Journal of Economics, 1984, Band 15, Nr. 1, S. 39, 40.

(verschwendet). Wäre dies der Fall und könnte der vollständig kompensierte Käufer nach dem Post M&A-Verfahren die Synergieeffekte des Unternehmens realisieren, so könnte dies effizienter sein als eine pflichtgemäße Aufklärung und ein Scheitern der M&A-Transaktion.

Es sprechen allerdings gute Gründe gegen eine Ressourcenverschwendung durch eine pflichtgemäße Aufklärung seitens des Verkäufers. Zum einen erscheint es nur auf den ersten Blick kostensparend, wenn der Käufer das mangelhafte Unternehmen nebst einer Kompensation in Form eines Schadensersatzanspruchs erhält, anstatt vom Unternehmenskauf Abstand zu nehmen und auf die Synergien zu verzichten. Denn die Transaktionskosten, insbesondere die Kosten der Inanspruchnahme, erhält der Käufer in der Regel nicht vollständig ersetzt, sondern nur in Höhe des gesetzlichen Erstattungsanspruchs gemäß § 91 ZPO, wobei die Rechtsanwaltskosten nur in Höhe der gesetzlichen RVG-Vergütung erstattungsfähig sind (§ 91 Abs. 2 Satz 1 ZPO); selbst wenn mehrere Rechtsanwälte tätig waren, sind nur die Kosten eines Rechtsanwalts zu erstatten (§ 91 Abs. 2 Satz 2 ZPO). Das bedeutet, dass der Käufer die Differenz zwischen der RVG-Vergütung und dem tatsächlichen Anwaltshonorar selbst zu tragen hat. Hinzu kommt der Zeitaufwand des Käufers, der ebenfalls nicht ersetzt wird. Zwar erlaubt § 91 Abs. 1 Satz 2 ZPO die Entschädigung für die durch Reisen und Terminwahrnehmung entstandene Zeitversäumnis. Allerdings erfolgt der größte Zeitaufwand für die Sachverhaltsaufarbeitung, die Absprache mit Rechtsanwälten zur Prozesstaktik und Beweisprognose. Diese Schadensposten kann der Käufer nicht ersetzt verlangen.

Gegen eine Ressourcenverschwendung durch pflichtgemäße Aufklärung spricht überdies, dass dem Verkäufer grundsätzlich eine hohe Schadensersatzpflicht droht, schließlich ist aufgrund der Subjektbezogenheit des Schadensbegriffs auf den hohen Käufer-Unternehmenswert abzustellen. Das bedeutet, dass es für den Verkäufer teurer sein dürfte, Schadensersatz zu leisten, als auf den täuschungsbedingt höheren Kaufpreis zu verzichten. Eine Allokationseffizienz durch opportunistisches Verhalten ist in der M&A-Praxis daher nicht in jedem Fall erreichbar.

Die Vereinbarung von Garantien ist aus ökonomischer Sicht sinnvoll. Denn sie bedeutet eine Übertragung des Risikos einer Garantieverletzung auf die eine oder auf die andere Partei. Je nachdem, wer dieses Risiko trägt, verändert sich die Preisgestaltung. Schließen die Parteien alle Schadensersatzansprüche des Käufers aus, schlägt sich das in Form eines geringeren Kaufpreises nieder. Übernimmt der Verkäufer eine Garantiehaftung, wird er sich dies in Form des Kaufpreises zusätzlich „vergüten“ lassen. Im Falle einer rationalen Verteilung der Risiken profitieren beide Parteien von der Garantievereinbarung, denn es wird rational derjenige das Risiko übernehmen, der es besser steuern und mit geringerem Aufwand bewältigen kann, sei es in Form der Verhinderung oder in Form der Versicherung[72]. Dies hat zur Folge, dass derjenige, der den Preisaufschlag bzw. Preisabschlag verlangen darf, einen relativ geringen Preisaufschlag bzw. Preisabschlag verlangt. Das ist effizient.[73]

4 Allokationseffizienz trotz W&I-Versicherung?

Es stellt sich die Frage, ob der Abschluss einer W&I-Versicherung durch den Verkäufer zu Ineffizienz führt, schließlich zieht der Versicherungsabschluss eine Versicherungsprämie nach sich, die der Verkäufer auf den Kaufpreis „draufschlagen" könnte. Diese Kosten wären möglicherweise vermeidbar.

Der Erhöhung des Kaufpreises durch Versicherungskosten steht allerdings auch ein Anspruch im Versicherungsfall gegenüber. Sollte der Käufer einen Garantieanspruch geltend machen und genießt der Verkäufer einen Versicherungsschutz, so steht dem Käufer ein Direktanspruch gegen die W&I-Versicherung zu, der ihn gegen das Risiko eines verkäuferseitigen Zahlungsausfalls absichert.[74] Selbst wenn die Versicherungsprämie des Verkäufers den Kaufpreis erhöht haben sollte, so erhält der Käufer im Versicherungsfall einen werthaltigen Ausgleichsanspruch. Der Kaufpreiserhöhung steht also ein geldwerter Vorteil gegenüber. Eine Verschwendung von Ressourcen ist hierin nicht zu erkennen.

Die Versicherungspraxis bei M&A-Transaktionen wirft noch eine weitere Frage im Rahmen der ökonomischen Analyse auf: Führen W&I-Versicherungen zu einem *Moral Hazard?* Unter der Bezeichnung *Moral Hazard* wird der Effekt verstanden, dass Wirtschaftsakteure aufgrund von Versicherungen geneigt sein können, Sorgfaltspflichten zu vernachlässigen.[75] Etwa kann der Verkäufer geneigt sein, falsche Angaben zu machen, wenn er einen Versicherungsschutz in Bezug auf das Haftungsrisiko genießt.[76] Da in der M&A-Praxis W&I-Versicherungen gängig sind und sowohl dem Käufer (Käuferpolice) als auch dem Verkäufer (Verkäuferpolice) als Absicherung zur Verfügung stehen, könnte der Sorgfaltsmaßstab des Unternehmensverkäufers herabgesetzt sein. Ein *Moral Hazard* dürfte allerdings deshalb unwahrscheinlich sein, da sich Versicherungsgesellschaften im Falle des Vorsatzes des Verkäufers einen Haftungsausschluss einräumen lassen. Und selbst bei Käu-

---

72 In diesem Fall ist die Rede vom sog. *„cheapest insurer"*, vgl. *Schäfer/Ott*, Lehrbuch der ökonomischen Analyse des Zivilrechts, S. 485 ff.

73 Zum Ganzen: *Schäfer/Ott*, Lehrbuch der ökonomischen Analyse des Zivilrechts, S. 479 f.

74 Zu den Einzelheiten der W&I-Versicherung und des Direktanspruchs des Käufers s. oben S. 5 ff.

75 *Griffith*, Deal Insurance, S. 1839, 1872.

76 *Griffith*, Deal Insurance, S. 1839, 1875.

ferpolicen, die auch vorsätzliche und grob fahrlässige Falschangaben des Verkäufers abdecken, werden die Versicherungen versuchen, im Schadensfall beim Verkäufer Regress zu nehmen.[77] Der Verkäufer erhält durch den Abschluss eines Versicherungsvertrags in aller Regel daher keinen „Freifahrtschein". Aus diesen Gründen führt die Versicherungslösung nicht zur Verschwendung von Ressourcen.

Der W&I-Versicherung ist noch eine weitere Auswirkung zu entnehmen. Ausgangspunkt ist die Erkenntnis, dass das Unternehmen zu dem Unternehmenskäufer gelangen sollte, der den größten Nutzen daraus zieht, da dies den gesamtwirtschaftlichen Wohlstand am meisten steigert. Er hat aber nur dann Anlass, das Unternehmen zu erwerben, wenn er sicher gehen kann, im Falle einer Aufklärungspflichtverletzung, Leistungsstörung oder Garantieverletzung ausreichend kompensiert zu werden. Würde er nicht ausreichend kompensiert, wäre er zum einen abgeschreckt, zum anderen könnte er auch nicht den größtmöglichen Nutzen ziehen, weil er auf seinem Schaden „sitzen bliebe". Vor diesem Hintergrund lässt sich zum einen argumentieren, dass die Totalreparation aus rechtsökonomischer Sicht einen hohen Stellenwert genießt und zum anderen, dass die Versicherungspraxis die praktische Umsetzung der Totalreparation gewährleistet. Daher trägt der Abschluss einer W&I-Versicherung zur Erhöhung des gesamtwirtschaftlichen Wohlstands bei.

Fraglich ist, ob der umfangreiche Garantiekatalog im Unternehmenskaufvertrag einen *Moral Hazard* aufseiten des Käufers auslöst. Als *Moral Hazard* des Käufers wird in der ökonomischen Analyse des Rechts die unsorgfältige oder exzessive Produktnutzung durch einen Käufer bezeichnet, der gewährleistungsrechtlich „voll versichert" ist und keinen Anreiz hat, mit dem Produkt sorgfältig umzugehen.[78] Dieses Szenario droht bei Unternehmenskäufen nicht. Die Transaktionsvolumen sind zu hoch, als dass der Käufer das Risiko eingehen würde, das mangelhafte Unternehmen unsorgfältig zu führen (womöglich mit der Folge der Insolvenz) und sich anschließend beim Verkäufer schadlos zu halten. Das Risiko, dass der Käufer den Post M&A-Streit verliert, wäre angesichts der hohen Kaufpreise wohl zu abschreckend. Darüber hinaus ist das Unternehmen kein Gebrauchsgegenstand, der sich ohnehin abnutzt und an Wert verliert, sodass der Käufer durch unsachgemäßen Umgang den Verfallszeitpunkt lediglich vorziehen könnte. Es dürfte ohnehin fraglich sein, ob der Käufer den Schaden durch sorgfaltswidrige Unternehmensführung vollständig ersetzt bekäme, oder ob nicht vielmehr der fortschreitende Unternehmenswertverlust eine Schadensminderungsobliegenheit

---

77 Warranty & Indemnity-Insurances im M&A-Markt – ein Überblick, Handelsblatt Rechtsboard, 17.10.2016, abrufbar unter *https://blog.handelsblatt.com/rechtsboard/2016/10/17/warranty-indemnity-insurances-im-ma-markt-ein-ueberblick/* (zuletzt abgerufen am 15.11.2022).

78 *Schäfer/Ott*, Lehrbuch der ökonomischen Analyse des Zivilrechts, S. 581 f.

des Käufers und eine entsprechende Schadenskürzung auslöst, § 254 BGB. Ein käuferseitiger *Moral Hazard* durch weitreichende Gewährleistungsrechte steht aus diesen Gründen nicht zu befürchten.

5 Allokationseffizienz durch vertragliche Schadensberechnungsformel anstelle eines Sachverständigengutachtens?

Ferner ist die Frage zu untersuchen, ob die Schadensberechnung im Post M&A-Verfahren voraussichtlich zur Erhöhung oder Verminderung der Transaktionskosten führt. Wie gezeigt, ist es ein erklärtes Ziel der ökonomischen Analyse des Rechts, Transaktionskosten zu minimieren.

Zu den Transaktionskosten zählen auch die Durchsetzungskosten, also die Kosten für Rechtsanwälte und die Gerichtskosten. Diese sind umso höher, je aufwendiger und länger die streitige Verhandlung und Beweisaufnahme sind. Sie hängen unter anderem davon ab, ob ein aufwendiges Gutachten zur Schadensberechnung erforderlich ist, das im Nachgang der Erstellung wiederum von den Parteien angegriffen und zum Inhalt der weiteren Verhandlung gemacht werden kann. Ist dies der Fall, erhöhen sich die Durchsetzungskosten, da die Rechtsanwaltskosten, Termingebühren, Anfahrtskosten und die Gutachterkosten steigen. Die Beauftragung eines gerichtlich bestellten Sachverständigen zur Schadensberechnung hat daher erhebliche ökonomische Auswirkungen. Neben den erhöhten Prozesskosten wird auch die Verfahrensdauer länger, was sich wiederum in höheren Prozesskosten niederschlägt. Es kann Monate und sogar Jahre dauern, bis die Beweisaufnahme abgeschlossen ist, denn nach der Beauftragung des Sachverständigen können mehrere schriftliche Ergänzungsgutachten erforderlich werden, die wiederum umfangreich von den Parteien schriftsätzlich kommentiert werden, bis es schließlich zur Anhörung des Sachverständigen vor Gericht kommt.[79]

Im Ausgangspunkt ist festzuhalten, dass die Ziele des Zivilprozessrechts den Zielen der ökonomischen Analyse des Rechts zuwiderlaufen.[80] Die Gegensätze sind deutlich: Während die ökonomische Analyse des Rechts nach der volkswirtschaftlichen Kosten-Nutzen-Relation fragt und zum Ziel hat, dass ein funktionierender Markt zu optimaler Ressourcenallokation im Sinne größter volkswirtschaftlicher Wohlfahrt führt,[81] ist das Ziel des Zivilprozessrechts die Gewährleistung effektiven Rechtsschutzes, d. h. die effektive Verwirklichung materieller zivilrechtlicher An-

79 *Kreifels*, in: FS Elsing, S. 263, 264.
80 *Bruns*, ZZP 124 (2011), 29, 30, 43.
81 *Bruns*, ZZP 124 (2011), 29, 30.

sprüche und Rechte im Zivilprozess.[82] Es geht also um die Qualität des wirkungsvollen Rechtsschutzes und um den Wirkungsgrad der Rechtspflege, nicht um ein Verhältnis zum Ressourceneinsatz.[83]

Der Konzentrations- und Beschleunigungsgrundsatz des Zivilprozessrechts entspricht aber insoweit dem Ziel der ökonomischen Analyse des Rechts, als ökonomisch betrachtet ein Effizienzgewinn vorliegt, wenn der Rechtsschutz bei gleicher Qualität in kürzerer Zeit und unter Verwendung weniger Ressourcen erreicht wird.[84]

Den Parteien steht es frei, ob sie den Vertrag schließen (Abschlussfreiheit) und mit welchem Inhalt (Inhaltsfreiheit). Die ökonomische Analyse des Rechts hat gezeigt, dass die Vertragsfreiheit ein wichtiger Schlüssel ist, der in einem funktionierenden Wettbewerbssystem die Ressourcen dorthin steuert, wo sie die beste Verwendung finden. Sie führt zu Effizienz bei Transaktionen.

Es ist mithin danach zu fragen, ob eine vertragliche Schadensberechnungsvereinbarung Ressourcen spart, indem sie eine zügigere und günstigere Schadensermittlung ermöglicht.

Dabei fällt erheblich ins Gewicht, dass auch die „Vertragslösung“ erhebliche Kosten, namentlich außergerichtliche Rechtsanwaltskosten für die Vertragsverhandlung über die Schadensberechnung verursacht. Wenn ein Vertrag unvollständig ist, dann nicht deshalb, weil die Parteien nachlässig waren, sondern weil das Verhandeln und Ausformulieren vollständiger Verträge unverhältnismäßig hohe Transaktionskosten erfordert.[85] Diese Streitbewältigungskosten werden von den Parteien bereits vor der Transaktion in den Kaufpreis eingepreist.[86] Deshalb führt eine Schadensberechnungsvereinbarung auch zu höheren Unternehmenskaufpreisen. Darüber hinaus erfordert auch die Vertragsverhandlung einen nicht unerheblichen Zeitaufwand. Es ist daher zweifelhaft, ob eine Verschwendung von Ressourcen und damit Ineffizienz vorliegt, wenn die Parteien auf eine vertragliche Regelung verzichten und die Schadensberechnung von einem gerichtlich bestellten Sachverständigen ermitteln lassen.

Zudem kann selbst die Vereinbarung einer vertraglichen Schadensberechnungsformel nicht ausschließen, dass das Gericht ein Sachverständigengutachten einholen wird, sobald eine Unternehmensbewertung erforderlich ist. In diesem Fall fielen sogar beide kosten- und zeitaufwendigen Tätigkeiten an. Eine effizientere Lösung ist die Vertragslösung daher nicht in jedem Fall.

---

82 *Bruns*, ZZP 124 (2011), 29.

83 *Bruns*, ZZP 124 (2011), 29.

84 *Bruns*, ZZP 124 (2011), 29, 36.

85 *Kötz*, JuS 2013, 289, 296.

86 *Lieder*, Die rechtsgeschäftliche Sukzession, S. 67.

III Prüfung der Schadensberechnung im Post M&A-Verfahren am Maßstab der Verhaltenssteuerung

1 Verhaltenssteuerung durch Verpflichtung des *cheapest cost avoider?*

Das Schadensrisiko soll dem auferlegt werden, der es mit dem geringsten Aufwand beherrschen kann (*cheapest cost avoider*), der also das Schadensereignis günstiger verhindern oder sich günstiger gegen den Schadenseintritt versichern kann. Es ist mithin die Frage zu untersuchen, welche Schadensverhinderung günstiger ist: die Aufklärung durch den Verkäufer oder die *Due Diligence*-Prüfung durch den Käufer. Ein Vertragsschluss ist dann effizient, wenn die Partei mit dem besseren Zugang zu Informationen das Risiko trägt.[87] Den besseren Zugang zu den Unternehmensinformationen hat der Verkäufer. Der Verkäufer hat die Informationen und kann selbst bestimmen, ob er den Käufer im Rahmen der *Due Diligence*-Prüfung richtig und vollständig aufklärt und ob er ausschließlich richtige Garantieerklärungen abgibt.

Selbst mit einer W&I-Versicherung kann der Verkäufer das Haftungsrisiko nicht vollumfänglich auf die Versicherung übertragen, da diese nicht für Vorsatz des Verkäufers haftet bzw. sich in Vorsatzfällen bei ihm schadlos halten wird.[88] Daher erfüllt das Schadensrecht seine Steuerungsfunktion, dem Verkäufer als dem *cheapest cost avoider* das Schadensrisiko aufzuerlegen.

2 Verhaltenssteuerung durch optimale Höhe des Schadensvermeidungsaufwands?

Der zweite Aspekt der Steuerungsfunktion des Schadensrechts besteht wie gezeigt darin, den Schadensvermeidungsaufwand auf eine gesamtgesellschaftlich optimale Höhe zu lenken, was erreicht ist, wenn eine weitere Sorgfaltsmaßnahme zusätzliche Kosten verursachen würde, aufgrund derer die Schadensvermeidungskosten die drohenden Schadenskosten übersteigen. Liegen die Kosten für den Schadensvermeidungsaufwand unterhalb der Schadenskosten, dann ist es ökonomisch geboten, dass der Schädiger diesen Aufwand betreibt, da ansonsten Ressourcen verschwendet würden.

Der drohende Schaden besteht in der Schadensersatzzahlung in Höhe des zu viel gezahlten Kaufpreises (c.i.c.) bzw. in Höhe des Unternehmensminderwerts

---

87 *Griffith*, Deal Insurance, Vorwort.

88 S. oben S. 262 f.

(Mängelgewährleistungsrecht und Garantieanspruch). Wegen des Grundsatzes der Totalreparation sind auch Folgeschäden zu ersetzen. Im Grundsatz droht dem Verkäufer im Post M&A-Verfahren eine nicht unerhebliche Schadensersatzverpflichtung. Hinzu kommt die Erstattung der gerichtlichen und außergerichtlichen Kosten. Der Schadensvermeidungsaufwand des Verkäufers besteht in der richtigen und vollständigen Aufklärung des Käufers sowie in der Abgabe ausschließlich zutreffender Garantieerklärungen. Diese Schadensvermeidungsmaßnahmen erfolgen im Rahmen der *Due Diligence* und der Vertragsverhandlung und ziehen einen nicht unerheblichen Zeit- und Kostenaufwand nach sich. Hierbei ist jedoch zu berücksichtigen, dass die *Due Diligence* und die Vertragsverhandlung ohnehin im vorvertraglichen Stadium der M&A-Transaktion stattfinden. D.h. dass dieser Aufwand selbst dann anfällt, wenn der Verkäufer den Käufer unvollständig oder unrichtig aufklärt oder unzutreffende Garantieerklärungen abgibt. Der *Mehr*aufwand durch die Schadensvermeidungsmaßnahmen dürfte daher nur einen kleinen Teil der vorvertraglichen Aufwendungen ausmachen. Dieser verhältnismäßig geringe Mehraufwand kann aber die erhebliche Schadensersatzleistung und Kostenerstattung vermeiden. Die zusätzlichen Schadensvermeidungskosten übersteigen grundsätzlich nicht die drohenden Schadenskosten. Aus diesem Grund erfüllt die Schadensberechnung im Post M&A-Verfahren aus ökonomischer Sicht ihre Steuerungsfunktion.

3 Verhaltenssteuerung durch Erfassung sämtlicher Schadenskosten?

Die Steuerungsfunktion kann wie gezeigt nur dann erfüllt werden, wenn sämtliche Schadenskosten erfasst werden, da ansonsten der Schadensvermeidungsaufwand zu gering angesetzt und im Ergebnis Ressourcen verschwendet würden. Werden die Schadenskosten zu hoch angesetzt, dann würde ein überhöhter Schadensvermeidungsaufwand betrieben werden, was ebenfalls eine Ressourcenverschwendung verursachen würde. Bei der Gegenüberstellung orientiert sich der Verkäufer dabei nicht an der Höhe des Schadens sondern an der Höhe des drohenden Schadensersatzes. Aus diesem Grund ist die Höhe des Schadensersatzanspruchs so weit wie möglich dem entstandenen Schaden anzunähern.

Die Schadensberechnung im Post M&A-Verfahren erfasst den zu viel gezahlten Teil des Kaufpreises nebst Folgeschäden bzw. den Unternehmensminderwert nebst Folgeschäden. Es erfolgt eine Totalreparation des Käufers. Darüber hinaus wird bei der Schadensberechnung auf die Kaufpreiskalkulation bzw. die Unternehmensbewertung aus Sicht des Käufers abgestellt. Grundsätzlich steht einem ambitionierten Unternehmenskäufer ein hoher Schadensersatzanspruch zu. Erst die Willkür stellt eine Grenze für die subjektive Schadensbemessung dar. Soweit der Käufer eine fundierte Tatsachengrundlage für seine Unternehmenswertkalkulation vortragen kann, ist dies als Schaden zu qualifizieren. Grundsätzlich erfasst der Schadensersatzanspruch somit sämtliche Schadenskosten. Einzig die Schadenskosten in Bezug auf die Schadensabwicklung, die nach den Maßstäben der ökonomischen Analyse des Rechts ebenfalls zu den Schadenskosten zu zählen sind, muss der Verkäufer dem Käufer nur bedingt ersetzen. Denn die gemäß § 91 Abs. 1, 2 Satz 1 ZPO zu ersetzenden Kosten umfassen lediglich die gesetzlichen Gebühren und Auslagen gemäß Regelsätzen des RVG.[89] Ersetzt werden nicht die Rechtsanwaltskosten des Käufers, die die Regelsätze des RVG übersteigen. Erhöhte Gerichtskosten aufgrund eines Sachverständigengutachtens zur Schadensberechnung und weiterer Termine zur mündlichen Verhandlung über die Schadenshöhe sind vom prozessualen Erstattungsanspruch umfasst. Damit findet eine sehr starke Annäherung des Schadensersatzanspruchs an die Schadenskosten statt. Das Schadensrecht kommt seiner ökonomischen Steuerungsfunktion insoweit nach.

89 BGH, Beschluss vom 24.1.2018 – VII ZB 60/17, BeckRS 2018, 2606 Rn. 19 f.; *Jaspersen*, in: BeckOK-ZPO, § 91 Rn. 166.

F Vereinbarungen über die Schadensberechnung im Unternehmenskaufvertrag

M&A-Transaktionen wurden stetig internationaler und globaler, was auch für die Vertragsgestaltung im M&A-Bereich nicht ohne Folgen blieb. Mittlerweile ist es üblich, den Unternehmenskaufvertrag wie im anglo-amerikanischen Recht als eigenständiges und umfassendes Regelungssystem auszugestalten.[1] Nach dem Vorbild des anglo-amerikanischen Rechts vereinbaren die Parteien einen umfassenden Garantiekatalog, der eine eigens ausgehandelte Tatbestands- und Rechtsfolgenseite enthält.

I Übliche Ersetzung der §§ 249 ff. BGB durch Vertragsrecht

Die vertragliche Vereinbarung von Rechtsfolgenregelungen ist hierzulande weder selbstverständlich noch zwingend. Denn wenn die Parteien die Rechtsfolgen einer Garantieverletzung nicht vertraglich regeln, bleibt es bei den gesetzlichen Bestimmungen der §§ 249 ff. BGB.[2] Allerdings kommt dies in der M&A-Praxis kaum vor. Das gesetzliche Haftungssystem gilt als für M&A-Transaktionen unzulänglich; eine für die Parteien im Einzelfall „maßgeschneiderte" Haftungsregelung gilt dagegen als vorteilhaft, angemessen und notwendig.[3]

1 Begründungen für die Ersetzung der §§ 249 ff. BGB

Vor allem die gesetzlichen Rechtsfolgen wie das Rücktrittsrecht, die Minderung und der große Schadensersatz werden nach einem Unternehmenskauf als nicht sachgerecht erachtet[4] und sollen deshalb durch das vertragliche Rechtsfolgenreglement ausgeschlossen und ersetzt werden.[5] Üblich ist etwa eine Regelung, wonach dem Käufer als Rechtsfolge lediglich Schadensersatzansprüche zugestanden werden[6]

---

1 *Mellert*, BB 2011, 1667; *Picot*, Handbuch Mergers & Acquisitions, S. 299; *Engelhardt*, in: Holzapfel/Pöllath/Bergjan/Engelhardt, Unternehmenskauf, S. 213 Rn. 873.

2 *Hamann*, in: Bilanzgarantien, S. 175, 177 f.

3 So die Begründung von *Paefgen/Wallisch*, in: Bilanzgarantien, S. 205.

4 *Bisle*, DStR 2013, 364, 365; *Hilgard*, ZIP 2005, 1813, 1814.

5 *Demuth*, SchiedsVZ 2012, 271; *Mehrbrey/Hofmeister*, NZG 2016, 419, 420; *Picot*, Handbuch Mergers & Acquisitions, S. 333.

6 *Picot*, Handbuch Mergers & Acquisitions, S. 333.

https://doi.org/10.1515/9783111334424-007

oder dass als Schadensersatz ausschließlich Wertersatz zu leisten sein soll.[7] Das gesetzliche Gewährleistungsrecht wird aber nicht nur wegen seiner unliebsamen Rechtsfolgen als nicht interessengerecht empfunden, sondern auch, weil die Bestimmbarkeit des Mangelbegriffs und die Abgrenzungsprobleme zur c.i.c. in der Post M&A-Praxis nur schwer zu handhaben seien.[8] Da der Käufer im Vorhinein nicht abschätzen könne, ob der Mangel eines *Assets* die wirtschaftliche Grundlage des Unternehmens erschüttere und einen gesetzlichen Gewährleistungsanspruch auslöse, sei er durch die Vereinbarung selbstständiger Garantien besser geschützt.[9] Zum Teil werden die vertraglichen Regelungen auch damit gerechtfertigt, dass der Schadensersatzanspruch nach dem Gesetz die Höhe des gezahlten Kaufpreises erheblich übersteigen könne, was für die Parteien aber gänzlich interessenfremd sei.[10] Teilweise wird eine vertragliche Vereinbarung über die Bestimmung der Schadenshöhe mit der Begründung empfohlen, den Unsicherheiten bei der Schadensberechnung im Post M&A-Verfahren zu begegnen,[11] da die gesetzlichen Vorgaben bei der Schadensberechnung im Rahmen der c.i.c. unklar und rechtsunsicher seien.[12] Diese Empfehlung wird auch in der Schweiz ausgesprochen,[13] einem der wichtigsten Schiedsgerichtsorte für Post M&A-Verfahren. Die meisten Unternehmenskaufverträge schließen daher die Anwendbarkeit der dispositiven[14] §§ 249 ff. BGB aus und enthalten stattdessen ein eigenes vertragliches Haftungsregime.[15]

2 Stellungnahme

Die Begründungen überzeugen nur zum Teil. In der Tat ist es sachgerecht, die Fährnis einer Rückabwicklung des Unternehmenskaufvertrags abzuwenden und hierfür den Rücktritt und den großen Schadensersatz auszuschließen.[16] Auch die Minderung des Kaufpreises führt nicht zu einem zufriedenstellenden Ergebnis. Wie dargelegt wurde, stehen der Minderung allerdings keine dogmatischen Unwäg-

---

7 *Brand*, in: Bilanzgarantien, S. 297, 298 f.

8 *Schudlo/Kersten*, BB 2021, 1154.

9 *Picot*, M&A Review 12/2009, III.

10 *Beisel*, in: Beisel/Klumpp, Der Unternehmenskauf, § 16 Rn. 52.

11 S. *Hilgard*, ZIP 2005, 1813, 1813, 1815.

12 *Paefgen/Wallisch*, in: Bilanzgarantien, S. 205, 211.

13 S. *Vischer*, SJZ 106 (2010) Nr. 6, 129.

14 *Brand*, Schadensersatzrecht, S. 26 Rn. 48; *Oetker*, in: MüKo-BGB, § 249 Rn. 6.

15 *Bisle*, DStR 2013, 364; *Daghles/Haßler*, M&A Review 4/2019, 90, 93; *Elsing/Kramer*, in: FS Großfeld, S. 109, 111 f.; *Hilgard*, ZIP 1005, 1813, 1814; *Mehrbrey/Hofmeister*, NZG 2016, 420.

16 Zu den einzelnen Problemen einer Rückabwicklung des Unternehmenskaufvertrags s. oben S. 22 f.

barkeiten entgegen, sondern schlichtweg wirtschaftliche Beweggründe, da sie den Käufer nicht hinreichend kompensiert.[17] Streng genommen ist der Ausschluss der Minderung nicht erforderlich, da der Käufer die Minderung nicht erklären wird, wenn sie seiner Gewinnerzielungsabsicht entgegenläuft. Die Schwierigkeiten bei der Bestimmung des Mangelbegriffs und des Anwendungsbereichs der c.i.c. wurden herausgearbeitet und können daher bestätigt werden.[18] Die Vereinbarung eines selbstständigen Garantieversprechens (§ 311 Abs. 1 BGB) in Form eines umfangreichen Garantiekatalogs angelehnt an die anglo-amerikanische Vertragspraxis stellt mithin eine adäquate Lösung dar, die den Käufer befähigt, unter Umgehung dieser problembehafteten Komplexe einen Schadensersatzanspruch geltend zu machen. Denn der Tatbestand der Garantieverletzung erfordert weder eine Auseinandersetzung mit dem Mangelbegriff noch mit dem Verschulden des Verkäufers. Auch das Argument, dass der Schadensersatzanspruch grundsätzlich die Höhe des Kaufpreises übersteigen könnte, ist nicht von der Hand zu weisen, da das Schadensrecht mit dem Ziel der Totalreparation auch sämtliche Folgeschäden ausgleichen soll und lediglich durch das schadensrechtliche Bereicherungsverbot limitiert ist. Da dies für den Verkäufer jedoch das Damoklesschwert eines absoluten Verlustgeschäfts bedeutet (er verliert das Unternehmen und hat zusätzlich noch Schadensersatz zu leisten, der die Summe des Kaufpreises übersteigt), ist eine Modifikation der §§ 249 ff. BGB durch Haftungsbeschränkungen in Form von Haftungshöchstgrenzen gerechtfertigt. Auf diese ist zurückzukommen.[19] Das letztgenannte Argument erfordert eine Differenzierung, da es bei genauer Betrachtung aus zwei Aspekten besteht: Die Bemessung der Schadenshöhe sei vertraglich zu vereinbaren, weil (1.) die Schadensberechnung im Post M&A-Verfahren Unsicherheiten berge und (2.) die gesetzlichen Vorgaben bei der Schadensberechnung im Rahmen der c.i.c. unklar und rechtsunsicher seien. Dem zweiten Aspekt muss widersprochen werden. Wie dargelegt, folgt aus dem Schadensersatz- und Schadensrecht die klare Vorgabe, im Rahmen der c.i.c. die hypothetische Kaufpreisverhandlung zu fingieren und dem Käufer das negative Interesse zuzusprechen. Die Schadensberechnung ist dabei weder unklar noch rechtsunsicher, sondern kann je nach Einzelfall im Wege der Verhältnisrechnung oder der Differenzrechnung vorgenommen werden. Insoweit räumt das Gesetz sogar einen Spielraum ein, um den Schaden möglichst präzise berechnen zu können.

---

17 Zu den Einzelheiten s. S. 49 ff.

18 Zur Bestimmung des Mangelbegriffs s. S. 36 ff.; zum Problem der Anwendbarkeit der c.i.c. s. S. 28 f.

19 S. unten S. 277 ff.

3 Negative Auswirkungen der Vertragsregelungen

Dass in Unternehmenskaufverträgen das Gesetzesrecht meist abbedungen und durch individualvertragliche Regelungen ersetzt wird, macht das Post M&A-Verfahren besonders anspruchsvoll.[20] Viele vertraglich vereinbarte Rechtsfolgen sind zwar inhaltlich an die §§ 249 ff. BGB angelehnt, geben deren Wortlaut aber nur verkürzt oder verändert wieder und es fehlt zumeist an einer Unterscheidung oder Abgrenzung der verschiedenen Arten des Schadensersatzes.[21] So lautete eine Rechtsfolgenklausel, die Streitgegenstand eines DIS-Schiedsverfahrens war:

> „Ist eine der abgegebenen Garantien ganz oder teilweise unrichtig, kann die Käuferin von der Verkäuferin Ersatz des ihr entstandenen Schadens in Geld oder Ersatz des Aufwands verlangen, der erforderlich ist, um die Käuferin oder nach ihrer Wahl die Zielgesellschaft so zu stellen, wie sie stehen würde, wenn die Garantie richtig gewesen wäre. Die Käuferin kann diese Rechte jedoch nur geltend machen, falls sie zuvor die Verkäuferin schriftlich aufgefordert hat, sie oder die Gesellschaft innerhalb von zwei Monaten nach Zugang der Aufforderung so zu stellen, wie sie stehen würde, wenn die Garantie richtig gewesen wäre (Naturalrestitution), und diese Frist, gleich aus welchem Grunde, fruchtlos verstrichen ist."[22]
>
> (*Wagner*, in: Elsing/Pickrahn/Pörnbacher/Wagner, M&A-Streitigkeiten vor DIS-Schiedsgerichten, S. 121 f. Rn. 19)

Von derartigen Verkürzungen ist abzuraten, da sie Auslegungsschwierigkeiten verursachen. Die vertraglich vereinbarten Regelungen über die Rechtsfolgen unterfallen den Regeln der Vertragsauslegung.[23] Besondere Vorsicht gilt deshalb, wenn die Regelungen den Wortlaut der §§ 249 ff. BGB wiedergeben, dies aber unvollständig.[24] Denn in diesen Fällen ist durch Auslegung zu ermitteln, ob die Parteien die Lücke planwidrig übersehen haben oder bewusst von den §§ 249 ff. BGB abweichen wollten.[25] Hier zeigt sich ein Nachteil der Adaption der anglo-amerikanischen Vertragspraxis. Im anglo-amerikanischen Recht ist es zwingend erforderlich, Tatbestand und Rechtsfolgen der Garantiehaftung vertraglich auszuformulieren, da gerade nicht im Falle einer Lücke auf dispositives Gesetzesrecht zurückgegriffen werden kann.[26] Während im deutschen Recht dieser Mechanismus

---

20 *Wilhelmi/Stürner*, in: Post-M&A-Schiedsverfahren, Vorwort.
21 *Mellert*, BB 2011, 1667, 1668.
22 *Wagner*, in: M&A-Streitigkeiten vor DIS-Schiedsgerichten, S. 121 f. Rn. 19.
23 *Henle*, in: Bilanzgarantien, S. 189, 202.
24 *Brand*, in: Bilanzgarantien, S. 297, 299.
25 *Brand*, in: Bilanzgarantien, S. 297, 299.
26 Zu den Einzelheiten s. S. 234.

jedoch existiert, führen Lücken zu Folgefragen, für deren Beantwortung das angloamerikanische Recht keine Hilfestellung geben kann.

4 Effizienz vertraglicher Vereinbarungen

Je detaillierter die Parteien einen Vertrag ausformulieren, desto höher fallen die Informations- und Beratungskosten aus[27] und desto mehr steigen die Transaktionskosten. Im Sinne der Effizienz sind diese Kosten nur gerechtfertigt, wenn die Parteien dadurch einen Nutzen erzielen. Dies ist bei der bloßen Wiedergabe des Gesetzesrechts nicht ersichtlich. Deshalb sollten nur die Abweichungen vom und Ausschlüsse des dispositiven Gesetzesrechts vertraglich vereinbart werden.

5 Abgrenzung zwischen Rechtsfolgenreglement und Kaufpreisanpassungsklauseln

Von dem vertraglichen Rechtsfolgenreglement zu unterscheiden sind Kaufpreisanpassungsklauseln, die nicht dazu dienen, den Schadensersatzumfang zu regeln, sondern Änderungen, die zwischen *Signing* und *Closing* hinsichtlich bewertungsrelevanter Umstände auftreten, Rechnung zu tragen.[28] Im Kaufvertrag findet sich entweder ein fester oder ein variabler Kaufpreis, unter anderem in Form einer Kaufpreisformel.[29] Im Rahmen der Vollziehung des Kaufvertrags (sogenannte *Post Merger*-Phase) kommt es zu eventuellen Kaufpreisanpassungen.[30] Der Unterschied zu dem Rechtsfolgenreglement liegt darin, dass beide Parteien wissen, dass sich die Umstände noch ändern werden oder dass die Umstände zum Zeitpunkt des *Closing* den Parteien schlichtweg noch nicht bekannt sind, etwa weil aktualisierte Bilanzen fehlen.[31] Diese Lösung bietet gleich mehrere Vorteile. Die Parteien sind nicht auf einen zeit- und kostenintensiven Rechtsstreit angewiesen. Sie können die Vertragsänderung frei und individuell vereinbaren (Privatautonomie). Ein Vertrag, der sich als ineffizient herausstellt, kann geändert und effizient werden. Es kommt nicht zu einer Vertragsauflösung und Schadensersatz statt der Leistung, sondern der Vertrag wird – in abgewandelter Form – durchgeführt.[32] Das ist effizient.

---

27 *Schäfer/Ott*, Lehrbuch der ökonomischen Analyse des Zivilrechts, S. 505.
28 *Paefgen/Wallisch*, in: Bilanzgarantien, S. 205, 216 f.
29 *Gran*, NJW 2008, 1409, 1414.
30 *Gran*, NJW 2008, 1409, 1415.
31 *Paefgen/Wallisch*, in: Bilanzgarantien, S. 205, 217.
32 Zum Ganzen: *Schäfer/Ott*, Lehrbuch der ökonomischen Analyse des Zivilrechts, S. 552 f.

II Übliche Rechtsfolgenklauseln in Formularverträgen

Dass in Unternehmenskaufverträgen ein eigenes Haftungsregime vereinbart wird, eröffnet den Parteien einen Gestaltungsspielraum, auch hinsichtlich der Rechtsfolgen die Bemessung des Schadens und die Art der Ersatzpflicht möglichst präzise zu regeln.[33] Die meisten Rechtsfolgenklauseln regeln die Reihenfolge von Naturalherstellung und Wertentschädigung, verdrängen oder ergänzen also die Regelung des § 251 Abs. 1 und 2 BGB.[34] Allgemein zeichnet sich in der Literatur das Bild ab, dass die Privatautonomie die Möglichkeit bereithalte, die Schadensberechnung im Unternehmenskaufvertrag umfangreich zu regeln und alle Widrigkeiten im Zusammenhang mit der Schadensberechnung auszuräumen, hiervon in der Praxis jedoch nur unzureichend Gebrauch gemacht werde.[35] Z. B. sei die schlichte Vereinbarung von „Schadensersatz in Geld" unzureichend, da aus dieser Formulierung nicht hinreichend klar hervorgehe, ob eine Zahlung in Geld gemäß §§ 249, 250 BGB oder eine Entschädigung in Geld (Wertersatz) gemäß § 251 BGB gemeint sei.[36]

Gemessen an den herausgearbeiteten Ergebnissen kann dieser Differenzierung nicht genug (wirtschaftliche) Bedeutung beigemessen werden. Nur die Zahlung eines Geldbetrags im Rahmen der Naturalrestitution gemäß §§ 249 Abs. 2, 250 BGB, nicht jedoch die Entschädigung in Geld (Wertersatz) gemäß §§ 251, 253 BGB erlaubt es dem Verkäufer, die Summe für die Reparatur auf der *Input*-Seite zu bezahlen, anstatt den Unternehmensminderwert auf der *Output*-Seite ersetzen zu müssen.

Diese Einschätzung der verbesserungswürdigen Vertragsregelungen wird durch einen Blick in M&A-Formularbücher bestätigt. Die Rechtsfolgenregelungen in drei exemplarischen Formularverträgen werden im Folgenden auszugsweise zitiert und analysiert.

1 Formularvertrag von *Mayer-Sparenberg*

„§ 10 Haftung der Verkäuferin

(1) Ist eine Garantie der Verkäuferin unrichtig oder hat die Verkäuferin eine Verpflichtung aus diesem Vertrag verletzt, wird die Käuferin ihr zunächst die Gelegenheit geben, jeweils innerhalb eines angemessenen Zeitraums den Zustand herzustellen, der bei Richtigkeit der Garantie oder ohne die betreffende Vertragsverletzung bestehen würde; schlägt dies fehl, haftet die Verkäuferin gegenüber der Käuferin auf Schadensersatz in Geld. Alle

33 *Hilgard*, BB 2013, 937, 942.

34 *Wächter*, M&A Litigation, S. 797 f. Rn. 12.458.

35 Vgl. *Hilgard*, ZIP 2005, 1813, 1820.

36 *Schöne/Uhlendorf*, in: Bilanzgarantien, S. 253, 265.

Schadensersatzansprüche der Käuferin aus diesem Vertrag sind auf Ersatz des sich hieraus ergebenden unmittelbaren Schadens beschränkt, unter Ausschluss von entgangenem Gewinn, Folgeschäden und mittelbaren Schäden, Wertminderungen der verkauften Geschäftsanteile oder des Unternehmens der Gesellschaft, vergeblichen Aufwendungen sowie internen Verwaltungs- und ähnlichen Kosten. Bei der Berechnung des gem. diesem Abs. 1 ersatzfähigen Schadens sind etwaige derzeitige oder künftige Vermögensvorteile (einschließlich steuerlicher Vorteile) sowie Erstattungen Dritter oder durchsetzbare Ansprüche gegenüber Dritten (einschließlich Versicherungen) in Bezug auf den betreffenden Sachverhalt in Abzug zu bringen […].“[37]

(*Mayer-Sparenberg*, in: BeckFormB BHW, Form. III. A. 17. § 10 Abs. 1)

Zu begrüßen ist, dass diese Formularklausel klarstellt, dass die Naturalrestitution den Verkäufer schützt, da dieser die überschaubaren Reparaturkosten zahlen darf, bevor er den Unternehmensminderwert ersetzen muss. Damit ist – die Möglichkeit der Nacherfüllung vorausgesetzt – eine Unternehmensbewertung zunächst nicht erforderlich. Diese Formularklausel räumt allerdings nicht sämtliche Zweifel aus. Die Formulierung ist zwar an den Wortlaut des § 249 Abs. 1 BGB angelehnt, lässt jedoch die Frage unbeantwortet, was gelten soll, wenn die Garantieverletzung zu künftigen Ertragseinbußen geführt hat. Diese wären durch die Naturalrestitution allein nicht beseitigt, die Naturalherstellung würde also nicht zu einer Totalreparation führen. Das Gesetz regelt diese Fälle in § 251 Abs. 1 BGB, wonach die Geldentschädigung alle Schäden abdeckt, soweit die Naturalrestitution nicht genügend war. Unklar bleibt, ob eine bewusste Abweichung von § 251 Abs. 1 BGB beabsichtigt ist oder ob der Fall der möglichen, jedoch ungenügenden Naturalrestitution schlichtweg übersehen wurde. Es empfiehlt sich daher der klarstellende Hinweis, ob die §§ 249 ff. BGB im Übrigen zur Anwendung gelangen oder vollumfänglich ausgeschlossen und durch die Vertragsklausel ersetzt werden.

2 Formularvertrag von *von Schorlemer*

„§ 8 Rechtsfolgen von Garantieverletzungen

(1) Sofern eine oder mehrere der Garantien gemäß vorstehendem § 7 ganz oder teilweise unzutreffend sind (nachfolgend die „Garantieverletzung“), ist die Verkäuferin auf Verlangen der Käuferin verpflichtet, unverzüglich, spätestens jedoch innerhalb einer Frist von …… Werktagen ab Zugang des Verlangens den Zustand herzustellen, der bestehen würde, wenn die Garantie oder Garantien zutreffend gewesen wären (Naturalrestitution). Sofern die Verkäuferin den vertragsgemäßen Zustand nicht innerhalb der gesetzten Frist herstellt oder dessen Herstellung nicht möglich ist, ist die Käuferin berechtigt, von der Verkäuferin

37 *Mayer-Sparenberg*, in: BeckFormB BHW, Form. III. A. 17. § 10 Abs. 1.

Schadensersatz in Geld zu verlangen, der nach Wahl der Käuferin an die Gesellschaft oder an die Käuferin zu leisten ist. Der zu ersetzende Schaden ist begrenzt auf den der Gesellschaft oder der Käuferin tatsächlich entstandenen Schaden einschließlich von Folgeschäden, sofern sie adäquat kausal durch die Verletzung der Garantie verursacht und vom Schutzbereich der verletzten Garantie umfasst sind, jedoch ausschließlich von entgangenem Gewinn, vergeblichen Aufwendungen im Sinne von § 284 BGB und internen Verwaltungskosten und -aufwendungen. [...]"[38]

(*von Schorlemer*, in: Beck'sches Formularbuch GmbH-Recht, D. III. § 8 Abs. 1)

Diese Formulierung besticht dadurch, dass sie näher auf den Übergang von Naturalrestitution zu Wertentschädigung eingeht, allerdings verbleibt die Frage, ob das Wort „sofern" zu verstehen ist wie die Formulierung „soweit" i.S.v. § 251 Abs. 1 BGB, ob also die ungenügende Naturalrestitution und die Wertentschädigung ergänzend nebeneinandertreten oder sich gegenseitig ausschließen. Ohne eine entsprechende Klarstellung ist diese Frage durch Auslegung zu beantworten. Das Ergebnis kann immense wirtschaftliche Auswirkungen haben. Angenommen die Reparatur einer Produktionsmaschine ist mit überschaubarem Aufwand möglich, aufgrund des bereits eingetretenen Produktionsausfalls für eine Totalreparation aber ungenügend, so wäre dem Verkäufer u.U. die Zahlung der Reparaturkosten verwehrt und ihm würde stattdessen der gesamte künftige Gewinnausfall aufgebürdet.

3 Formularvertrag von *Kästle/Oberbracht*

„8. Remedies for Breach of Representations

8.1 Breach; Damages. Subject to the provisions of this Section 8 and Section 11, if any representation of Seller in Section 7 is incorrect (a „Breach"), Seller shall put Purchaser and/or, at [Purchaser's/Seller's] election, the Group Entities into the same position they would be in if the Breach had not occurred (Naturalrestitution). Purchaser shall be entitled to request from Seller that this position is provided by remediation in kind (Naturalherstellung), unless remediation in kind (i) is not permitted by the nature of the Breach; or (ii) cannot be effected by Seller with reasonable efforts. If and to the extent that (a) remediation in kind is not permitted by the nature of Breach; (b) remediation in kind has not been effected by Seller within a period of thirty (30) days after a written request for such remediation has been made by Purchaser; or (c) remediation in kind by Seller would be grossly inconsistent with significant business interests of Purchaser or the Group Entities or cannot be effected by Seller with reasonable efforts, Purchaser shall be entitled to request from Seller exclusively compensation in cash (kleiner Schadensersatz in Geld) by payment of the amount of all losses (including, without limitation, lost profits), costs and expenses (including, without limitation, reasonable legal, accounting and other fees and expenses of professional advisers) and other damages (including, without

38 *von Schorlemer*, in: Beck'sches Formularbuch GmbH-Recht, D. III. § 8 Abs. 1.

limitation, consequential damages) (collectively „Damages") which Purchaser and the Group Entities, respectively, have suffered or incurred and would not have suffered or incurred if the representation in question was correct. In no event shall any multipliers be taken into account in determining the amount of the Damages. […]"[39]

(*Kästle/Oberbracht*, Unternehmenskauf, S. 201; Übersetzungen entstammen dem Original)

Nach dieser Formularklausel steht allein dem Käufer die Entscheidung zu, ob Naturalrestitution oder Wertersatz zu leisten ist. Es kann aber im Interesse des Verkäufers sein, Naturalrestitution in Form von überschaubaren, einmaligen Reparaturkosten bezahlen zu dürfen, anstatt den Wertersatz in Höhe des Unternehmensminderwerts unter Berücksichtigung künftiger Ertragsverluste leisten zu müssen. Unter diesem Gesichtspunkt ist die in der Klausel darauffolgende Konkretisierung mit der Voraussetzung lit. (b) zu begrüßen, die anordnet, dass der kleine Schadensersatz in Geld erst dann verlangt werden kann, wenn der Verkäufer die Naturalrestitution nicht geleistet hat. Dies schützt den Verkäufer angemessen und beachtet die Besonderheit im Post M&A-Verfahren, dass die Naturalrestitution ausnahmsweise dem Interesse des Verkäufers dienen kann. Den im Formularbuch enthaltenen Erläuterungen zu Ziffer 8.1 ist zu entnehmen, dass es in der Tat das Anliegen der Autoren war, den divergierenden Parteiinteressen in Bezug auf die Naturalrestitution in angemessener Weise Rechnung zu tragen.[40] Auch wenn sie hierbei ihr Hauptaugenmerk darauf legten, dass die Naturalrestitution zuvörderst die Interessen des Käufers schütze und es im Interesse des Verkäufers liege, Wertersatz zu leisten, sofern die Naturalrestitution für ihn unverhältnismäßig hohe Aufwendungen bedeute,[41] so gelingt dieser Formularklausel gleichwohl ein angemessenes Ergebnis, sollte aus Sicht des Verkäufers die Naturalrestitution einmal günstiger sein als der Wertersatz.

III Übliche vertragliche Haftungsbegrenzung

Das vertragliche Rechtsfolgenreglement ist üblicherweise an die gesetzlichen §§ 249 ff. BGB angelehnt, wird aber mit Haftungsbegrenzungen, die aus dem angloamerikanischen Vertragsrecht übernommen wurden, ergänzt.[42] Der Verkäufer hat ein Interesse daran, seine Haftung betragsmäßig zu begrenzen. Beispielsweise ist es

39 *Kästle/Oberbracht*, Unternehmenskauf, S. 201 (Übersetzungen entstammen dem Original).

40 S. *Kästle/Oberbracht*, Unternehmenskauf, S. 205.

41 S. *Kästle/Oberbracht*, Unternehmenskauf, S. 205.

42 *Dörfler*, in: Bilanzgarantien, S. 267, 268; *Elsing/Kramer*, in: FS Großfeld, 109, 111 f.; *Paefgen/Wallisch*, in: Bilanzgarantien, S. 205, 216; *Schöne/Uhlendorf*, in: Bilanzgarantien, S. 253, 254.

üblich, den Schadensersatz einzuschränken, wie z. B. durch den Ausschluss von mittelbaren Schäden (Folgeschäden) und Bagatellschäden oder durch die Vereinbarung von Haftungsobergrenzen. Dazu nutzen die Parteien Bagatellgrenzen („*de-minimis limitations*"), Selbstbehalte („*deductibles*"), Freibeträge („*baskets*"[43]), Freigrenzen („*threshold amounts*" oder auch „*tipping baskets*") oder Haftungshöchstbeträge/Obergrenzen („*caps*").[44] Durch *de-minimis*-Beschränkungen haftet der Verkäufer erst ab dem Überschreiten eines Mindestschadensbetrags pro Schadensfall oder insgesamt; durch *cap*-Klauseln beschränkt er seine Haftung, indem er nur bis zu einem Höchstbetrag, etwa bis zu einem Prozentsatz des Kaufpreises, haftet.[45] Gründe für die Vereinbarung von *thresholds* lauten, dass die Verteidigung des Verkäufers gegen Kleinbeträge teuer und lästig ist, schließlich hat er die Betriebsunterlagen bereits an den Käufer übergeben.[46] Bei Vereinbarung eines *basket* kann der Käufer den Schaden nur geltend machen, wenn die Summe der Ansprüche, die für sich die *de-minimis*-Schwelle übertreten, einen zweiten Schwellenwert erreichen.[47] Oft werden diese Mechanismen kombiniert und die vertragliche Regelung ist eine Mischung aus all diesen Mechanismen.[48] Die Beschränkung der Haftungshöhe hat ihre Ursache in dem seit Jahren vorherrschenden verkäuferfreundlichen M&A-Markt, der es den Verkäufern ermöglicht, nicht nur sehr hohe Kaufpreise, sondern auch Beschränkungen ihres Haftungsrisikos zu fordern.[49] *Basket*- und *cap*-Klauseln gewannen vor allem durch die Schuldrechtsmodernisierung an Bedeutung, seitdem die Bagatellgrenze des § 459 Abs. 1 Satz 2 BGB a.F. entfallen ist und ein Mangel auch bei unerheblicher Minderung der Gebrauchstauglichkeit vorliegt (lediglich das Rücktrittsrecht und der große Schadensersatz sind bei unerheblichen Mängeln ausgeschlossen, § 323 Abs. 5 Satz 2 BGB).[50]

---

43 *Mellert*, BB 2011, 1667, 1671; *Wächter*, M&A Litigation, S. 799 Rn. 12.462.

44 *Daghles/Haßler*, M&A Review 4/2019, 90, 93; *Elsing/Kramer*, in: FS Großfeld, 109, 111; *Kästle/Oberbracht*, Unternehmenskauf, S. 140; *Schöne/Uhlendorf*, in: Bilanzgarantien, S. 253, 254 f.

45 *Bisle*, DStR 2013, 364, 366; *Elsing/Kramer*, in: FS Großfeld, S. 109, 111; *Mellert*, BB 2011, 1667, 1671; *Picot*, Handbuch Mergers & Acquisitions, S. 333; *Schöne/Uhlendorf*, in: Bilanzgarantien, S. 253, 254.

46 *Wächter*, M&A Litigation, S. 799 f. Rn. 12.464.

47 *Bisle*, DStR 2013, 364, 366; *Daghles/Haßler*, M&A Review 4/2019, 90, 93.

48 *Paefgen/Wallisch*, in: Bilanzgarantien, S. 205, 222.

49 *Findeisen*, BB 2021, 1607.

50 *Beisel*, in: Beisel/Klumpp, Der Unternehmenskauf, § 16 Rn. 14.

1 Wirksamkeit der Haftungsausschlüsse und -beschränkungen

Diese Haftungsausschlüsse und -beschränkungen sind auch wirksam, da sich § 444 BGB lediglich auf unselbstständige Garantien (Beschaffenheitsgarantien) bezieht.[51] Dies war bis zum Jahr 2005 unter der Vorgängervorschrift des § 444 BGB zweifelhaft. Denn nach § 444 BGB a.F. konnte die Haftung nicht ausgeschlossen werden, wenn der Verkäufer eine Garantie für die Beschaffenheit übernommen hat. Dies führte zu dem Problem, dass der Verkäufer durch Abgabe einer Beschaffenheitsgarantie in voller Höhe und unbeschränkt haften musste.[52] Der Unternehmensverkäufer wird zur Übernahme einer verschuldensunabhängigen Einstandspflicht aber nur bereit sein, wenn er diese der Höhe nach angemessen begrenzen kann.[53] Der Gesetzgeber hat aufgrund der enormen Praxisbedeutung dieses Problems gehandelt und mit Wirkung vom 8. Dezember 2004 den Wortlaut von § 444 BGB angepasst[54], indem er das Wort „wenn" in das Wort „soweit" geändert hat. Hierdurch wurde klargestellt, dass es sich um eine Garantie handelt, die nicht einseitig im Nachhinein beschränkt wurde, sondern die die Parteien von vornherein inhaltlich mit beschränktem Inhalt vereinbart haben. Eine solche Beschränkung unterfalle nicht dem § 444 BGB und sei daher wirksam.[55]

2 Berechnungs- und Bewertungsschwierigkeiten trotz vereinbarter Haftungsbegrenzungen

Auf den ersten Blick scheinen ausdrückliche Regelungen im Kaufvertrag zur Schadenshöhe, etwa eine Haftungshöchstgrenze (*caps*) oder eine Bagatellgrenze (*de-minimis*-Regelungen), ein geeignetes Mittel zu sein, um die Schadensersatzhöhe vertraglich festzusetzen. Doch bei genauerer Betrachtung ergeben sich auch bei Haftungsbegrenzungen Berechnungs- und Bewertungsschwierigkeiten. Denn in dem gesamten Spektrum zwischen dem (geregelten) Mindestschaden und dem (geregelten) Höchstschaden stellen sich sämtliche Fragen der Schadensberechnung mit ihren in den vorigen Kapiteln dargestellten Unsicherheiten. Ein Dilemma für den Käufer ergibt sich auch dann, wenn er wegen Schadensberechnungsschwie-

51 *Picot*, Handbuch Mergers & Acquisitions, S. 333.
52 *Kästle/Oberbracht*, Unternehmenskauf, S. 144.
53 *Kästle/Oberbracht*, Unternehmenskauf, S. 144.
54 Gesetz zur Änderung der Vorschriften über Fernabsatzverträge bei Finanzdienstleistungen vom 2.12.2004 des Bundestags vom 1.7.2004 (BGBl. I 2004, 3102).
55 *Kästle/Oberbracht*, Unternehmenskauf, S. 145; *Paefgen/Wallisch*, in: Bilanzgarantien, S. 205, 211 f.; *Picot*, Handbuch Mergers & Acquisitions, S. 333 ff.

rigkeiten nicht wissen kann, ob sein Schaden den Schwellenwert überschritten hat und er den Verkäufer in Anspruch nehmen kann.[56] Darüber hinaus sind Sachverhaltskonstellationen denkbar, in denen die Parteien zwar ihr eigenes Haftungsregime vereinbart und die dispositiven[57] Regelungen der §§ 249 ff. BGB vertraglich ausgeschlossen haben, die gesetzlichen Regelungen aber dennoch zur Anwendung kommen, etwa wenn der Verkäufer vorsätzlich handelte, sodass die Haftungsbeschränkung unwirksam ist (vgl. §§ 444, 276 Abs. 3 BGB).[58] Dies ist der Grund dafür, weshalb der Käufer im Post M&A-Verfahren in der Regel behauptet, er sei arglistig getäuscht worden, sodass sich der Verkäufer nicht auf das vertragliche, ihn schützende Haftungsregime stützen könne.[59] Auch das Oberlandesgericht München hat jüngst bestätigt, dass der vertragliche Ausschluss von Mängelrechten eine Haftung des Unternehmensverkäufers wegen Aufklärungspflichtverletzungen unberührt lässt.[60] Wenn aber das vertragliche, beschränkte Haftungsregime in diesen Fällen keine Anwendung findet, dann ist es kein geeignetes Mittel, um die Schadenshöhe festzusetzen.

3 Häufiger Haftungsausschluss für mittelbare Schäden, Mangelfolgeschäden und entgangenen Gewinn wirkungslos

Die aus dem anglo-amerikanischen Recht übernommenen Haftungsbeschränkungen werden im Unternehmenskaufvertrag regelmäßig ergänzt durch den Ausschluss mittelbarer Schäden, Mangelfolgeschäden und entgangenen Gewinns.[61] Entsprechend findet sich in der deutschen Vertragspraxis die Empfehlung, in der vertraglichen Schadensberechnungsvereinbarung explizit zu bestimmen, ob auch mittelbare Schäden, Mangelfolgeschäden und entgangener Gewinn zu ersetzen sind.[62] Dabei wird mitunter der Eindruck vermittelt, ohne vertragliche Regelung herrsche ein luftleerer Raum.[63]

---

56 *Wächter*, M&A Litigation, S. 800 Rn. 12.465.

57 *Oetker*, in: MüKo-BGB, § 249 Rn. 6.

58 OLG München, Urteil vom 3.12.2020 – 23 U 5742/19, NZG 2021, 423, 428; *Brand*, in: Bilanzgarantien, S. 297, 299; *Daghles/Haßler*, M&A Review 4/2019, 90, 93; *Gran*, NJW 2008, 1409, 1410; *Hübner*, BB 2010, 1483; *Louven/Mehrbrey*, NZG 2014, 1321, 1323.

59 *Louven/Mehrbrey*, NZG 2014, 1321, 1322 f.

60 OLG München, Urteil vom 3.12.2020 – 23 U 5742/19, NZG 2021, 423.

61 Vgl. die auf S. 274 f. zitierte Formularklausel aus *Mayer-Sparenberg*, in: BeckFormB BHW, Form. III. A. 17. § 10 Abs. 1.

62 Vgl. *Bisle*, DStR 2013, 364, 366; *Kästle/Oberbracht*, Unternehmenskauf, S. 207.

Hier ist jedoch anzumerken, dass eine Regelung entgegen dem vermittelten Eindruck nicht zwingend erforderlich ist. Die Adaption der anglo-amerikanischen Vertragspraxis mag den Blick darauf versperrt haben, dass es ohne Regelung zu mittelbaren Schäden, Mangelfolgeschäden und entgangenem Gewinn bei den gesetzlichen Regelungen bleibt. Und nach diesen sind sämtliche Schadenspositionen im Lichte der Totalreparation ersatzfähig.

Auch ist zweifelhaft, ob der Haftungsausschluss für mittelbare Schäden, Mangelfolgeschäden und entgangenen Gewinn das gewünschte Ergebnis erzielt. Auf die Ersatzfähigkeit dieser Schadenspositionen dürfte es nur dann entscheidend ankommen, wenn der Verkäufer Naturalrestitution leistet. Denn kommt es im Rahmen des Wertersatzes zu einer Unternehmensbewertung, ist ohnehin nicht auf die einzelnen Schadenspositionen abzustellen (Reparaturkosten, Produktionsausfall bis zur Reparatur), sondern inwiefern der verschwiegene Mangel bzw. die Garantieverletzung den Unternehmenswert mindern. Dabei verschiebt sich der Prüfungsschwerpunkt weg von der Qualifikation als unmittelbarer Schaden bzw. mittelbarer Schaden hin zu der Frage, ob der Unternehmenswert tangiert wird. Z.B. dürfte ein Umstand nicht deshalb berücksichtigt werden, weil er als unmittelbarer Schaden oder mittelbarer Schaden oder entgangener Gewinn zu qualifizieren ist (oder eben nicht), sondern weil er den Unternehmenswert mindert. Kaufgegenstand sind nicht die einzelnen *Assets*, sondern das Unternehmen als Ganzes. Umstände, die die Ertragskraft des Unternehmens mindern, mindern den Unternehmenswert und stellen deshalb einen unmittelbaren Schaden dar, der zu ersetzen ist. Der Ausschluss einer Haftung für mittelbare Schäden, Mangelfolgeschäden und entgangenen Gewinn läuft in diesem Fall leer.

IV Weitere Vorschläge für vertragliche Schadensberechnung

Die Entwicklung der von komplexen Vertragsklauseln geprägten Gestaltungspraxis ist in Bezug auf die Schadensberechnung im Post M&A-Verfahren noch nicht an ihr Ende gelangt. Die bisherigen Vertragsklauseln haben die Schadensberechnung im Post M&A-Verfahren offenbar nicht zufriedenstellend vereinfacht, da nach wie vor Lösungsvorschläge unterbreitet werden.

---

63 Vgl. *Kästle/Oberbracht*, Unternehmenskauf, S. 207 („Eine generelle Lösung hierzu gibt es nicht, vielmehr ist es eine Frage des Einzelfalls, wie sich die Parteien insoweit einigen").

1 Festlegung der Schadensersatzsumme

Einer der jüngsten Vorschläge lautet, dass die Parteien im Unternehmenskaufvertrag ein eigenständiges Rechtsfolgenregime vereinbaren, um langwierige und mit Unsicherheiten behaftete Unternehmensbewertungen im Post M&A-Verfahren zu verhindern.[64] Zu diesem Zweck sei folgende Klausel zu wählen:

> „Wurde eine der in § X dieses Unternehmenskaufvertrags abgegebenen Garantien verletzt, zahlt der Veräußerer dem Erwerber innerhalb von 5 Bankarbeitstagen die Summe Y."[65]
> (*Hermans*, Tatbestands- und Rechtsfolgenprobleme, S. 187)

Ob diese Klausel zu sachgerechten Ergebnissen führt, darf bezweifelt werden, da die Parteien bei Vertragsschluss die wirtschaftlichen Auswirkungen einer Garantieverletzung nicht absehen können. Die Klausel birgt daneben noch ein weiteres Problem: Sie führt in den meisten Fällen zu einem Verstoß gegen den Grundsatz der Totalreparation oder zu einem Verstoß gegen das schadensrechtliche Bereicherungsverbot. Denn es erscheint sehr unwahrscheinlich, dass jede Garantieverletzung im Vermögen des Käufers zu einem Schaden i.H.v. *Summe Y* führt und der Schadensersatzanspruch i.H.v. *Summe Y* exakt den entstandenen Schaden kompensiert, nicht mehr und nicht weniger. Darüber hinaus sprechen gegen diese Klausel dogmatische Bedenken. Sie vernachlässigt den Unterschied zwischen Tatbestand und Rechtsfolge. Denn ob und wie sich eine Garantieverletzung auf den künftigen Ertrag bzw. *Cashflow* auswirkt und damit kausal einen Schaden hervorruft, wird nicht berücksichtigt. Die Untersuchungen haben jedoch gezeigt, dass es durchaus Sachverhaltskonstellationen gibt, in denen trotz Garantieverletzung überhaupt kein Schaden eingetreten ist.[66]

2 Festlegung des Unternehmenswerts in mangelfreiem Zustand

Ein anderer Vorschlag hat sich zum Ziel erklärt, die Unsicherheiten zu verhindern, die besonders aus einer Unternehmensbewertung im Post M&A-Verfahren resultieren. Hierfür sei von den Parteien zu vereinbaren, dass der Unternehmenswert in mangelfreiem Zustand dem Kaufpreis entspricht.[67]

---

64 *Hermans*, Tatbestands- und Rechtsfolgenprobleme, S. 194 f.
65 *Hermans*, Tatbestands- und Rechtsfolgenprobleme, S. 187.
66 S. oben S. 155 f.
67 *Jagersberger*, Die Haftung des Verkäufers, S. 327.

Der Gewinn an Rechtssicherheit durch eine solche Vertragsklausel ist allerdings trügerisch. Denn trotz einer solchen Vereinbarung bleibt die Schwierigkeit, den Unternehmenswert in mangelhaftem Zustand herzuleiten. Ein herausgearbeitetes Ergebnis lautet, dass der Schaden beim positiven Interesse in der Differenz zwischen dem Unternehmenswert „mangelhaft" und dem Unternehmenswert „mangelfrei" besteht. Streng genommen sind daher zwei Unternehmensbewertungen erforderlich (wenngleich sich diese sehr ähneln, da lediglich die Parameter auszutauschen sind, die den Mangel bzw. die Garantieverletzung betreffen). Durch den Vorschlag ist mithin nicht allzu viel gewonnen, zumal er sich mit den Grundsätzen der modernen Wirtschaftswissenschaft nicht verträgt: Der Kaufpreis und der Unternehmenswert sind nicht identisch.

3 Offenlegung der Unternehmensbewertung

Die Schadensberechnung setzt ein hohes Informationsniveau der (Schieds-)Gerichte bezüglich der eingetretenen Schäden voraus.[68] Nicht selten wird empfohlen, die von den Parteien bei der Bewertung zu Grunde gelegten Zahlen, das maßgebende Bewertungsverfahren sowie die der Bewertung zu Grunde gelegten Überlegungen wie den Diskontierungssatz oder künftige *Cashflows* in den Unternehmenskaufvertrag aufzunehmen.[69] Bei Abgabe eines Garantiekatalogs solle explizit vereinbart werden, welche Auswirkung die garantierten Eigenschaften auf die jeweilige Unternehmensbewertung der Parteien haben.[70] Die Offenlegung der Kaufpreisbemessung fördere die Bemessung des Schadensersatzanspruchs.[71]

Die Parteien legen ihre Unternehmensbewertung allerdings bewusst und aus verhandlungstaktischen Gründen selten offen.[72] Der Käufer wird seine interne Berechnung sowie die Verzinsung seines eingesetzten Kapitals dem Verkäufer nicht offenbaren, um seine Position bei der Preisverhandlung nicht zu schwächen.[73] Die Akzeptanz der Parteien für diesen Vorschlag dürfte deshalb gering sein. Ihr Interesse, ihre Kaufpreisvorstellung durchzusetzen, dürfte ihr Interesse an späterer Transparenz für ein (Schieds-)Gericht überwiegen.

---

68 *Schäfer/Ott*, Lehrbuch der ökonomischen Analyse des Zivilrechts, S. 560.

69 Vgl. *Dörfler*, in: Bilanzgarantien, S. 267, 279; *Vischer*, SJZ 106 (2010) Nr. 6, 129, 139 f.

70 *Paefgen*, DZWIR 1997, 177, 181.

71 *Pöllath*, in: FS Bezzenberger, S. 549, 560; zustimmend: *Paefgen/Wallisch*, in: Bilanzgarantien, S. 205, 223.

72 *Elsing/Kramer*, in: FS Großfeld, S. 109, 110; *Mellert*, BB 2011, 1667, 1668.

73 *Hommelhoff*, ZHR 140 (1976), 271, 296.

4 Dokumentation der Unternehmensbewertung

Praxistauglicher erscheint der Vorschlag, dass jede Partei für sich ihre Unternehmensbewertung beim Unternehmenskauf exakt dokumentiert sowie sämtliche Dokumente hierzu inklusive des Schriftverkehrs aufbewahrt.[74] Dies eröffnet im Post M&A-Verfahren die Möglichkeit, dass jede Partei ihre Kaufpreisberechnung rekonstruieren und substantiiert vortragen kann. Das (Schieds-)Gericht erfährt insbesondere, mit welchem Unternehmensbewertungsverfahren und mit welchen Kennzahlen der Käufer seinen Grenzpreis berechnet hat und kann im Rahmen der c.i.c. diese Berechnung mit den täuschungsfreien Werten nachstellen. Auf diese Weise wird die hypothetische Kaufpreisverhandlung fingiert und der hypothetische, niedrigere Kaufpreis berechnet. Dieser Vorschlag hat zusätzlich den Vorteil, dass die Parteien während der Kaufpreisverhandlung ihre internen Kalkulationen und alternativen Renditezinssätze vertraulich behandeln können.

5 Vereinbarung einer Schadensberechnungsformel

Ebenfalls praxistauglich erscheint der Vorschlag, dass die Parteien im Kaufvertrag ein Verfahren und ggf. die Kennzahlen festlegen, mit denen im Schadensfall die Unternehmensbewertung zum Zwecke des Gesamtvermögensausgleichs vorgenommen werden soll.[75] Damit bliebe es den Parteien unbenommen, ihre Unternehmensbewertungen zum Zwecke der Kaufpreisfindung weiterhin vertraulich zu behandeln. Ihr Interesse an Diskretion wäre dadurch gewahrt. Gleichzeitig würde die Unternehmensbewertung zum Zwecke der Schadensberechnung thematisiert, zum Gegenstand der Verhandlung gemacht und vertraglich festgehalten werden. Ihr Interesse an einer Einigung über die Schadensberechnung und dem Schließen diesbezüglicher Regelungslücken wäre ebenfalls gewahrt. Da die Unternehmensbewertung im Lichte der funktionalen Lehre ohnehin zweckgebunden erfolgen muss, ist eine eigens zur Schadensermittlung ausgehandelte Unternehmensbewertung auch aus wirtschaftswissenschaftlicher Sicht zu begrüßen. Sie würde überdies zu einer zügigen Entscheidungsfindung des Gerichts beitragen und die Prozesskosten minimieren. Der zusätzliche Aufwand der Vereinbarung einer Unternehmensbewertung wäre im Verhältnis zur gewonnenen Rechtssicherheit in Bezug auf

---

74 S. *Wasmuth*, Funktionale Schadensbewertung, S. 521 f.

75 S. *Schöne/Uhlendorf*, in: Bilanzgarantien, S. 253, 266, wenn auch etwas vage, da sie den bisher ausgebliebenen Durchbruch dieses Vorschlags in der Praxis mit taktischen Vorbehalten der Parteien begründen.

die maßgebliche Bewertungsmethode und die Schadensermittlung gering.[76] Und auch die dadurch eingesparten Prozesskosten dürften nicht unerheblich sein. Diese Lösung verschafft auch eine Zeitersparnis. Zwar wird das (Schieds-)Gericht voraussichtlich einen Sachverständigen mit der Unternehmensbewertung beauftragen, allerdings erübrigt sich die gerichtliche Prüfung, welche/s Unternehmensbewertungsverfahren dem Sachverständigen vorzugeben sind/ist. Denn nach der funktionalen Unternehmensbewertung ist ein Bewertungsverfahren zu wählen, das dem Zweck der Schadensberechnung gerecht wird. Wenn die Parteien diese Wahl bereits getroffen und vertraglich festgehalten haben, kann das (Schieds-)Gericht hierauf zurückgreifen.

Die Parteien können mithin sämtliche Unsicherheiten beseitigen, indem sie genau festlegen, wie ein (Schieds-)Gericht im Streitfall den Schaden zu berechnen hat, und zwar sowohl für die Fiktion der Kaufpreisverhandlung (c.i.c.) als auch für die Unternehmensbewertung (Mängelgewährleistungsrecht und Garantiehaftung). Dafür können die Parteien im Kaufvertrag ein Bewertungsverfahren festlegen. Die Festlegung des Bewertungsverfahrens ist von der Vertragsfreiheit umfasst und modifiziert daher in zulässiger Weise die §§ 249 ff. BGB.[77] Die Parteien können nach einem ähnlichen Vorschlag auch eine Berechnungsformel vorgeben oder ein Schema festlegen, sodass das (Schieds-)Gericht nur noch die mangelbedingten Kosten oder die fehlenden Umsätze in die Platzhalter einsetzen muss.[78]

Es erscheint sinnvoll, für jede Art von Schadensersatz eine Regelung zu treffen, damit im Falle eines Rechtsstreits keine Unklarheit besteht. Für das negative Interesse, bei dem der zu viel gezahlte Teil des Kaufpreises zu erstatten ist, betrachtet das (Schieds-)Gericht die Verhandlungsgeschichte der Parteien und wendet § 287 ZPO an.[79] Die Parteien können die Schadensberechnung erheblich erleichtern, indem sie vertraglich festhalten, mit welchem *Multiple* sie den Kaufpreis berechnet haben oder indem sie andere Vereinbarungen treffen, wie z. B. eine Rechenanweisung.[80]

Zwingend erforderlich ist die Vereinbarung einer Schadensberechnungsformel allerdings nicht. Ohne eine solche Vereinbarung wird das (Schieds-)Gericht entscheiden, welches Unternehmensbewertungsverfahren funktional zu wählen ist und welche Kennzahlen einzusetzen sind, und die Berechnung in der Regel einem

76 *Mellert*, BB 2011, 1667, 1670, 1674.

77 *Wächter*, M&A Litigation, S. 559 Rn. 10.32.

78 *Wächter*, M&A Litigation, S. 555 Rn. 10.20; *van Duljvenvoorde/Theau-Laurent*, Quantifying Damages, S. 6, mit der Empfehlung, Anhänge zum Unternehmenskaufvertrag mit Beispielen für die Schadensberechnung aufzunehmen.

79 *Mellert*, BB 2011, 1667; *Wächter*, M&A Litigation, S. 756 Rn. 12.358, S. 759 Rn. 12.368.

80 *Wächter*, M&A Litigation, S. 756 Rn. 12.358.

Sachverständigen auftragen. Durch die vertragliche Vereinbarung gewinnen die Parteien daher vor allem Rechtssicherheit, Rechtsklarheit sowie eine Zeit- und Kostenersparnis.

G Zusammenfassung der Ergebnisse

Die Schadensberechnung im Post M&A-Verfahren ist nach alledem als komplex, gleichzeitig vermöge der Vorgaben des Schadensersatz-, Schadens- und Beweisrechts als beherrschbar zu bewerten. Die Anforderungen an das Schadensrecht im Post M&A-Verfahren werden mithin zu Recht als außergewöhnlich hoch erachtet:

> „Merkwürdiger-, aber nicht überraschenderweise, **bringt das M&A-Thema frohe Botschaft für das Schadensrecht** – indem es ein intelligentes Schadensrecht fordert und braucht. Wenn das Schadensrecht diesen Ruf hört und sich dem „Stresstest" von post M&A-Schadensproblemen stellt, kann es nur gewinnen."
>
> (*Wächter*, M&A Litigation, S. 548 Rn. 10.7; Hervorhebung entstammt dem Original)

Die Würdigung des Post M&A-Verfahrens als ein „Stresstest" für das Schadensrecht ist treffend und wurde in dieser Arbeit bestätigt. Nahezu jeder Grundsatz des Schadensrechts hält im Post M&A-Verfahren eine Besonderheit bereit und gebietet eine abweichende Herangehensweise im Vergleich zum Konsumgüterkauf. Die Sonderstellung des Post M&A-Verfahrens in Bezug auf die Schadensberechnung spricht dabei vielmehr für als gegen das Schadensrecht, da es die Geeignetheit dieses Instruments unter Beweis stellt.

Als wesentliche Ergebnisse sind festzuhalten:

1. Das Schadensersatzrecht, Schadensrecht und Beweisrecht enthalten rechtliche Vorgaben für die Schadensberechnung im Post M&A-Verfahren. Die Schadensberechnung unterscheidet sich je nach Anspruchsgrundlage.
2. Im Rahmen der c.i.c. (§§ 280 Abs. 1, 311 Abs. 2, 241 Abs. 2 BGB) kann der Käufer frei wählen, ob er sich vom Vertrag löst oder den zu viel gezahlten Teil des Kaufpreises ersetzt verlangt. Für die Ermittlung des günstigeren Kaufpreises fingiert das (Schieds-)Gericht die hypothetische, täuschungsfreie Verhandlungssituation. Der Käufer trägt für die Vereinbarung besserer Konditionen die Darlegungslast, aber keine Beweislast. Der Verkäufer darf nicht einwenden, er hätte nicht zu einem günstigeren Kaufpreis verkauft. Die durch den Käufer zwischenzeitlich erzielten Gewinne lösen keine Vorteilsanrechnung aus. Folgeschäden wie Finanzierungskosten für den überhöhten Teil des Kaufpreises sind erstattungsfähig. Die Bestimmung des zu viel gezahlten Teils des Kaufpreises erfordert eine Unternehmensbewertung. Der Unternehmenswert bemisst sich subjektiv und für jede Partei unterschiedlich. Entscheidend ist der Käufer-Unternehmenswert. Nach der funktionalen Unternehmensbewertung ist neben der subjektiven Sicht des Käufers der Bewertungszweck maßgeblich.

https://doi.org/10.1515/9783111334424-008

Das Schadensersatzrecht gibt als Bewertungszweck nicht vor, den Unternehmenswert möglichst genau abzubilden, sondern die Kaufpreisverhandlung möglichst exakt nachzubilden. Das Beweisrecht macht die Vorgabe, dass der zu viel gezahlte Teil des Kaufpreises aus Sicht des Käufers zu bestimmen ist. Das Schadensrecht postuliert die Subjektbezogenheit des Schadensbegriffs und verlangt, das Unternehmensbewertungsverfahren zu verwenden, das der getäuschte Käufer verwendet hat, um den subjektiven Käufer-Unternehmenswert als Grenzpreis für die Kaufpreisberechnung zu ermitteln. Der Verkäufer-Unternehmenswert dient nicht als unterer Grenzpreis.

3. Die Wahl zwischen den zwei Rechenwegen (verhältnismäßige Herabsetzung des Kaufpreises oder Abzug des Unternehmensminderwerts vom Kaufpreis) ist je nach Einzelfall und danach zu treffen, wie sich die verschwiegene Information bei Offenbarung auf die Kaufpreiskalkulation des Käufers ausgewirkt hätte. Soll bei der Fiktion der hypothetischen Kaufpreisverhandlung die starke bzw. schwache Verhandlungsposition des Käufers nachgebildet werden, empfiehlt sich eine zweischrittige Prüfung mit einer Verhältnisrechnung nach Maßgabe von subjektivem Käufer-Unternehmenswert und Kaufpreis. Das Beweisrecht macht die Vorgabe, dass der Schaden auf den Tag der Vertragsunterzeichnung (*Signing*) zu berechnen ist. Den praktischen Schwierigkeiten bei der Kaufpreisverhandlungsfiktion ist mit der Schätzungsmöglichkeit des § 287 ZPO zu begegnen.
4. Der kleine Schadensersatz bei Möglichkeit der Nacherfüllung (§§ 280 Abs. 1, 3, 281 BGB) umfasst den mangelbedingten Unternehmensminderwert, d.h. die Differenz zwischen dem tatsächlichen Unternehmenswert (mangelhaft) und dem hypothetischen Unternehmenswert (mangelfrei), nebst den Mangelfolgeschäden oder die Mangelbeseitigungskosten nebst den Mangelfolgeschäden. Das Wahlrecht des Käufers zwischen Naturalrestitution (§ 249 Abs. 1 BGB) und Wertentschädigung (§ 251 Abs. 1 Alt. 2 BGB) wird im Post M&A-Verfahren durch die Schadensminderungsobliegenheit eingeschränkt. Der Verkäufer ist zur Naturalrestitution verpflichtet, soweit diese möglich ist. Ist sie für eine Totalreparation nicht ausreichend, weil sie den bis dahin eingetretenen oder künftigen Ertragsverlust nicht kompensiert, so tritt ergänzend eine Entschädigung in Geld (§§ 251, 253 BGB) hinzu.
5. Beim kleinen Schadensersatz statt der Leistung bei Unmöglichkeit der Nacherfüllung (§§ 280 Abs. 1, 3, 283 BGB) besteht der Schaden in dem Unternehmensminderwert zuzüglich etwaiger Mangelfolgeschäden.
6. Die Bestimmung des Unternehmensminderwerts erfordert eine Unternehmensbewertung. Nur in den einfachsten Sachverhaltskonstellationen ist eine Unternehmensbewertung verzichtbar, wenn lediglich Einmalschäden an nicht betriebsnotwendigem Vermögen entstanden sind. Bei der Unternehmensbe-

wertung ist auf den Käufer-Unternehmenswert abzustellen. Die funktionale Unternehmensbewertung gibt vor, dass neben der subjektiven Sicht des Käufers auch der Bewertungszweck maßgeblich ist. Das Schadensersatzrecht (d. h. die Anspruchsgrundlagen) gibt als Bewertungszweck vor, dass das positive Interesse zu ersetzen ist. Laut dem Schadensrecht liegt der Bewertungszweck darin, den Käufer vollständig zu entschädigen, ohne dass er sich an dem Schadensersatzanspruch bereichert. Das zu wählende Unternehmensbewertungsverfahren muss folglich eine vollständige Kompensation des Käufers gewährleisten. Beim Unternehmenswert dreht sich alles um die künftige Entwicklung. Das Ertragswertverfahren und das DCF-Verfahren sind von besonderer Subjektivität geprägt und tragen dem Element der künftigen Entwicklung in besonderer Weise Rechnung. Für KMU ist das Ertragswertverfahren geeignet. Für größere Unternehmen, insbesondere für solche, die aus ihrer bisherigen Finanzierungsstruktur herausgelöst werden, ist das DCF-Verfahren geeignet. Das *Multiple*-Verfahren und das Substanzwertverfahren sind vergleichsweise defizitär und ungeeignet. In Ausnahmefällen ist das Substanzwertverfahren geeignet, wenn das nicht betriebsnotwendige Vermögen einen überdurchschnittlich hohen Anteil des Gesamtvermögens ausmacht oder wenn es ausschließlich um die Mangelhaftigkeit oder das Fehlen von Substanzwerten geht und diese neu zu beschaffen sind. Sobald sich der Mangel aber auf die Ertragskraft des Unternehmens auswirkt, ist das Ertragswertverfahren oder das DCF-Verfahren zu wählen.

7. Unsicherheiten in Bezug auf die Prognosen beim Ertragswertverfahren und DCF-Verfahren können nicht durch Verwendung des *Multiple*-Verfahrens vermieden werden. Das *Multiple*-Verfahren enthält diese ebenso, wenn auch nicht so offensichtlich. Prognoseunsicherheiten bei der Schadensberechnung sind vertretbar, da § 287 Abs. 1 ZPO eine ungefähre Schadensschätzung ausreichen lässt. Eine analoge Anwendung von § 252 Satz 2 BGB scheidet mangels planwidriger Regelungslücke aus.
8. Die in die wertneutralen Rechenmethoden Ertragswertverfahren und DCF-Verfahren einzusetzenden Erträge bzw. *Cashflows* sind aus Sicht des Käufers zu bestimmen. Das Beweisrecht verlangt, dass der Käufer seine detaillierte Unternehmensplanung und -kalkulation mitsamt seiner erhofften Synergieeffekte vorträgt. Der Käufer darf seine Unternehmensplanung nicht nachträglich optimieren. Der Verkäufer darf die subjektiven Erwartungen des Käufers (mit Nichtwissen) bestreiten.
9. Die für die Unternehmensbewertung relevanten Planungen unterliegen wegen ihrer prognostischen Bestandteile im Rahmen der Schätzung gemäß § 287 Abs. 2 ZPO keiner Richtigkeits- sondern lediglich einer Vertretbarkeitsprüfung. Das Risiko, dass der Käufer überzogene oder willkürliche Zukunftswerte vorträgt,

um einen hohen Schaden darzulegen, wird durch qualitative Anforderungen an seinen Parteivortrag minimiert. In die Bewertung fließen nur zutreffende Informationen ein, die zu realistischen und widerspruchsfreien Annahmen führen. Ist die Planung realistisch, darf das Gericht diese nicht durch eine andere, ebenfalls realistische Planung ersetzen.

10. Der Tatrichter hat das anzuwendende Bewertungsverfahren auszuwählen und dem Sachverständigen die Tatsachengrundlage für die Unternehmensbewertung vorzugeben. Der Sachverständige darf die geeigneten Bewertungsmethoden feststellen (Tatsachenfrage), jedoch nicht entscheiden, welche von diesen dem Ziel der gesetzlichen Anspruchsgrundlage gerecht werden (Rechtsfrage). In der Revisionsinstanz darf nur die Rechtsfrage gerichtlich überprüft werden. Das Beweisrecht erlaubt dem (Schieds-)Gericht, im Rahmen der Unternehmensbewertung einen Bereich anstelle einer Punktgröße zu ermitteln. Bewertungsstichtag sowie Informationsstichtag ist der Zeitpunkt der letzten mündlichen Verhandlung. Die gutachterlichen Unternehmensbewertungen müssen nicht einer richterlichen Richtigkeits-, sondern nur einer Vertretbarkeitsprüfung standhalten. Fehler sind erheblich, wenn sie eine umfassende Neubegutachtung erforderlich machen.
11. Der Anspruch aus selbstständiger Garantie (§ 311 Abs. 1 BGB) umfasst den Unternehmensminderwert zuzüglich etwaiger Folgeschäden.
12. Die für Bilanzgarantien und Eigenkapitalgarantien entwickelte Bilanzauffüllungsthese ist mit dem Schadensrecht unvereinbar. Im Falle einer fehlerhaften Bilanzgarantie oder Eigenkapitalgarantie hat der Käufer darzulegen und zu beweisen, dass ihm durch den hinter der Bilanzposition stehenden Umstand ein kausaler Schaden entstanden ist.
13. Der Anspruch aus selbstständiger Garantie erfordert eine Unternehmensbewertung. Das Schadensersatzrecht gibt als Bewertungszweck vor, dass das positive Interesse zu ersetzen ist. Für die Unternehmensbewertung gelten dieselben Anforderungen wie im Rahmen des Mängelgewährleistungsrechts.
14. Die Übertragung von in den USA geläufigen vertraglichen Haftungsbeschränkungen wie etwa *baskets, caps* oder *de-minimis*-Beschränkungen auf die deutsche Vertragspraxis ist gerechtfertigt und interessengerecht. Wie im angloamerikanischen Recht hat der Verkäufer im deutschen Recht ein Interesse daran, seine Einstandspflicht der Höhe nach zu begrenzen, um nicht u.U. einen Schadensersatz leisten zu müssen, der die Kaufpreishöhe übersteigt. Ein pauschalisierter Schadensersatz (*liquidated damages*) nach anglo-amerikanischem Vorbild ist wirksam und führt zu einem Gewinn an Rechtssicherheit und Prozessökonomie, ginge aber mit einem Verzicht des Käufers auf vollständige Kompensation einher. Weitere Lösungsvorschläge aus dem anglo-amerikani-

schen Recht sind mit den Grundsätzen des deutschen Schadensrechts nicht kompatibel.

15. Die Schadensberechnung im Post M&A-Verfahren in Rechtstheorie und -praxis ist effizient im Sinne der Rechtsökonomie und erzielt eine Verhaltenssteuerung.
16. In der Rechtspraxis verlangt der Käufer zumeist eine Geldzahlung anstelle einer Reparatur. Dies ist rechtsdogmatisch nicht unzweifelhaft, jedoch effizient. Das Abstellen auf den Käufer-Unternehmenswert spart Ressourcen ein. Es ist effizient sowohl im Sinne der Allokationseffizienz als auch gemessen am *Pareto*-Kriterium. Auch die Vereinbarung von Garantien ist effizient, denn das Risiko einer Garantieverletzung wird auf die Partei übertragen, die es besser steuern und mit geringerem Aufwand bewältigen kann. Der Abschluss einer W&I-Versicherung durch den Verkäufer führt nicht zu Ineffizienz. Im Gegenteil trägt er zu einer Erhöhung des gesamtwirtschaftlichen Wohlstands bei. Eine vertragliche Schadensberechnungsvereinbarung ist nicht in jedem Fall effizienter als eine Schadensberechnung durch einen gerichtlich bestellten Sachverständigen.
17. Das Schadensrecht erfüllt aus ökonomischer Sicht seine Steuerungsfunktion. Es erlegt dem Käufer und damit dem *cheapest cost avoider* das Schadensrisiko auf. Die zusätzlichen Schadensvermeidungskosten übersteigen grundsätzlich nicht die drohenden Schadenskosten.
18. Die Vereinbarung eines selbstständigen Garantieversprechens (§ 311 Abs. 1 BGB) in Form eines umfangreichen Garantiekatalogs ist interessengerecht. Sie stellt eine adäquate Lösung dar, die den Käufer befähigt, unter Umgehung von problembehafteten Fragestellungen einen Schadensersatzanspruch geltend zu machen. Auch die Modifikation der §§ 249 ff. BGB durch Haftungsbeschränkungen ist angebracht. Die Relevanz der gesetzlichen Haftung im Post M&A-Verfahren ist gleichwohl kaum gemindert. Der Verkäufer haftet trotz Haftungsausschlusses oder -beschränkungen für Angaben ins Blaue hinein und bei arglistigem Verschweigen eines Mangels.
19. In der Kautelarpraxis übliche vertragliche Vereinbarungen sind häufig inhaltlich an die §§ 249 ff. BGB angelehnt, geben deren Wortlaut aber nur verkürzt oder verändert wieder. Sie verursachen Auslegungsschwierigkeiten und sind nicht zu empfehlen. Meist lassen die üblichen Formularklauseln eine Abgrenzung zwischen den verschiedenen Arten des Schadensersatzes vermissen. Die schlichte Vereinbarung von „Schadensersatz in Geld“ ist unzureichend. Aus der Formulierung geht nicht hinreichend klar hervor, ob eine Zahlung in Geld gemäß §§ 249, 250 BGB oder eine Entschädigung in Geld (Wertersatz) gemäß § 251 BGB zu leisten ist. Dieser Differenzierung kann aber nicht genug (wirtschaftliche) Bedeutung beigemessen werden. Im Post M&A-Verfahren be-

steht die Besonderheit, dass die Naturalrestitution ausnahmsweise dem Interesse des Verkäufers dienen kann. Es empfiehlt sich eine Vertragsklausel, die anordnet, dass der kleine Schadensersatz in Geld erst dann verlangt werden kann, wenn der Verkäufer die Naturalrestitution nicht geleistet hat. Haftungsbeschränkungen sind kein geeignetes Mittel, um Berechnungs- und Bewertungsschwierigkeiten vorzubeugen. Ein vertraglicher Haftungsausschluss für entgangenen Gewinn läuft leer, denn im Post M&A-Verfahren stellt der künftige, mangelbedingte Ertragsausfall einen unmittelbareren Schaden dar. Insgesamt ist ein klarstellender Hinweis ratsam, ob die §§ 249 ff. BGB im Übrigen zur Anwendung gelangen oder vollumfänglich ausgeschlossen und durch die Vertragsklausel ersetzt werden.

20. Von einer Bezifferung der Schadensersatzsumme im Kaufvertrag ist abzuraten. Es empfiehlt sich stattdessen, dass jede Partei ihre Unternehmensbewertung beim Unternehmenskauf vollständig dokumentiert und die Dokumente inklusive Schriftverkehr aufbewahrt, um ihre Kaufpreisberechnung rekonstruieren und substantiiert vortragen zu können. Alternativ empfiehlt sich die vertragliche Vereinbarung, mit welchem Verfahren und mit welchen Kennzahlen der Unternehmensminderwert und der zu viel gezahlte Teil des Kaufpreises im Falle eines Post M&A-Verfahrens zu berechnen sind. Durch diese vertragliche Vereinbarung gewinnen die Parteien vor allem Rechtssicherheit, Rechtsklarheit sowie eine Zeit- und Kostenersparnis.

Literaturverzeichnis

Internetfundstellen wurden zuletzt am 15. November 2022 auf ihre Abrufbarkeit überprüft. Neuauflagen und Neuerscheinungen konnten bis zum 15. November 2022 berücksichtigt werden.

Arnold, Arnd/ Dötsch, Wolfgang: Ersatz von Mangelfolgeaufwendungen, BB 2003, S. 2250 – 2253

Baetge, Jörg: Januskopf: DCF-Verfahren in der Unternehmensbewertung und in der Bilanzierung, BB 2005, BB-Special 7, S. 1

Ballwieser, Wolfgang/ Löffler, Andreas: Themenheft: Aktuelle Probleme der Unternehmensbewertung, ZfbF 2018, S. 1 – 7

Ballwieser, Wolfgang: Unsicherheitsbewältigung durch Bewertungsmethoden- oder Bewertungstechnikvielfalt? in: *Tönnes, Wolf* (Hrsg.): Unternehmensbewertung. Festschrift für Bernhard Großfeld zum 85. Geburtstag, Heidelberg 2019, S. 21 – 34 (zit.: *Ballwieser*, in: FS Großfeld, S. 21)

Bamberger, Heinz Georg/ Roth, Herbert (Hrsg.): BGB, 4. Auflage, München 2019, Band 1 (zit.: *Bearbeiter*, in: Bamberger/Roth)

Bark, Christina: Der Kapitalisierungszinssatz in der Unternehmensbewertung, Wiesbaden 2011 (zit.: *Bark*, Der Kapitalisierungszinssatz)

Barthel, Carl: Unternehmenswert: Die nutzenorientierten Bewertungsverfahren. Zur Fragwürdigkeit des sogenannten „Alleingültigkeitsanspruches des Ertragswertverfahrens“, DStR 1995, S. 343 – 351

Bayer, Walter/ Lieder, Jan: Ersatz des Vertrauensschadens wegen Insolvenzverschleppung und Haftung des Teilnehmers, WM 2006, S. 1 – 12

Becker, Hans: Investition und Finanzierung. Grundlagen der betrieblichen Finanzwirtschaft, 9. Auflage, Wiesbaden 2022 (zit.: *Becker*, Investition und Finanzierung)

Beck'scher Online-Großkommentar zum Zivilrecht, hrsg. v. *Gsell, Beate/ Krüger, Wolfgang/ Lorenz, Stephan/ Reymann, Christoph*, Stand: 1. März 2022 (zit.: *Bearbeiter*, in: BeckOGK-BGB)

Beck'scher Online-Großkommentar zum Aktienrecht, hrsg. v. *Henssler, Martin/ Spindler, Gerald/ Stilz, Eberhard*, München 2021, Stand: 1. Oktober 2022 (zit.: *Bearbeiter*, in: BeckOGK-AktG)

Beck'scher Online-Kommentar Bürgerliches Gesetzbuch, hrsg. v. *Hau, Wolfgang/ Poseck, Roman*, Stand: 1. August 2022 (zit.: *Bearbeiter*, in: BeckOK-BGB)

Beck'scher Online-Kommentar Zivilprozessordnung, hrsg. v. *Vorwerk, Volker/ Wolf, Christian*, Stand: 1. Juli 2022 (zit.: *Bearbeiter*, in: BeckOK-ZPO)

Beck'sches Formularbuch Bürgerliches, Handels- und Wirtschaftsrecht, hrsg. v. *Hoffmann-Becking, Michael/ Gebele, Alexander*, 14. Auflage, München 2022 (zit.: *Bearbeiter*, in: BeckFormB BHW)

Beck'sches Formularbuch GmbH-Recht, hrsg. v. *Lorz, Rainer/ Pfisterer, Benedikt/ Gerber, Olaf*, München 2010 (zit.: *Bearbeiter*, in: Beck'sches Formularbuch GmbH-Recht)

Beck'sches IFRS-Handbuch, hrsg. v. *Brune, Jens/ Driesch, Dirk/ Schulz-Danso, Martin/ Senger, Thomas*, 6. Auflage, München 2020 (zit.: *Bearbeiter*, in: BeckHdB IFRS)

Beck'sches M&A-Handbuch, hrsg. v. *Meyer-Sparenberg, Wolfgang/ Jäckle, Christof*, 2. Auflage, München 2022 (zit.: *Bearbeiter*, in: Beck'sches M&A-Handbuch)

Beck'sches Steuerberater-Handbuch, hrsg. v. *Pelka, Jürgen/ Petersen, Karl*, 18. Auflage, München 2021 (zit.: *Bearbeiter*, in: Beck-STBH)

https://doi.org/10.1515/9783111334424-009

Behr, Volker: Strafschadensersatz im deutschen Recht – Wiederauferstehung eines verdrängten Phänomens, ZJS 2010, S. 292–296

Beisel, Wilhelm/ Klumpp, Hans-Hermann (Hrsg.): Der Unternehmenskauf. Gesamtdarstellung der zivil- und steuerrechtlichen Vorgänge einschließlich gesellschafts-, arbeits- und kartellrechtlicher Fragen bei der Übertragung eines Unternehmens, 7. Auflage, München 2016 (zit.: *Bearbeiter*, in: Beisel/Klumpp, Der Unternehmenskauf)

Berger, Klaus: Die (fehlende) Bindung des Schiedsrichters an die höchstrichterliche Rechtsprechung, in: *Ebke, Werner/ Olzen, Dirk/ Sandrock, Otto* (Hrsg.): Festschrift für Siegfried H. Elsing zum 65. Geburtstag, Frankfurt a. M. 2015, S. 15–27 (zit.: *Berger*, in: FS Elsing, S. 15)

Bernstein, Ronald/ Wood, Derek: Handbook of Arbitration Practice, London 1993 (zit.: *Bernstein/Wood*, Handbook of Arbitration Practice)

Binz, Mark/ Freudenberg, Götz: Die Bilanzgarantie im Unternehmenskaufvertrag, DStR 1991, S. 1629–1631

Bisle, Michael: Gewährleistungs- und Garantieklauseln in Unternehmenskaufverträgen, DStR 2013, S. 364–367

Böckstiegel, Karl-Heinz: Zu den gegenwärtigen Perspektiven der deutschen und internationalen Schiedsgerichtsbarkeit, in: *Ebke, Werner/ Olzen, Dirk/ Sandrock, Otto* (Hrsg.): Festschrift für Siegfried H. Elsing zum 65. Geburtstag, S. 29–40 (zit.: *Böckstiegel*, in: FS Elsing, S. 29)

Böhmer, Christof: Spannungen im deutsch-amerikanischen Rechtsverkehr in Zivilsachen, NJW 1990, S. 3049–3054

Borris, Christian: „Escrow Arbitration", A New Concept in Post M&A Dispute Settlement, in: *Ebke, Werner/ Olzen, Dirk/ Sandrock, Otto* (Hrsg.): Festschrift für Siegfried H. Elsing zum 65. Geburtstag, Frankfurt a. M. 2015, S. 41–51 (zit.: *Borris*, in: FS Elsing, S. 41)

Brand, Oliver: Schadensersatzrecht, 3. Auflage, München 2021 (zit.: *Brand*, Schadensersatzrecht)

Brand, Oliver: Die Dogmatik der §§ 249 ff. BGB bei der Verletzung von Bilanzgarantien, in: *Drygala, Tim/ Wächter, Gerhard H.* (Hrsg.): Bilanzgarantien bei M&A-Transaktionen, München 2015, S. 297–317 (zit.: *Brand*, in: Bilanzgarantien, S. 297)

Breuer, Wolfgang/ Ruiz de Vargas, Santiago/ Schüler, Andreas: Wechselkurse und Unternehmensbewertung: Anmerkungen zur Ergänzung der Fragen & Antworten zum IDW S 1, DB 2021, S. 1961–1973

Brösel, Gerrit/ Wasmuth, Jörg: Zur Anwendbarkeit der funktionalen Lehre bei Unternehmensbewertungen im Erkenntnisverfahren, in: *Tönnes, Wolf* (Hrsg.): Unternehmensbewertung. Festschrift für Bernhard Großfeld zum 85. Geburtstag, Heidelberg 2019, S. 51–64 (zit.: *Brösel/Wasmuth*, in: FS Großfeld, S. 51)

Bruns, Alexander: Der Zivilprozess zwischen Rechtsschutzgewährleistung und Effizienz, ZZP 124 (2011), S. 29–43

Bruski, Johannes: Kaufpreisbemessung und Kaufpreisanpassung im Unternehmenskaufvertrag, BB 2005, BB-Special 7, S. 19–29

Burianski, Markus: DIS-Conference: „The Taking of Evidence in International Commercial Arbitration", SchiedsVZ 2010, S. 101–105

Burianski, Markus/ Ray, Aloke/ Secomb, Matthew/ Starner, Gregory/ Stier, Anna/ Bhinder, Baldev: A Mountain Too High: The Challenge of Setting Aside an Arbitral Award on the Basis of Fraud in Different Jurisdictions, SchiedsVZ 2013, S. 20–31

Burianski, Markus/ Lang, Alexander: Informationsgarantien in Unternehmenskaufverträgen – Tatbestands- und Rechtsfolgenprobleme, NZG 2020, S. 92–99

Burnham, William: Introduction to the Law and Legal System of the United States, Saint Paul, Minnesota 1995 (zit.: *Burnham*, Law and Legal System)

Busse von Colbe, Walther: Berücksichtigung von Synergien versus Stand-alone-Prinzip bei der Unternehmensbewertung, ZGR 1994, S. 595 – 609

Buth, Andrea/ Hermanns, Michael (Hrsg.): Restrukturierung, Sanierung, Insolvenz, 4. Auflage, München 2014 (zit.: *Bearbeiter*, in: Buth/Hermanns, Restrukturierung)

Canaris, Claus-Wilhelm: Leistungsstörungen beim Unternehmenskauf, ZGR 1982, S. 395 – 434

Canaris, Claus-Wilhelm: Leistungsstörungen und Gewährleistung beim Unternehmenskauf nach der Reform des deutschen Schuldrechts, in: *Stathopoulos, Michael* u. a. (Hrsg.): Festschrift für Apostolos Georgiades zum 70. Geburtstag, Athen/München 2006, S. 71 – 94 (zit.: *Canaris*, in: FS Georgiades, S. 71)

Christians, Uwe: Buchhaltung, Bilanzierung und Finanzflussrechnung, in: *Schmeisser, Wilhelm* u. a. (Hrsg.): Neue Betriebswirtschaft. Theorien, Methoden, Geschäftsfelder, 2. Auflage, München 2020, S. 39 – 102 (zit.: *Christians*, in: Neue Betriebswirtschaft, S. 39)

Clark, David/ Ansay, Tuğrul: Introduction to the Law of the United States, Deventer/Boston 1992 (zit.: *Bearbeiter*, in: Clark/Ansay, The Law of the United States)

Weber, Klaus (Hrsg.): Rechtswörterbuch, 24. Auflage, München 2022 (zit.: *Bearbeiter*, Weber Rechtswörterbuch)

Derleder, Peter: Sachmängel- und Arglisthaftung nach neuem Schuldrecht, NJW 2004, S. 969 – 976

Daghles, Murad/ Haßler, Thyl: Post-M&A Litigation – Ausgewählte Fallkonstellationen potenziell streitanfälliger Komplexe im Rahmen von M&A-Transaktionen, M&A Review 4/2019, S. 90 – 94

Demuth, Alexander: Petersberger Schiedstage „M&A und Schiedsverfahren“, SchiedsVZ 2012, S. 271 – 276

Demuth, Alexander: Direktes und indirektes Verfahren der Schadensberechnung, in: *Drygala, Tim/ Wächter, Gerhard H.* (Hrsg.): Bilanzgarantien bei M&A-Transaktionen, München 2015, S. 165 – 174 (zit.: *Demuth*, in: Bilanzgarantien, S. 165)

Der Versicherungsprozess, hrsg. v. *Veith, Jürgen/ Gräfe, Jürgen/ Gebert, Yvonne*, 4. Auflage, München 2020 (zit.: *Bearbeiter*, in: Der Versicherungsprozess)

Dörfler, Roman: Darlegungs- und Beweislast beim Schadensersatz unter Berücksichtigung von § 252 BGB und § 287 ZPO, in: *Drygala, Tim/ Wächter, Gerhard H.* (Hrsg.): Bilanzgarantien bei M&A-Transaktionen, München 2015, S. 265 – 280 (zit.: *Dörfler*, in: Bilanzgarantien, S. 265)

Drude, Joachim: Post-M&A Arbitration and Joinder: Process and Drafting Considerations for M&A Transaction, SchiedsVZ 2017, S. 224 – 236

Duve, Christian/ Wimalasena, Philip: „Echte“ Transnationalisierung des Exequaturverfahrens für Schiedssprüche durch Schaffung eines Internationalen Vollstreckungsgerichts? in: *Ebke, Werner/ Olzen, Dirk/ Sandrock, Otto* (Hrsg.): Festschrift für Siegfried H. Elsing zum 65. Geburtstag, S. 73 – 96 (zit.: *Duve/Wimalasena*, in: FS Elsing, S. 73)

Effer-Uhle, Daniel: Die richtige Höhe des Schmerzensgeldantrags – Im Spannungsfeld zwischen Ankereffekt und Kostenrisiko in: *Christandl, Gregor* u. a. (Hrsg.): Intra- und Interdisziplinarität im Zivilrecht, Innsbruck 2018, S. 71 – 88 (zit.: *Effer-Uhle*, in: Intra- und Interdisziplinarität im Zivilrecht)

Ehle, Bernd: Arbitration as a Dispute Resolution Mechanism in Mergers and Acquisitions, in: *Campbell, Dennis* (Hrsg.): The Comparative Law Yearbook of International Business, Kluwer Law International, Den Haag 2005, S. 287 – 310 (zit.: *Ehle*, in: The Comparative Law Yearbook of International Business, S. 287)

Elfring, Claus: Legal Due Diligence Reports, JuS-Beilage 2007, S. 3 – 16

Elsing, Siegfried/ Kramer, Margaretha: Post M&A Disputes under German Law, in: *Schütze, Rolf* (Hrsg.): Fairness Justice Equity, Festschrift für Reinhold Geimer zum 80. Geburtstag, München 2017, S. 67 – 80 (zit.: *Elsing/Kramer*, in: FS Geimer, S. 67)

Elsing, Siegfried/ Kramer, Margaretha: Die Rolle des Unternehmenswertes bei der Bestimmung der Höhe des Schadensersatzanspruchs in post M&A-Streitigkeiten, in: *Tönnes, Wolf* (Hrsg.): Unternehmensbewertung. Festschrift für Bernhard Großfeld zum 85. Geburtstag, Heidelberg 2019, S. 109 – 119 (zit.: *Elsing/Kramer*, in: FS Großfeld, S. 109)

Elsing, Siegfried/ Pickrahn, Günter/ Pörnbacher, Karl/ Wagner, Gerhard: M&A-Streitigkeiten vor DIS-Schiedsgerichten, München 2022 (zit.: *Bearbeiter*, in: Elsing/Pickrahn/Pörnbacher/Wagner, M&A-Streitigkeiten vor DIS-Schiedsgerichten)

Emmerich, Volker/ Habersack, Mathias: Konzernrecht, 11. Auflage, München 2020 (zit.: *Emmerich/ Habersack*, Konzernrecht)

Ernst, Dietmar/ Schneider, Sonja/ Thielen, Bjoern: Unternehmensbewertungen erstellen und verstehen. Ein Praxisleitfaden, 6. Auflage, München 2018 (zit.: *Ernst/Schneider/Thielen*, Unternehmensbewertungen)

Europäisches Unionsrecht, hrsg. v. *von der Groeben, Hans/ Schwarze, Jürgen/ Hatje, Armin*, 7. Auflage, Baden-Baden 2015 (zit.: *Bearbeiter*, in: Europäisches Unionsrecht)

Findeisen, Maximilian: Clean Exit – Vertragliche Gestaltung der Haftungsreduzierung und Haftungsverlagerung in der M&A-Transaktion, BB 2021, S. 1607 – 1611

Findeisen, Maximilian/ Heer, Philipp: Die Begrenzung der Verkäuferhaftung durch den Einsatz synthetischer W&I-Versicherungen, BB Berater Magazin M&A 03/2021, S. 12 – 13

Fischer, Michael: Die Haftung des Unternehmensverkäufers nach neuem Schuldrecht, DStR 2004, S. 276 – 282

Fleischer, Holger: Grundfragen der ökonomischen Theorie im Gesellschafts- und Kapitalmarktrecht, ZGR 2001, S. 1 – 32

Fleischer, Holger: Unternehmensbewertung bei aktienrechtlichen Abfindungsansprüchen: Bestandsaufnahme und Reformperspektiven im Lichte der Rechtsvergleichung, AG 2014, S. 97 – 114

Fleischer, Holger: Unternehmensbewertung zwischen Tat- und Rechtsfrage, AG 2016, S. 185 – 199

Fleischer, Holger/ Hüttemann, Rainer (Hrsg.): Rechtshandbuch Unternehmensbewertung, 2. Auflage, Hamburg/Bonn 2019, (zit.: *Bearbeiter*, in: Fleischer/Hüttemann, Rechtshandbuch Unternehmensbewertung)

Fleischer, Holger/ Körber, Torsten: Due diligence und Gewährleistung beim Unternehmenskauf, BB 2001, S. 841 – 849

Förster, Guido/ Mendling, Kristina: Die Neuregelungen des § 1 Abs. 2b, 2c GrEStG für Share Deals im GrESt-Recht, DB 2021, S. 1974 – 1980

Frey, Harold/ Müller, Dominique: Schadensrechtliche Fragen *post* M&A in internationalen Schiedsverfahren, in: *Drygala, Tim/ Wächter, Gerhard H.* (Hrsg.): Bilanzgarantien bei M&A-Transaktionen, München 2015, S. 281 – 296 (zit.: *Frey/Müller*, in: Bilanzgarantien, S. 281)

Froneberg, Dennis/ Kafka, Frank: AIG-Studie 2018: Große Transaktionen mit höchster Schadensfrequenz. W&I-Policen: Etabliertes Instrument zur Absicherung von M&A-Aktivitäten, in: M&A Review, Special M&A Insurance 2018, S. 32 bis 34 (zit.: *Froneberg/ Kafka*: AIG-Studie 2018: Große Transaktionen mit höchster Schadensfrequenz, in: M&A Review, Special M&A Insurance 2018, 32)

Fuchs, Maximilian/ Pauker, Werner/ Baumgärtner, Alex: Delikts- und Schadensersatzrecht, 9. Auflage, Berlin/Heidelberg 2017 (zit.: *Fuchs/Pauker/Baumgärtner*, Delikts- und Schadensersatzrecht)

Gaier, Reinhard: Schiedsgerichtsbarkeit vs. staatliche Justiz, in: *Wilhelmi, Rüdiger/ Stürner, Michael* (Hrsg.): Post-M&A-Schiedsverfahren, Recht und Rechtsfindung jenseits gesetzlichen Rechts, Konstanz 2019, S. 61 – 71 (zit.: *Gaier*, in: Post-M&A-Schiedsverfahren, S. 66)

Ganter, Hans: Schadensberechnung und Vorteilsausgleichung in der Haftung der rechtsberatenden Berufe, NJW 2012, S. 801 – 806

Gerstenmaier, Klaus-A.: Gerichtliche und schiedsgerichtliche Präjudizien in Verfahren vor Schiedsgerichten, in: *Wilhelmi, Rüdiger/ Stürner, Michael* (Hrsg.): Post-M&A-Schiedsverfahren, Recht und Rechtsfindung jenseits gesetzlichen Rechts, Konstanz 2019, S. 115 – 119 (zit.: *Gerstenmaier*, in: Post-M&A-Schiedsverfahren, S. 115)

Gran, Andreas: Abläufe bei Mergers & Acquisitions, NJW 2008, S. 1409 – 1415

Griffith, Sean: Deal Insurance: Representation & Warranty Insurance in Mergers and Acquisitions, European Corporate Governance Institue (ECGI) Working Paper Series in Law, Working Paper No. 464/2019, S. 1839 – 1920, abrufbar unter: *papers.ssrn.com/sol3/papers.cfm?abstract_id=3395491*, zuletzt abgerufen am 15. 11. 2022 (zit.: *Griffith*, Deal Insurance, S. 1839)

Grigoleit, Hans Christoph/ Bender, Philip: Der Diskurs über die Kategorien des Schadensersatzes im Leistungsstörungsrecht – Teleologische Dogmatisierung auf dem Prüfstand, ZfPW 2019, S. 1 – 65

Grigoleit, Hans Christoph/ Riehm, Thomas: Der mangelbedingte Betriebsausfallschaden im System des Leistungsstörungsrechts, JuS 2004, S. 745 – 749

Großfeld, Bernhard: Unternehmensbewertung als Rechtsproblem, JZ 1981, S. 641 – 647

Großfeld, Bernhard: Adolf Moxter: Brückenbauer zwischen Wirtschaft und Recht, BB 2004, S. 2174 – 2179

Großfeld, Bernhard: Neue Unternehmensbewertung, BB 2005, BB-Special 7, S. 2 – 13

Großfeld, Bernhard/ Egger, Ulrich/ Tönnes, Wolf: Recht der Unternehmensbewertung, 9. Auflage, Köln 2020 (zit.: *Großfeld/Egger/Tönnes*, Recht der Unternehmensbewertung)

Grossmann, Klaus/ Mönnich, Ulrike: Warranty & Indemnity Insurance – Die Versicherbarkeit von Garantierisiken aus Unternehmenskaufverträgen, NZG 2003, S. 708 – 712

Grüneberg, Christian: Bürgerliches Gesetzbuch, 81. Auflage, München 2022 (zit.: *Bearbeiter*, in: Grüneberg)

Grunewald, Barbara: Informationserteilung beim Unternehmenskauf, GmbHR 2021, S. 800 – 803

Haase, Florian: Einführung in die Methodik der Rechtsvergleichung, JA 2005, S. 232 – 237

Hafner, Ralf: Einführung in die Unternehmensbewertung, in: *Schmeisser, Wilhelm* u. a. (Hrsg.): Neue Betriebswirtschaft. Theorien, Methoden, Geschäftsfelder, 2. Auflage, München 2020, S. 229 – 247 (zit.: *Hafner*, in: Neue Betriebswirtschaft, S. 229)

Hall, Kermit/ Wiecek, William/ Finkelmann, Paul: American Legal History, New York/Oxford 1996 (zit.: *Hall/Wiecek/Finkelmann*, American Legal History)

Hamann, Hartmut: Naturalherstellung und Bilanzgarantien in: *Drygala, Tim/ Wächter, Gerhard H.* (Hrsg.): Bilanzgarantien bei M&A-Transaktionen, München 2015, S. 175 – 187 (zit.: *Hamann*, in: Bilanzgarantien, S. 175)

Hay, Peter: Law of the United States, 4. Auflage, München 2016 (zit.: *Hay*, Law of the United States)

Hay, Peter: US-Amerikanisches Recht, 7. Auflage, München 2020 (zit.: *Hay*, US-Amerikanisches Recht)

Henle, Walter: Die Bilanzauffüllung als Rechtsfolge der Verletzung einer Eigenkapitalgarantie: Denkfehler oder gerechtfertigte pragmatische Lösung? in: *Drygala, Tim/ Wächter, Gerhard H.* (Hrsg.): Bilanzgarantien bei M&A-Transaktionen, München 2015, S. 189 – 203 (zit.: *Henle*, in: Bilanzgarantien, S. 189)

Hennrichs, Joachim: Zur Haftung auf Schadensersatz wegen unrichtiger Bilanzgarantien bei M&A-Transaktionen, NZG 2014, S. 1001 – 1007

Henssler, Martin/ Strohn, Lutz (Hrsg.): Gesellschaftsrecht, 5. Auflage, München 2021 (zit.: *Bearbeiter*, in: Henssler/Strohn)

Heppe, Hansjörg/ Glatz, Solvejg: Zum Squeeze-out des Aktionärs nach dem Recht von Delaware, ZDAR 2014, S. 155 – 162

Herfs, Achim/ Goj, Philip: Festlegung der Barabfindung beim aktienrechtlichen Squeeze-out, DB 2021, S. 772 – 778

Hering, Thomas/ Toll, Christian: Zur Grenzpreisermittlung beim Unternehmenskauf, in: *Tönnes, Wolf* (Hrsg.): Unternehmensbewertung. Festschrift für Bernhard Großfeld zum 85. Geburtstag, Heidelberg 2019, S. 173 – 186 (zit.: *Hering/Toll*, in: FS Großfeld, S. 173)

Hermans, Maximilian: Tatbestands- und Rechtsfolgenprobleme von Bilanzgarantien beim Unternehmenskauf, Berlin 2018 (zit.: *Hermans*, Tatbestands- und Rechtsfolgenprobleme)

Herrmann, Stefan/ Lohwasser, Ekaterina/ Ziehms, Heiko: Handwerkliche Fehler bei Bilanzierung und Unternehmensbewertung – wie daraus M&A-Streitigkeiten entstehen, M&A Review 12/2012, S. 509 – 513

Hiddemann, Hans-Joachim: Leistungsstörungen beim Unternehmenskauf aus der Sicht der Rechtsprechung, ZGR 1982, S. 435 – 451

Hilgard, Mark: Berechnung des Schadens bei Verletzung von Garantien eines Unternehmenskaufvertrags, ZIP 2005, S. 1813 – 1821

Hilgard, Mark: Berechnung des Schadens bei Verletzung einer Eigenkapitalgarantie beim Unternehmenskauf, BB 2013, S. 937 – 942

Hilgard, Mark: Der Freistellungsanspruch beim Unternehmenskauf, BB 2016, S. 1218 – 1237

Höfling, Tobias: Die (un)mögliche Suche nach der Wahrheit bei der Unternehmensbewertung in Spruchverfahren, NZG 2020, S. 136 – 139

Hölters, Wolfgang (Hrsg.): Handbuch Unternehmenskauf, 10. Auflage, Köln 2022 (zit.: *Bearbeiter*, in: Hölters, Handbuch Unternehmenskauf)

Hoger, Andreas/ Baumann, Johannes: Der M&A-Vertrag bei Abschluss einer W&I-Versicherung, NZG 2017, S. 811 – 817

Holzapfel, Hans-Joachim/ Pöllath, Reinhard/ Bergjan, Ralf/ Engelhardt, Timo (Hrsg.): Unternehmenskauf in Recht und Praxis, 16. Auflage, Köln 2021 (zit.: *Bearbeiter*, in: Holzapfel/Pöllath/Bergjan/Engelhardt, Unternehmenskauf)

Hommel, Michael: Unternehmensbewertung unter dem Postulat der Steueräquivalenz, BB 2005, BB-Special 7, S. 13 – 18

Hommelhoff, Peter: Die Sachmängelhaftung beim Unternehmenskauf durch Anteilserwerb, ZHR 140 (1976), S. 271 – 300

Honsell, Heinrich: Besprechung der Monografie „Die Grenzziehung zwischen der Rechts- und Sachmängelhaftung beim Kauf", ZHR 146 (1982), S. 99 – 102

Horsch, Andreas/ Stumpf-Wollersheim, Jutta: Editorial: Rechts- und wirtschaftswissenschaftliche Analyse von Mergers & Acquisitions, in: *Stumpf-Wollersheim, Jutta/ Horsch, Andreas* (Hrsg.): Forum Mergers & Acquisitions 2019, Beiträge aus rechts- und wirtschaftswissenschaftlicher Sicht, Wiesbaden 2019, S. 1 – 15 (zit.: *Horsch/Stumpf-Wollersheim*, in: Forum Mergers & Acquisitions 2019, S. 1)

Huber, Christian: Das neue Schadensersatzrecht, Bonn 2003 (zit.: *Huber*, Das neue Schadensersatzrecht)

Huber, Michael: Das Gesetz zur Änderung des Sachverständigenrechts in der Praxis des Zivilprozesses, JuS 2017, S. 34 – 37

Hübner, Rudolf: Schadensersatz wegen Täuschung beim Unternehmenskauf, BB 2010, S. 1483 – 1489

Hüffer, Uwe/ Koch, Jens: Aktiengesetz, 16. Auflage, München 2022 (zit.: *Hüffer/Koch*, Aktiengesetz)

Hüttemann, Rainer: Unternehmensbewertung als Rechtsproblem, ZHR 162 (1998), S. 563 – 593
Huxol, Maria: Ermittlung gemeiner Anteilswerte von Start-up-Unternehmen unter Berücksichtigung steuerlicher Wertermittlungsgrundsätze, DK 2021, S. 328 – 334
Jacobs, Otto/ Endres, Dieter/ Spengel, Christoph (Hrsg.): Internationale Unternehmensbesteuerung, 8. Auflage, München 2016 (zit.: *Bearbeiter*, in: Jacobs/Endres/Spengel, Unternehmensbesteuerung)
Jagersberger, Barbara: Die Haftung des Verkäufers beim Unternehmens- und Anteilskauf, Baden-Baden 2006 (zit.: *Jagersberger*, Die Haftung des Verkäufers)
Jauernig, Othmar: Bürgerliches Gesetzbuch, hrsg. v. *Rolf Stürner* u. a., 18. Auflage, München 2021 (zit.: *Bearbeiter*, in: Jauernig-BGB)
Kästle, Florian: Post-M&A-Streitigkeiten nehmen zu – ist die M&A-Praxis darauf vorbereitet? M&A Review 2/2014, S. 71 – 75
Kästle, Florian/ Oberbracht, Dirk: Unternehmenskauf – Share Purchase Agreement, 2. Auflage, München 2010 (zit.: *Kästle/Oberbracht*, Unternehmenskauf 2010)
Kästle, Florian/ Oberbracht, Dirk: Unternehmenskauf – Share Purchase Agreement, 3. Auflage, München 2018 (zit.: *Kästle/Oberbracht*, Unternehmenskauf)
Kantor, Mark: Valuation for Arbitration: Compensation Standards, Valuation Methods and Expert Evidence, New York 2008 (zit.: *Kantor*, Valuation for Arbitration)
Kiethe, Kurt: Der Schaden beim Unternehmenskauf, DStR 1995, S. 1756 – 1763
Kindhäuser, Urs/ Hilgendorf, Eric: Strafgesetzbuch. Lehr- und Praxiskommentar, 9. Auflage, Baden-Baden 2022 (zit.: *Kindhäuser/Hilgendorf*, Strafgesetzbuch)
Kiralfy, Albert: The English Legal System, 8. Auflage, London 1990 (zit.: *Kiralfy*, The English Legal System)
Kischel, Uwe: Rechtsvergleichung, München 2015 (zit.: *Kischel*, Rechtsvergleichung)
Köster, Christian: Die Haftung des Unternehmensverkäufers für falsche Abschlussangaben nach neuem Schuldrecht, Frankfurt a. M. 2005 (zit.: *Köster*, Die Haftung des Unternehmensverkäufers)
Kötz, Hein: Dispositives Recht und ergänzende Vertragsauslegung, JuS 2013, S. 289 – 296
Korch, Stefan: Der Unternehmenskauf, JuS 2018, S. 521 – 526
Kraft, Ernst-Thomas/ Link, Mathias: Kaufpreisanpassung, Schadensersatz und Ertragsteuern I: Kaufpreisminderung bei Share Deal, in: *Drygala, Tim/ Wächter, Gerhard H.* (Hrsg.): Bilanzgarantien bei M&A-Transaktionen, München 2015, S. 175 – 192 (zit.: *Kraft/Link*, in: Bilanzgarantien, S. 175)
Krecek, Thomas: Die Gewährleistungshaftung beim Unternehmenskauf nach deutschem und englischem Recht: eine rechtsvergleichende Untersuchung, Köln 2001 (zit.: *Krecek*, Die Gewährleistungshaftung)
Kreifel, Thomas: Zur Aufwertung der Stellung des parteibeauftragten Gutachters im Zivilprozess zwischen Unternehmen, in: *Ebke, Werner/ Olzen, Dirk/ Sandrock, Otto* (Hrsg.): Festschrift für Siegfried H. Elsing zum 65. Geburtstag, S. 263 – 276 (zit.: *Kreifel*, in: FS Elsing, S. 263)
Kyte, Kevin/ Djerrahian, Tania: The Latest on Private M&A Deal Points: Part I – Indemnification, in: Canadian M&A Law, 2016, abrufbar unter: *https://www.stikeman.com/en-ca/kh/canadian-ma-law/the-latest-on-private-m-a-deal-points-part-i-indemnification*, zuletzt abgerufen am 15. 11. 2022 (zit.: *Kyte/Djerrahjian*, Canadian M&A Law)
Leis, Florian/ Mengen, Nils: Net Debt und Working Capital im Kaufpreismechanismus, BB Berater Magazin M&A 03/2021, S. 4 – 5
Lenz, Rainer: The Logic of Merger and Acquisition Pricing, Juni 2008, abrufbar unter: *papers.ssrn.com/sol3/papers.cfm?abstract_id=1019049*, zuletzt abgerufen am 15. 11. 2022 (zit.: *Lenz*, The Logic of Merger and Acquisition Pricing)

Lettmaier, Saskia: Verkäuferhaftung beim Unternehmenskauf, JA 2021, S. 265 – 272

Leuering, Dieter/ Rubner, Daniel: Arglistige Täuschung beim Unternehmenskauf, NJW-Spezial 2021, S. 176 – 177

Lieder, Jan/ Stange, Kristian: Squeeze-out: Aktuelle Streit- und Zweifelsfragen, DK 2008, S. 617 – 629

Lieder, Jan: Die rechtsgeschäftliche Sukzession, Tübingen 2015 (zit.: *Lieder*, Die rechtsgeschäftliche Sukzession)

Lorenz, Stephan/ Riehm, Thomas: Lehrbuch zum neuen Schuldrecht, München 2002 (zit.: *Lorenz/Riehm*, Lehrbuch zum neuen Schuldrecht)

Louven, Christoph/ Mehrbrey, Kim: Bedeutung aktueller M&A-Streitigkeiten für die Gestaltungspraxis, NZG 2014, S. 1321 – 1328

Lüdicke, Jochen/ Sistermann, Christian: Unternehmenssteuerrecht, 2. Auflage, München 2018, (zit.: *Bearbeiter*, in: Lüdicke/Sistermann, UnternehmenStR)

Maier, Moritz: Aufklärungspflichten und Wissenszurechnung beim Unternehmenskauf, Hamburg 2016 (zit.: *Maier*, Aufklärungspflichten)

Massumi, Shirin: Quo vadis – Unternehmenskaufverträge? Unternehmenskaufverträge nach der Deutschen Schuldrechtsreform, München 2008 (zit.: *Massumi*, Unternehmenskaufverträge)

Matschke, Manfred/ Brösel, Gerrit: Business Valuation. Functions, Methods, Principles, München 2021 (zit.: *Matschke/Brösel*, Business Valuation)

Matschke, Manfred/ Brösel, Gerrit: Unternehmensbewertung. Funktionen – Methoden – Grundsätze, 4. Auflage, Wiesbaden 2013 (zit.: *Matschke/Brösel*, Unternehmensbewertung)

Matschke, Manfred/ Brösel, Gerrit: Funktionale Unternehmensbewertung. Eine Einführung. Wiesbaden 2014 (zit.: *Matschke/Brösel*, Funktionale Unternehmensbewertung)

Maunz, Theodor/ Dürig, Günter/ Herzog, Roman/ Herdegen, Matthias/ Scholz, Rupert/ Klein, Hans (Hrsg.): Grundgesetz Kommentar, Band I, Art. 1 – 5, 98. EL (zit.: *Bearbeiter*, in: Maunz/Dürig-GG)

Medicus, Dieter: Verschulden bei Vertragsverhandlungen wegen unrichtiger Angaben über Umsatz und Ertrag eines Unternehmens, EWiR 1989, S. 19 – 20

Medicus, Dieter: Ansprüche auf das Erfüllungsinteresse aus Verschulden bei Vertragsverhandlungen? in: *Medicus, Dieter* u. a. (Hrsg.): Festschrift für Hermann Lange zum 70. Geburtstag am 24. Januar 1992, Stuttgart/Berlin/Köln 1992, S. 539 – 560 (zit.: *Medicus*, in: FS Lange, S. 539)

Medicus, Dieter/ Petersen, Jens: Allgemeiner Teil des BGB, 11. Auflage, Heidelberg 2016 (zit.: *Medicus/ Petersen*, BGB AT)

Mehrbrey, Kim/ Hofmeister, Lisa: Schadensersatz bei Verletzung einer Bilanzgarantie, NZG 2016, S. 419 – 421

Mehrbrey, Kim (Hrsg.): Handbuch Streitigkeiten beim Unternehmenskauf, 2. Auflage, Hürth 2022 (zit.: *Bearbeiter*, in: Mehrbrey, Handbuch Streitigkeiten beim Unternehmenskauf)

Mellen, Chris/ Evans, Frank: Valuation for M&A: Building and Measuring Private Company Value, 3. Auflage, Hoboken (New Jersey) 2018 (zit.: *Mellen/ Evans*, Valuation for M&A)

Mellert, Christofer: Selbständige Garantien beim Unternehmenskauf – Auslegungs- und Abstimmungsprobleme, BB 2011, S. 1667 – 1674

Mellert-Hannich, Caroline: Die Rolle des Sachverständigen im deutschen Zivilprozess, ZZP 129 (2016), S. 263 – 293

Menz, James: M&A-Schiedsverfahren aus institutioneller Sicht, Herausbildung einer ständigen schiedsgerichtlichen Rechtsprechung im Bereich Unternehmenskauf? in: *Wilhelmi, Rüdiger/ Stürner, Michael* (Hrsg.): Post-M&A-Schiedsverfahren, Recht und Rechtsfindung jenseits gesetzlichen Rechts, Konstanz 2019, S. 49 – 59 (zit.: *Menz*, in: Post-M&A-Schiedsverfahren, S. 49)

Merkt, Hanno: Haftung des Verkäufers bei M&A-Transaktionen in der US-amerikanischen Vertragspraxis, RIW 2019, S. 1 – 7

Metz, Florian: Grundzüge der W&I-Insurance beim Unternehmenskauf, NJW 2010, S. 813 – 815

Meydin, Thomas/ Sorg, Steffen: Rechtstatsachen zur Gestaltung von Unternehmenskaufverträgen in Deutschland unter besonderer Berücksichtigung der Schiedsverfahren, in: *Wilhelmi, Rüdiger/ Stürner, Michael* (Hrsg.): Post-M&A-Schiedsverfahren, Recht und Rechtsfindung jenseits gesetzlichen Rechts, Konstanz 2019, S. 11 – 48 (zit.: *Meydin/Sorg*, in: Post-M&A-Schiedsverfahren, S. 11)

Milford, Karl: Carl Menger (1840 – 1921) in: *Kurz, Heinz* (Hrsg.): Klassiker des ökonomischen Denkens, Band I, München 2008, S. 306 – 325 (zit.: *Milford*, Carl Menger, in: Klassiker des ökonomischen Denkens)

Mohamed, Jean: Die Reichweite von Bilanzgarantien und ihre schadensrechtlichen Folgen für M&A-Streitigkeiten – Eine kautelarjuristische Betrachtungsweise –, DNotZ 2019, S. 884 – 913

Mommsen, Friedrich: Lehre von dem Interesse, in: Beiträge zum Obligationenrecht, Braunschweig 1855 (zit.: *Mommsen*, Lehre von dem Interesse)

Moxter, Adolf: Grundsätze ordnungsmäßiger Unternehmensbewertung, 2. Auflage, Wiesbaden 1983 (zit.: *Moxter*, Grundsätze ordnungsmäßiger Unternehmensbewertung)

Müller, Klaus: Einfluss der due diligence auf die Gewährleistungsrechte des Käufers beim Unternehmenskauf, NJW 2004, S. 2196 – 2199

Müller, Stefan: Der indirekt abgeleitete Cashflow als Beispiel für einen Lock-in-Effekt, BC 2017, S. 213 – 215

Müller, Welf: Der Wert der Unternehmung, JuS 1973, S. 603 – 606

Münchener Kommentar zum Aktiengesetz, hrsg. v. *Goette, Wulf/ Habersack, Mathias/ Kalss, Susanne*, Band 1, 5. Auflage, München 2019 (zit.: *Bearbeiter*, in: MüKo-AktG)

Münchener Kommentar zum Bürgerlichen Gesetzbuch, hrsg. v. *Säcker, Franz Jürgen / Roland Rixecker/ Hartmut Oetker/ Bettina Limperg*, Band 2, 9. Auflage, München 2022 (zit.: *Bearbeiter*, in: MüKo-BGB)

Münchener Kommentar zum Bürgerlichen Gesetzbuch, hrsg. v. *Säcker, Franz Jürgen/ Rixecker, Roland/ Oetker, Hartmut/ Limperg, Bettina*, Band 3, 8. Auflage, München 2019 (zit.: *Bearbeiter*, in: MüKo-BGB)

Münchener Kommentar zum Handelsgesetzbuch, hrsg. v. *Drescher, Ingo/ Fleischer, Holger/ Schmidt, Karsten*, Band 1, 5. Auflage, München 2021 (zit: *Bearbeiter*, in: MüKo-HGB)

Münchener Kommentar zum GmbHG, hrsg. v. *Fleischer, Holger/ Goette, Wulf*, Band 1, 4. Auflage, München 2022 (zit.: *Bearbeiter*, in: MüKo-GmbHG)

Münchener Kommentar zum Strafgesetzbuch, hrsg. v. *Erb, Volker/ Schäfer, Jürgen*, Band 1, §§ 1 – 37, 4. Auflage, München 2020 (zit.: *Bearbeiter*, in: MüKo-StGB)

Münchener Kommentar zur Zivilprozessordnung, hrsg. v. *Rauscher, Thomas/ Krüger, Wolfgang*, Band 1, 6. Auflage, München 2020 (zit.: *Bearbeiter*, in: MüKo-ZPO)

Musielak, Hans-Joachim: Vertragsfreiheit und ihre Grenzen, JuS 2017, S. 949 – 954

Musielak, Hans-Joachim/ Voit, Wolfgang (Hrsg.): Zivilprozessordnung mit Gerichtsverfassungsgesetz, 19. Auflage, München 2022 (zit.: *Bearbeiter*, in: Musielak/Voit-ZPO)

Neuner, Jörg: Allgemeiner Teil des Bürgerlichen Rechts, 12. Auflage, München 2020 (zit.: *Neuner*, Allgemeiner Teil des Bürgerlichen Rechts)

Nirk, Rudolf: Culpa in contrahendo – eine geglückte richterliche Rechtsfortbildung – Quo vadis? in: *Hefermehl, Wolfgang/ Nirk, Rudolf/ Westermann, Harry* (Hrsg.): Festschrift für Philipp Möhring zum 75. Geburtstag, München 1975, S. 71 – 100 (zit.: *Nirk*, in: FS Möhring, S. 71)

Obermaier, Robert: Unternehmensbewertung zwischen Wert und Preis. Verschlungene Pfade im Spannungsfeld von ökonomischen Wertbegriffen, Marktpreisen und Akteursinteressen, in: *Tönnes, Wolf* (Hrsg.): Unternehmensbewertung. Festschrift für Bernhard Großfeld zum 85. Geburtstag, Heidelberg 2019, S. 325 – 340 (zit.: *Obermaier*, in: FS Großfeld, S. 325)

Oehlrich, Marcus: Die Unternehmensbewertung im Rahmen von Unternehmenskaufverträgen, NJOZ 2020, S. 1 – 5

Oehlrich, Marcus: Multiplikatoren in der Unternehmensbewertung, IRZ 2021, S. 171 – 176

Oehm, Max/ Riemenschneider, Jasmin: Litigation and Arbitration: Rivalry or Complementarity? SchiedsVZ 2017, S. 254 – 256

Oetker, Hartmut: Unverhältnismäßige Herstellungskosten und das Affektionsinteresse im Schadensersatzrecht, NJW 1985, S. 345 – 351

Ott, Claus/ Schäfer, Hans-Bernd: Begründung und Bemessung des Schadensersatzes wegen entgangener Sachnutzung, ZIP 1986, 613 – 624

Paefgen, Walter: Zum Zusammenhang von Abschlußangaben, Bewertungsmethoden und Haftungsumfang beim Unternehmenskauf, DZWIR 1997, S. 177 – 183

Paefgen, Walter/ Wallisch, Kai: Vertragliche Kaufpreisanpassungsklauseln als Alternative zum Schadensersatz bei Bilanzgarantien in: *Drygala, Tim/ Wächter, Gerhard H.* (Hrsg.): Bilanzgarantien bei M&A-Transaktionen, München 2015, S. 205 – 223 (zit.: *Paefgen/Wallisch*, in: Bilanzgarantien, S. 205)

Peel, Edwin: The Law of Contract, 15. Auflage, London 2020 (zit.: *Peel*, The Law of Contract)

Peemöller, Volker: Bewertung von Klein- und Mittelbetrieben, BB 2005, BB-Special 7, S. 30 – 35

Pfiffner, Nadine: Post-M&A-Schiedsverfahren: Recht und Rechtsfindung jenseits gesetzlichen Rechts? SchiedsVZ 2017, S. 256 – 258

Pickrahn, Günter: The Road to Predictability in International Arbitration, SchiedsVZ 2016, 173 – 178

Picot, Gerhard: Handbuch Mergers & Acquisitions. Planung – Durchführung – Integration, 5. Auflage, Stuttgart 2012 (zit.: *Picot*, Handbuch Mergers & Acquisitions)

Picot, Gerhard: Unternehmenskauf und Sachmängelhaftung – Rechtsfortbildung durch den BGH? DB 2009, S. 2587 – 2594

Picot, Gerhard: Wegweisende Rechtsprechung zur Sachmängelhaftung beim Unternehmenskauf, M&A Review 2009, S. III

Pöllath, Reinhard: Grundsätze ordnungsmäßigen Unternehmenskaufs, in: *Westermann, Harm/ Mock, Klaus* (Hrsg.): Festschrift für Gerold Bezzenberger zum 70. Geburtstag, Berlin/New York 2000, S. 549 – 560 (zit.: *Pöllath*, in: FS Bezzenberger, S. 549)

Punte, Jan-Henric/ Klemens, Pelle: Aufklärungspflichten des Verkäufers über die wirtschaftliche Lage eines Unternehmens beim Verkauf, DB 2021, S. 892 – 893

Prütting, Hanns/ Gehrlein, Markus (Hrsg.): Zivilprozessordnung, 13. Auflage, Köln 2021 (zit.: *Bearbeiter*, in: Prütting/Gehrlein-ZPO)

Quack, Karlheinz: Der Unternehmenskauf und seine Probleme, ZGR 1982, 350 – 365

Ratz, Peter/ Kilian, Tobias: W&I-Policen – maßgebliche VVG-Bestimmungen, Auslegungsfragen und Haftungsrisiken, BB 2021, S. 202 – 211

Reimann, Mathias: Einführung in das US-amerikanische Privatrecht, 2. Auflage, München 2004 (zit.: *Reimann*, US-amerikanisches Privatrecht)

Rieder, Markus/ Güngör, Tarik: Aktuelle Entwicklungen in den USA, CCZ 2019, S. 139 – 143

Rieg, Robert: Die Hebelwirkung des Fremdkapitals – Idee, Chancen und Risiken, BC 2016, S. 130 – 133

Rima, Ingrid Hahne: Development of Economic Analysis, 7. Auflage, New York 2009 (zit.: *Rima*, Development of Economic Analysis)

Risse, Jörg/ Keilmann, Annette: Kaufpreisverzinsung in M&A-Transaktionen, NZG 2021, S. 1292 – 1298

Risse, Jörg: Die Bestimmung des Unternehmenswertes als Rechtsproblem, ZIP 2021, S. 2309 – 2320

Rödder, Thomas/ Hötzel, Oliver/ Mueller-Thuns, Thomas: Unternehmenskauf Unternehmensverkauf, München 2003 (zit.: *Bearbeiter*, in: *Rödder/Hötzel/Mueller-Thuns*: Unternehmenskauf)

Rogerson, William: Efficient reliance and damage measures for breach of contract, The Rand Journal of Economics, 1984, Band 15, Nr. 1, S. 39 – 53 (zit.: *Rogerson*, The Rand Journal of Economics, 1984, Band 15, Nr. 1, S. 39)

Roncaglia, Alessandro: A Brief History of Economic Thought, Cambridge 2017 (zit.: *Roncaglia*, A Brief History of Economic Thought)

Roth, Herbert: Anmerkung zum Urteil des BGH vom 24. 3. 2006 – V ZR 173/05, JZ 2006, S. 1026 – 1028

Sachs, Klaus: Schiedsgerichtsverfahren über Unternehmenskaufverträge – unter besonderer Berücksichtigung kartellrechtlicher Aspekte, SchiedsVZ 2004, S. 123 – 129

Saenger, Ingo/ Aderhold, Lutz/ Lenkaitis, Karlheinz/ Speckmann, Gerhard (Hrsg.): Handels- und Gesellschaftsrecht, 2. Auflage, Münster/Dortmund/Bochum/Hamm 2011 (zit.: *Bearbeiter*, in: Saenger/Aderhold/Lenkaitis/Speckmann, Handels- und Gesellschaftsrecht)

Saenger, Ingo (Hrsg.): Zivilprozessordnung Handkommentar, 9. Auflage, Baden-Baden 2021 (zit.: *Bearbeiter*, in: Saenger-ZPO)

Schack, Haimo: Schadensersatz nach Veräußerung beschädigter Sachen. Zum Verhältnis von Naturalrestitution und Geldersatz, in: *Hohloch, Gerhard/ Frank, Rainer/ Schlechtriem, Peter* (Hrsg.): Festschrift für Hans Stoll zum 75. Geburtstag, Tübingen 2001, S. 61 – 70 (zit.: *Schack*, in: FS Stoll, S. 61)

Schäfer, Hans-Bernd/ Ott, Claus: Lehrbuch der ökonomischen Analyse des Zivilrechts, 6. Auflage, Berlin/ Heidelberg 2020 (zit.: *Schäfer/Ott*, Lehrbuch der ökonomischen Analyse des Zivilrechts)

Scheiwe, Kirsten: Was ist ein funktionales Äquivalent in der Rechtsvergleichung? Eine Diskussion an Hand von Beispielen aus dem Familien- und Sozialrecht, KritV 2000, S. 30 – 51

Schmidt, Karsten/ Lutter, Marcus (Hrsg.): AktG Kommentar, II. Band, §§ 133 – 410, 4. Auflage, Köln 2020 (zit. *Bearbeiter*, in: Schmidt/Lutter-AktG)

Schmitt, Florian: Mängelgewährleistung bei Anteils- und Unternehmenskauf, WM 2019, S. 1871 – 1878

Schnorbus, York/ Rauch, Stephan/ Grimm, Manon: Die marktorientierte Bewertungsmethode im Spruchverfahren, AG 2021, S. 391 – 402

Schöne, Franz-Josef/ Uhlendorf, Jens: „Schadensersatzklauseln" im „Contract Drafting", in: *Drygala, Tim/ Wächter, Gerhard H.* (Hrsg.): Bilanzgarantien bei M&A-Transaktionen, München 2015, S. 253 – 266 (zit.: *Schöne/Uhlendorf*, in: Bilanzgarantien, S. 253)

Schröcker, Stefan: Unternehmenskauf und Anteilskauf nach der Schuldrechtsreform, ZGR 2005, S. 63 – 100

Schröter, Christina: Rechtliche Grundlagen und normzweckadäquate Unternehmensbewertung bei Kapitalgesellschaften, Frankfurt a. M. 2017 (zit.: *Schröter*, Unternehmensbewertung)

Schudlo, Matthias/ Kersten, Nicolas: Kenntnis im Haftungssystem des Unternehmenskaufs, BB 2021, S. 1154 – 1159

Schüler, Andreas: Unternehmensbewertung in der Rechtsprechung – eine Bestandsaufnahme und Einordnung, DB 2015, S. 2277 – 2284

Schüler, Andreas/ Lagraf, Philipp: Zur gutachterlichen Bemessung der Abfindung von Minderheitsaktionären (nicht nur) bei Squeeze-outs, DK 2021, S. 138 – 145

Schüppen, Matthias: Schiedsverfahren und Unternehmensbewertungsgutachten, in: *Ebke, Werner/ Olzen, Dirk/ Sandrock, Otto* (Hrsg.): Festschrift für Siegfried H. Elsing zum 65. Geburtstag, Frankfurt a. M. 2015, S. 509 – 523 (zit.: *Schüppen*, in: FS Elsing, S. 509)

Schultz, Volker: Substanziierungsanforderungen an den Parteivortrag in der BGH-Rechtsprechung, NJW 2017, S. 16 – 21

Schulz, Thomas/ Sommer, Daniel: Bilanzgarantien in der M&A-Praxis, NZG 2018, S. 50 – 54

Schulze, Reiner (Hrsg.): Bürgerliches Gesetzbuch, 11. Auflage, Baden-Baden 2022 (zit.: *Bearbeiter*, in: Schulze-BGB)

Schumann, Alexander: Streitigkeiten aus Unternehmenskaufverträgen vor der Kammer für Handelssachen beim „Stuttgart Commercial Court", DB 2021, S. 662 – 667

Schwalbe, Ulrich: Léon Walras (1834 – 1910), in: *Kurz, Heinz* (Hrsg.): Klassiker des ökonomischen Denkens, Band I, München 2008, S. 242 – 266 (zit.: *Schwalbe*, Léon Walras, in: Klassiker des ökonomischen Denkens)

Seetzen, Uwe: Die Bestimmung des Verschmelzungswertverhältnisses im Spruchstellenverfahren, WM 1994, S. 45 – 51

Sekera-Terplan, Tino: Für die Abfindung im Spruchverfahren ist auf den Börsenwert als Schätzwert nur in Ausnahmefällen abzustellen (Besprechung der Entscheidung des OLG Frankfurt a. M., Beschluss vom 17. 1. 2017 – 21 W 37/12), GWR 2017, S. 117

Slapper, Gary/ Kelly, David: The English Legal System, 14. Auflage, London/New York 2013 (zit.: *Slapper/ Kelly*, The English Legal System)

Soergel, Hans/ Siebert, Wolfgang (Hrsg.): Bürgerliches Gesetzbuch, Band 3/2, Schuldrecht 1/2, §§ 243 – 304, 13. Auflage, Stuttgart 2014 (zit.: *Bearbeiter*, in: Soergel-BGB)

Spindler, Gerald/ Stilz, Eberhard (Hrsg.): Kommentar zum Aktiengesetz, Band 2, §§ 150 – 410, 5. Auflage München 2022 (zit.: *Bearbeiter*, in: Spindler/Stilz-AktG)

Staake, Marco: Klassiker des ökonomischen Wertdenkens, in: *Drygala, Tim/ Wächter, Gerhard H.* (Hrsg.): Bilanzgarantien bei M&A-Transaktionen, München 2015, S. 81 – 103 (zit.: *Staake*, in: Bilanzgarantien, S. 81)

Staudinger, Julius von: Kommentar zum Bürgerlichen Gesetzbuch, Buch 2, §§ 249 – 254, Berlin 2021 (zit.: *Bearbeiter*, in: Staudinger-BGB)

Staudinger, Julius von: Kommentar zum Bürgerlichen Gesetzbuch, Buch 2, §§ 433 – 480, Berlin 2014 (zit.: *Bearbeiter*, in: Staudinger-BGB)

Stengel, Arndt/ Scholderer, Frank: Aufklärungspflichten beim Beteiligungs- und Unternehmenskauf, NJW 1994, S. 158 – 164

Stoll, Hans: Tatbestände und Funktionen der Haftung für culpa in contrahendo, in: *Ficker, Hans Claudius* u. a. (Hrsg.): Festschrift für Ernst von Caemmerer zum 70. Geburtstag, Tübingen 1978, S. 435 – 474 (zit.: *Stoll*, in: FS Caemmerer, S. 435)

Stoll, Hans: Haftungsfolgen fehlerhafter Erklärungen beim Vertragsschluß, in: *Jayme, Erik/ Kegel, Gerhard/ Lutter, Marcus* (Hrsg.): Ius inter nationes. Festschrift für Stefan Riesenfeld aus Anlass seines 75. Geburtstages, Heidelberg 1983, S. 275 – 299 (zit.: *Stoll*, in: FS Riesenfeld, S. 275)

Thiessen, Jan: Unternehmenskauf und Bürgerliches Gesetzbuch. Die Haftung des Verkäufers von Unternehmen und Unternehmensbeteiligungen, Berlin 2005 (zit.: *Thiessen*, Unternehmenskauf und BGB)

Thiessen, Jan: Haftung aus (vor-)vertraglichem Schuldverhältnis in M&A-Schiedsverfahren, in: *Wilhelmi, Rüdiger/ Stürner, Michael* (Hrsg.): Post-M&A-Schiedsverfahren, Recht und Rechtsfindung jenseits gesetzlichen Rechts, Konstanz 2019, S. 223 – 235 (zit.: *Thiessen*, in: Post-M&A-Schiedsverfahren, S. 223)

Thümmel, Roderich: Eskalationsmechanismen bei der Bestimmung des endgültigen Kaufpreises in Unternehmenskaufverträgen, in: *Wilhelmi, Rüdiger/ Stürner, Michael* (Hrsg.): Post-M&A-

Schiedsverfahren, Recht und Rechtsfindung jenseits gesetzlichen Rechts, Konstanz 2019, S. 201 – 214 (zit.: *Thümmel*, in: Post-M&A-Schiedsverfahren, S. 201)

Tönnes, Wolf: Unternehmensbewertung als Rechtsproblem, M&A Review 12/2017, S. 448 – 455

Tran, Duc Hung/ Ebeling, Felix: Die risikoadäquate Bestimmung von Eigenkapitalkosten bei konzerninternen Routinefunktionen, DB 2021, S. 1553 – 1560

Triebel, Volker: Anglo-amerikanischer Einfluß auf Unternehmenskaufverträge in Deutschland – eine Gefahr für die Rechtsklarheit? RIW 1998, S. 1 – 7

Triebel, Volker/ Hölzle, Gerrit: Schuldrechtsreform und Unternehmenskaufverträge, BB 2002, S. 521 – 537

van Duljvenvoorde, Erik/ Theau-Laurent, Anthony: Quantifying Damages in M&A Disputes, in: Corporate Disputes Magazine, Ausgabe Oktober–Dezember 2017, S. 2 – 7, abrufbar unter: *www.accuracy.com/wp-content/uploads/2018/02/quantifying-damages-in-ma-disputes-1507709940.pdf*, zuletzt abgerufen am 15. 11. 2022 (zit.: *van Duljvenvoorde/Theau-Laurent*, Quantifying Damages)

van Suntum, Ulrich: William Stanley Jevons (1835 – 1882) in: *Kurz, Heinz* (Hrsg.): Klassiker des ökonomischen Denkens, Band I, München 2008, S. 267 – 286 (zit.: *van Suntum*, William Stanley Jevons, in: Klassiker des ökonomischen Denkens)

Vischer, Markus: Schaden und Minderwert im Gewährleistungsrecht beim Unternehmenskauf, SJZ 106 (2010) Nr. 6, S. 129 – 141

von Gierke, Klaus/ Paschen, Uwe: Mängelgewährleistung beim Unternehmenskauf, GmbHR 2002, S. 457 – 464

von Mehren, Arthur/ Murray, Peter: Das Recht in den Vereinigten Staaten von Amerika, Berlin 2008 (zit.: *von Mehren/Murray*: Das Recht in den Vereinigten Staaten)

Wächter, Gerhard: Schadensrechtliche Probleme beim Unternehmenskauf: Naturalherstellung und Bilanzgarantien, NJW 2013, S. 1270 – 1276

Wächter, Gerhard: M&A Litigation. M&A-Recht im Streit, 2. Auflage, Köln 2014 (zit.: *Wächter*, M&A Litigation 2014)

Wächter, Gerhard: M&A Litigation. M&A-Recht im Streit, 4. Auflage, Köln 2022 (zit.: *Wächter*, M&A Litigation)

Wächter, Gerhard: Dreiecksprobleme und Faktoren im Schadensrecht post M&A, *Wächter*, in: *Drygala, Tim/ Wächter, Gerhard H.* (Hrsg.): Bilanzgarantien bei M&A-Transaktionen, München 2015, S. 225 – 252 (zit.: *Wächter*, in: Bilanzgarantien, S. 225)

Wächter, Gerhard/ Wollny, Christoph: A Proposal for the Calculation of Damages in Post-M&A Disputes over Deceptions and Breaches of Guaranties, SchiedsVZ 2018, S. 80 – 101

Wächter, Gerhard/ Wollny, Christoph: Schadensersatz post M&A bei c.i.c. oder Delikt und Garantieverletzungen, NZG 2019, S. 801 – 807

Wagner, Gerhard: Schadensersatz – Zwecke, Inhalte, Grenzen, in: *Lorenz, Egon* (Hrsg.): Karlsruher Forum 2006: Schadensersatz – Zwecke, Inhalte Grenzen, VersR-Schriftenreihe, Band 35, S. 5 – 138 (zit.: *Wagner*, Schadensersatz, S. 5)

Ward, Richard/ Wragg, Amanda: Walker & Walker's, English Legal System, 9. Auflage, Oxford 2005 (zit.: *Ward/Wragg*, Walker & Walker's, English Legal System)

Wasmuth, Jörg: Funktionale Schadensbewertung, Wiesbaden 2018 (zit.: *Wasmuth*, Funktionale Schadensbewertung)

Wellner, Wolfgang: Die Systematik des Kfz-Schadens in der neueren Rechtsprechung des BGH in: *Greiner, Hans-Peter* u. a. (Hrsg.): Neminem laedere. Aspekte des Haftungsrechts. Festschrift für Gerda Müller zum 65. Geburtstag am 26. Juni 2009, Köln 2009, S. 491 – 503 (zit.: *Wellner*, in: FS Müller, S. 491)

Westermann, Harm Peter: Neuere Entwicklungen der Verkäuferhaftung beim Kauf von Unternehmensbeteiligungen, ZGR 1982, S. 45 – 62

Westermann, Harm Peter: Das neue Kaufrecht, NJW 2002, S. 241 – 253

Whincup, Michael: Contract Law and Practice. The English System, with Scottish, Commonwealth, and Continental Comparisons, 5. Auflage, Alphen am Rhein 2006 (zit.: *Whincup*, Contract Law and Practice)

Widder, Stefan/ Koffka, Lorenz: Bilanzgarantien in Unternehmenskaufverträgen, NZG 2020, S. 1284 – 1290

Wieczorek, Bernhard/ Schütze, Rolf (Hrsg.): Zivilprozessordnung und Nebengesetze, Band IV, §§ 253 – 299a, 4. Auflage, Berlin/Boston 2013 (zit.: *Bearbeiter*, in: Wieczorek/Schütze-ZPO)

Wiedemann, Herbert: Die Haftung des Verkäufers von Gesellschaftsanteilen für Mängel des Unternehmens, in: *Dietz, Rolf/ Hübner, Heinz* (Hrsg.): Festschrift für Hans Carl Nipperdey zum 70. Geburtstag, Band 1, München/Berlin 1965, S. 815 – 836 (zit.: *Wiedemann*, in: FS Nipperdey, S. 815)

Wiedemann, Herbert: Zur Frage, unter welchen Voraussetzungen auf den Kauf von GmbH-Anteilen die Vorschriften über die Sachmängelhaftung entsprechende Anwendung finden. Anmerkung zur Entscheidung BGH, Urteil vom 12. 11. 1975 – VIII ZR 142/74, JZ 1977, S. 130 – 133

Wilhelmi, Rüdiger/ Stürner, Michael (Hrsg.): Post-M&A-Schiedsverfahren, Recht und Rechtsfindung jenseits gesetzlichen Rechts, Konstanz 2019 (zit.: *Wilhelmi/Stürner*, in: Post-M&A-Schiedsverfahren)

Wilke, Felix: Das neue Kaufrecht nach Umsetzung der Warenkauf-Richtlinie, VuR 2021, S. 283 – 292

Wirth, Johannes/ Küting, Peter/ Dusemond, Michael: DAX30-Goodwill-Bilanzierung in Zeiten von COVID-19 – zugleich ein (erneutes) Plädoyer für die Wiedereinführung einer planmäßigen Abschreibung, DB 2021, S. 1281 – 1291

Wirth-Duncan, Bettina: Managerhaftung bei M&A-Transaktionen – Zwischen Schiffbruch und sicherem Hafen, DK 2021, S. 301 – 307

Wolf, Christian: Welche Rolle spielen (gerichtliche und schiedsgerichtliche) Präjudizien in Verfahren vor Schiedsgerichten und staatlichen Gerichten? in: *Wilhelmi, Rüdiger/ Stürner, Michael* (Hrsg.): Post-M&A-Schiedsverfahren, Recht und Rechtsfindung jenseits gesetzlichen Rechts, Konstanz 2019, S. 89 – 113 (zit.: *Wolf*, in: Post-M&A-Schiedsverfahren, S. 89)

Wolf, Manfred/ Kaiser, Jochen: Die Mängelhaftung beim Unternehmenskauf nach neuem Recht, DB 2002, S. 411 – 420

Wolff, Reinmar: Staatliches Gericht und Schiedsgericht: Freund oder Feind? Über Wettbewerb und Zusammenwirken auf materiellrechtlichem und prozessualem Gebiet, in: *Wilhelmi, Rüdiger/ Stürner, Michael* (Hrsg.): Post-M&A-Schiedsverfahren, Recht und Rechtsfindung jenseits gesetzlichen Rechts, Konstanz 2019, S. 73 – 88 (zit.: *Wolff*, in: Post-M&A-Schiedsverfahren, S. 73)

Wollny, Christoph: Wer den Schaden hat, muss für die Bewertung sorgen – Unternehmensbewertung zur Ermittlung von Schadensersatzansprüchen, DStR 2013, S. 2132 – 2139

Wollny, Christoph: Schadensersatz und Unternehmensbewertung: Unterschiede zwischen einer objektivierten und subjektiven Unternehmensbewertung, in: *Drygala, Tim/ Wächter, Gerhard H.* (Hrsg.): Bilanzgarantien bei M&A-Transaktionen, München 2015, S. 105 – 121 (zit.: *Wollny*, in: Bilanzgarantien, S. 105)

Wollny, Christoph: Der Bewertungsstichtag für Unternehmenswerte bei aktienrechtlichen Abfindungen, M&A-Transaktionen und Schadensersatz, DStR 2017, S. 949 – 955

Zamir, Eyal/ Teichmann, Doron: Behavioral Law and Economics, New York 2018 (zit.: *Zamir/Teichmann*, Behavioral Law and Economics)

Zehner, Klaus: Unternehmensbewertung im Rechtsstreit, DB 1981, S. 2109 – 2117

Zeising, Jörg: Privatautonome Gestaltungsoptionen bei Schadensersatz- und Entschädigungszahlungen im Grenzbereich zwischen Einkommensteuer- und Zivilrecht – Teil II, BB 2021, S. 1303 – 1310

Ziehms, Heiko: M&A Disputes and Completion Mechanisms, Alphen am Rhein 2019 (zit.: *Ziehms*, M&A Disputes and Completion Mechanisms)

Zülch, Henning/ Lienau, Achim: Die Bilanzierung von Discontinued Operations (aufgegebene Geschäftsbereiche) nach IFRS, DStR 2005, S. 391 – 396

Zweigert, Konrad/ Kötz, Hein: Einführung in die Rechtsvergleichung, 3. Auflage, Tübingen 1996 (zit.: *Zweigert/Kötz*, Rechtsvergleichung)

www.ingramcontent.com/pod-product-compliance
Lightning Source LLC
LaVergne TN
LVHW010546300926
849162LV00002B/250